NICK HAZLEWOOD

DER MANN,
DER FÜR EINEN KNOPF
VERKAUFT WURDE

Die unglaubliche Geschichte
des Jemmy Button

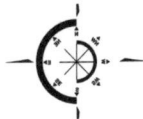

Aus dem Englischen
von Astrid Becker und Elvira Willems

Rütten & Loening
Berlin

Die Originalausgabe unter dem Titel
Savage. The Life and Times of Jemmy Button
erschien 2000 bei Hodder and Stoughton, London.

ISBN 3-352-00645-8

1. Auflage 2003
© Rütten & Loening Berlin GmbH, 2003
Copyright © 2000 by Nick Hazlewood
Einbandgestaltung Andreas Heilmann, Hamburg
Druck und Binden GGP Media, Pößneck
Printed in Germany

www.ruetten-und-loening.de

Für Caroline

Inhalt

TEIL FÜNF
DIESE GEFLISSENTLICHE VERHEIMLICHUNG

TEIL SECHS
DER FALL

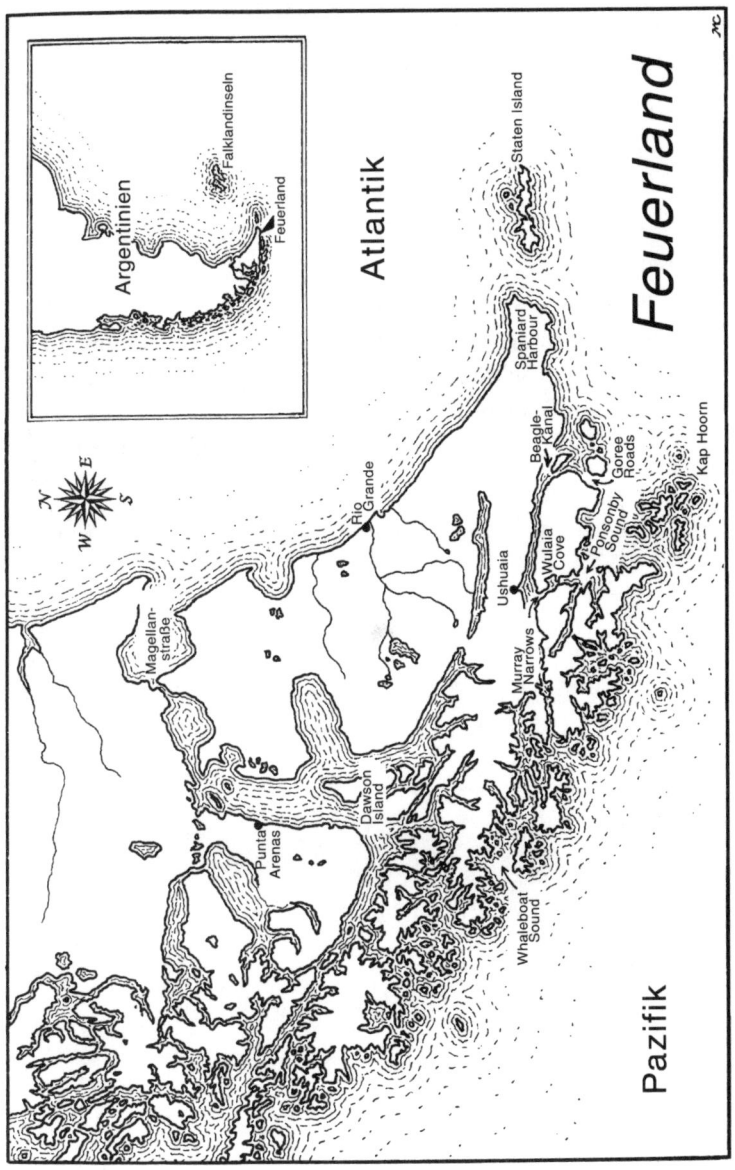

Feuerland

Atlantik

Pazifik

Argentinien

Falklandinseln

Feuerland

Staten Island

Spaniard Harbour

Beagle-Kanal

Kap Hoorn

Goree Roads

Ponsonby Sound

Wulaia Cove

Ushuaia

Río Grande

Murray Narrows

Whaleboat Sound

Dawson Island

Punta Arenas

Magellan-straße

N E S W

Flüsternd schrie er einem Bild, einer Vision zu – zweimal
schrie er, ein Schrei, der nicht mehr war als ein Hauch:
»Das Grauen! Das Grauen!«

Joseph Conrad *Herz der Finsternis*

Gericht von Port Stanley, 28. Mai 1860

Die Namen der Toten wurden verlesen …

> *»John Johnstone, Zimmermann*
> *Hugh McDowall, Matrose*
> *John Johnston, Matrose*
> *John Brown, Matrose*
> *John Fell, Maat*
> *August Peterson, Leichtmatrose*
> *Robert Fell, Kapitän*
> *Garland Phillips, Katechet«*

Acht Männer niedergemetzelt in Wulaia Cove, Feuerland. Nur der Schiffskoch Alfred Coles überlebte, um die Schuldigen zu benennen. Der Mann, der verantwortlich war, sagte er, war der Mann, der nach dem Blutbad im Bett des Kapitäns geschlafen hat.

Dieser Mann war der Feuerländer Jemmy Button.

TEIL EINS

LAND DER FEUER 1830

Eines Nachts waren viele Feuer zu sehen, die meisten linkerhand, woraus sie schlossen, daß die Eingeborenen des Gebietes sie entdeckt hatten. Magellan sah indes, daß das Land felsig und in ewiger Kälte erstarrt war, so erschien es ihm sinnlos, zahllose Tage mit seiner Erforschung zu vergeuden; und er setzte die Fahrt durch den Kanal mit nur drei Schiffen fort, bis er am zwölften Tag in ein unermeßlich weites Meer hinaussegelte.

Maximilian Transylvanus, Sekretär des Kaisers des Heiligen Römischen Reiches, Karl V., in einem Brief an den Kardinal von Salzburg

Kapitel 1

Der portugiesische Entdecker Ferdinand Magellan war im Jahre 1520 der erste Europäer, der vom Atlantik bis in den Pazifik segelte, durch eine Wasserstraße, die künftig seinen Namen tragen sollte. Im Norden lag das ausgedehnte Ödland Patagoniens, im Süden eine schroffe und unwirtliche Gegend, von der er annahm, sie sei die Spitze einer riesigen Landmasse, die man Terra Australis oder Terra Incognita nannte. Hier, so glaubte man, gebe es eine Anti-Erde, einen Ort, an dem alles anders sei, seitenvertauscht und verkehrt herum. Auf diesem auf den Kopf gestellten Kontinent, der sich bis zur Antarktis erstrecken sollte, fielen Regen und Schnee von unten nach oben, sei die Sonne schwarz, und die Eingeborenen, die Antipoden, seien sechzehnfingrige Bestien. Kaum verwunderlich also, daß Magellan nicht ankern ließ, um das Gebiet zu erforschen. Als er das Tosen des Meeres an einer noch weiter entfernten Küste vernahm, vermutete er, falls es sich wirklich um einen riesigen Kontinent handelte, müßte die vorgelagerte Inselkette dessen abgebröckelte Spitze sein.

Der Legende nach sichtete er vom Deck seines Flaggschiffs, der *Trinidad*, geheimnisvolle Rauchwolken, die in den Himmel stiegen. Nur achtzehn seiner ursprünglich 290 Männer überlebten diese erste verhängnisvolle Weltumsegelung Magellans. Als sie wieder in Spanien waren, beschrieben sie dem Kaiser des Heiligen Römischen Reiches, Karl V., was sie gesehen hatten – aller Wahrscheinlichkeit nach indianische Signale –, und dieser befand, es gebe keinen Rauch ohne Feuer, und taufte das Gebiet Tierra del Fuego – Feuerland.

Landläufigen Vorstellungen zufolge war Magellans Beobachtung im fremden Feuerland eine Höllenvision. Die fernen

Feuer waren Scheiterhaufen, auf denen die Seelen der Toten brannten, und die Wasserstraße wurde gar als eine dem Styx vergleichbare Passage zu den Ufern des Hades betrachtet. Im Laufe der Zeit sollten weitere Forschungsreisen die Wahrheit über das Land am Ende der Welt ans Licht bringen: eisige Stürme, furchtbare Wirbelwinde und Meeresstrudel erinnerten wohl weiterhin an Bilder aus der Unterwelt, jedoch nur noch metaphorisch. Zwischen dem 52. und 56. südlichen Breitengrad gelegen, ist dieser öde Vorposten eine windgepeitschte Welt aus weitverzweigten Wasserarmen und Inseln, deren Fläche etwa derjenigen Irlands entspricht. Vom Festland durch die Magellanstraße getrennt, dominiert die Isla Grande, eine große Insel im Nordosten, das Land der Feuer. Hier brachen die Anden schließlich unter dem Gewicht aufeinanderfolgender Vergletscherungen und entsetzlicher Wetterverhältnisse zusammen und stürzen in eine grausame See. Bis zu fünf Meter Regen tränken die westliche Flanke Feuerlands jährlich; im Osten, im Regenschatten der kolossalen Berge, ist der Niederschlag mit oft nur einem halben Meter im Jahr vergleichsweise gering. Wegen der Stürme, die über die düsteren Ebenen jagen, ist das trübe, aber überraschend milde Klima äußerst unbeständig. Es ist ein Land, das die frühen europäischen Entdecker mit einer angstvollen Scheu erfüllte, die sich in der Namensgebung vieler gefürchteter Orte niederschlug: Fury Bay und Fury Island, Useless Bay, Desolation Bay, Port Famine und Devil Island. Noch dazu prallen hier, am Kap Hoorn, Atlantik und Pazifik wie zwei kampfeslustige Giganten aufeinander.

Die prägenden Kräfte dieser südlichen Wildnis waren gigantische Eismassen, die auf die vulkanischen Ausläufer der Andenkette einwirkten und sich über Jahrmillionen vorschoben und wieder zurückzogen. Während der letzten 800000 Jahre wurde die Landschaft des Tierra del Fuego von den Verschiebungen mächtiger Gletscher gestaltet, die sich aus den hohen, feuchten Gipfeln der Anden in der westlichen Hälfte des Archipels speisten. Gewaltige Schmelzwasserflüsse ergossen sich von den südwestlichen Berghängen in den Pazifik, fraßen Fjorde in das Gestein und ließen wild zerklüftete Inseln entstehen. Zum Osten hin hob das Schmelzwasser große Bassins aus, die beeindruckenden Buchten und Seen, die sich überall in dieser Region finden. Glaziale Ablagerungen schufen die sanft gerundeten Moränenlandschaften und die endlosen, sich allmählich in den Atlantik senkenden Ebenen aus Geröll.

Im 16. und 17. Jahrhundert war das Innere Feuerlands mit seinen Buchenwäldern, grasbewachsenen Ebenen und großen Torfmooren für die europäischen Entdecker, die sich so weit nach Süden wagten, noch unberührtes Terrain, auch wenn es schon lange von Feuerlandindianern bewohnt wurde. Über die Ureinwohner des Archipels gibt es zahlreiche Theorien. Die wahrscheinlichste setzt zur Zeit der ersten Überquerung der Beringstraße nach Alaska an, als Menschen zum ersten Mal den amerikanischen Subkontinent betraten. In den folgenden Jahrtausenden durchstreiften Horden von Jägern und Sammlern auf der Suche nach geeigneten Jagd- und Sammelgründen langsam den Kontinent. Während der Eiszeit stießen sie in Patagonien und Feuerland auf unwirtliche Landstriche. Ungefähr vor 14 000 Jahren, als sich dort nach dem allmählichen Rückzug des Eises eine südliche Flora und Fauna zu entwickeln begann, folgten auch die umherziehenden Stämme. Es war ein einfaches, primitives Volk, für das eine Meerenge von der Breite der Magellanstraße eine unüberwindliche Hürde darstellte. Zahlreiche Hinweise legen nahe, daß es vor etwa 11 000 Jahren Perioden gegeben haben muß, in denen die heutige Wasserstraße zu Lande überquert werden konnte, weil der Meeresspiegel abgesunken war. So kamen Menschengruppen ins nördliche Feuerland, bis der Meeresspiegel vor ungefähr 8 000 Jahren mit der zunehmenden Erwärmung der Erde wieder anstieg. Die Meerenge wurde überflutet, und wer sie überquert hatte, war abgeschnitten – die ersten Bewohner Feuerlands.

An diesem äußersten Rand der Erde schlossen die Menschen sich, bedingt durch die insulare Zersplitterung, dürftige Ressourcen und entsetzliche Witterungsverhältnisse, in vereinzelten Gruppen zusammen, die sich in den folgenden Jahrtausenden immer deutlicher voneinander unterschieden, sowohl durch technologische Fortschritte wie Kanus und Waffen, als auch durch ihre Ernährungsgewohnheiten und vor allem ihre Sprache. Man schätzt, daß es zu Beginn des 19. Jahrhunderts etwa 9000 eingeborene Feuerländer gab, die sich in vier, durch ihre territorialen Ansprüche, ihre Sprache und eine wechselseitige Antipathie voneinander abgrenzende Stämme gliederten. Es gab die furchterregenden Menschen der Hauptinsel, die Selk'nam (auch unter dem Namen Ona oder Oens-Menschen bekannt), die Alakaluf (oder Kaweskar) im Westen, die Haush (oder Mannekenk), die auf der Südostspitze Feuerlands lebten – und die Yámana.

Außenstehende nannten sie Yahgans, Yapoos oder Tekeenicas, aber Yámana war das Wort, das die Kanuindianer der Beagle-Kanal-Region benutzten, wenn sie sich meinten und von Fremden abgrenzten, seien es Feuerländer oder Europäer. Wörtlich übersetzt heißt Yámana »Menschen«; und diese Menschen waren die bronzehäutigen Ureinwohner vom Rande Feuerlands, Überlebende, die sich an den südlichsten Zipfel der bewohnbaren Welt klammerten. Sie führten eine unsichere Existenz in kleinen nomadischen Gruppen südlich einer Linie, die sich von der (von den Briten kartographierten) Desolation Bay im Westen zum Spaniard Harbour im Osten zog. Die Männer waren im Schnitt etwa 155 Zentimeter groß; die noch kleineren Frauen neigten, weil sie lange Ruheperioden einlegten und sich von Robbenspeck ernährten, zum Dickwerden. Es waren jedoch starke Menschen von stämmigem Körperbau mit ausgeprägten Gesichtszügen, pechschwarzen Haaren und spitz zulaufenden Gliedmaßen.

Im Herzen ihres Gebietes lag der Yahgashaga (das Yámana-Wort für das Flußbett eines Bergtals, das auf englisch Murray Narrows hieß). In den Gewässern und an den Ufern des Beagle-Kanals und des Ponsonby Sound jagten und fischten die Yámana und suchten die Küste nach Eßbarem ab. Ihre Ausbeute bestand aus Vogeleiern, Fischen und gestrandeten Walen, aus Muscheln und Napfschnecken. Hinzu kamen Beeren und gelegentlich ein Säugetier aus den dichten Wäldern an der westlichen Flanke der Navarin Insel. Die Yámana bestritten ihr rastloses Leben an diesen Küsten in provisorischen

Hütten mit Wänden und Dächern aus Ästen, Gräsern und Blättern, die sich in kleine Höhlen duckten, welche ihnen nur wenig Schutz vor den heftigen Winden boten.

Trotz des abträglichen Klimas und ihrer dürftigen Behausungen trugen die Yámana nur wenig Kleidung. Von Ottern, Füchsen, Robben und manchmal auch von den Lama-ähnlichen Guanakos erbeuteten sie Felle, die aber gerade eben für einen Schurz oder Schulterumhang reichten. Unter den Yámana gab es nur geringe Klassenunterschiede, doch einen verarmten Yámana – einen, der kein Fell hatte – nannten sie apitupan, nackte Haut.

Die Yámana hatten nur wenige Regeln und Gesetze, und während es Anzeichen dafür gibt, daß sie abergläubisch waren, scheinen sie keine Vorstellung von einem höheren Wesen oder Gott gehabt zu haben. In ihrer Überlieferung heißt es, daß die Männer alle unangenehmen Aufgaben zu erledigen hatten, als sie Feuerland besiedelten: Sie kümmerten sich um die Mahlzeiten, bauten Hütten, waren für die Betreuung der Kinder zuständig und besorgten das Feuer. Die Frauen waren freie Geister: Sie trugen Masken und praktizierten Hexerei, sie jagten und fischten und kamen und gingen, wie es ihnen paßte. Doch die Männer warteten nur auf einen günstigen Augenblick. Vernachlässigt und unterdrückt, wagten sie schließlich die offene Rebellion, ergriffen die schrecklichen Masken und töteten die Frauen. Kein weibliches Wesen wurde verschont, mit Ausnahme der Babies. Diesen beteten sie wie ein Mantra die Losung vor: Zu dienen, das ist Euer Lebensziel. Nach jahrelanger Indoktrination konnten die Männer endlich beruhigt sein. Sie hatten ihre Herrschaft erfolgreich etabliert.

Sollte diese Geschichte einen wahren Kern haben, so spiegelte sich der jedenfalls nicht im Alltag der Einheimischen wieder, denn wenn sich die Männer auch eine gewisse Autorität gegenüber den Frauen anmaßten, so respektierten sie sie auch – anders als die Männer der Selk'nam, die ihre Frauen gnadenlos unterdrückten. Dennoch gab es eine klare geschlechtsspezifische Arbeitsteilung. Yámana-Frauen waren mächtig und übten großen Einfluß aus. Sie waren für die häuslichen Arbeiten zuständig – so bereiteten sie das Essen und kümmerten sich um die Kinder –, aber sie führten auch das Kommando über die Kanus, saßen meistens am Ruder und angelten Meeräschen und Meeraale mit dünnen Leinen aus geflochtenen Haarsträhnen, an denen sie Fischschwänze als Köder befestigt hatten. Ihr Ansehen war so groß, daß sie alle von ihnen gefangenen Fische behalten und allein bestimmen konnten, mit wem sie teilen wollten.

Die Arbeiten an Land waren eher Sache der Männer. Während die Frauen hervorragende Schwimmerinnen waren, konnten sie sich kaum über Wasser halten. Die Männer jagten, sammelten Brennholz, reparierten die Kanus und kümmerten sich um das Feuer.

Die Hauptsorge der Yámana galt der Nahrungsbeschaffung. Sie benutzten Schlingen, Fallen und Speere aus feingeschliffenen und mit Widerhaken versehenen Knochen, um Kormorane und Falkland-Dampfschiffenten zu jagen; wertvolle, bissige Hunde verfolgten Seeottern durch jedes Seetangdickicht und hetzten Guanakos über die Klippen ins Meer, wo sie für die wartenden Kanus eine leichte Beute waren. Wale und Robben griffen sie mit eigens dafür konstruierten Speeren an, deren Spitzen mit Lederbändern am Schaft befestigt waren. Wenn die Speere ihr Ziel trafen, lösten sie sich und die verwundete Kreatur zog den Schaft im Wasser hinter sich her, bis die Kraft sie verließ und die Jäger sie einholen und überwältigen konnten. Bei Ebbe kratzten die Yámana Muscheln und Napfschnecken von den Felsen. Ihren Fleischkonsum ergänzten sie durch Beeren — Belacamaim (Regenbeeren), Shanamaim (Sumpfbeeren), die leuchtend roten Büschel der Sepisa und die weintraubenähnlichen Goosch.

Fleisch und Speck wurden oft roh verzehrt, manchmal aber auch über dem Lagerfeuer gekocht, dem vielleicht wichtigsten Element überhaupt: Man kochte darauf, es vertrieb die Kälte und diente – da es Rauch erzeugte – dazu, vor Besuchern oder Gefahren zu warnen. Das Feuer am Glimmen zu halten war eine große Verantwortung: Brannte es erst einmal, durfte es nicht mehr ausgehen, wenn es doch einmal geschah, dann aus Achtlosigkeit. Ein Feuer wurde Tag und Nacht bewacht, erlosch es, mußte man sich bei den Nachbarn Glut erbetteln.

Die Yámana waren Nomaden, die in Rindenkanus oder großen Einbäumen von einem Ort zum anderen fuhren. Unter solchen Umständen stellte das Feuer ein besonderes Problem dar: Wie sollte man dafür sorgen, daß es auf dem Meer nicht ausging? Auf dem Boden des Kanus häufte man eine Mischung aus Sand und Torf, auf die ein kleines Feuer gesetzt werden konnte, ohne das Boot in Gefahr zu bringen. (Da die Kanus ohnehin alles andere als wasserdicht waren, war schon deswegen die Brandgefahr recht gering. Auf den Reisen durch die eisigen Gewässer verbreitete das Feuer zudem etwas Wärme). Steuerte eine Familie abends eine Felsenbucht an, in der sie das Boot nicht an Land ziehen konnte, paddelte die Frau so nah wie möglich an die Küste, und der Mann trug das Feuer an Land. Dann ruderte die Frau hinaus – manchmal mehrere hundert Meter – bis sie auf ein Seetangbett stieß, wo sie das Boot vertäute. Danach sprang sie in das eisige Wasser und schwamm zu ihrer Familie ans wärmende Lagerfeuer.

Vorbeiziehende Reisende saßen an diesen Feuern und berichteten von Neuigkeiten: wo Wale oder Robben gesehen worden waren, wo die Alacusch nisteten, welche entfernten Verwandten gestorben waren. An diesen Feuern wurden auch die vielen Geschichten der Yámana-Folklore an die nächste Generation weitergegeben, etwa die Geschichte, wie das Kanu erfunden wurde, und die von dem Steinmann, der junge Mädchen aß. Neben Erzählungen über Inzest, Untreue, Menstruation, Gewalt und Götter in Menschengestalt, hörten schon die kleinen Kinder, wie der wilde Wasana in eine Maus verwandelt wurde und wie der Barsch zu seinem flachen Kopf kam, sie hörten Geschichten von wilden Männern, die in den Wäldern lebten, und von Monstern, die in den Seen hausten.

Die Geschichte Feuerlands ist von zahlreichen Ausbeutern, Entdeckern und Siedlern erzählt worden: In den Chroniken und Berichten von Magellan, Drake, de Sarmiento, van Noort, Anson, FitzRoy, Darwin und Bridges, um nur einige zu nennen. Die Feuerländer kommen darin nicht vor, und wenn doch, dann lediglich als Monster, Ärgernisse und Hindernisse für den Fortschritt des weißen Mannes und seiner Zivilisation.

Für die meisten Europäer und Nordamerikaner, die sich in diesen Teil der Welt vorwagten, waren sie primitive, bedauernswerte Wilde, gesetzlose Heiden, die im Dreck lebten – wie Darwin später sagen sollte, waren sie »die erbärmlichsten und elendsten Kreaturen, die ich je zu Gesicht bekommen habe« – und es nicht wert waren, daß man ihre Geschichte aufzeichnete. Als sie schließlich doch Erwähnung fanden, wie in den Darstellungen der in den siebziger Jahren des 19. Jahrhunderts gegründeten Ushuaia Missionsstation, war es zum einen bereits zu spät, zum anderen standen ihre Zuhörer im Banne viktorianischer Normvorstellungen und Vorurteile. Tragischer noch war, daß es zu dem Zeitpunkt, als Historiker, Anthropologen, Archäologen und Ethnologen mit einer anderen, deutlich anteilnehmenderen Einstellung die Szene betraten, buchstäblich niemanden mehr gab, den man hätte erforschen können. Ausgelöscht durch einen Genozid mit Gewehrkugeln und eingeschleppten Krankheiten, nahmen die feuerländischen Völker den größten Teil ihrer Geschichte für immer mit sich.

Als diese Geschichte begann, nämlich im Mai 1830, war nichts Ungewöhnliches an einem Jungen namens Orundellico. Er war noch keine fünfzehn und lebte an den Ufern des Yahgashaga in einem lockeren Gruppenverband, der sich aus seinen Eltern und Geschwistern sowie einigen Onkeln mit ihren Familien zusammensetzte. Als der Winter sich ankündigte und der Himmel sich zu verdunkeln begann, sickerten Nachrichten zu ihnen durch, daß sich weiße Männer in ihrer Gegend herumtrieben. Das beunruhigte Orundellicos Leute nicht weiter. Ihre Begegnungen mit den merkwürdigen Besuchern waren im großen und ganzen freundlich verlaufen, und als die weißen Männer um den 7. Mai herum schließlich auftauchten, löste das kaum Verwirrung aus. Mit den Fremden konnte man Hunde tauschen, getrockneten Fisch, funkelnde Steine, Metallobjekte und die Stoffbahnen, auf die die Yámana so versessen waren.

Kaum kreuzte das große Boot der Europäer an ihrer Küste, setzte sich Orundellicos Familie in drei Kanus und nahm die Verfolgung auf. Sie hatten Fisch und Felle zum Tauschen dabei. Orundellico saß zwischen mehreren seiner Onkel. Alle waren begierig, als erste mit den Fremden Kontakt aufzunehmen, weil das die Tauschchancen erhöhte, und so waren sie sicher sehr zufrieden, als sie noch in Sichtweite der Küste allein auf das Schiff stießen. Sie begrüßten es, indem sie die Tauschobjekte über ihren Köpfen in der Luft schwenkten und sich mit geballten Fäusten auf die Brust schlugen. Alles schien normal zu verlaufen, die weißen Männer ließen Interesse erkennen, die Fische wurden begutachtet und gegen Tand eingehandelt – da geschah etwas Unerwartetes. Die Fakten sind bekannt: Im Verlauf der nächsten Minuten wurde Orundellico aus seinem Kanu an Bord des fremden Bootes gehievt. Einem seiner Onkel warf man einen großen Knopf als Bezahlung zu. Dann fuhren die weißen Männer mit Orundellico davon. Unklar ist, ob und wieviel Zwang ausgeübt wurde, ob auf Seiten der Feuerländer überhaupt Bereitschaft bestand, einen der Ihren einzutauschen, und ob sie das Geschäft verstanden. Der einzige Bericht, den wir über diesen Moment haben, ist der von Robert FitzRoy, dem Kapitän der *Beagle*, der für das besagte Walboot verantwortlich war. Sein Bericht vom 11. Mai liest sich so:

… wir hielten Kurs, wurden aber in Sichtweite der Narrows von drei Kanus angehalten, voll besetzt mit Eingeborenen, die auf Tausch aus waren. Wir gaben ihnen ein paar Perlen und Knöpfe für etwas Fisch, und ohne daß ich es vorher geplant hatte, forderte ich einen Jungen auf, aus seinem Kanu in unser Boot herüberzukommen. Dem Mann, in dessen Kanu er saß, reichte ich einen großen schimmernden Perlmuttknopf. Der Junge stieg sogleich in mein Boot und setzte sich nieder. Als ich sah, daß er und seine Freunde zufrieden schienen, legten wir uns in die Ruder und fuhren in der just aufkommenden leichten Brise weiter. Ich dachte mir, daß sich diese zufällige Begebenheit zum Nutzen der Eingeborenen wenden könnte, und auch zu dem unseren, und ich beschloß, einen Vorteil daraus zu ziehen. Das Kanu, mit dem der Junge gekommen war, paddelte zur Küste zurück …

Es gibt keine Möglichkeit, die Zuverlässigkeit dieses Berichts zu überprüfen; wir werden niemals wissen, ob Orundellico gerne in das große Boot kletterte, oder ob er vielmehr um sich trat und laut schreiend von der Seite seines Onkels gerissen wurde. FitzRoy sprach kein Yámana, und die Feuerländer konnten kein Englisch. Es ist mehr als unwahrscheinlich, daß sie begriffen, was Orundellico bevorstand – und wenn sie es gewußt hätten, hätten sie ihn dann wirklich für einen abgerissenen Knopf verkauft? Doch wie die Entführung auch vor sich gegangen sein mag, FitzRoy war sich einer Tatsache sehr wohl bewußt: Hätte er seinen Männern wirklich befohlen, den Jungen ins Boot zu zerren und gegen seinen Willen festzuhalten, wäre er für einen Kindesraub verantwortlich gewesen, für den er einen ernsthaften Verweis zu erwarten hatte. Von daher ist es unwahrscheinlich, daß er so etwas in seiner offiziellen Darstellung zugegeben hätte.

Das Walboot landete bald darauf an einem Strand, wo das Nachtlager aufgeschlagen wurde. Orundellico muß schnell begriffen haben, daß er sich nicht auf einer Guanako-Jagd befand. Ob er nun freiwillig von seinen Eltern eingetauscht oder von den englischen Händlern gewaltsam an Bord gezerrt worden war, die Folgen für ihn blieben dieselben: Er wurde verschleppt. In diesem entscheidenden Augenblick, als Orundellico von einem Boot ins andere überwechselte, überquerte er eine unsichtbare Grenze. Seine feuerländische Identität würde er in seinem neuen Leben bald abstreifen, mitsamt seiner Kleidung, seinen Gewohnheiten und seiner Sprache. Als erstes raubten ihm die Entführer jedoch seinen Namen. Als sie das Kind aus Feuerland in ihr Boot hievten, wurde aus Orundellico Jemmy Button.

Kapitel 2

Im Mai 1830 war FitzRoy knapp achtzehn Monate auf der *Beagle*. Seine Bekantschaft mit Feuerland war gerade ein Jahr alt, eine herausfordernde, frustrierende und zeitweise ärgerliche Erfahrung. Als er das Kommando über das Schiff – sein erster Kapitänsposten – übernahm, war er dreiundzwanzig Jahre alt, und er tat dies unter tragischen Umständen.

Die beiden Schiffe HMS *Adventure* und HMS *Beagle* waren 1826 von England aus in See gestochen mit dem Auftrag, die exakte Länge der Stadt Montevideo und des Cape Santa Maria festzustellen. Danach sollten sie die südliche Küste Südamerikas vermessen, von Kap St. Antonio am Atlantik bis zu der Insel Chiloe im Pazifik. Selbst auf dem kürzesten Weg, dem durch die Magellanstraße, wäre dies eine Vermessung von mehr als 2500 Meilen gewesen; um Kap Hoorn herum wären noch einmal 500 Meilen hinzugekommen. Doch so lautete der Auftrag für die beiden Schiffe, und hinzu kam die Kartografierung der zerklüfteten Buchten und Kanäle Feuerlands und der labyrinthischen Westküste Patagoniens, vieler hundert, wenn nicht tausend zusätzlicher Meilen.

Die Begründung für die Arbeit war einfach: Vor dem Bau des Panamakanals war die Passage um Kap Hoorn und Feuerland eine der bedeutendsten Schiffswege der Welt und die Hauptroute zur Umschiffung der amerikanischen Kontinente, aber zahllose Schiffe verunglückten an diesen schrecklichen Küsten – gegen Ende des 19. Jahrhunderts sanken jedes Jahr bis zu neun allein vor Staten Island an der östlichen Spitze des Archipels. Die geplante Vermessung würde die Route viel sicherer machen. Es ging jedoch um mehr: um Eroberung und Einfluß durch das Kartografieren. Die Royal Navy war die größte und respektheischendste Seemacht der Welt, die selbst-ernannte Weltpolizei: Informationen waren nicht nur zur Sicherung ihrer Machtposition entscheidend, Routen und Küstenlinien unerforschter Meeresstraßen und unbekannter Gefilde aufzuzeichnen verlieh ihr und ihren Offizieren auch Status und Ansehen.

Der Kopf der Forschungsreise der *Adventure* war Kapitän Philip Parker King. Der Sohn des ersten Gouverneurs von New South Wales hatte sich bereits durch die Vermessung der Küste Australiens Lorbeeren verdient, obwohl er erst Mitte dreißig war.

Seine Nummer zwei, mit dem Kommando über die *Beagle*, war Pringle Stokes, ein fleißiger Seemann von zarter Gesundheit, den King begeistert für seinen »Wagemut, seine Geschicklichkeit und seine Seemannskunst« lobte. Sie teilten sich die Vermessungsarbeit untereinander auf: Während die *Adventure* sich auf das Gebiet um Port Famine östlich der Magellanstraße konzentrierte, steuerte die *Beagle* weiter zum westlichen Ende der Meeresstraße, um die Positionen von Cape Pillar und Cape Victory zu bestimmen und danach die Evangelist Islands zu vermessen. In den folgenden Monaten sollten die Mannschaften der beiden Schiffe einige Abenteuer erleben – einschließlich der Rettung einer in Fury Bay gestrandeten Besatzung durch die *Beagle* –, bevor sie zusammen zurück nach Rio de Janeiro segelten, wo die Schiffe überholt werden sollten.

Im März 1828 bekam Stokes den Auftrag, die Pazifikküste Patagoniens vom westlichen Ende der Magellanstraße bis zum nördlichsten Punkt des Golf von Peñas zu kartographieren. Die schwierige und strapaziöse Reise ging über mehr als 400 Meilen und fünf Breitengrade. Sie kamen nur langsam voran: Das Wetter spielte ihnen üble Streiche mit heftigen Stürmen, mit Hurrikan- oder Wirbelwind-Böen und langen Perioden lähmender Windstille. Ein Mann starb an einer »Entzündung der Eingeweide«, Krankheiten schwächten die Seeleute, das Schiffsdeck war ständig überflutet, Regen drückte die Stimmung der Männer, und Tage vergingen, an denen Vermessungen unmöglich waren. Erschöpfung setzte ein, und Stokes war überwältigt von der Eintönigkeit des Landes, in das er geschickt worden war.

Vier Monate nachdem sie sich von der *Adventure* getrennt hatte traf die *Beagle* in Port Famine wieder mit ihrem Schwesterschiff zusammen. Es war der 27. Juli 1828, das Schiff war drei Tage überfällig, und man sorgte sich schon um seinen Verbleib. Als sie am Heck der *Adventure* vorbeisegelte, rief Pringle Stokes Stellvertreter, Leutnant Skyring, vom Deck der *Beagle* die schlechte Nachricht herüber, der Kapitän sei krank und an seine Kajüte gefesselt. King ging an Bord und traf Stokes kurz vor einem durch extreme Erschöpfung und Demoralisierung ausgelösten geistigen Zusammenbruch an. »Er sagte die Härte, die seine Offiziere und die Mannschaft unter seiner Leitung zu ertragen gehabt hatten, quäle ihn … Ich war erschrocken über den verzagten Ton seiner Worte.« Auf Erklärungen hoffend, las King Stokes Logbuch, wo er den Grund für dessen Schwermut fand:

Nichts könnte trister sein als die Szenerie, die uns umgibt. Die hochaufragenden, öden, unfruchtbaren Gipfel, welche die unwirtlichen Küsten dieses schmalen Meeresarms umgeben, waren bis weit hinunter in dichte Wolken gehüllt, die von den grimmigen Böen, die uns bestürmten, traktiert wurden, ohne daß sie sich bewegten: sie schienen so unbeweglich zu sein wie die Berge, auf denen sie ruhten.

Um uns herum – einige nicht weiter entfernt als zwei Drittel eines Ankertaus – lagen felsige Inseln, gepeitscht von einer ungeheuren Brandung, und wie um die Trostlosigkeit und vollkommene Einsamkeit der Szene zu vervollständigen, schienen sogar Vögel diese Gegend zu meiden. Das Wetter war so (wie Thomson nachdrücklich meinte), daß »die Seele des Menschen in ihm stirbt«.

In den nächsten Tagen schwebte Stokes ständig zwischen Delirium und Klarsicht. King schrieb: »Mir kam der Verdacht, daß mit ihm nicht alles in Ordnung war …« Dieser Verdacht war wohlbegründet. Am 1. August kam von der *Beagle* ein Boot mit der Nachricht herüber, daß Stokes in eine tiefe Depression gefallen war und sich, allein in seiner Kajüte, eine Waffe an den Kopf gehalten und abgedrückt hatte. Alle Bemühungen waren vergebens; die Schiffsärzte konnten nichts tun, um sein Leben zu retten.

Während des folgenden viertägigen Deliriums beschäftigte Stokes sich viel mit Umständen und Situationen der Seereise, aus denen sie mit der *Beagle* oft nur um Haaresbreite entkommen waren. In den folgenden drei Tagen erholte er sich so weit, daß er mich häufig sehen konnte, und er hoffte, er werde sich erholen, wenn auch sonst niemand diese Hoffnung teilte. Dann verschlimmerte sich sein Zustand, und nachdem er unter äußerst starken Schmerzen gelitten hatte, verschied er am Morgen des 12.

So kam es, daß Robert FitzRoy, Flaggenleutnant auf der in Brasilien stationierten HMS *Ganges*, im November 1828 das Kommando über die *Beagle* zugeteilt bekam, die kurz zuvor mit der traurigen Nachricht in Rio eingelaufen war.

Ein schwieriger Auftrag für den jungen Mann. Das Vermessen war eine anspruchsvolle Arbeit, FitzRoy war an Stokes erwartetem Nachfolger, Skyring, vorbei befördert worden, und nach dem Tod des Kapitäns lag Schwermut über dem Schiff. Eine von FitzRoys ersten Aufgaben würde es sein, die Moral wiederherzustellen und seine Position zu festigen. Trotz seiner Jugend war er für die bevorstehende Aufgabe gut qualifiziert. Er war ein mit der Goldmedaille ausgezeichneter Absolvent der Marineakademie in Portsmouth, und seine Karriere war mit der Unterstützung einflußreicher Verwandter, harter Arbeit und seiner unzweifelhaften Seemannskunst rasch vorangeschritten. Er hatte vom einfachen Leutnant zur See nur neun Jahre gebraucht, um das Kommando über ein eigenes Schiff zu erhalten. Aber er war ein Mann starker Gegensätze. Als Enkel des dritten Herzog von Grafton stammte er aus einer aristokratischen Familie und konnte eine gerade Abstammungslinie bis zu Charles II. und dessen Geliebter Barbara Villiers nachweisen, eines, wie der Name FitzRoy schließen läßt, unehelichen Sohnes eines Königs. Seine politische

Überzeugung war die eines Erztory: er war bigott und sitten-
streng und stand für die Autorität der Kirche und die Macht
der Grundbesitzer ein. Und er war von der Notwendigkeit der
Sklaverei überzeugt.

FitzRoy war ein strenger Vorgesetzter, der auf entschlos-
sene, aber gerechte Behandlung vertraute. Er glaubte, daß die
Bestrafung stets im Verhältnis zum jeweiligen Vergehen stehen sollte. Viele Männer wurden auf den zwei Reisen mit der
Beagle unter seinem Kommando körperlichen Züchtigungen
unterzogen, aber er brüstete sich damit, daß alle den Zweck
der Bestrafung und deren innewohnende Gerechtigkeit verstanden. Wenn er auch von den Männern um ihn herum nicht
geliebt wurde, wurde er doch als Mann von Prinzipien respek-
tiert, der zu seinem Wort stand. Hinzu kam seine unermüdliche Energie. Die Mannschaft fand in FitzRoy einen Mann,
der durch sein Beispiel führte, einen Kapitän, der sich niemals
vor seiner Verantwortung drückte und stets der erste war, der
anpackte, wenn es hieß, das Schiff über Wasser und auf Kurs
zu halten.

Wenn er auch die Zuversicht und Selbstsicherheit an den Tag
legte, die mit seinem sozialen Rang einhergingen, zeigte er
nichtsdestoweniger auch viel von der damit verbundenen Cha-
rakterschwäche. Er war ein unbeständiger, unberechenbarer
Mann, Eigenschaften, die später in Labilität umschlugen.
»Blaue Übel« nannte er die düsteren Stimmungen, die Selbst-
zweifel, Unzufriedenheit und Niedergeschlagenheit in ihm
weckten. 1822 hatte sein Onkel, der Außenminister, sich die
Kehle durchgeschnitten, was FitzRoys Seele schwer belastete.
Jetzt steuerte er einen unwirtlichen Außenposten der Welt an,
um das Kommando eines Mannes zu übernehmen, der sich
ebenfalls das Leben genommen hatte. Das Ergebnis war un-
erwartete Schärfe, ein aufbrausendes Naturell, das den stärksten Matrosen das Fürchten lehren konnte. Diese launischen
Tobsuchtsanfälle beunruhigten die ihm unmittelbar unterstell-
ten Offiziere, die nicht selten an seiner Zurechnungsfähigkeit
zweifelten. Um seine jeweilige Stimmung einzuschätzen, er-
dachten sie kleine Signale und Warnzeichen. Angesehene Offiziere informierten sich bei Dienstantritt über die Stimmung

des Kapitäns, indem sie fragten, »ob an diesem Morgen viel heißer Kaffee verteilt« worden sei.

Die *Beagle* und ihr neuer Kapitän erreichten im April 1829 die Magellanstraße, und im selben Monat traf FitzRoy auf die ersten Feuerlandindianer.

… ihr Haar hing an allen Seiten hinab wie altes Dachstroh, und ihre Haut war von einer rotbraunen Farbe, sie waren von oben bis unten mit Öl beschmiert und sehr schmutzig. Ihre Gesichter waren häßlich, aber eigentümlich; und wenn man der Physiognomie trauen kann, zeigten sie Gerissenheit, Trägheit, Abgestumpftheit, geringen Verstand und einen Mangel an Energie. Ich bemerkte, daß die Stirn sehr klein und schlecht geformt war, die Nase war lang, zwischen den Augen schmal und breit an der Spitze; und die Oberlippe lang und vorstehend …

Unterstützt von dem neuerworbenen Schoner HMS *Adelaide* – der nach Rio überführt worden war, um die Expedition dynamischer zu machen – sollte die *Beagle* die Magellanstraße passieren und die westlichen Gewässer und Meerengen Feuerlands erforschen, bevor sie wieder Kurs nach Norden auf die Chiloe-Insel nehmen würde, um dort auf die HMS *Adventure* zu treffen und neue Anweisungen von Kapitän King entgegenzunehmen. Die geografischen Gegebenheiten, die gewundenen Meeresarme, flachen Küsten und unpassierbaren Fahrrinnen bedeuteten, daß der größere Teil der Arbeit nicht von Deck des Schiffes aus getan werden konnte, sondern von den beweglicheren Bei- und Walbooten aus. Einzelne Vermessungstrupps wurden mit Vorräten und Ausrüstung ausgestattet und für Tage, manchmal Wochen losgeschickt, um die Küsten zu vermessen, ihren Kurs abzustecken und alles zu dokumentieren. Als Folge davon kamen sie in Kontakt mit der einheimischen Bevölkerung, die überall in der Inselwelt lebte.

In den dreihundert Jahren seit Magellans Reise hatte es nicht weniger als einundachtzig Expeditionen nach Feuerland gegeben, eine wechselhafte Geschichte von Brutalität und Toleranz im Umgang der Europäer mit den Indianern. Drakes

Geistlicher, Francis Fletcher, hatte geschrieben, die Inselwelt werde »häufig von hübschen & harmlosen Menschen aufgesucht, aber nackte Männer & Frauen & Kinder ... höflich und ungezwungen gegenüber Fremden«. Im November 1599 nahm jedoch der holländische Admiral Oliver van Noort Anstoß an einer Gruppe eingeborener Männer am Cape Nassau, die ihre Waffen herausfordernd gegen die vorbeifahrenden Schiffe erhoben. Van Noort folgte ihnen zu einer Höhle, »die sie hartnäckig bis auf den letzten Mann verteidigten, sie starben alle an Ort und Stelle. Die Holländer fanden ihre Frauen und Kinder in diesem dunklen Loch; und die Mütter, die nichts anderes erwarteten, als mit ihren Kindern sofort zu sterben, schützten die Kleinsten mit ihren Körpern, entschlossen, den ersten Stoß selbst zu empfangen.« Das Gemetzel war jedoch vorbei, und die holländische Mannschaft verließ den Ort des Schreckens mit vier Jungen und zwei Mädchen als Geiseln.

Ein anderer holländischer Entdecker, Sebald de Weert, der 1599 drei Monate in Feuerland gestrandet war, vermutete, die Feuerlandbewohner seien Nachkommen eines ausgestorbenen walisischen Stammes. Er schrieb, »Pinguin bedeutet im Britischen (gewöhnlich Walisisch genannt) weißer Kopf, und diese Vögel haben weiße Köpfe. Es ist seither erörtert worden, daß diese Wilden Nachkommen einer Kolonie von Briten sind, die vermutlich um das Jahr 1170 herum von Madoc, Prinz von Nordwales, in Amerika angesiedelt wurden.« De Weert entführte ein etwa vier Jahre altes Mädchen, das er mit nach Amsterdam nahm, wo es starb.

Die Gewalt ging aber nicht nur von einer Seite aus: Schiffbrüchige Matrosen konnten von den Indianern, denen sie begegneten, kaum Mitleid erwarten. Wo sich Hilfe einstellte, gab es oft unangenehme Überraschungen. Als das britische Schiff *Wager* 1741 an der Küste von Feuerland Schiffbruch erlitt, half den Überlebenden eine Weile ein Feuerlandbewohner, den sie Martin nannten. Eines Tages zog Martin mit seiner Frau in ihrem Kanu los, um Seeigel zu sammeln. Sie füllten einen Korb, und bei ihrer Rückkehr wurden sie von ihrem kleinen Sohn willkommen geheißen, der ihnen ins Meer entgegenlief.

Martin reichte dem Jungen den Korb, aber dieser ließ ihn fallen. Der Feuerlandbewohner packte seinen Sohn und schleuderte ihn gegen die Felsen. Der Junge starb in einer Blutlache. Martin ging unbeteiligt davon. Die gestrandeten Seeleute sahen ungläubig zu.

Europäer sahen in den Feuerlandbewohnern kaum etwas anderes als Wilde; Beschreibungen früher Verständigungsversuche zwischen der Besatzung der *Beagle* und den verschiedenen Stämmen auf Feuerland lassen keinen Zweifel darüber, daß diese »zivilisierten«, gebildeten und stubenreinen Europäer Ekel empfanden, als sie die Ortsansässigen dabei beobachteten, wie diese sich an ihrer Lieblingsspeise, Walspeck, ergötzten: »... Die ganze Angelegenheit ist von Anfang bis Ende ein höchst widerwärtiger Anblick; und die Miene des Tranchierers ist unbeschreiblich, denn seine auf den Speck gerichteten Augen schielen entsetzlich und machen sein häßliches Gesicht noch abscheulicher.« Der Speck wurde durch die Zähne gezogen, gelutscht, im Feuer gewärmt, in schmale Stücke geschnitten und ohne zu kauen heruntergeschluckt.

Um die gleiche Zeit berichtete Kapitän King, daß während eines anscheinend freundlichen Zusammentreffens einer der Feuerländer, »der wie ein halber Idiot aussah, mir ins Gesicht spuckte; da es aber augenscheinlich nicht im Zorn geschah und er von seinen Kameraden entfernt wurde, war sein unhöfliches Betragen bald vergeben«. Kein Wunder, daß »zivilisierte« Besucher über die Interessen der Feuerländer hinwegsahen und sie mit Geringschätzung behandelten. Amerikanische Robbenfänger, die häufig in der Gegend zu tun hatten, mißhandelten ihre Bewohner; bei einer Gelegenheit vertrieb sich ein amerikanischer Kapitän die Zeit sogar dadurch, daß er mit einer Kartätsche auf die Indianer am Strand feuerte.

Doch im großen und ganzen waren die frühen Treffen zwischen FitzRoys Landvermessern und den Einheimischen banal, langweilig und ein wenig lästig. Kanus mit Indianern folgten den britischen Booten mit dürrem Fisch und noch fadenscheinigeren Pelzen zum Tausch. Sie verfolgten die Briten beharrlich und ihr Geschrei, »*Yammerschooner*«, das die Briten als »gib mir« deuteten, war hartnäckig und ohrenbetäubend. So oft es ihnen gelang, kletterten die Feuerlandbewohner in die Boote, klopften den Fremden kräftig auf die Brust und drängten ihnen Gegenstände zum Tausch gegen Schmuck, Glasperlen, Lumpen und Kleider auf. Manchmal blieben sie Stunden.

Der Handel konnte unterhaltsam und informativ sein, so etwa als FitzRoy die Indianer mit seiner Uhr in Erstaunen setzte, indem er sie ihnen ans Ohr hielt: »… Alle kamen an die Reihe, dem Ticken zu lauschen. Ich zeigte auf die Uhr und dann auf den Himmel; sie schüttelten den Kopf und sahen plötzlich so ernst aus, daß ich mir angesichts ihres Verhaltens in diesem Augenblick und dessen, was ich ihren Gesten entnahm, sicher war, daß sie eine Vorstellung von einem Höheren Wesen hatten, obwohl sie kein Bild oder etwas ähnliches haben und es uns auch nicht so schien, als hätten sie irgendeine Art von Gottesdienst.« Manchmal war der Tauschhandel auch verwirrend. FitzRoy kaufte für eine Prise Tabak einen Hund, doch dann stellte er fest, daß der frühere Besitzer ihn zurück haben wollte. Der Feuerländer warf FitzRoy Beschimpfungen an den Kopf und beschwor den Wind, ihn zu zerstören. Die Frau weinte und schimpfte. Die »Gesten des Mannes waren sehr ausdrucksvoll und lebendig. Ich war überrascht, daß ihnen so sehr an einem erbärmlichen, kleinen, halbverhungerten Welpen lag, und machte sie glücklich, indem ich ihn zurückgab, ohne nach dem Tabak zu fragen.« Diese Begegnungen, bei denen die Feuerlandbewohner kleine Diebstähle begingen, beleidigten vielleicht auch die spröde Förmlichkeit des Kapitäns und seiner Offiziere. Am Anfang seiner Reise mit der *Beagle* war Kapitän King ein überraschender Tauschhandel angeboten worden. Ein Indianer war so verzweifelt, daß er, wie King bemerkte, »zuletzt seine Frau zum Tausch anbot, die ihre eingebildeten Reize einsetzte, um sein Angebot zu unterstützen … Sie schätzten Perlen und Knöpfe so hoch, daß wir für ein paar davon das Kanu, seine Frau und Kinder, ihre Hunde und die gesamte Ausstattung bekommen hätten.« Das kam nicht selten vor. Bei einer anderen Gelegenheit wurde FitzRoy ein ähnlicher Vorschlag gemacht:

Ein Mann, der sich von all seinem verfügbaren Besitz getrennt hatte, bot uns eine seiner Töchter an, ein zartes Mädchen von 14 oder 15 Jahren, um noch etwas Tand zu erhalten, und als wir ablehnten, wurde er lästig und setzte uns sehr zu, den Handel für den Preis, der zum Spaß vereinbart worden war, abzuschließen; nur mit Mühe konnten wir ihn davon überzeugen, daß wir es nicht ernst meinten.

Die häufigen Begegnungen bereiteten jedoch zunehmend Sorgen. Sie verlangsamten die Vermessungsarbeiten auch wegen der ständigen Wachsamkeit, mit der man die unablässigen kleinen Diebstähle in Schach halten mußte. Hinzu kam noch ein ernsteres Problem. Viele der frühen Verhandlungen zwischen den Seeleuten der *Beagle* und den Feuerlandbewohnern waren von einer latenten Spannung begleitet, einer unausgesprochenen Drohung von Gewalt auf beiden Seiten. Die Briten behaupteten, das sei ein reiner Verteidigungsreflex gewesen, da sie den Verdacht hatten, viele Indianer wünschten ihnen Böses. Wenn Mannschaftsmitglieder an Land kampierten, stellten sie Wächter um ihre Zelte auf, schossen demonstrativ mit ihren Musketen und zogen mit Seilen Grenzen in den Sand, welche die Feuerländer nicht übertreten durften. Gelegentlich explodierte die Stimmung. Im Juni 1828 schleuderte ein Feuerländer, der ständig die Grenzlinie übertrat, einen Felsbrocken nach einer Wache. Er wurde von einem Seemann eigenhändig hinter die Grenzlinie befördert, »woraufhin er zu seinem Kanu lief und mehrere Speere holte … aber das Auftauchen von zwei oder drei Musketen brachte ihn zur Besinnung, und die Speere verschwanden wieder im Kanu; danach wurde er zutraulich und anscheinend freundlich«.

Ende 1829 gab es eine noch gefährlichere Situation. Vier Tage vor Weihnachten wurden einige Seeleute in einem Boot ausgeschickt, um das östliche Ende von Landfall Island zu kartografieren. Die Aufgabe war in wenigen Tagen zu bewältigen, aber das Wetter verschlechterte sich, und so hielt FitzRoy besorgt von Deck Ausschau nach ihnen. Weihnachten ging vorbei. Inzwischen waren der kleinen Gruppe sicher die Nahrungsmittel ausgegangen. FitzRoy wurde unruhig. Am

27. Dezember erspähte der Beobachtungsposten der *Beagle* den vermißten Maat und den Steuermann, die winkend am Strand standen. Ein Boot wurde nach ihnen ausgeschickt. Sie waren erschöpft und schwach, da sie drei Tage nichts gegessen hatten und den vorangegangenen Nachmittag und die Nacht damit verbracht hatten, zum Schiff zurückzulaufen. Der Rest ihrer Gruppe war noch in einer Höhle auf der anderen Seite der Insel. Sie hatten jeden Tag versucht, zurückzugehen, waren jedoch von heftigen Sturmböen daran gehindert worden. Das entsetzliche Wetter hatte Munition und Zunder unbrauchbar gemacht – sie waren nicht nur seit Heiligabend ohne Nahrung gewesen, sie hatten auch kein Feuer anzünden können. Noch schwerwiegender war allerdings, daß sich zwanzig Feuerländer ihren geschwächten Zustand zunutze gemacht, den Steuermann überfallen und seine Kleider gestohlen hatten, als der Rest der Gruppe zur Küste hinunter gegangen war.

FitzRoy nahm das Boot und holte die vermißten Männer zurück. Sein Plan, sich an den grausamen Feuerlandbewohnern zu rächen, wurde dadurch vereitelt, daß sie wie vom Erdboden verschluckt waren. Das Wetter, die Arbeit und die Einsamkeit setzten dem jungen Kapitän allmählich zu. Als wären die Bedingungen allein nicht schon schlimm genug, mußte er auch noch mit den fortwährenden Diebstählen der Indianer, ihrem unaufhörlichen Geplapper, ihrer unermüdlichen Verfolgung und jetzt auch noch mit ihrem Angriff auf einen seiner Männer fertig werden. Seine Nachsicht schwand zusehends, denn seine Nerven waren gereizt.

Kapitel 3

Ein Walboot gab für FitzRoy schließlich den Ausschlag. Ende Januar 1830 brachen der Schiffsführer, der Steuermann und eine kleine Truppe zu einer dreitägigen Expedition auf, um die Gewässer am westlichen Rand Feuerlands zu kartographieren.

In den Tagen darauf verschlechterte sich das Wetter; Stürme fegten über die vor Anker liegende *Beagle*, und die Expedition kam nicht zum erwarteten Zeitpunkt zurück. Stunde um Stunde verging ohne das geringste Zeichen. Eine Woche später hatten sie noch immer keine Nachricht von der Truppe. Am 5. Februar wurde FitzRoy um drei Uhr morgens aus dem Schlaf gerissen. Der verschollene Steuermann und zwei der Männer hatten in einem plumpen, korbähnlichen, aus Ästen und Zeltresten gebauten und mit Lehm abgedichteten Boot das Schiff erreicht.

Das Walboot sei verloren, erzählte der Steuermann, von Indianern gestohlen. Der Rest der Mannschaft habe sich in einer Höhle am Cape Desolation in Sicherheit gebracht, es sei jedoch furchtbar kalt und sie hätten auch nichts mehr zu essen, weil fast alle Lebensmittel mit dem Boot verschwunden seien. Dem Hunger und den Indianern gleichermaßen ausgesetzt, hatte der Schiffsführer den Bau des zerbrechlichen Gefährts angeordnet. Mit etwas Zwieback als Wegzehrung waren die drei Männer den ganzen Tag und die folgende Nacht hindurch gerudert, bis sie am Rande der Erschöpfung vom Anschlagen der Schiffshunde aufgeschreckt wurden.

FitzRoy war wütend. So ganz mochte er zuerst nicht daran glauben, daß die Feuerländer das Boot gestohlen hatten. Er vermutete zunächst, die Männer wollten durch List eine

Nachlässigkeit vertuschen. Andererseits spürte er, daß das, was sie ihm zutrugen, wahr sein mußte. Er machte sich Sorgen wegen der bedrohlichen Lage seiner Männer und war empört über den Verlust des Bootes. Eines hatte die *Beagle* auf der Reise bereits verloren; es war während einer Rast auf der Insel Chiloe gebaut worden und, wie FitzRoy behauptete, ein ganz besonders gutes Stück Handarbeit gewesen. Die Situation hatte sich zugespitzt. So wenig Nachsicht er mit den Feuerländern gehabt hatte, sie war ihm nun gründlich vergangen. Man spürt aber, daß der Kapitän hinter diesem Schleier von Wut einen Moment der Klarheit hatte. Monate des Ärgers, in denen er geduldet hatte, was keine Duldung verdiente, Monate, in denen sie die Indianer mit Samthandschuhen angefaßt hatten, sie waren wie weggeblasen. Er würde seine Männer retten und die Wilden dann angemessen für ihr Vergehen bestrafen.

Für die unmittelbar bevorstehende Abfahrt wurde ein Boot gerüstet. Proviant für elf Männer und vierzehn Tage, zwei Zelte und saubere, trockene Kleidungsstücke wurden an Bord gebracht, und in einem periodisch einsetzenden Regen und einem frischen Wind, ruderte der Rettungstrupp los. So begann eine Suche, die sich monatelang hinzog und zu einer Obsession wurde: die absonderliche Verfolgung in einem Nichts von einem Boot vor der Kulisse hoch aufragender schneebedeckter Berge, endloser Ebenen und einer tosenden See. Sie sollte mit Furcht und Schrecken enden, mit Blutvergießen, Menschenraub und Geiselnahme. FitzRoy wollte sein Boot zurück, und er wollte Gerechtigkeit.

Nach sieben Stunden kräftigen Ruderns erreichte das Boot die gestrandeten Männer an der Küste des Cape Desolation. Während sie sich umzogen und den Bauch mit der ersten Mahlzeit seit Tagen vollschlugen, unterzog FitzRoy den Schiffsführer, Mr. Murray, einem Verhör über das Verschwinden des Bootes. Dann sah er sich den Ankerplatz, wo das Boot festgemacht worden war, genauestens an. Da es eine so einsame Gegend war, hatte die Mannschaft es nicht für notwendig erachtet, Nachtwache zu halten. Kleider, der Theodolit

und das Chronometer waren ausgeladen und im Zelt untergebracht worden, aber Mast, Segel und Nahrungsmittel waren
im Stauraum geblieben. Als ein Mann um vier Uhr morgens
nach dem Boot sehen wollte, war es verschwunden. Panisch
suchten die Männer die Küstenlinie ab – erfolglos. Aber weniger als zwei Kilometer entfernt entdeckten sie die Überreste
zweier Wigwams und ein schwelendes Feuer. Am nächsten
Morgen ordnete Murray den Bau des Korbboots an.

Nach der Befragung stiegen die elf Männer in das Rettungs-
boot und ruderten zu einer nahe gelegenen Insel. Hier stießen
sie auf eine erste Spur: auf den zertrümmerten Mast neben
einem bis vor kurzem bewohnten Wigwam.

Zwei Tage später überwältigten sie eine indianische Familie
in zwei Kanus. In einem der Boote fanden sie die Lotleine des
vermißten Walbootes. FitzRoy freute sich ungemein. »Das
war wahrhaftig eine Belohnung«, schrieb er in seinen *Narratives of the Voyage of HMS Adventure & Beagle*. Sie nahmen
einen Mann als Geisel und machten ihm klar, daß er sie zu denen führen sollte, die ihm die Leine gegeben hatten, falls ihm
sein Leben lieb war.

Am frühen Nachmittag überraschten sie sechs Frauen mit
ihren Kindern, einen Jugendlichen und einen alten Mann, die
ihre Kanus in einer Bucht festgemacht hatten. Sie duckten sich
ängstlich, während FitzRoy alles durchsuchte und ein Segel,
ein Ruder, eine Axt und eine Werkzeugtasche fand, die aus
dem verschwundenen Boot stammten.

Die Frauen verstanden, was wir wollten und machten uns eifrig
Zeichen, um uns zu erklären, wo unser Boot war. Mir lag nicht
daran, ihnen etwas anzutun, und ich nahm nur unsere Gerätschaften und den jungen Mann mit, der bereitwillig mitkommen
wollte, um uns zu zeigen, wo unser Boot war. Er hockte sich mit
dem Mann, der uns an diesen Ort geführt hatte, in unser Boot
und war ganz offensichtlich sehr erfreut über ein paar Kleidungsstücke und rote Mützen, die man ihnen gegeben hatte.

Die Männer ruderten vier Stunden, bevor sie ein Lager am
Strand aufschlugen. Den beiden Feuerländern gestattete man,

am Feuer zu schlafen, doch im Schutz der Dunkelheit flohen sie – mit zwei Teerjacken. FitzRoy war außer sich vor Zorn. Die Suche nach den Entflohenen stellte sich als hoffnungslos heraus, deswegen wies er seine abgekämpften Männer an, zurück zu den Wigwams der Ureinwohner zu fahren. Als sie dort landeten, rannten die Feuerländer weg, und die Matrosen verfolgten sie vergeblich. In seiner Wut befahl der Kapitän, ihre Kanus in Brand zu stecken.

Noch drei Tage suchten sie ziellos eine Insel nach der anderen ab, bevor sie zu den nämlichen Wigwams zurückkehrten. FitzRoy war acht Tage zuvor von der *Beagle* aufgebrochen, und nun lief ihm die Zeit davon. Am 12. Februar fuhr er zurück. Sie erreichten die *Beagle* erst spät am selben Tag, aber zum Planen blieb noch Zeit. Ein Teil der Mannschaft durfte sich ausruhen, während der andere die bedrängten Indianer in einer entfernten Bucht ausfindig machte. Nachdem sie das Gelände erkundet und die Feuerländer gezählt hatten, kehrten sie zur Basis zurück, wo sie sich laut FitzRoy darauf vorbereiteten, »die Eingeborenen zu überraschen und gefangen zu nehmen. Ich wünschte mir, sie heimlich umzingeln zu können und so viele wie möglich gefangen zu nehmen, die als Geiseln gehalten werden sollten, bis wir das Boot zurück hätten oder sie zu zwingen, uns zu zeigen, wo es war …«

Am nächsten Tag bewaffneten sich die Männer mit Pistolen, Entermessern und Tauen. Sie segelten näher an die Wigwams heran, krochen durch das Gebüsch und umkreisten das Lager der Yámana. Da schlugen die Hunde an, die Seeleute sprangen auf, die Indianer flüchteten. Der Seemann Elsmore war der Schnellste, doch als er über einen Bach springen wollte, stolperte er und fiel drei versteckten Feuerländern vor die Füße, die ihn niederstreckten und mit Steinen traktierten. Die Schläge auf den Kopf raubten ihm das Bewußtsein, und ein derber Hieb an die Schläfe zerquetschte ihm ein Auge. Mit dem Kopf sank er unter Wasser. Aus dem Gebüsch folgten ein Aufblitzen und ein Knall. Murray hatte geschossen. Der wieder zu sich gekommene Matrose befreite sich, doch als der verwundete Indianer rückwärts taumelte, schleuderte er mit ungeheurer Kraft und Genauigkeit einen Felsbrocken gegen

Murrays Brust und schnappte sich das Pulverhorn, das dieser um den Hals trug. Die Seeleute waren gezwungen, schnell in Deckung zu gehen, denn der Feuerländer warf noch ein Geschoß in ihre Richtung. Dann sank er in den Bach und starb.

Nun brach am Ufer ein Kampf los, bei dem zwar einige Feuerländer entkamen, doch FitzRoy trieb seine Geiseln schon zusammen. Mit dem Steuermann rang er eine Frau, die die Kraft eines Pferdes hatte, zu Boden, während eine andere, die älteste Frau des Stammes, »so stark war, daß es unseren beiden kräftigsten Männern nur mit Mühe gelang, sie unter der überhängenden Böschung des Bachs hervorzuziehen«. Bei der Musterung am Strand erkannte FitzRoy in dem toten Feuerländer einen der beiden, die ihnen vor zwei Nächten entkommen waren. Außerdem fand er die gestohlenen Mäntel wieder. Er hatte elf Indianer – zwei Männer, drei Frauen und sechs Kinder – gefangen genommen. Nun waren zweiundzwanzig Menschen auf dem Boot, und sein Vorhaben ließ sich kaum noch durchführen. Am nächsten Morgen traten sie die Rückfahrt zur *Beagle* an. Sie lichteten den Anker und segelten mit den Feuerländern zum Cape Castlereagh, von wo aus FitzRoy und Murray weiterfuhren, diesmal in zwei Booten. Sie nahmen drei einheimische Führer mit – zwei Frauen und einen jungen Mann – und hofften, sie würden spüren, daß das Leben ihrer auf der *Beagle* zurückgelassenen Angehörigen von ihrer Mitarbeit abhing. Als sie jedoch das Nachtlager aufschlugen, mußte FitzRoy feststellen, daß ihre Vorstellung von Loyalität offensichtlich eine andere war.

Er hatte seinen drei Gefangenen Muscheln, Napfschnecken und Schweinefleisch zu essen gegeben und ihnen erlaubt, sich an der wärmenden Glut des Feuers einzurollen. »Ich wollte sie nicht fesseln und befand es auch für unnötig, eine verstärkte Wache aufzustellen«, schrieb der Kapitän. »Da ihre Kinder in unserem Schiff zurückgelassen worden waren, war eine viel stärkere Bindung der Mütter gegeben, als Seile oder Eisenketten es vermöchten.« Am Morgen darauf waren die Feuerländer jedoch verschwunden.

Wieder trennte sich die Mannschaft für eine düstere und demoralisierend Erkundung von Gilbert Island, des Adventure

Sounds und der Thieves' Cove. Am 22. Februar trafen sich die beiden Boote wieder bei der *Beagle*. Wie sich herausstellte, waren in der vorangegangenen Nacht fast alle Gefangenen über Bord gesprungen und weggeschwommen. All seine Anstrengungen hatten FitzRoy nichts als die Fürsorge für drei Kinder eingebracht. Schon gar kein Walboot. Aber er hatte einige interessante Lektionen gelernt:

Der Ausflug hatte mir mehr Verständnis vom wahren Charakter der Feuerländer eingegeben, als ich mir bis dahin durch andere Mittel aneignen konnte. Ich gelangte zu der Überzeugung, daß wir nie viel von den Eingeborenen oder vom Inneren ihres Landes erfahren würden, solange wir ihre Sprache nicht verstanden und sie die unsere nicht; auch gab es nicht die geringste Chance, daß sie sich so nur einen Deut über die niedrige Stellung erhoben, die sie damals unserer Einschätzung nach einnahmen.

So wurde beschlossen, die Verfolgung aufzugeben, in einen geschützten Hafen zu segeln und dort ein neues Walboot zu bauen. Am Ende des Monats ankerten sie mit der *Beagle* im Christmas Sound vor der Kulisse des spektakulären Vorgebirges von York Minster – das nach der Kathedrale benannt worden war. Während das neue Boot gebaut wurde, bekam Murray die Anweisung, weitere Vermessungen durchzuführen und die drei Kinder mitzunehmen, die er den ersten Feuerländern übergeben sollte, auf die er stieß. Doch in letzter Minute wich FitzRoy von diesem Plan ab. Nur zwei Kinder stiegen in das ablegende Boot. »Das dritte Kind, in etwa acht Jahre alt, blieb bei uns«, schrieb FitzRoy. »Sie kam mir so glücklich und gesund vor, daß ich beschloß, sie als Geisel für das gestohlene Boot zu behalten und ihr Englisch beizubringen.«

Dieses Mädchen, von dem FitzRoy sagte, es sei so hoch wie breit, wurde von den Männern – zu Ehren des am Cape Desolation gebauten Weidenkanus – Fuegia Basket genannt. Sie wurde stets als fröhliches Kind bezeichnet, das der Mannschaft bald ans Herz gewachsen war: »der Liebling aller auf dem unteren Deck«.

Keine vierundzwanzig Stunden, nachdem Murray die *Beagle* verlassen hatte, scharten sich Feuerländer um das Schiff, die unbedingt an Bord wollten. FitzRoy wollte davon jedoch nichts hören. Er war den Ärger, die Diebstähle und den Lärm leid und befahl einem Offizier, sie durch eine Gewehrsalve über ihre Köpfe abzuschrecken. Die Wirkung war jedoch nur von kurzer Dauer, denn obwohl sie sich zunächst zurückzogen, wußte FitzRoy, daß sie die Feuerwaffen nicht richtig einschätzen konnten und binnen kurzem wieder zurückkehren würden. Deswegen wies er den Offizier an, sie aus der Gegend zu vertreiben. Doch schon indem er dies tat, spielte er mit einer neuen Idee, mit der Möglichkeit, einen weiteren Indianer an Bord zu nehmen, einen weiteren potentiellen Vermittler zwischen Briten und Feuerländern. Er schloß sich der Verfolgung an, und als sie die Kanus der Einheimischen einholten, zog er eins längsseits. Er sah den jüngsten Mann an und forderte ihn auf, in sein Boot herüberzukommen, was dieser auch, laut FitzRoy, »ziemlich unbekümmert tat, und sich augenscheinlich zufrieden und zwanglos setzte. Die anderen sagten nichts, weder zu ihm noch zu mir, sondern paddelten so schnell sie konnten aus dem Hafen«. Dieser auf die Dreißig zugehende Mann, den sie nach dem dortigen Vorgebirge York Minster nannten, war in den Augen des Briten ein verdrossener, roher Mensch, dessen Gemütsverfassung sich nur aufheiterte, wenn die mittlerweile geschrubbte und bekleidete Fuegia sich seiner annahm, ihn tröstete und unterhielt. Der neue Passagier hatte einen gewaltigen Appetit und die Angewohnheit, Essen für später in einem geheimen Eckchen zu verstecken. Laut FitzRoy »wurde er sehr viel fröhlicher, sowie er gewaschen und angezogen war und man ihm gestattete, auf dem Schiff umherzugehen, wie es ihm gefiel«.

Weniger als eine Woche nachdem er York Minster an Bord genommen hatte, wurde der Kapitän in der Nähe der Bucht, in der der Zimmermann an dem neuen Boot arbeitete, in eine hitzige Auseinandersetzung mit ein paar Feuerländern verwickelt. Schüsse fielen, und Steine flogen. Ein Matrose ging schwerverletzt zu Boden, und als alles vorüber war, fand Fitz-

Roy Bierflaschen und einen Teil der Ausrüstung des verschwundenen Walbootes in einem der Kanus. Der Kapitän hatte das Walboot zwar noch nicht gefunden, aber diese Entdeckung entzündete sein Jagdfieber ein letztes Mal.

Vom Deck der *Beagle* wurde vom nahe gelegenen Whittlesbury Island aufsteigender Rauch gesichtet. Am folgenden Tag setzte FitzRoy mit einem kleinen Stoßtrupp über den Sund. Neben verlassenen Wigwams fanden sie ein Tau aus dem Walboot. FitzRoy sah sich kurz vor dem Ziel. Von einem Hügel aus erspähten sie zwei Kanus, die sich schnell entfernten. Die Seeleute rannten zu ihrem Boot und nahmen die Verfolgung auf. Weil sie in der Überzahl waren, hatten sie eines der beiden Kanus nach wenigen Minuten eingeholt, während ihnen das andere entkam. Ein junger Mann und ein Mädchen sprangen ins Meer und versuchten wegzuschwimmen. Eine Viertelstunde droschen die Matrosen auf den sich heftig wehrenden Mann ein, bevor er geschlagen und erschöpft ins Boot gezogen wurde.

Im Gegensatz zu der eher gedrungenen Erscheinung von Fuegia Basket und York Minster war dieser Gefangene, den sie Boat Memory nannten, der am besten aussehende Feuerländer, den FitzRoy jemals zu Gesicht bekommen hatte: »ein sehr vielversprechendes Exemplar seiner Rasse«. Als sie zur *Beagle* zurückruderten, überdachte FitzRoy seine Begegnungen mit den Einheimischen und befand, daß »sowohl Freundlichkeit diesen Wesen gegenüber als auch eine gute Behandlung noch ziemlich nutzlos ist ... Bis ein wechselseitiges Verständnis hergestellt werden kann, ist die moralische Einschüchterung die einzige Handhabe, mit der man sie bei friedlicher Laune erhält.« Es gab für sie keine Hoffnung und auch keine Hoffnung auf Beziehungen mit ihnen, folgerte er, solange sie weder europäische Sprachen, noch die europäische Lebensweise oder die Macht der Europäer verstanden.

Es überrascht nicht, daß Boat Memory Angst hatte, als sie ihn an Bord der *Beagle* brachten. Aber schon ein paar Stunden später verstand er sich ausgezeichnet mit den beiden anderen Feuerländern.

Heute morgen, nachdem er ordentlich gewaschen und angezogen worden war, wirkte »Boat« zufrieden und entspannt; ihr Zusammensein versetzte York und ihn in eine bessere Stimmung, als sie es sonst gewesen wären, sie lachten nämlich und versuchten, alles nachzusprechen, was gesagt wurde. Fuegia lernte bald Englisch und konnte einiges schon sehr gut aussprechen. Sie lachte und sprach ununterbrochen mit ihren Landsleuten.

Die Anwesenheit der Feuerländer auf der *Beagle* machte deutlich, wie wenig FitzRoy im Grunde über dieses Volk wußte. Erst jetzt offenbarte sich die Dürftigkeit seiner früheren Aussagen über den Austausch von Ideen, über seine Drohungen und den Handel mit ihnen.

Im Lauf des März näherte sich das Schiff allmählich Kap Hoorn und den östlichen Gefilden Feuerlands. FitzRoy hatte bereits ein ganzes Jahr damit verbracht, die Gegend zu kartografieren, doch erst jetzt wurde ihm klar, daß es mehr als oberflächliche Differenzen zwischen den einzelnen Gruppen der einheimischen Bevölkerung gab, auf die sie trafen. Anfang April beobachtete er die Begegnung der Gefangenen auf dem Schiff mit den Feuerländern, die zum Handeln kamen. Dabei fielen ihm Unterschiede auf, die ihn bedrückten und bestürzten. »Es bekümmerte mich herauszufinden, daß einige der Feuerländer, die zum Handeln aufs Schiff kamen, nicht zum selben Stamm gehörten wie unsere Gefangenen, ja, daß sie nicht einmal dieselbe Sprache sprachen. Im Gegenteil schien zwischen ihnen eine große Feindschaft zu bestehen, obwohl ihre Hautfarbe, Gesichtszüge und Gebräuche gleich waren.«

York Minster und Boat Memory hatten zunächst sehr ablehnend auf die einheimischen Händler reagiert. Durch Zeichen und das Vorzeigen eigener Narben bedeuteten sie FitzRoy, daß sie in heftige Kämpfe mit diesen Indianern verwickelt gewesen waren. Doch später bemerkten York und Boat, daß es etwas Besseres gab, als ihnen die kalte Schulter zu zeigen, und »sie erfreuten sich an ihren Versuchen, sie um die angebotenen Waren zu prellen, machten sich lustig über ihre Art zu sprechen und zu lachen, zeigten auf sie und nannten sie ›Yapoo, Yapoo‹«.

Fuegias Reaktion war noch heftiger. Sowie sie die Indianer zu Gesicht bekam, brach sie in Panik aus, und als einer aus der Mannschaft sie hänselte, daß sie mit den Besuchern das Schiff verlassen müsse, rannte sie laut weinend fort, um sich unter Deck zu verstecken. FitzRoys Vorstellung von einem homogenen feuerländischen Stamm war der Boden entzogen worden.

FitzRoy folgte einem Kurs, der die *Beagle* von der Orange Bay am West Kap an Cape Spencer vorbei zur Horn Island brachte, wo ein Teil der Mannschaft das Kap erklomm, einen fast drei Meter hohen Steinhaufen auftürmte und den Moment feierte, indem sie auf das Wohl des Königs trank.

Am 30. April umrundete die *Beagle* Kap Hoorn bei schönem Wetter. Die Vermessungen wurden nun unter großen Anstrengungen vorangetrieben. Murray wurde mit Proviant für drei Wochen zum Cape of Good Success entsandt. Die Besatzung eines weiteren Bootes sollte die östliche Küstenlinie um die Nassau Bay und New Island vermessen, während FitzRoy die Gelegenheit nutzte, die fein verästelten Passagen und Kanäle im Landesinneren zu erkunden. Er war vor allem neugierig auf den breiten Kanal, von dem Murray bei einem früheren Ausflug berichtet hatte.

Im Verlauf der nächsten Wochen stieß FitzRoy bis in die Murray Narrows vor und segelte weiter in die Meerenge hinein, die als Beagle-Kanal bekannt werden sollte. Seine Tage bestanden aus harter Arbeit und wilden Verfolgungsjagden, weil er versuchte, den Einheimischen auszuweichen. Seinen Aufzeichnungen zufolge war er der unerwünschten Aufmerksamkeiten überdrüssig. Sowie feuerländische Kanus in Sicht kamen, befahl er seinen Männern, sich in die Ruder zu legen, und mehrfach brach er seine Lager ab, um sie abzuschütteln. Nach einem dieser Vorfälle schrieb er: »Gerade als wir das Boot vertäut, ein Feuer entfacht und unser Zelt aufgestellt hatten, kam ein Kanu in die Bucht, dem weitere folgten, bis wir von Einheimischen umringt waren. Da wir wußten, daß wir sie entweder mit Gewalt vertreiben mußten oder von ihnen die ganze

Nacht gepiesackt werden würden, packten wir sogleich unsere Sachen und wünschten ihnen einen guten Abend.«

Die Stammesunterschiede beschäftigten FitzRoy noch immer, als er sich vier Tage später in einen Tauschhandel mit geschwätzigen alten Männern und einem Jungen, den sie Orundellico nannten, gezogen sah. Mit solchen Gedanken im Hinterkopf, beging er seinen »spontanen« Menschenhandel.

Kapitel 4

Auf FitzRoys Beutezug waren vier Feuerländer gefangengenommen worden. Nachdem er mit seinen Häschern am Strand kampiert hatte, wurde der Junge zur *Beagle* gebracht, wo es zu einer demütigenden Begegnung mit den drei anderen Feuerlandbewohnern kam, die ihn verspotteten und mit Beschimpfungen überschütteten. Für ihn war das quälend, aber FitzRoy war belustigt: »Unsere Feuerländer waren guter Laune, und das Treffen zwischen ihnen und Jemmy Button war ziemlich komisch: Sie lachten ihn aus, nannten ihn *Yapoo* und sagten, wir sollten ihm gleich mehr Kleider anziehen.«

Jemmy wurde angekleidet, und man brachte ihm Essen und versuchte, es ihm behaglich zu machen, aber trotz aller Bemühungen müssen diese ersten Tage der Gefangenschaft für den Yámana-Jungen schwer gewesen sein. Er war schon einige Tage von seiner Familie getrennt und von fremden Männern mit einer unverständlichen Sprache, merkwürdigen Gewohnheiten und fremden Kleidern umgeben. Er war an Bord ihres Schiffes, mußte in einer engen Unterkunft leben und war nicht nur von Fremden umgeben, sondern auch noch von drei höhnischen Indianern eines feindlichen Stammes.

Jemmys Gegenwart brachte FitzRoy auf eine Idee. Er beschloß, alle vier mit nach England zu nehmen, »darauf vertrauend, daß die absehbaren Vorteile, die aus ihrer Bekanntschaft mit unseren Gewohnheiten und unserer Sprache erwachsen, die vorübergehende Trennung von ihrem Heimatland wieder wettmachen«. Er hatte dies, wie er einräumte, nicht von Anfang an vorgehabt, aber die Tatsache, daß die Gefangenen augenscheinlich zufrieden waren, ihr andauernd

47

guter Gesundheitszustand und die Erfahrung der Feindseligkeit zwischen den Stämmen der Feuerlandbewohner hatten
ihm nicht nur die möglichen Vorteile der Entführung bewußt
gemacht. Sie zu erziehen und nach Feuerland zurückzubringen, damit sie dort als Fürsprecher der Zivilisation dienten
und für vorbeifahrende englische Schiffe dolmetschten war
eine Sache, aber er sah jetzt auch die Gefahren, wenn er dies
nicht tat. Er gab zu, er konnte sie

nach allgemeinen menschlichen Maßstäben nicht in Nassau Bay
oder in der Nähe der Straße von Le Maire an Land setzen. Ebensowenig konnte ich den Jungen wieder an den Strand bringen,
sobald wir östlich der Nassau Bay waren, ohne sein Leben zu ge-
fährden; deshalb blieb mir nur die Alternative, nach Westen zu
kreuzen, um sie in ihrer eigenen Gegend an Land zu setzen, was
die Umstände unmöglich machten, oder sie mit nach England zu
nehmen ... Indem ich den letzteren Weg einschlug, lud ich mir
eine große Verantwortung auf, aber ich war mir dessen, was ich
tat, voll und ganz bewußt.

FitzRoy war bemüht, sich um seine Gefangenen zu kümmern.
Sie waren in Matrosensachen gekleidet und bekamen stets
– nach den Kranken, jedoch vor den Offizieren und der Mannschaft – als erste etwas Frisches zu essen. Am 17. Mai gab es
für die vier ein Festmahl aus drei Möwen und zwei Austern-
fischern, die der Zimmermann Mr. May und George West
geschossen hatten. Zwei Tage später teilten sie sich sechsund-
dreißig Fische mit den Kranken, die FitzRoy von den Indianern eingehandelt hatte. In den nächsten Monaten ernährten
sich Jemmy und seine Kollegen von Pinguinen, Albatrossen,
Gänsen, Krähenscharben und Rohrdommeln. FitzRoy legte
Wert darauf, daß seine Gefangenen glücklich waren, und irgendwie gab er ihnen durch Zeichen und Gesten und ein gelegentlich von ihnen aufgeschnapptes Wort ihrer Sprache das
Versprechen, er werde sie »in der Zukunft mit Eisen, Werkzeug, Kleidung und Wissen, das sie unter ihren Landsleuten
verbreiten könnten«, nach Hause zurückbringen. Er glaubte,
daß ihnen dies half, sich mit ihrem Schicksal anzufreunden,

und während die *Beagle* sich langsam an der Ostküste Feuerlands nach Norden schleppte, schien es, als paßten sich die
Feuerländer rasch an. In dem von FitzRoy entworfenen Bild
halfen die vier der Mannschaft bei ihren täglichen Aufgaben
auf dem Schiff und »gaben sich sogar Mühe, anständig zu gehen und die geduckte Körperhaltung ihrer Landsleute abzule-
gen«. Während das Schiff in der Good Success Bay vor Anker
gelegen hatte, hatten sie ihn einige Male an Land begleitet,
ohne einen Fluchtversuch zu unternehmen, und sie hatten im
Boot sogar zu den Rudern gegriffen (ihnen war in Wahrheit
mehr als jedem anderen an Bord klar, wie wenig ratsam es war,
in feindlichem Gebiet vom Schiff zu springen). Als Indianer
der vorbeifahrenden *Beagle* ansichtig wurden, erfaßten zwei
von FitzRoys Gefangenen den Ablauf dieser Begegnungen
schnell:

Es war unterhaltsam zu sehen, wie York und Boat diese Leute
beim Handeln reinlegten. Die selben Männer, die vor zwei Monaten selbst eine ganze Anzahl Fische für ein bißchen Glas verkauft hätten, konnten jetzt dabei beobachtet werden, wie sie auf
den Decks umhergingen und zerbrochenes Geschirr und anderen Abfall einsammelten, um diesen gegen den Fisch zu tauschen, den diese »Yapoos«, wie sie sie nannten und von deren
Sprache sie kein einziges Wort zu verstehen schienen, längsseits
brachten …

Als sie sich von Feuerland entfernten und an der Küste des
südamerikanischen Festlands entlang segelten, begann ein
beidseitiger Lernprozeß. Die Engländer lernten von den Feuerländern ein rudimentäres Vokabular, Yámana von Jemmy
und Alakaluf von den anderen Dreien. Die Feuerländer lernten von ihren Entführern Englisch. Die Indianer waren be-
gabte Nachahmer, die schnell alle möglichen kurzen Sätze,
stimmlichen Nuancen und Geräusche aufgriffen. FitzRoy
hatte sich daraufhin einen natürlichen Hang zum gesproche-
nen Wort erhofft, aber bald mußte er zugeben, daß sie nur erstaunlich langsam Fortschritte machten.
    Überrascht war der Kapitän auch über ihren allgemeinen

Mangel an Neugier, was in seinen Augen auf geistige Trägheit schließen ließ.

Die *Beagle* segelte in Richtung Montevideo und erreichte den Rio de la Plata am 22. Juni, sechs Tage später ankerte sie vor der Stadt. Montevideo war lebhaft und geschäftig, der Hafen voller Schiffe aus allen Ecken der Welt, und am Kai spielte eine Blaskapelle ausgelassene Melodien. An der Hafenfront lagen Verwaltungsbüros, Zollgebäude und Hafenbehörden und, weiter nach hinten, mit einem holprig gepflasterten, aber geometrisch exakt angelegten Netzwerk von Straßen verbunden, quadratische Häuserblocks mit Flachdächern. Es gab einen Dom, ein Theater, Hotels und ein Gefängnis, und auf der Calle del 25 Mayo lag ein quirliger Markt mit Buden und Läden, der von französischen Händlern beherrscht wurde.

Die Feuerlandbewohner waren durch nichts auf ihre erste Begegnung mit einer modernen Stadt – auf die Zusammenballung von Menschen, den Lärm, den Schmutz und den Geruch – vorbereitet. Doch FitzRoy bemerkte, daß sie unberührt blieben, wo er erwartete, daß sie verwirrt wären. »Sie waren offensichtlich sehr viel weniger erstaunt und neugierig auf das, was sie sahen, als ich erwartet hatte, muß doch die ganze Szene außerordentlich gewesen sein; doch ihr Betragen war interessant, und sie wurden jeden Tag mitteilsamer.« In allen Seehäfen auf dem Rückweg nach England würde es dasselbe sein:

Tiere, Schiffe und Boote schienen die Aufmerksamkeit unserer kupferfarbenen Freunde sehr viel mehr zu fesseln als Menschen oder Häuser. Wenn irgend etwas besonders ihre Aufmerksamkeit erregte, wirkten sie in diesem Moment fast dumm und unaufmerksam; daß sie dies in Wirklichkeit gar nicht waren, zeigte sich durch ihr eifriges Geplapper untereinander und durch die vernünftigen Bemerkungen, die sie viel später machten, wenn wir annahmen, sie hätten unbedeutende Ereignisse, die sich in den ersten Monaten ihres vorübergehenden Aufenthaltes unter uns abgespielt hatten, längst allesamt vergessen. Ein großer Ochse mit ungewöhnlich langen Hörnern erregte ihr höchstes Staunen; aber nicht einen Augenblick waren ihre Gefühle von außen zu bemerken …

Ihr Verhalten könnte aber auch andere Gründe gehabt haben. Nach dem naßkalten Feuerland waren die Tage in Montevideo drückend schwül. Vielleicht kämpften sie mit dem Klimawechsel, vielleicht waren sie aber auch unverwüstlicher, als die Briten glaubten. Vielleicht drückten sie ihre Überraschung auf eine Weise aus, die dem europäischen Denken fremd war, oder sie waren verängstigt und behielten ihre Gefühle für sich. Möglich auch, daß all das, was mit ihnen geschah, einfach zu viel war für sie und ihnen die Sprache verschlagen hatte. Sie hatten keinen Erfahrungshintergrund und noch kein Vokabular, um das zu erklären, was sie erlebten. Die Eindrücke konnten durchaus betäubend, verwirrend und zu schwierig sein, um damit zurecht zu kommen.

Die *Beagle* hatte die *Adventure* und die *Adelaide* in Montevideo treffen sollen, mußte jedoch feststellen, daß die beiden Schiffe bereits in Richtung Rio de Janeiro ausgelaufen waren. FitzRoy hielt sich kürzer in der Stadt auf als geplant. Fuegia wurde an Land der Obhut einer englischen Auswandererfamilie anvertraut, während die Männer die Tage mit ihm verbrachten. Da er Angst vor einer Infektion hatte, ließ FitzRoy die Feuerländer in einem Krankenhaus gegen Pocken impfen.

In dieser Zeit relativer Entspannung erfuhr FitzRoy mehr über seine Schützlinge und, was ihn sehr erschreckte, auch über den Kannibalismus ihrer Völker. Im 19. Jahrhundert war dies ein Steckenpferd englischer Abenteurer. Je mehr unerforschte Regionen sie erschlossen, desto mehr Geschichten über menschenfressende Eingeborene reicherten ihre Abenteuer an. Gespenstische Geschichten über Missionare, die in Töpfen gekocht wurden, oder Wilde, die an den Knochen toter Seefahrer nagten, fesselten die Phantasie der Menschen. FitzRoys Feuerlandbewohner enttäuschten ihn nicht. Sie erzählten ihm, Frauen äßen die Arme und Männer die Beine von gefangengenommenen Feinden, während Leib und Kopf ins Meer geworfen würden. In Zeiten der Hungersnot aßen sie die alten Frauen des Stammes. Diese »merkwürdigen und teuflischen Greueltaten« bewirkten nur, ihn in seiner Mission zu bekräftigen. »Ich zögere nicht mehr, meine feste Überzeugung über den äußerst verderbten Zug ihres Charakters zu erklären …«, schrieb er in seiner Beschreibung der Reise. Dennoch gab ihm die lange Reise nach England über Rio de Janeiro und den Atlantik nach Plymouth Zeit, einen fast durchweg positiven Eindruck von den Feuerländern zu bekommen. Nur York Minster blieb eine Enttäuschung:

In der Zeit, die verstrich, bis wir England erreichten, hatte ich viel Muße für meine feuerländischen Begleiter; mit jedem Tag, mit dem ich ihre Fähigkeiten und natürlichen Vorlieben kennenlernte, interessierte ich mich mehr für sie. Drei von ihnen waren – sogar in dieser frühen Periode ihres Aufenthaltes unter zivilisierten Menschen – in der Tat alles andere als Wilde, wenn auch der letzte, York Minster, ein unangenehmes Exemplar unzivilisierter menschlicher Natur war.

TEIL ZWEI

ENGLAND

Kapitel 5

Im Gewölbe des Statistischen Amtes in Kew wird das Mannschaftsverzeichnis des Königlichen Marinekrankenhauses in Plymouth aus dem Jahr 1830 verwahrt. Blättert man das vergilbte Papier bis zu einer Seite im November um, auf der Namen von syphilitischen Soldaten, und an Furunkeln, Tripper, Geschwüren, und Lungenentzündung leidenden Seeleuten aufgeführt sind, findet man ganz oben den Eintrag:

	Name der Person	Rang	Wann aufgenommen	Art der Krankheit oder Verletzung
Auf Anordnung des Beauftragten				
dito	York Minster	Feuerländer	7ten Nov. 1830	Impfung
dito	Boat Memory	dito	dito	Pocken
dito	Jemmy Button	dito	dito	Impfung
dito	Fuegia Basket	ein kleines Mädchen	dito	Impfung

Die Feuerländer lagen im Krankenhaus. Für FitzRoys Vorhaben ein unheilvoller Auftakt.

Die *Beagle* war Mitte Oktober 1830 in Plymouth eingelaufen. Viele regionale und überregionale Zeitungen berichteten darüber, in einigen wurden die Feuerländer sogar erwähnt. Unter der Überschrift »Interessante Entdeckungsreise«, schrieb etwa die *Morning Post*:

Die *Beagle* hat vier Eingeborene aus Feuerland nach England gebracht ... die in der Zeit, in der die *Beagle* an der Südwestküste des Landes eingesetzt war gefangen genommen wurden ...

[Kapitän FitzRoy] hat die Absicht, ihnen eine geeignete Erziehung angedeihen zu lassen und sie nach einigen Jahren wieder in ihr eigenes Land zurückzuschicken oder zu bringen. Kapitän FitzRoy sorgt für ihren Unterhalt, übernimmt die Verantwortung für ihr Wohlbefinden, solange sie fern ihrer Heimat sind, und kümmert sich um ihre sichere Rückkehr. Er hofft, daß sie dazu beitragen, die Lebensumstände der Wilden, die das feuerländische Archipel bewohnen, in gewissem Grade zu verbessern, und daß die Feuerländer sich Fremden gegenüber zukünftig weniger feindlich verhalten. Gegenwärtig sind sie die Geringsten des Menschengeschlechts und ganz zweifellos Kannibalen ...

Die letzte Etappe der Reise war lang und entmutigend gewesen. Die Feuerländer hatten ein stoisches Desinteresse an allem bekundet, bis die *Beagle* zum Abholen von Post nach Falmouth kam, wo ein Dampfschiff in den Hafen einlief. Die großen rauchenden Schiffe, eine Neuentwicklung des industriellen Großbritanniens, wurden in einem Varieté verspottet: »Auf der einen Seite ist's eine Sägemühle, eine Getreidemühle auf der anderen, in der Mitte ist's ne Schmiede, und im Keller drunten kocht alle Zeit ein Topf Verdammnis.« Für Jemmy und seine Landsleute war der Dampfer, der dröhnend ihren Weg kreuzte, ein angsteinflößendes Monstrum. Als er in der Nacht des 13. Oktober mit ohrenbetäubendem Lärm an der *Beagle* vorbeifuhr, duckten sich die vier Feuerländer. FitzRoy konnte ihren Schrecken gut nachempfinden:

Ich glaube, niemand, der sich daran erinnert, wie er das erste Mal an einer Bahnlinie stand, an der eine Dampflokomotive mit angekoppelten Waggons fauchend und prustend auf ihn zuraste, wird von der Wirkung überrascht sein, die ein großes, in voller Fahrt dicht an der *Beagle* vorbeirauschendes Dampfschiff in dunkler Nacht auf diese unwissenden, wenn auch intelligenten Barbaren haben mußte.

Als sich die *Beagle* der königlichen Werft in Devonport näherte, bot sich den Feuerländern ein dramatischer Anblick. Im Hafen lag die geballte Macht britischer Seehoheit: ausgemusterte Kriegsschiffe, mit gewaltigen Ketten vertäut, die Rahnocken und Masten ohne Takelage, gelbgestrichen und durch behelfsmäßige Abdeckungen gegen die Elemente geschützt. Am Kai lag der Dreimaster *Captivity*, auf dem vierhundert Gefangene ihre Deportation erwarteten. Früher hatte das Schiff den Namen *HMS Bellerophon* getragen und war in der Schlacht am Nil sowie am Trafalgar eingesetzt worden. Sie war Schauplatz der Niederlage Napoelons und hatte den besiegten französischen Kaiser nach Plymouth gebracht, wo er von einer höhnisch grölenden Meute begrüßt worden war. Hinter dem ehemaligen Kriegsschiff breitete sich die Stadt über dem Ostufer des Hamoaze aus.

Bilder von menschenübersäten Kaianlagen, Stapel von Holzplanken und Eisenträgern, die Gerüche von Pech und Teer, Lacken und Farben und ohrenbetäubender Lärm prägen unsere Vorstellung eines Hafens im 19. Jahrhundert. Aber Devonport war anders: eine britische Ordnung überlagerte die rege Betriebsamkeit, die mit dem ständigen Eintreffen neuer Schiffe einherging.

Die Feuerländer wurden in Windeseile in ihre »bequeme luftige Unterkunft« in der Stadt und gebracht, wo sie sich die ersten beiden Tage an Land aufhielten.

Devonport war eine dicht besiedelte Stadt mit etwa 35 000 Einwohnern und geraden, breiten, recht eintönigen Straßen, die mit mehrfarbigem Marmor gepflastert waren. In den vorangegangenen Jahren war es durch die zentrale Funktion während der Napoleonischen Kriege stark angewachsen. Bis 1824 hieß es Plymouth Dock, doch dann erhielt die Stadt mit einer großen Feierlichkeit und der Aufstellung einer mehr als 40 Meter hohen dorischen Säule ihren neuen Namen.

Wieviel Jemmy, Fuegia, York und Boat von ihr sahen, ist nicht gewiß. Sie trafen bei Nacht ein, und als sie ihr Quartier erreicht hatten, werden sie sich – soweit irgend möglich – in ihren Räumen aufgehalten haben. Als große Hafenstadt war Devonport eine Einfallschleuse für Krankheiten, und FitzRoy war besorgt, »die Feuerländer so gut wie möglich vor einer Ansteckung mit irgendeiner dieser Seuchen zu schützen, die manchmal sehr weit verbreitet sind und sich für die Eingeborenen entfernter

Länder bedauerlicherweise oft als tödlich herausgestellt haben, wenn sie nach Europa gebracht wurden«. An ihrem ersten Morgen in der Stadt brachte FitzRoy sie zu einer weiteren Pockenimpfung.

Zwei Tage später wurden die Feuerländer zur Castle Farm außerhalb von Plymouth gebracht, wo sie sich an »mehr Freiheit und frischer Luft« erfreuen konnten. Dem *Hampshire Telegraph and Sussex Chronicle* nach zu urteilen, gaben sie sich wohl »mit ihrer augenblicklichen Situation zufrieden. Sowie sie der Sprache einigermaßen mächtig sind und sich mit den Gebräuchen dieses Landes vertraut gemacht haben, werden sie eine auf ihren zukünftigen Aufenthalt in ihrem Heimatland zugeschnittene Ausbildung erhalten.«

Die vier waren nunmehr in der Obhut des Steuermanns der *Beagle*, James Bennet, gut aufgehoben. FitzRoy kehrte zum Schiff zurück und fuhr über Portsmouth zu ihrem Liegeplatz nach Woolwich, wo er vor Anker ging und die Mannschaft der *Beagle* auszahlte.

FitzRoy hatte allerhand zu erledigen. Wenn ein Schiff außer Dienst gestellt wurde, das fünf Jahre auf hoher See gewesen war, gab es immer viel zu tun. Dazu kam der Trubel des gesellschaftlichen Lebens, in das sich ein junger Mann, der lange von zu Hause weggewesen war, gerne stürzte, und außerdem mußte sich FitzRoy über die Zukunft der Feuerländer klar werden.

Schon im September, als die *Beagle* nach Großbritannien fuhr, hatte FitzRoy an Philip Parker King von der *Adventure* geschrieben, um ihn an seine menschliche Fracht zu erinnern und zu betonen, daß er die Feuerländer auf eigene Kosten unterhalten hatte. »Ich habe nun die Bitte an Sie zu richten«, schrieb er, »daß Sie in Ihrer Eigenschaft als für die Expedition verantwortlicher Offizier die Eventualität eines der Öffentlichkeit erwachsenden Vorteils, den man aus diesen Umständen gewinnen könnte, überdenken mögen; auch ob es in dieser Hinsicht angemessen ist, sie der Regierung Seiner Majestät anzuvertrauen.«

FitzRoy wußte, daß Kapitän King den Brief an die Admiralität weiterleiten würde. Deswegen hatte er das genaue Alter der Feuerländer festgehalten und erklärt, warum sie an Bord waren, wobei er beharrlich ihre Fröhlichkeit und Zufriedenheit herausstrich. Er kam zu folgendem Schluß:

Sollte mich die Regierung Seiner Majestät nicht anders unterweisen, so werde ich diesen Menschen eine angemessene Ausbildung angedeihen lassen und sie nach Ablauf von zwei oder drei Jahren in ihr Land zurückbringen, mit einem so großen Vorrat von Gütern, wie ich ihn zusammenbringen kann, die ihnen dienlich sein werden und wahrscheinlich die Umstände ihrer Landsleute verbessern helfen, die sich gegenwärtig kaum von denen wilder Geschöpfe unterscheiden.

Am 19. Oktober antwortete John Barrow von der Admiralität:

Ich habe Anweisung, Ihnen bekannt zu geben, daß Ihre Lordschaften nicht gegen eine persönliche Beaufsichtigung durch Kapitän FitzRoy und gegen seine wohlwollenden Absichten gegenüber den vier Menschen einzuschreiten wünschen, daß sie ihm jedoch alle Mittel für deren Unterhalt und Erziehung in England bereitstellen sowie für ihre Rückfahrt in ihr Heimatland.

Mit anderen Worten: die Admiralität hatte keine Einwände gegen die Anwesenheit der Feuerländer, und FitzRoy konnte frei über sie verfügen, aber der Kapitän gab sich auch keiner Illusion hin, viel Unterstützung zu erhalten. Er mußte sich woanders nach Hilfe umsehen und wandte sich zunächst an die mächtige Kirchliche Missionsgesellschaft. Das Augenmerk der Gesellschaft galt zwar im Wesentlichen Afrika, doch konnte sie auf eine lange, wenn auch nicht unbedingt ruhmreiche Geschichte zurückblicken, in der sie Menschen aus anderen Kontinenten nach England verschifft hatte. Schon 1816 war einer ihrer ersten afrikanischen Konvertiten aus Sierra Leone nach London gebracht worden. Nach seinem plötzlichen Tod im Haus der Mission bezeichnete die Gesellschaft ihn als den ersten, der sich für »die Mission der Gesellschaft« als empfänglich erwiesen hatte »und in die himmlische Kornkammer aufgenommen worden ist«.

FitzRoy versuchte es mit einer indirekten Annäherung mit Hilfe des Pfarrers von Plymstock. Am 30. Oktober sandte Hochwürden J. L. Harris einen Brief an die Gesellschaft, in dem er erklärte, daß sein Freund Robert FitzRoy vier Feuerländer zu Gefangenen gemacht und nun »entdeckt hat, daß sie Kannibalen sind, die inzwischen aber einen großen Appetit auf Gemüse entwickelt haben. Ich würde mich über Ihren Rat bezüglich der wünschenswertesten Einrichtung freuen, in welcher diese untergebracht werden könnten und welche Kosten das mit sich brächte …«

Die Gesellschaft behandelte die Angelegenheit am 16. November. Im Protokoll ist festgehalten:

Beschlossen: Mr. Harris wird davon in Kenntnis gesetzt, daß das Komitee diese Gesellschaft nicht für zuständig erachtet, sich um die Individuen zu kümmern, die in jenem Brief erwähnt sind.

FitzRoys Pläne wankten: Ihm wurde nicht die Unterstützung zuteil, die er erwartet hatte. Als er die Antwort der Gesellschaft erhielt, hatte er jedoch viel größere Probleme.

Seit 10 000 v. Chr. geißelten Pocken die Menschheit. Sie hatten Millionen von Menschen in Europa und der sogenannten Neuen Welt dahingerafft und das Reich der Römer, der Azteken und der Inka bezwungen. Als die zweite große, todbringende Seuche, die Pest, im 17. Jahrhundert in Europa verebbte, wurden die Pocken zur gefürchtetsten Krankheit Europas. In den Abfallgruben der Städte wie in ihren abstoßenden, verdreckten Straßen schwärten heimtückische Epidemien, die sich ungehindert ausbreiten konnten. Ende des 18. Jahrhunderts starben in Europa jährlich 400 000 Menschen an den Pocken, ins Grab gebracht von einem Virus, der seine Opfer durch Fieber, Übelkeit und einen eitrigen Ausschlag besiegte. Die Überlebenden blieben von Narben entstellt.

Aber jetzt war den Pocken der Krieg angesagt worden. Nachdem der Arzt Edward Jenner gehört hatte, daß Melkerinnen aus Gloucestershire gegen Pocken immun sein sollten, extrahierte er die Kuhpocken, eine Krankheit, die wesentlich milder verlief, aus dem Blut einer Melkerin und injizierte den Bazillus in den Arm eines Jungen namens James Phibbs. Als Jenner den Jungen später den Pocken aussetzte, war dieser immun dagegen. Die Impfung – englisch *vaccination*, von dem lateinischen *vacca* (Kuh) abgeleitet – hatte sich als erfolgreich erwiesen, und das Blatt wendete sich.

Schon zwei Jahre nach der Veröffentlichung von Jenners Untersuchung 1798 waren 100 000 Menschen geimpft worden. Das neue Gegenmittel hatte sich in Europa verbreitet und erreichte schnell die letzten Winkel der Erde. 1803 finanzierte König Karl IV. von Spanien die erste Massenimpfung in Übersee im Rahmen der *Expedición de la Vacuna* zu den spanischen Vorposten in Amerika und Asien. Zweiundzwanzig Waisenkinder wurden auf die dreijährige Reise mitgenommen, denen Folgeimpfungen verabreicht wurden, um die Immunisierung zu erhalten. 1805 befahl Napoleon, seine gesamte Armee impfen zu lassen, und ein Jahr später folgte die Impfung der französischen Bevölkerung. In Bayern wurde die Immunisierung 1807 zur Pflicht, in Dänemark drei Jahre später.

Um 1830 befand sich die Krankheit auf dem Rückzug, wenngleich sie noch nicht besiegt war. Anfang November 1830 erhielt Robert FitzRoy jedoch eine traurige Meldung aus Devonport: Boat Memory hatte sich mit den Pocken angesteckt und schwebte in Lebensgefahr. In Plymouth konsultierte FitzRoy die Marineärzte, die anrieten, alle vier Feuerländer so schnell wie möglich in der Pockenstation des Königlichen Marinekrankenhauses unterzubringen. Dort übergab FitzRoy sie der Obhut des renommierten Arztes David Dickson, der Sir James Gordon unterstellt war. Wegen der gebotenen Eile holte er sich erst im Nachhinein die Erlaubnis der Admiralität ein.

Es war jedoch bereits zu spät. Am 11. November erhielt FitzRoy den folgenden Brief von David Dickson:

Verehrter Herr!
Bedauerlicherweise muß ich Sie darüber unterrichten, daß Boat Memory heute in der eruptiven Phase der Pocken gestorben ist. Er war ganz mit dem Hautausschlag bedeckt, aber die Pusteln

reiften nicht, wie sie es hätten tun sollen, und da sein Atem sehr schwer ging, hegte ich nur geringe Hoffnungen auf eine Genesung ... Ihm – und denen, die sich einer abscheulichen Krankheit annehmen mußten – blieb viel Leid erspart.

Bei dem Jungen Button tritt der Impfbazillus zufriedenstellend in Erscheinung – da die anderen reimmunisiert wurden, hoffe ich, daß ihnen das Schicksal ihres Landsmannes erspart bleiben wird.

Der Ihnen treu ergebene

D. H. Dickson

Boats Tod war ein schwerer Schlag für FitzRoy; er fühlte sich, man kann wohl sagen zu Recht, persönlich dafür verantwortlich. Unmittelbar nach Boats Ableben informierte FitzRoy die Admiralität, wobei er dem »schlechten Impfvirus« die Schuld gab und sich darauf berief, daß die Ansteckung zu stark gewesen und zu schnell vorangeschritten sei, so daß die letzte Immunisierung ihre Wirkung nicht mehr entfalten konnte.

Als Boat starb, waren die Feuerländer bereits viermal geimpft worden, doch enthob FitzRoy dies nicht der Kritik. Am 20. November kommentierte der *Royal Devonport Telegraph*:

FEUERLAND – Die vier Einheimischen dieser Insel, die von Kapitän FitzRoy auf dem Schiff seiner Majestät, der *Beagle*, mitgebracht wurden, haben die Pocken und befinden sich gegenwärtig im Marinekrankenhaus. Einer von ihnen (den die Mannschaft Boat Memory nannte) ist der Krankheit in der letzten Woche zum Opfer gefallen, bei den anderen geht man jedoch von einer Genesung aus. Es ist zu bedauern, daß sich weder Kapitän FitzRoy noch dem Schiffsarzt die Notwendigkeit einer Impfung aufgedrängt hat, denn die im allgemeinen fatalen Folgen dieser Krankheit für Fremde hätten die anderweitig lobenswerten Absichten des Kapitäns zunichte machen können.

Es dauerte etwas länger, bis die überregionale Presse die Nachricht aufgriff, doch am 7. Dezember unterrichtete der *Morning Adviser* seine Leser davon, daß man zwar annehmen könne, daß die Feuerländer »vor ihrer Reise nach England geimpft

worden seien, sie den Virus aber nicht richtig absorbiert«
hätten.

Zweifellos spürte FitzRoy den Verlust Boats. In seinen *Narratives* beschreibt er ihn als seinen persönlichen Liebling mit
»guten Anlagen und sehr guten Fähigkeiten und trotz seiner
Geburt als Wilder von einnehmend intelligentem Äußeren. Er
war ein ganz und gar untypischer Feuerländer mit seinen schönen Gesichtszügen und seiner wohlproportionierten Gestalt.«
Boat wurde am 18. November während einer kleinen Feier
in der Nähe von Plymouth bestattet. Die anderen drei blieben
noch bis zum Ende des Monats im Krankenhaus. Aus heutiger
Sicht hochriskant, angesichts des Todes ihres Landsmannes,
war allerdings, daß man Fuegia Basket aus dem Krankenhaus
zu Dr. Dickson nach Hause brachte, weil seine Kinder die Masern hatten. Dickson war der Ansicht, das sei eine Chance für
Fuegia, ihr Immunsystem zu stärken. FitzRoy schrieb, daß der
Arzt sie nach Hause zu seinen Kindern brachte, »wo sie einen
sehr milden Krankheitsverlauf durchmachte, von dem sie völlig genas«.

Wie sich Boats Tod auf die anderen drei Feuerländer auswirkte, ist nicht festgehalten worden. Daß ihr beliebter
Landsmann unter Umständen sterben mußte, die für sie verwirrend und tragisch waren, muß sie schockiert und erschüttert haben. In jedem Fall wird ihnen seine Geselligkeit gefehlt
haben. Vielleicht hatten sie Angst, sich angesteckt zu haben
oder sie verstanden nicht, warum er gestorben war: Sie hatten
mitangesehen, wie aus einem kräftigen Mann ein fieberndes
Wrack geworden war.

Wahrscheinlich war ihre Reaktion auf Boats Ableben jedoch
ein emotionaler Rückzug. Es wurde nach ihren Sitten als unhöflich angesehen, wenn Besucher, die lange weg gewesen waren, nach Menschen fragten, die nicht zugegen waren, denn sie
hätten ja in der Zwischenzeit sterben können und dann wären
die anderen gezwungen, ihre Abwesenheit zu erklären. Starb
ein Yámana, wurde seine Leiche auf einem kleinen Scheiterhaufen verbrannt und das Lager abgebrochen. Wenn am Feuer
Geschichten vom Leben und Tod erzählt wurden, waren alle,

Erwachsene wie Kinder, sofort ganz still. Sie weinten oder verließen mitten in der Geschichte den Wigwam. Die Briten taten
dies als roh und animalisch ab, als Zeichen dafür, daß es den
Feuerländern an emotionalem Tiefgang und Spiritualität mangelte.

Wie ihre Befindlichkeit auch gewesen sein mag, FitzRoy war
sich bewußt, daß sie so schnell wie möglich aus dem Krankenhaus herausgebracht werden mußten, denn dort konnten sie
nicht nur genesen, sie konnten sich auch anstecken.

Kapitel 6

Die drei Überlebenden verbrachten vierundzwanzig unglückliche Tage in dem Marinekrankenhaus, bevor Dr. Dickson es wagte, grünes Licht zu geben. FitzRoy hatte unterdessen Zeit genug gehabt, die zerbrochenen Teile seines großen Wohltätigkeitsplans zusammenzusetzen.

War auch die Kirchliche Missionsgesellschaft nicht besonders hilfsbereit gewesen, ihr tatkräftiger Laiensekretär Dandeson Coates strapazierte dennoch viele persönliche Kontakte und wies FitzRoy den Weg zu Reverend Joseph Wigram, dem Sekretär der Nationalen kirchlichen Gesellschaft für die Bildung der Armen. Wigram war ein einflußreicher Mann, nicht nur durch seine Position – er wurde später Bischof von Rochester – sondern auch durch das Privileg, der Sohn eines der mächtigsten Kaufmänner des Landes zu sein. Er machte FitzRoy mit William Wilson, dem Vikar von Wigrams Heimatdorf Walthamstow und Begründer der ältesten Kirchenschule im Land, bekannt. Wilson schätzte sich glücklich, helfen zu können. FitzRoy notierte, daß Wilson

meinen Geist sogleich von einer Last der Unsicherheit und Angst befreite, indem er sagte, daß sie in seine Gemeinde aufgenommen werden würden und daß er mit dem Leiter der Vorschule sprechen wolle, ob dieser sie als Kostgänger und Schüler in seinem Haus aufnehmen könnte. In kurzer Zeit war verabredet, daß der Schulmeister sie in seine Obhut nehmen würde, solange sie in England blieben, und von mir für Kost und Logis sowie für seine Mühe und für seine damit verbundenen Ausgaben bezahlt werden würde.

Mr. Wilson wollte selbst ein wachsames Auge auf sie haben

und gelegentlich ihrem Hüter und Lehrer mit seinem Rat zur Seite stehen …

Anfang Dezember 1830 wurden Jemmy, York und Fuegia aus dem Krankenhaus entlassen und in Begleitung von James Bennet und dem alten Kapitän der *Beagle*, Mr. Murray, in eine Postkutsche Richtung London gesetzt. Jeden Tag verkehrten sechs Kutschen zwischen Devonport und London, die Fahrt dauerte zwischen dreiundzwanzig und dreißig Stunden. Ihre Kutsche war jedoch privat gemietet. Sie wollten keine Aufmerksamkeit erregen, aber sie folgte der Postroute bis Picadilly, wo sie entweder am Black Bear oder am Old White Horse Cellars vorfuhr – direkt um die Ecke von FitzRoys Zuhause in der Stratton Street.

Die meisten Menschen, die häufig reisten, fanden die Straßen holperig und Fahrzeuge unbequem, aber die Feuerländer schienen, wie Murray berichtete, »die Reise in der Kutsche zu genießen, und waren sehr beeindruckt über den wiederholten Pferdewechsel«.

Wenn auch die Landschaft, durch die die Kutsche mit den Feuerlandbewohnern fuhr, wohl geordnet aussah, war doch die politische, soziale und kulturelle Landschaft, die sie durchquerten, sehr viel unsicherer. Die Agitation für politische Reformen wurde auf die Straßen getragen und vermischte sich mit noch nie dagewesenen sozialen Spannungen. Nie in der Geschichte war Großbritannien einer Revolution so nah gewesen.

Die industrielle Revolution hatte die britische Gesellschaft verändert. Obwohl die Landschaft – außer vielleicht in einigen Textilregionen Lancashires – noch nicht von riesigen Hüttenwerken und rauchspeienden Schornsteinen beherrscht wurde, hatte die zunehmende Verstädterung unvorhersehbare Folgen. Großbritanniens Bevölkerung lag 1801 bei 10,6 Millionen Einwohnern, das waren doppelt so viele Menschen wie ein Jahrhundert zuvor. 1831 waren es 16,6 Millionen. 1750 hatten nur London und Edinburgh mehr als 50 000 Einwohner. Um 1851 gab es 29 Städte dieser Größe. Zwischen 1760 und 1830 wuchs die Bevölkerung von Manchester von nur 17000 auf 180000 Köpfe, und 1831 lebten in London mehr als 1,7 Millionen Menschen.

In den Städten brodelten Ungleichheit und Unzufriedenheit. Während die industrielle Revolution der Oberschicht mehr Wohlstand brachte und eine neue aufsteigende Mittelklasse schuf, verdammte sie die arbeitende Masse zu Elend und Entwürdigung in einem bis dato unvorstellbaren Ausmaß. In Charles Dickens *Große Erwartungen* bemerkt Pip, als er zum erstenmal vom Land nach London kommt: »Wir Briten waren uns damals einig, daß es einem Hochverrat gleichkomme, daran zu zweifeln, daß unser Tun und Lassen das beste sei. Sonst hätte ich wohl London, erschreckt von seinen Ausmaßen, ziemlich häßlich, verwinkelt, eng und schmutzig gefunden.«[1]

Die Straßen waren voller Seuchen, Schmutz und Krankheiten. Cholera und Typhus gediehen in den Städten der dreißiger Jahre des 19. Jahrhunderts ebenso wie Verbrechen, und die Armen der Stadt drängten sich in den erbärmlichsten Slums, die je errichtet wurden. Während des ganzen Jahrzehnts war einer von zehn Menschen Almosenempfänger.

Daher überrascht es kaum, daß es in den Straßen rumorte. Politische Gruppen, radikale Organisationen, aufkommende sozialistische Bewegungen, anarchische Banden und ein unzufriedenes Proletariat, alle agitierten. Der Druck nach Reformen, insbesondere Wahlreformen, näherte sich, von der Mittelschicht ebenso gefördert wie von der Wut des Mob, im Herbst 1830 einem vorläufigen Höhepunkt. Über das Reformgesetz, das sich einiger Probleme des Wahlrechts und der Anstößigkeit heruntergekommener Stadtteile annehmen sollte, wurde gerade im Parlament beraten, wo ihm sowohl der Premierminister, als auch der Herzog von Wellington und das Oberhaus entschiedenen Widerstand entgegenbrachten.

Debatten im Parlament dienten als Katalysator für die Aufwiegler auf den Straßen. In der ersten Novemberwoche sagten der neue König, William IV., und seine Frau Adelaide einen Besuch in London ab, weil sie fürchteten, Opfer eines Anschlags zu werden.

1 Anmerkungen am Schluß des Buches.

Am 9. November, dem Tag, an dem Boat Memory in Plymouth im Sterben lag, berichtete der *Morning Advertiser* unter der Überschrift »Alarmierender Zustand der Hauptstadt«, im Laufe des Tages seien Banden von Taschendieben in der Stadt und in Westminster Amok gelaufen, nur um am frühen Abend von Menschenmassen abgelöst zu werden, die die Straße zum House of Parliament blockierten und in Scharen die Kutsche des zukünftigen Premierministers, Sir Robert Peel, bestürmten.

Als die Abenddämmerung hereinbrach, so der Bericht weiter, verbarrikadierten sich Geschäfte, um nicht geplündert zu werden, und bis zu 10 000 Menschen, von denen viele mit dreifarbigen Flaggen winkten, kämpften mit der Polizei in der Gegend des Parlaments, am Strand und in der Charing Cross Road. Offene Schlachten mit stockschwingenden Polizisten um die Temple Bar wurden als »furchtbar« beschrieben: »Die Kämpfer, die Hunderte zählten, kämpften Mann gegen Mann, und hier und da flog ein Pflasterstein durch die Luft ... Das Blut floß in Strömen aus manch einem unglückseligen Kopf.« In einem Handgemenge, so der Berichterstatter, verloren mehrere Menschen ihr Leben.

Nicht nur in den Städten hatte sich die Stimmung aufgeheizt. 1830 wurde die ganze Region zwischen Kent und Wiltshire von den sagenhaften Horden Kapitän Swings verwüstet. Dreschmaschinen wurden zerstört, Heumieten und landwirtschaftliche Gebäude bis auf die Grundmauern niedergebrannt. Dragonerschwadrone wurden ausgeschickt, um kleinere Aufstände niederzuschlagen. Hunderte wurden verhaftet, aber der Mann, der die Briefe unterzeichnete, welche die Angriffe ankündigten oder die Rädelsführer für sie in Anspruch nahmen – Kapitän Swing – wurde nie gefaßt.

Dies war also die Zivilisation: lärmende Städte, verarmte Massen und eine reiche Elite. Für die hier erzählte Geschichte entbehrt es nicht einer gewissen Ironie, daß der französische Philosoph Alexis de Tocqueville anläßlich eines Besuches in Manchester bemerkte: »Hier vollbringt die Zivilisation ihre Wunder, und hier wird der zivilisierte Mensch fast wieder zum Wilden.«[2]

Das britische Volk hatte seine eigene Vorstellung davon, was einen Wilden ausmachte. Entdecker, Krieger und Händler hatten exotische Trophäen mitgebracht, seit sie sich zum ersten Mal von den heimatlichen Küsten in die Ferne gewagt hatten. Die Gründe dafür waren mannigfaltig, von den wirtschaftlichen Interessen des Sklavenhandels über wissenschaftliche, philosophische und religiöse Motive bis hin zu öffentlichem Amüsement und sonstiger kommerzieller Ausbeutung.

Menschliche »Mißgeburten« wurden behandelt wie Tiere, wenn Rummelplatz-Schausteller und Londoner Theaterveranstalter versuchten, Profit aus ihnen zu schlagen. 1636 teilte Sir Edmund Verney seinem Sohn mit:

Ein Kaufmann aus London schrieb seinem Handelsvertreter in Übersee, er möge ihm mit dem nächsten Schiff 2 o. 3 Affen schicken, er vergaß den Punkt, und so wurden 203 Affen daraus. Sein Handelsvertreter hat vier Dutzend geschickt und geschrieben, den Rest bekäme er mit dem nächsten Schiff, in der Annahme, der Kaufmann habe zweihundertdrei Affen bestellt: Wenn Du oder Deine Freunde welche kaufen wollt, um sie zu züchten, so ist die Gelegenheit niemals günstiger als jetzt.

Fünf Jahrzehnte später konnte man am Belle Sauvage Inn auf dem Ludgate Hill für zwei Schilling auf einem aus Afrika herbeigeschafften Rhinozeros reiten, was seinem Besitzer die gewaltige Summe von 15 £ pro Tag einbrachte.

Ebenso verfuhr man mit »menschlichen Exemplaren«. 1501 wurden in Bristol drei Eskimos an Land gebracht, und in späteren Jahren hatte Heinrich VIII. die Ehre einer privaten Besichtigung eines brasilianischen Häuptlings. Sobald der nordamerikanische Kontinent erschlossen war, waren unter den zahlreichen unfreiwilligen indianischen Besuchern auch drei Cherokee-Häuptlinge, die 1762 in den Vauxhall Gardens von 10 000 Touristen belagert wurden.

In den folgenden Jahren gehörten zu den lebendigen Ausstellungsstücken, die ins Land kamen: Sartje, die Hottentotten-Venus, die sich selbst in Piccadilly zur Schau stellte; Tono Maria, die Venus von Südamerika, die in der Bond Street erschien; eine Lappentruppe mit Rentieren, die 58 000 Besucher anzog. Mit der Ausbreitung des Empire wurden auch die Exponate vielfältiger: Eskimos, Zulus, Buschmänner und Aborigines zierten im 19. Jahrhundert die Schaustellerbühnen Großbritanniens.

Sie kamen jedoch in einer Epoche, in der die öffentliche Haltung eine zynische Verwandlung durchgemacht hatte. Im vorausgegangenen Jahrhundert war Großbritannien noch von dem französischen Philosophen Jean Jacques Rousseau beeinflußt worden, der die Tugend des Edlen Wilden gerühmt hatte – des unschuldigen, von Erbsünde freien Eingeborenen, des edlen Naiven, dem die Zivilisation entsprossen war. Jetzt aber näherte man sich dem ins Land gebrachten Wilden mit Schadenfreude und Überheblichkeit, eine Haltung, die besagte: »Seht, wie weit wir von diesen allerniedrigsten Instinkten abgekommen sind.«

Auch die Wissenschaft nutzte die Gelegenheit. Menschen aus Übersee wurden systematischer Forschung, dem Vermessen von Köpfen, Gehirnen und Gliedern – der Entwicklung von Ethnologie und Anthropologie – unterzogen. Zweifellos war es eine Zeit, in der wissenschaftliches Verständnis und allgemeines Wissen stark zunahmen, und so behaupteten auch die Schausteller jetzt, ihre Ausstellungen dienten dem wissenschaftlichen Fortschritt.

Nicht zu vergessen, daß es 1830, als Jemmy und seine Landsleute nach Großbritannien kamen, immer noch Sklaverei gab. Zwar hatte es einen wilden Aufschrei zu ihrer Abschaffung gegeben, und 1806 wurde der Sklavenhandel für ungesetzlich erklärt, aber die Sklaverei selbst wurde in den britischen Kolonien mindestens drei weitere Jahrzehnte ganz legal praktiziert.

Natürlich hatte FitzRoy als Mann von einigem Wohlstand bei seiner aristokratischen Herkunft nicht im Sinn gehabt, aus den feuerländischen Gefangenen kommerziellen Gewinn zu schlagen. Die überlebenden drei würden nicht auf erniedrigende Weise öffentlich zur Schau gestellt werden, man würde nicht versuchen, Geld mit ihnen zu verdienen. FitzRoys Ziele waren, wenn auch naiv, so doch auf jeden Fall integer. Er ließ sie in »Englisch und den schlichteren Wahrheiten des Christentums als erstes Ziel« unterrichten, »und den Gebrauch alltäglicher Werkzeuge, eine oberflächliche Bekanntschaft mit der Landwirtschaft, Gartenbau und Technik als zweites« erlernen. So sollten sie zu Hause ihre Landsleute unterweisen. Der nomadische Lebensstil würde landwirtschaftlichen Siedlungsformen weichen, die Feuerlandbewohner würden zu Christen werden und sich dem Handel mit Kaufleuten aus Großbritannien öffnen. Außerdem würden sie die vielen schiffbrüchigen Seeleute an den Küsten Feuerlands, die sie normalerweise massakrierten, mit Freundlichkeit behandeln.

FitzRoy war nicht der erste, der so handelte. Wir haben bereits vom Schicksal der ersten Konvertiten aus Sierra Leone gehört. Wenn FitzRoy am 29. November den *Morning Advertiser* gelesen hätte, bevor er die Feuerländer mitnahm, hätte er darin einen Gerichtsbericht aus dem Mansion House finden können, der ihm womöglich eine Warnung gewesen wäre. Unter der Überschrift »Ein revoltierender Missionar« berichtete die Zeitung über den Fall von Pierre, einem jungen Mann aus Sierra Leone. Pierre war vor Jahren von einer Quäkerin nach England gebracht worden. Er hatte sich als guter Schüler und liebenswerter Mensch erwiesen, und die Gesellschaft der Freunde hatte ihm eine anständige Schulausbildung finanziert. Dann wurde er zurück in seine Heimat geschickt, um unter seinen Landsleuten christliche Werte zu predigen. Unglücklicherweise »machte er eine sehr plötzliche und nicht unwesentliche Veränderung durch, und statt seinen Pflichten nachzukommen, entwickelte er eine Vorliebe für das Rumtrinken …« Er gab das Predigen auf und ging zur See. Er fuhr nach China, aber der überall zugängliche Alkohol war eine zu große Versuchung. Auf einer Reise nach England wollte er seine alten Gönner besuchen, aber »auf dem Weg zu den Quäkern traf er zufällig einen Meßkumpan und betrank sich, so daß es, als er erschien, eine Weile dauerte, bis man ihn als den farbigen Quäker erkannte«. Seine Förderer verziehen ihm, sie glaubten, »Freundlichkeit und gute Ratschläge könnten ihn noch zivilisieren«. Sie gaben ihm Geld, aber er betrank sich wieder. Schließlich wurde er vor den Oberbürgermeister geführt, der ihn ernsthaft rügte.

Zum Schluß verkündete Pierre, er werde »zur See fahren oder von ganzem Herzen etwas ähnliches tun, aber er möge das Predigen ebensowenig wie die angewandte Prügelstrafe – (Gelächter). Es gäbe ein Schiff, auf dem er sofort anheuern könnte. Dem wurde allgemein zugestimmt, und der Missionar reiste ab.«

Die Feuerländer trafen FitzRoy am Piccadilly Square. Er hatte seine eigene Kutsche anspannen lassen und brachte sie durch das West End und weiter Richtung Osten und Walthamstow rasch fort. Der Blick, den sie auf die Hauptstadt erhaschten, war flüchtig, aber die riesigen Ausmaße der Stadt, ihr Lärm und ihre Geschäftigkeit waren erschreckend: FitzRoy merkte an, sie »wirkten bestürzt über die Vielzahl neuer Dinge. Außerhalb von Charing Cross stieß York Minster einen entsetzlichen Schrei aus: ›Seht!‹, rief er und starrte den Löwen auf Northumberland House an, den er bestimmt für lebendig hielt. Ich sah ihn zu keinem anderen Zeitpunkt einen so plötzlichen Gefühlsausbruch zeigen.«

Die Reise nach Walthamstow war im übrigen kurz und verlief ereignislos, und als sie am Haus des neuen Lehrers ankamen, herrschte rundum Erleichterung: Den Feuerländern gefielen ihre neuen Zimmer, und der Lehrer und seine Frau waren »entzückt, daß die zukünftigen Bewohner ihres Hauses gut gelaunte, ruhige und saubere Leute waren und keine grimmigen und schmutzigen Wilden«.

Kapitel 7

»Walthamstow, Großraum London, um ca. 1075
Wilcumestowe, 1086 Wilcumestou, ›Ort, an dem
Gäste willkommen sind‹ oder ›heiliger Platz
einer Frau namens Wilcume‹.«

Lexikon englischer Ortsnamen

Heute ist Walthamstow eine halbe U-Bahn-Stunde vom
Londoner West End entfernt. Wenn Sie aus der U-Bahn
kommen, sehen Sie schon eine große Kneipe, *The Goose and
Granite*. Wenden Sie sich hier nach links und treten Sie den
Spießrutenlauf zwischen den Immobilienmaklern, Kebab-Im-
bissen, Hamburgerläden an, dann kommen Sie am Supermarkt
auf die Hauptstraße und zu weiteren ziemlich runtergekomme-
nen Lokalen, Second-Hand-Läden, Pizzabuden und Tandoori-
Restaurants. Überall tritt man auf Abfälle aus den Schnell-
restaurants und aus dem Supermarkt, der Geruch von zu hoch
erhitztem Fritierfett hängt schwer in der Luft, und man hört
laute Stimmen und Musik aus Autoradios. Dies ist das Zentrum
von Walthamstow, einem geschäftigen, etwas angeschmuddel-
ten Arbeitervorort an der Londoner Peripherie Richtung Essex.

Sie können an der U-Bahn-Station auch einen anderen Weg
einschlagen. Biegen Sie von der Hoe Street in die St Mary's
Road, folgen Sie dieser ruhigen kleinen Straße, am Friseur, an
Pete's Fisch-Bar und den gepflegten Reihenhäusern mit den
grauen Mülltonnen im Vorgarten vorbei, und Sie kommen zu
einem Durchgang, dem Church Path. Dies ist mehr als eine
enge Gasse: Es ist ein Pfad in die Vergangenheit. Wenn Sie ihm
folgen, werden Sie ins Jahr 1830 versetzt. Zur Linken befinden sich kleine efeuüberwachsene Häuser mit blauen, schwarzen und roten Türen, und zur Rechten steht ein großes Back-
steingebäude, das alte Workhouse von Walthamstow.

Am Ende des Stichwegs liegt ein Dorf, das die Wechselfälle
der vorübergegangenen Jahre überdauert hat, eine Zeitblase am
Rande der Londoner Metropole. Von den matten Sandstein-
wänden der St. Mary's Church zweigen Pfade sternförmig ab,

73

die zum Gutsherren und den Monoux-Armenhäusern, zur Vorschule und zu den verwilderten Friedhöfen führen, wo das Unkraut zerborstene Grabsteine überwuchert. Einige der Gebäude sind umfunktioniert worden – aus der Schule wurde eine Kirche, aus der georgianischen Vorschule ein Verkehrsamt, aus dem Arbeitshaus ein Museum. Die Monoux-Armenhäuser sind nach der Bombenzerstörung von 1941 wieder aufgebaut worden, die Pfade werden jetzt von elektrischem Licht erhellt, und Häuser späterer Dekaden bedrängen das Viertel von allen Seiten. Im Wesentlichen ist dieses winzige Dorf jedoch das Walthamstow von 1830, und damit das von Jemmy, York und Fuegia.

Die Reise, die die Feuerländer an jenem Tag mit FitzRoy unternahmen, war jedoch weit umständlicher. Walthamstow lag zwar nur zehn Kilometer im Nordosten der Hauptstadt, aber es bildete einen angenehmen Gegensatz zur verrußten Metropole. Dieser hübsche Sprengel lag östlich des Flusses Lea inmitten des Epping Forest und war für seine schönen Waldabschnitte und die Ausblicke über die Sümpfe auf die Stadt London bekannt.

Im frühen 18. Jahrhundert führte die einzig brauchbare Straße nach Walthamstow durch Stratford an der Leyton Road über die Bow Bridge. An diesem Haupttor von London nach Essex – wo den Hunden die Krallen der rechten Vorderpfoten entfernt wurden, damit sie das Wild des Königs nicht jagten – lauerten noch Wegelagerer und Straßenräuber im Hinterhalt. Doch reiche Kaufleute und Bankiers ließen sich in Walthamstow nieder, und damit wuchs die Nachfrage nach besseren Verkehrswegen. 1757 genehmigte das Parlament den Bau einer neuen Brücke über die Lea.

Auf dieser neuen Straße kamen FitzRoy und die Feuerländer mit großer Wahrscheinlichkeit das erste Mal nach Walthamstow. Der abrupte Bruch mit der Stadt war ihnen sicherlich aufgefallen. Die Eisenbahn kam erst zehn Jahre später so weit und brachte die wesentlichen modernen Neuerungen mit sich: Gaslicht, Kanalisation und fließend Wasser. Noch bewahrte das Dorf seine stille Schönheit zwischen den Feldern, Hügeln und Wäldern. Durch die Volkszählung wissen wir, daß

1831 hier 4258 Menschen in einer zusammengewürfelten Gemeinde lebten, unter ihnen Landarbeiter, fahrende Gesellen,
Handwerker, Ladenbesitzer, Angestellte und Kaufleute.

In Walthamstow lebten auch viele wohlhabende Familien
mit einem Troß von Bediensteten. 1831 waren mehr als zehn
Prozent der Bevölkerung des Ortes in häuslichen Diensten
angestellt, und in den damaligen Adreßbüchern findet sich
eine ungeheure Menge luxuriöser Dienstleitungen für die Reichen: Spitzenklöpplerinnen, Friseure, Parfümeure, Strohhut-
verkäufer, Korsett- und Schirmmacher, Musiklehrer und Kla-
vierstimmer. Das Dorf war von London aus gut erreichbar und
eine angenehme Fluchtmöglichkeit vor dem Smog.

Unter den Reichen gab es neben dem Landadel Männer, die
ihr Vermögen als Juristen, Händler oder Unternehmer in der
Stadt gemacht hatten. Joseph Wigram, der den Feuerländern
die Unterkunft in Walthamstow vermittelt hatte, war ein Sohn
Sir Robert Wigrams, eines der reichsten Kaufmänner des Landes. Sir Robert war 1762 aus dem irischen Wexford nach England gekommen. Nachdem er bei einem Chirurg gelernt hatte,
wurde er zu einem Unternehmer allerersten Ranges, ihm
gehörten schließlich zweiundzwanzig Ostindien-Schiffe. Zudem war er der Hauptaktionär der Blackwell Werft und Par-
lamentsmitglied.

Joseph Wigram war eines von 23 Kindern Sir Roberts, die
tatsächlich alle einmal zusammen in dem grandiosen Walthamstower Anwesen gelebt hatten. Sie zählten zu den Neu-
reichen, hatten Geld, das mit harter Arbeit verdient und durch
Spekulationen vermehrt worden war, und nicht das »vor-
nehme« alte Geld des Landadels.

Doch wie es Reiche gab, gab es in Walthamstow auch Arme.
Die Armenhäuser kümmerten sich um »die Witwen verbliche-
ner Einzelhändler«. Wohltätige Organisationen brachten den
Bedürftigsten kleine Geldgeschenke oder milde Gaben, Koh-
len oder Brot, und trugen dazu bei, das Gewissen der auf-
blühenden Bourgeoisie und des Adels zu beruhigen – so
sorgte Robert Wigram zum Beispiel bei jeder Geburt in seiner
Familie dafür, daß ein Häftling aus dem Gefängnis entlassen
wurde.

In einer dermaßen ungleichen Gesellschaft stellte das Verbrechen ein wachsendes Problem dar. Wenn die Lage auch nicht so extrem war wie in London, so waren große Häuser doch lockende Ziele für diejenigen, die mit ihrem Geld nicht auskamen. 1854, die Bevölkerung von Walthamstow war auf 5000 angewachsen, wurden 147 Menschen verhaftet: 51 wegen Kapitalverbrechen, 39 wegen vorsätzlicher Sachbeschädigung, 17 wegen tätlicher Angriffe und 40 wegen Trunkenheit.

Um die Gewalt zu bekämpfen, wurde eine private Wachtruppe eingesetzt, deren Mitglieder gemeinhin »Charlies« oder Wachmänner genannt wurden und den Feuerländern bald ein vertrauter Anblick waren. Von 1819 bis 1831 stellte eine Polizeitruppe, von Spenden aus dem Ort unterstützt, bewaffnete Charlies ein, die in den Winternächten patrouillieren sollten. Während der unruhigen Jahre 1830 und 1831 wurden sie durch Tagespatrouillen verstärkt. Nach der Verabschiedung des Beleuchtungs- und Wachgesetzes im Jahr 1831 bestellte die Gemeinde Inspektoren, die die Einstellung eines Polizeimeisters sowie einer Polizeistreife zu überwachen hatten. Diese Männer zogen durch die Straßen, und ihre Rufe »Mitternacht und alles ist gut« hallten durch die Nacht.

Wer die unterste Sprosse der Leiter erreicht hatte, dem stand, von der Kriminalität abgesehen, nur noch das Armenhaus offen. Wie jede andere Gemeinde im Land versuchte auch Walthamstow häufig, seine Armen in einen anderen Bezirk abzuschieben, aber hier, in diesem dunklen, ungute Vorahnungen weckenden Gebäude am Ortsrand, lebten und arbeiteten bis zu 80 Menschen unter strenger Zucht. Sie zupften Werg oder wurden in der Brauerei und in der Gärtnerei beschäftigt. Über dem Tor des Arbeitshauses warnte eine Tafel:

ERBAUT
AN DOM MDCCXXX
Wer die Arbeit nicht ehrt
Ist des Brotes nicht wert

Diese Botschaft sollte Jemmy Button noch in den letzten Jahren seines Lebens verfolgen.

Jemmy, Fuegia und York wurden in Walthamstow von Mr. und Mrs. Jenkins begrüßt, die sie nicht nur in der Vorschule unterrichten, sondern in die nächsten elf Monaten auch ihre Gastgeber sein würden. Die Feuerländer waren den Jenkins auf den ersten Blick sympathisch. Außer daß Fuegia der besonderen Verantwortung von Mrs. Jenkins unterstellt wurde, ist jedoch wenig über das Ehepaar und ihr Zusammenleben mit den Indianern bekannt.

Die Vorschule war 1824 von William Wilson gegründet worden. Wilson war ein bekannter evangelischer Priester. Der Sohn eines wohlhabenden Seidenfabrikanten aus Cheapside und Vater von acht Kindern wohnte seit 1822 in Walthamstow. Er war selbst ein vermögender Mann, der seinen Wohlstand geschickt zu mehren wußte: Im Winter war er Pfarrer in Walthamstow und im Sommer in Worton, in der Nähe von Woodstock. Die Übersiedlung von einer kirchlichen Pfründe zur anderen war jedes Mal ein aufwendiges Manöver, bei dem Diener, Wagen und Gänse einer quasimilitärischen Logistik unterworfen wurden.

Wilson war von Samuel Wilderspin, dem berühmten Pädagogen des 19. Jahrhunderts, dazu ermutigt oder sogar gedrängt worden, eine Vorschule in Walthamstow zu eröffnen. Zu Beginn des 19. Jahrhunderts wurden Kinder im Alter von sechs oder sieben Jahren in staatliche Institutionen eingeschult. Wilderspin war jedoch der Auffassung, dies sei große Zeitverschwendung, man könnte der Erziehungsmisere abhelfen, indem man Kinder schon ab zwei Jahren auf ein lebenslanges Lernen vorbereitete. Wenn sie das Alphabet und die Grundlagen des Rechnens schon beherrschten und auch begriffen hätten, was für ein Verhalten man von ihnen im Klassenzimmer erwarte, ginge in den Schulen keine kostbare Zeit verloren. Er glaubte auch daran, daß diese frühe Phase im Leben der Kinder wesentlich sei, um ihnen die sozialen und moralischen Werte und Normen einzuprägen, die sie sonst vielleicht nie erlernen würden oder die andernfalls durch Vorstellungen und Handlungen unzureichend sozialisierter Eltern geprägt werden könnten.

Wilderspin bat Wilson um Hilfe. Nach anfänglichem Widerstreben gründete der Pfarrer schließlich in einer Scheune hinter seinem Haus die erste Vorschule der Kirche von England. Sie war so erfolgreich, daß sie zu der Zeit, als die Feuerländer eintrafen, schon in ein eigens für die Schule erbautes – und aus Wilsons Vermögen bezahltes – georgianisches Gebäude auf Pfarrland direkt neben dem Friedhof übersiedelt war.

Die Erfahrungen in der St. Mary's Vorschule müssen für die drei Feuerländer faszinierend und frustrierend zugleich und oft verwirrend gewesen sein. Die Schule bestand aus einem großen Raum und zwei kleineren, von diesem abgehenden Klassenzimmern. Im ersten Stock gab es eine Wohnung für die Lehrerin und den Lehrer, doch scheinen die Jenkins sie nicht genutzt zu haben. Vielleicht haben die Feuerländer hier gewohnt, denn der soziale Status der Jenkins war mit Sicherheit nicht so hoch, daß sie sich eine so große Wohnung leisten konnten, in der sie ohne weiteres drei Dauergäste aufnehmen konnten.

Unterrichtet wurde an sechs Tagen in der Woche, bis zu 150 Kinder nahmen am Unterricht teil. Was sie von ihren neuen Klassenkameraden gehalten haben, ist nirgends verzeichnet, kleine Kinder gehen mit Fremden oft ungezwungener um als Erwachsene. Wenn Jemmy und Fuegia ihnen schon merkwürdig vorgekommen sein müssen, fragt man sich nichtsdestoweniger, was für einen Reim sie sich dann erst auf den Endzwanziger York Minster machten, einen mürrischen und sich im Laufe der Monate zunehmend unsozialer verhaltenden Mann.

Die Unterrichtseinheiten, an denen die Feuerländer teilnahmen, waren aktiv gestaltet: Klatschen, Singen, Gehen und Sprechgesang standen auf dem Stundenplan. Wenn wir heute an die Erziehung im 19. Jahrhundert denken, dann stellen sich gleich Vorstellungen von Tyrannei und Mißhandlungen ein, von strengster Disziplin und ängstlich in der Ecke stehenden Kindern. Auf die Vorschule in Walthamstow traf das allerdings gar nicht zu: Der Unterricht war entschieden religiös, bibelorientiert und moralvermittelnd, aber der Ethos war selbst nach heutigen Maßstäben liberal und kindgerecht ausgerichtet.

In seinem Buch *The System of Infants Schools* hat William Wilson die Leitlinien seiner Walthamstower Vorschule darge-

legt. Für ihn spielte eine wichtige Rolle, daß die Kinder so jung
wie möglich kamen, nämlich in den

am leichtesten zu beeinflussenden Lebensjahren. Entweder
nimmt das uns innewohnende Böse in dieser Zeit Gestalt an oder
die Grundzüge der Religion und der moralischen Vollkommenheit
werden gesät und gehegt ...
[Erziehung] muß unter der Voraussetzung stattfinden, daß sie
einer ebensolchen Besonnenheit bedarf wie die Wahl der leibli-
chen Speise an der Pforte des Lebens, daß sie nämlich die bedrohlichen Krankheiten unter Kontrolle hält und die frühesten Anstrengungen in die Tat umsetzt. Ebenso muß herausgefunden
werden, welche geistige Nahrung am geeignetsten ist, und es
muß darüber gewacht werden, die ersten Energien zu regulieren,
die sie hervorbringt.

Für seine Lehre nahm er in Anspruch, daß sie dem Kind als
Ganzem entspreche, ihm bei der Entwicklung eines sicheren
Urteilsvermögens und Gedächtnisses helfe und Leidenschaften und moralische Unsicherheiten im Zaum halten könne. Sie
sollte Menschen schaffen, deren »Geist von der Liebe zur moralischen Vollkommenheit und zur Religion durchdrungen,
und deren Herz durch die besten Grundsätze auf alle Umstände und Umbrüche dieses endlichen Lebens vorbereitet ist«.
    Um das zu erreichen, sollten die Kinder die Schule und ihre
Lehrer nicht fürchten und verabscheuen. Im Gegenteil: Sie
sollten gerne zur Schule gehen. Die Klassenzimmer waren hell
und luftig und boten viel Platz, sie sollten einen Kontrast zu
den häuslichen Verhältnissen der Kinder bilden. Die Schul-
wände sollten »sprechen«: Es gab viele Tierbilder, Zeichnun-
gen mit biblischen Motiven und kurze Auszüge aus der Heiligen Schrift:

    Fürchtet GOtt! – Der erste Brief des Petrus
    Das 2. Kapitel, 17

    Ehret den König! – Der erste Brief des Petrus
    Das 2. Kapitel, 17

GOtt ist die Liebe – Der erste Brief des Johannes
Das 4. Kapitel, 8

Du sollst nicht stehlen
Das achte Gebot

GOtt ist ein Geist
Johannes IV, 21

Auch kennet man einen Knaben an seinem Wesen
Sprüche 20[3]

Singen und Klatschen wurden zum Lernen wirkungsvoll eingesetzt, machten den Kindern Spaß und halfen den Lehrern, auf die Kinder aufzupassen. Die Strafen waren überlegt und nie grausam: Wenn ein zweijähriges Kind eine Übertretung beging, ging man davon aus, daß der Lehrer dafür ebenfalls zur Rechenschaft gezogen werden konnte. In seinem Buch führt Wilson das folgende Beispiel einer Strafe an, wie sie in seiner Walthamstower Schule, in die die Feuerländer gingen, gehandhabt wurde. Ein Fünfjähriger, der beim Stehlen erwischt worden war, wurde auf das erhöhte Pult in der Mitte des Raumes gesetzt:

Lehrer: Könnt ihr diesen kleinen Jungen alle sehen?
Schüler: Ja, Sir.
Lehrer: Wer ist das?
Schüler: John …, Sir.
Lehrer: Was hat er getan?
Schüler: Er hat etwas gestohlen.
Lehrer: Was bedeutet Stehlen?
Schüler: Etwas zu nehmen, was einem nicht gehört.
Lehrer: Es tut mir sehr leid für ihn. Ich bin ganz unglücklich, ihn so zu sehen. Habt ihr kein Mitleid mit ihm?
Schüler: Doch, Sir.
Lehrer: Ich werde versuchen, wieder einen guten Jungen aus ihm zu machen, ihr auch?
Schüler: Ja, Sir.

Lehrer: Was macht ihr, wenn ihr seht, daß er etwas nimmt,
was ihm nicht gehört?

Schüler: Wir sagen ihm, daß er nicht stehlen soll, Sir.

Lehrer: Versucht, das zu tun, meine lieben Kinder; und
wenn er wieder ein guter Junge ist, haben wir ihn
auch alle wieder lieb.

Dann mußte das Kind eine kurze Zeit allein stehen und beten.

Die Unterrichtseinheiten dauerten eine Viertelstunde – nicht
lang genug, um irgendwelchen eigenen Gedanken nachzuhängen – und wurden den in einem Halbkreis sitzenden Kindern
von Lehrern oder Tutoren vermittelt. Mädchen und Jungen
saßen getrennt. Sie lernten lesen, schreiben und rechnen und
lasen die Heilige Schrift. Viel Wert wurde auf die Gesundheit
der Kinder gelegt. Wilson schrieb:

Körperliche Bewegung ist ein notwendiger Bestandteil der Lehre.
Jede Stunde wird mit einer Leibesübung verknüpft … Ihr ganzer
Körper wird zu unterschiedlichen Zeiten gefordert, um sich dann
wieder in den Ruhezustand zu begeben. Das Taktschlagen der
Füße, das Klatschen der Hände, das Strecken der Arme und
viele andere Stellungen sind das Maß des Fortschreitens der
Stunde. Auch die Haltungen der Kinder werden oft verändert. Die
Kleinkinder lernen das Sitzen, Stehen, Gehen …

Hygiene wurde ihnen in einer morgendlichen »Reinigung«
beigebracht, dabei sangen die Kinder, von den entsprechenden
Gesten begleitet: »So waschen wir unsere Hände; so waschen
wir unser Gesicht.«

Kapitel 8

Wie bereits bemerkt, lauteten FitzRoys Anweisungen an die Jenkins' den Feuerländern »Englisch und die schlichteren Wahrheiten des Christentums ... und den Gebrauch alltäglicher Werkzeuge, eine oberflächliche Bekanntschaft mit der Landwirtschaft, Gartenbau und Technik« beizubringen, was diese elf Monate lang mit mehr oder weniger Erfolg getreulich befolgten.

Die beiden jüngeren, Jemmy und Fuegia, erreichten Einiges und gewannen viele Freunde. York Minster war jedoch ein Problem. Er wollte nicht in diesem fremden Land sein, und er war unkooperativ, schlecht gelaunt und schwer zu beeinflussen. Nur zu den praktischen Stunden außerhalb des Lehrplans, wie etwa Holzarbeiten und Nutztierhaltung, konnte er sich aufraffen. Leutnant Bartholomew Sulivan, Offizier auf der *Beagle*, fand, er sei »zu alt, um lesen zu lernen, aber er war schnell im Annehmen praktischer Tips«. Auch FitzRoy bestätigte dies. Der ältere Feuerländer »interessierte sich für Schmiede- und Zimmermannsarbeiten, und bei allem, was er über Tiere hörte oder sah, war er aufmerksam dabei; aber bei der Gartenarbeit half er nur widerwillig, und beim Lesenlernen legte er einen großen Widerwillen an den Tag«.

Es gab noch andere Probleme mit York. Sein Alter und sein schroffes Benehmen zusammen mit fehlenden Manieren und dem Widerstand gegen Veränderungen vereinigten sich in den Augen der Engländer zu einem eher uncharmanten Ganzen. Er hatte auch ein ungesundes Interesse an Fuegia entwickelt. Der Endzwanziger hatte sich in das zehnjährige Mädchen verliebt, und ob es nun Liebe war oder einfach, daß er die Besitzrechte an dem einzig für ihn in Frage kommenden weiblichen

Wesen geltend machte, er folgte ihr jedenfalls überall hin, beäugte jeden Schritt, beschützte sie vor den Aufmerksamkeiten anderer Männer und versteckte sich dabei zu öffentlichen Anlässen hinter der Leichtigkeit, mit der sie sozialen Umgang pflegte. In diesem Stadium gibt es keinen Hinweis darauf, daß sich etwas Sexuelles zwischen den beiden abgespielt hätte – es scheint, als habe York sie so behandelt, wie er sich um einen neuen Speer oder ein neues Kanu gekümmert hätte, aber gelegentlich flackerte seine Eifersucht auf, was sich in scharfen Blicken und gegrunzten Warnungen gegen all jene, die er für rivalisierende Freier hielt, äußerte.

Wenn Yorks Verhalten möglicherweise Ärger bedeutete, dann strahlten die anderen beiden doch ganz das Gegenteil aus. Wieder einmal scheint das Alter der ausschlaggebende Faktor gewesen zu sein. Sowohl Jemmy als auch Fuegia waren weniger schroff, weniger festgefahren und vielleicht begieriger, zu gefallen. Sie waren noch jung genug, um flexibel zu sein, neue Einflüsse aufzunehmen und sich in der Schule einzufügen. Viele von Yorks Problemen entstanden, weil er gezwungen war, seine Tage mit Kindern zu verbringen, die mehr als zwanzig Jahre jünger waren als er. Sein Knurren und seine finsteren Blicke müssen bedrohlich und beunruhigend gewirkt haben, aber Jemmy und Fuegia machten sich durch ihre jugendliche Begeisterung bei allen sehr beliebt.

Zudem scheinen sie viele Aspekte ihres neuen Lebens wirklich angenehm gefunden zu haben. Sie schätzten die Aufmerksamkeit und Zuneigung, die man ihnen entgegenbrachte, und es gab etwas, was sie wirklich begeisterte: sich fein zu machen.

In den Augen der Briten wurden in elf Monaten aus den primitiven Bestien, die mit einem zerfetzten Schulterfell zufrieden waren, gutgekleidete Poseure. Besonders Jemmy frönte der Leidenschaft für schöne Kleider, glänzende Schuhe und Glacéhandschuhe. Er kam an keinem Spiegel vorbei, ohne sich herauszuputzen. Die Verwandlung war bemerkenswert. Vor einer Versammlung in Bedford erinnerte sich Leutnant Sulivan fünfundzwanzig Jahre später immer noch an die Eitelkeit des Jungen, als dieser am Ende seiner Zeit in England wieder auf das Schiff kam: »Jemmy war der Liebling ... und sein zivilisatorischer Fortschritt fiel durch sein übertriebenes Dandytum besonders auf. In seinem eigenen Land war er vor zwei Jahren noch ein nackter Wilder gewesen, aber dann erschien er, selbst bei einem Wetter, bei dem die Offiziere dankbar waren für ihre Kleidung aus ungewalktem Tuch und ihr eingefettetes Schuhwerk, mit polierten Stiefeln und in ordentlich gebürstetem schwarzem Wollstoff an Deck.«

Diese Faszination spiegelte sich in der Geschwindigkeit wider, mit der die beiden Jüngeren lernten. FitzRoy fielen ihre »bemerkenswerten Fortschritte« auf, und aus dem, was wir aus den nächsten vierzig Jahren aus Gesprächen mit ihnen wissen, wird deutlich, daß Jemmy und Fuegia große Sprünge gemacht hatten. In einem Brief, datiert fünfzehn Jahre, nachdem die Feuerländer England verlassen hatten, schrieb Mr. Wilson über die Englischkenntnisse des Jungen und die Steigerung seiner moralischen Auffassungsgabe:

Button war bei weitem der intelligenteste, er schnappte ein paar Worte Englisch auf, und bevor er ging, konnte ich mit ihm, wenn auch mangelhaft, über ein paar einfache Ideen sprechen: »Button, Mr. Jenkins hat diesen Schubkarren gebaut, Mr. Barber hat dieses Haus gebaut, wer hat den Himmel und die Bäume gemacht?« »Weiß nicht, unser Land, Mr. Wilson.«

Er schien keine Vorstellung von Gott zu haben. Er gab zu, daß er Menschenfleisch gegessen hatte, aber nachdem er es einmal eingeräumt hatte, schien es ihn zu quälen, wenn man es ihm gegenüber erwähnte; er hatte ein paar Vorstellungen von moralischer Rechtschaffenheit und sagte über einen Mann, der gestohlen hatte: »Er böser Mann.« »Button, soll ich in dein Land gehen und ihnen predigen?« »Nein, Mr. Wilson, nicht gehen unser Land, böse Menschen in unserem Land.« Sie gingen in unsere Kirche, und einmal sagte er: »Mr. Wilson gehen unser Land, wir bauen große Kirche für ihn.«

Das klingt wie ein schwaches Lob, aber es war mit Sicherheit nicht so gedacht. Statt dessen spiegeln diese Worte wider, daß die Feuerländer, während sie in Walthamstow waren, möglicherweise keinen regelmäßigen Kontakt mit Wilson hatten.

Er hatte ihnen den Platz in der Schule besorgt und beanspruchte für ihre Versorgung seinen Teil der Ehre, aber er hatte keinen täglichen Umgang mit ihnen. Sein Kontakt war wahrscheinlich auf gelegentliche kurze Gespräche an der Kirchentür oder in einem lärmenden Schulzimmer beschränkt. Wie auch immer, welcher Art Jemmys und Fuegias Fortschritte tatsächlich waren, würde an der Zukunft zu messen sein.

Die Erziehung veränderte die Feuerländer. In FitzRoys Augen war es nicht nur ihre Intelligenz, die von dieser Erfahrung profitierte. Am Ende eines langen Absatzes in den *Narratives*, wo er detailliert das allgemeine Erscheinungsbild von Feuerlandbewohnern schildert, schreibt er: »Die Nase ist zwischen den Augen stets schmal und, außer bei ein paar wenigen merkwürdigen Beispielen, im Profil hohl oder fast flach. Der Mund ist grob geformt«, aber dann fügt er rasch hinzu: »(Ich spreche von ihnen in ihrem wilden Zustand und nicht von denen, die in England waren, deren Gesichtszüge durch veränderte Gewohnheiten und Erziehung sehr viel verfeinerter waren.)«

Natürlich hatte er in mancherlei Hinsicht recht. Sie trugen teure Kleider, sie waren gewaschen, ihr Haar war ordentlich geschnitten, und ihre Gesichter waren etwas voller geworden. Mit ihrem wachsenden englischen Wortschatz wurden sie immer präsentabler, und so vermehrten sich ihre Kontakte zwangsläufig.

Die Kirche wird für sie ein Ort von Bedeutung gewesen sein. Zusätzlich zu den Bibel- und Katechismusstunden, die sie in der Vorschule erhielten, besuchten die drei jeden Sonntag St. Mary. Die Kirche war ein Mittelpunkt des sozialen Lebens von Walthamstow, und William Wilson war ein Prediger, der die Kirchenbänke füllte. Die Reichen hatten Dauermietplätze, weitere 432 Sitze waren für die armen Familien der Gemeinde. Für diese gab es eine Warteliste, und Wilson hatte öffentlich verkündet: »Wenn Sie den Gottesdienst versäumen, wird Ihr Platz an den nächsten armen Bewohner der Gemeinde vergeben.«

Wir wissen nicht, wie viele neugierige Blicke die Feuerländer

Anfang Dezember 1830 empfingen, doch steht außer Zweifel, daß die Dorfbewohner sie ins Herz schlossen. FitzRoy bemerkte die »äußerste Freundlichkeit der wohltätigen Männer ... ihrer Familien und vieler anderer aus der Nachbarschaft, sowie auch gelegentlicher Besucher, die sich sehr für ihr Wohlergehen interessierten und ihnen ab und zu wertvolle Geschenke machten«. Die gelegentlichen Besucher, von denen er spricht, waren Gönner und neugierige Touristen, die einen Blick auf die Feuerlandbewohner werfen wollten.

Einige der in England erschienenen Berichte über die Feuerländer erwecken den Eindruck, als habe um sie herum eine hektische Aufregung geherrscht, als habe ein steter Strom reicher wie armer Besucher an die Tür der Schule geklopft. 1906 schrieb Mark Twain in einem Artikel, York Minster sei zu einem Ball im St. James Palace geladen worden.

Er machte sich dafür fertig. Um der Bequemlichkeit willen wählte er seine Landestracht und dachte sich nichts Böses dabei; und um elf Uhr abends erschien er, nur in seine schreckliche Unschuld und dieses jämmerliche Schulterfell gekleidet, inmitten dieser prächtigen Versammlung.

Hätten Sie gedacht, daß er den Saal in zwei Minuten leer fegte? Dann warfen die Wächter ihn hinaus auf die Straße. Als er an seinem Hotel ankam, verweigerte man ihm den Eintritt. Die anderen Hotels wiesen ihn ab. Es sah aus, als würde er niemals wieder ein Dach über dem Kopf finden, aber am Ende wurde er von mitleidigen Freunden aus seiner Misere gerettet.

Die Geschichte ist natürlich völliger Unsinn – Twain war kein Zeitgenosse der Feuerländer und kolportierte wahrscheinlich eine Geschichte, die ihm zugetragen wurde. Die Feuerländer haben niemals einen solchen Aufruhr verursacht, sie wurden in der Presse kaum erwähnt, und wenn, dann meist in Verbindung mit der Ankunft oder der Abreise der *Beagle*. Natürlich sprach man in Walthamstow über die drei. Alles in allem war das Interesse an den Feuerländern jedoch gering. FitzRoy wollte es so: Seine Feuerländer waren in Walthamstow, um zu lernen, dem Fortschritt der Zivilisation und des Christentums zu dienen und um der Sicherheit der Seeleute im Südatlantik willen. Was er am meisten fürchtete, war, daß man sie wie Objekte in einem Monstrositäten-Kabinett behandelte, daher schränkte er ihre Auftritte außerhalb Walthamstows auf einen engen Zirkel von Freunden und Familienmitgliedern ein. Er schrieb:

Sie machten keine besonderen Schwierigkeiten, waren sehr gesund, und die beiden Jüngeren wurden große Lieblinge, mit wem sie auch bekannt wurden. Manchmal nahm ich sie mit zu einem Freund oder Verwandten, der begierig war, ihnen ein paar Fragen zu stellen und etwas zu dem wachsenden Vorrat an nützlichen Dingen beizutragen, den ich für sie anlegte, wenn sie nach Feuerland zurückkehrten.

Seine Schwester, die neunundzwanzigjährige Fanny Rice-Trevor – zukünftige Lady Dynevor –, wurde zur festen Freundin der drei und zu ihrer Wohltäterin, mit der sie viel Zeit verbrachten und die sie »Käptns Schwester« nannten. Auch Roderick Murchison – der zukünftige Sir Roderick, Präsident der Royal Geographical Society – und seine Frau lernten sie kennen und erkundigten sich noch mindestens drei Jahre, nachdem sie nach Hause gesegelt waren, nach ihnen.

FitzRoy war sich bewußt, daß er mit den Feuerländern einen Dialog anstrengen sollte: Während es von allergrößter Bedeutung war, daß Jemmy, Fuegia und York Englisch lernten, war es ebenso unerläßlich, daß er die Grundzüge ihrer Sprache kannte. Im Laufe der Zeit arbeitete er daher einen kleinen Wortschatz aus, der den Unterschieden zwischen den Sprachen der, wie er sie nannte, Alikhoolip (Alakaluf) und der Tekeenica (Yámana) Rechnung trug. Es war kaum mehr als ein Anfang. Das überlieferte Fragment dieses Vokabulars führt fast 200 Worte und ihre Übersetzung in die beiden feuerländischen Sprachen auf. Es besteht größtenteils aus Substantiven und belegt nicht, ob er etwas über die Grammatik wußte, obwohl er auf die Schwierigkeiten bei der Aussprache hinwies: »Ein feuerländischer Ausdruck, dem Glucken eines Huhns ähnlich, kann durch unsere Buchstaben kaum wiedergegeben werden; seine Bedeutung ist ›nein‹.«

Die Feuerländer wurden nicht als wissenschaftliche Studienobjekte behandelt: Es ist kein Bericht von irgendeiner ärztlichen oder anatomischen Untersuchung Jemmys, Yorks und Fuegias überliefert, obwohl man einen konservierten Leichnam, der im Frachtraum der *Adventure* aus Feuerland mitgebracht wurde, sezierte. FitzRoy war ein begeisterter Anhänger der pseudo-wissenschaftlichen Phrenologie – dem Glauben, die Größe, Form und Unebenheiten des Kopfes verrieten den Charakter und Geisteszustand eines Menschen –, so daß er die drei Ende 1830 von einem Phrenologen untersuchen ließ. Die Ergebnisse waren wie folgt:

YOKCUSHLU [Fuegia Basket], weiblich, zehn Jahre alt.
- Sehr anhänglich.
- Wenn sie beleidigt wird, reagiert sie leidenschaftlich.
- Geringe Veranlagung zur Gerissenheit, aber keine Falschheit.
- Sie wird Einfallsreichtum an den Tag legen.
- Sie hat keinen Hang zur Habgier.
- Gelegentlich sehr eigensinnig.
- Begierig nach Beachtung und Beifall.
- Sie wird eine wohltätige Gesinnung zeigen, wenn sie dazu in der Lage ist.
- Starke Gefühle für ein höheres Wesen.
- Anlage zur Redlichkeit.
- Starke Veranlagung zu Nachahmung und Imitation.
- Gutes Erinnerungsvermögen an Dinge und Orte, starke Bindung an Orte, an denen sie gelebt hat.
- Es wäre nicht schwierig, sie in kurzer Zeit zu einem nützlichen Mitglied der Gesellschaft zu machen, sie würde Unterweisung bereitwillig aufnehmen.

ORUNDELLICO [Jemmy Button], Feuerländer, 15 Jahre alt.
- Er wird gegen Wut, Eigensinn, animalische Neigungen und eine Disposition, zu kämpfen und zu zerstören, angehen müssen.
- Starke Neigung zur Gerissenheit.
- Nicht habsüchtig, nicht sehr erfinderisch.

- Begierig, zu führen und zu leiten.
- Sehr behutsam bei dem, was er tut; jedoch begierig nach Auszeichnung und Beifall.
- Er wird starke Gefühle für ein höheres Wesen an den Tag legen.
- Starke Neigung zu Wohltätigkeit.
- Könnte zuverlässig mit der Pflege von Landbesitz betraut werden.
- Erinnerung im Allgemeinen gut; besonders an Menschen, Sinneswahrnehmungen und Örtlichkeiten.
- An gewohnte Orte hat er eine starke Bindung.
- Wie die Frau empfängt er Unterweisungen bereitwillig, er könnte zu einem nützlichen Mitglied der Gesellschaft gemacht werden; aber es würde große Sorgfalt erfordern, da sein Eigensinn dabei stören würde.

EL'LEPARU [York Minster], etwa 28 Jahre alt.
- Sehr starke Leidenschaften, besonders solche animalischer Natur; eigensinnig, rechthaberisch und entschlossen.
- Er hat eine starke Bindung an Kinder, Menschen und Orte.
- Disposition für Gerissenheit und Vorsicht.
- Er zeigt rasches Begreifen von Dingen und einigen Einfallsreichtum.
- Eigensinn ist nicht zu übersehen, und er geht achtsam mit Besitz um.
- Sehr begierig nach Lob und Beifall und Aufmerksamkeit, die man seinem Verhalten zollt.
- Freundlich zu denjenigen, die ihm einen Dienst erweisen.
- Er ist zurückhaltend und mißtrauisch.
- Er wird keine solch starken Gefühle für Gott empfinden wie seine beiden Kameraden.
- Er ist dankbar für Freundlichkeit, zeigt sie aber nur zurückhaltend.
- Sein Erinnerungsvermögen ist im allgemeinen gut: Ihm würden Naturgeschichte oder andere Zweige der Wissenschaft nicht schwer fallen, wenn sie ihm vermittelt werden könnten; wegen seines starken Eigensinns ist er jedoch schwer zu

unterweisen, und es erfordert eine Menge Geduld und Nachsicht, ihn dazu zu bringen, das Gewünschte zu tun.

In den verschiedenen Erklärungen, die FitzRoy in Briefen und in der Presse über seine feuerländischen Schützlinge abgab, hieß es, sie würden zwei oder drei Jahre im Land bleiben und ihre Erziehung werde »ein paar Jahre« dauern. Aber schon im Frühsommer 1831 machte er Pläne, sie nach Hause zu bringen. Am 23. Mai schrieb er an George Elliott bei der Admiralität:

Der richtige Zeitpunkt für die Rückkehr der Feuerländer rückt näher. Sie waren 14 Monate bei mir, und es werden wenigstens noch fünf Monate verstreichen, bevor sie ihre Heimatküste erreichen.

Sie haben stets erwartet, im folgenden Winter (Sommer in ihrem Land) zurückzukehren, und sollte man sie enttäuschen, wird dies, fürchte ich, Unzufriedenheit und Krankheiten nach sich ziehen.

Ganz eindeutig hatte er es sich anders überlegt, obwohl unklar bleibt, warum. Im Mai gab es einige Dinge, die ihm keine Ruhe ließen, obwohl das Verhalten der Feuerländer sicher nicht dazu gehörte. Die Arbeit, die aus der vorangegangenen Reise der *Beagle* resultierte, war inzwischen abgeschlossen, und er wurde wahrscheinlich ungeduldig; die geringe Unterstützung die er für den Unterhalt seiner Schützlinge erhalten hatte, war wirklich lächerlich. Es lief darauf hinaus, daß er mehr Zeit und Geld auf ihre Bedürfnisse verwenden mußte, als vorher angenommen. Sie nach England zu bringen und ausbilden zu lassen, hatte ihn persönlich bereits 1500 £ gekostet. Der Verlust von Boat Memory war ein Schock gewesen, und jetzt waren die Zeitungen voller Geschichten über die Verbreitung der Cholera in den Städten Englands.

Der entscheidende Faktor muß die Bestätigung von Gerüchten gewesen sein, daß die Pläne, die Vermessung Feuerlands wieder aufzunehmen, auf Eis gelegt worden waren. Dies war eine Herabsetzung seines persönlichen Ansehens und hieß, daß Jemmy, York und Fuegia möglicherweise in England gestrandet waren. Mit einem Anflug von Bitterkeit und einer Erinnerung daran, warum es wichtig war, die Feuerländer wieder nach Hause zu bringen, fährt er in seinem Brief an die Admiralität fort:

Man ließ mich annehmen, daß ein Schiff nach Südamerika geschickt werden würde, um die Vermessung seiner Küsten fortzusetzen und noch unbekannte Teile zu erforschen, und so hoffte ich, diese Menschen könnten als Dolmetscher nützlich sein und helfen, ihren Landsleuten eine freundliche Haltung gegenüber Engländern beizubringen, wenn nicht gar einen regelmäßigen Verkehr.

Er schloß mit der kurzen Bitte um ein Jahr Urlaub, »damit ich ... mit meinen eigenen, sehr beschränkten Mitteln ... den Feuerländern gegenüber mein Wort halten kann«.

Die Admiralität kam seinem Ersuchen nach und bot auch an, die Feuerländer auf dem ersten Kriegsschiff nach Südamerika zu bringen. Aber im Juni gab es kein Anzeichen dafür, daß ein Marineschiff in die richtige Richtung fahren würde, und FitzRoy unternahm einen außergewöhnlichen Schritt, der ein bemerkenswertes Licht auf ihn wirft: »Ich bin diesen Eingeborenen zu sehr verbunden, um sie irgendeinem anderen Schiff anzuvertrauen, außer mit mir zusammen – wegen des Risikos, das es bedeuten würde, wenn sie irgendwo an Land gesetzt werden würden, und nicht auf dem Gebiet ihrer eigenen Stämme ...« Er nahm die zwölf Monate Urlaub an und schloß einen Vertrag mit dem Kaufmann John Mawman aus Stepney, der ihn, die Feuerländer, James Bennet und einen weiteren Mann auf Mawmans Brigg, der *John*, nach Südamerika bringen sollte.

Mit bereits entstandenen Kosten von 1000 £ und weiteren Ausgaben für Lebensmittel und Lotsengebühren, die alle aus FitzRoys Tasche kamen, war dies eine aufsehenerregende Demonstration seiner Verpflichtung gegenüber den Feuerländern. Aber kurz nachdem Bennet eine Herde Ziegen gekauft hatte, die die Gruppe mit nach Feuerland nehmen wollte, griff einer von den freundlich gesinnten und politisch einflußreichen Onkeln FitzRoys ein. Die Vermessungen sollten doch wieder aufgenommen werden, FitzRoy wurde auf die *Chanticleer* berufen, und als diese für ungeeignet befunden wurde, unterstellte man ihm erneut die *Beagle*.

Am 2. Juni 1831 konnte der *Royal Devonport Telegraph* folgendes bekanntgeben:

Die Schaluppe seiner Majestät, die *Beagle*, die im Oktober außer Dienst genommen wurde … wird erneut unter das Kommando ihres letzten tapferen und unermüdlichen Kapitäns Robert FitzRoy Esq. gestellt. Er wird seine Untersuchung dieses ausgedehnten Kontinents fortsetzen … Die Eingeborenen aus Feuerland, die der Kapitän mitgebracht hat, sind in einigen der nützlichsten Fertigkeiten unterrichtet worden und sollen, wie wir erfahren haben, mit der *Beagle* in ihr Heimatland zurückkehren.

Etwa um diese Zeit bekam Robert FitzRoy besonderen Besuch. Oberst John Wood, der als Kurier am königlichen Hof diente, brachte eine Einladung Ihrer Majestäten König William IV. und Königin Adelaide. Nachrichten über die Feuerlandbewohner waren bis in den St. James Palace gedrungen, und nun sollten sie zu einer privaten Audienz geladen werden.

Wann sich dies ereignete und wie es dabei zuging, ist nirgends festgehalten. Die Morgenzeitungen, die so wählerisch über das tägliche Kommen und Gehen bei Hof berichteten, erwähnen den Besuch der Feuerländer nicht. Das Rundschreiben des Hofes enthält keinen Verweis darauf, ebensowenig wie das Protokollbuch für das Jahr 1831. In den Königlichen Archiven in Windsor sind aus der kurzen Regierungszeit William IV. nur wenige Briefe überliefert, und es gibt keine Hinweise darauf, daß Robert FitzRoy oder die Feuerländer einem der vielen Empfänge und Bälle beiwohnten, bei denen der König und die Königin in diesem Jahr anwesend waren.

Wahrscheinlich kam das Treffen durch FitzRoys Schwester Fanny zustande. In den dreißiger Jahren des 19. Jahrhunderts war der Hof deutlich weniger zeremoniell ausgerichtet als später, und es war nicht ungewöhnlich, daß der König »interessante« Fremde kennenlernen wollte, die sich in der Stadt aufhielten und von denen er durch die Gespräche bei Hof erfahren hatte. In den ersten Monaten des Jahres 1831 nahm Fanny an wichtigen Ereignissen bei Hof teil, so gehörte sie am 24. Februar zur Geburtstagsgesellschaft der Königin. Die *Morning Post* beschrieb sogar ihr Gewand: »Ein Satinkleid, golddurchwirkt, mit Goldbändern geschmückt; die Schleppe aus Samt mit Gold.« Zwei Monate später war sie wieder im Palast, sie nahm an einem der großen sozialen Ereignisse teil, dem Empfang bei der Königin.

FitzRoy hatte also eine Vertraute bei Hof. Es gab Gerede, das bis zum Monarchen vordrang. William IV., der eben inthronisiert worden war und bald gekrönt werden sollte, wurde von einigen als liebenswürdiger Kasper bezeichnet, von anderen als lasterhafter Flegel. Für die ersten war jeder besser als sein Bruder, George IV., die anderen meinten, auch William sei ungeeignet für die Krone, da er sich als Matrose bei der Royal Navy durch die Freudenhäuser der Welt krakeelt und getrunken hatte. Die Marinezeit hatte dem König jedenfalls Geschmack auf Abenteuer gemacht und sein Interesse für das Exotische geweckt, und der Gedanke, die Feuerländer kennenzulernen, hat ihm bestimmt gefallen.

Der König hielt wenig von affektiertem Getue. Er war fünfundsechzig, als er den Thron bestieg, rotgesichtig, heiter gestimmt und mit einer Neigung zur Pummeligkeit. Als dritter Sohn George III. hatte er nicht erwartet, das Land einmal führen zu müssen, und war dem Prunk des Prinzenlebens meist aus dem Weg gegangen. Nach einer kurzen Karriere bei der Marine hatte er sich mit fünfundzwanzig in die berühmte Schauspielerin Mrs. Jordan verliebt, mit der er in dreizehn Jahren zehn Kinder bekam. Als sich Spielschulden anhäuften, verließ er sie und heiratete die Tochter des Herzogs von Sachsen-Coburg-Meiningen, Prinzessin Amelia Adelaide.

Selbst auf dem Thron gelang es William nicht, seinen Lebensstil zu ändern. Eines Tages, als er es leid war, neue Geheime Staatsräte und Lord Leutnants zu vereidigen, spazierte er die Pall Mall hinunter, wo er von einer aufgeregten und begeisterten Menschenmenge erkannt wurde. Entsetzte Mitglieder des

White's Club sprangen aus einem Fenster, um ihn vor dem
Kuß einer Prostituierten zu retten. 1830 gab er eine Gesell-
schaft für 3000 Arme aus Windsor. 1834 wurden allein im
St. James Palast 36 000 Flaschen Wein getrunken.

Eigentlich war William der Bourgeois als König, und die
Audienz mit den Feuerländern muß wohl weniger steif gewesen sein, als man hätte erwarten können. Dennoch konnten
FitzRoy und seine Schützlinge mächtig stolz sein. Am Ende
sah es so aus, als hätte sich FitzRoys Investition von 1500 £ in
seine Schützlinge gelohnt. Irgendwann im Sommer 1831 wurden Jemmy und seine Kameraden in einer Kutsche von Walthamstow nach London gebracht und durch die Tore des Pa-
lasts gefahren. Hier wurden sie mit einer Pracht, die all ihre
Erwartungen übertraf, bis in eines der Staatsgemächer eskor-
tiert, wo sie erwartet wurden.

Vielleicht hat der König seinen vier Gästen gegen jedes Protokoll die Hand gereicht und sie gefragt, wie es ihnen ging.
Man wird sie gebeten haben, an einem Tischchen Platz zu nehmen, und ihnen Tee und Kekse serviert haben.

FitzRoy hielt das Interesse, das der König und die Königin
an seinem Vorhaben zeigten, schriftlich fest.

Seine Majestät fragte vielerlei über sie und ihr Land; und ich
hoffe, man erlaubt mir die Bemerkung, daß niemand mir in einer
ähnlichen Zeitspanne jemals so viele vernünftige und ganz und
gar zur Sache gehörende Fragen über die Feuerländer und ihr
Land gestellt hat und auch über die Vermessung, bei der ich mit-
gewirkt habe, wie Seine Majestät.

Königin Adelaide war ganz anders als ihr Mann. Sie war eine
strenge und unerbittliche Gegnerin von Reformen, und so war
es ihr in kürzester Zeit gelungen, die unbeliebteste Frau in
ganz England zu werden. Sie unterstützte den Herzog von
Wellington und galt vielen als Großbritanniens Marie-Antoi-
nette. Aber es gab auch eine liebenswürdige, zurückhaltende,
weniger öffentliche Seite ihres Charakters. Sie hatte zwei Kinder verloren – eines durch eine Fehlgeburt und eines einen Tag
nach der Geburt – und damit die Chance, ihrem Mann einen

Erben zu schenken. Das schlug sich in ihrem Umgang mit den Feuerländern nieder und offenbarte sich in »ungekünstelter Freundlichkeit, für welche sie dankbar waren und die sie niemals vergessen würden ...« Besonders angetan war sie von Fuegia. Im Laufe der Audienz verließ die Königin kurz den Raum. Sie kam mit einem ihrer Hüte wieder, den sie Fuegia auf den Kopf setzte. »Dann steckte Ihre Majestät dem Mädchen einen von ihren Ringen an den Finger«, erinnerte sich FitzRoy, »und gab ihr etwas Geld, damit sie sich Kleider kaufen konnte, wenn sie England verließ und in ihre Heimat zurückkehrte.«

Das Treffen war kurz, aber nicht gehetzt und hinterließ bei den Feuerländern, die sich in kommenden Jahren daran erinnerten, einen bleiben Eindruck.

Kapitel 9

Mit der Instandsetzung der *Beagle* im Juli 1831 begannen für FitzRoy schwere Monate. Er mußte die Reparaturen beaufsichtigen, Vorräte kaufen, darunter auch Lebensmittel gegen Skorbut, und eine Mannschaft zusammenstellen. Wenn die *Chanticleer* schon seeuntüchtig gewesen war, war die *Beagle* kaum in einem besseren Zustand. Die letzte Fahrt hatte dem Schiff viel abverlangt, und bei einer Inspektion im Dock stellte sich heraus, daß tragende Teile des Rumpfes durchgefault waren. Da so viel erneuert werden mußte, ergriff FitzRoy die Gelegenheit und ließ das Schiff im großen Stil modernisieren.

Das neue Oberdeck wurde um einige Zentimeter höher eingezogen als das vorherige, was denen, die darunter lebten und arbeiteten, mehr Bewegungsfreiheit ließ. Mit einer neuen Außenhaut aus Planken, Filz und Kupfer wog das Schiff nun 15 Tonnen mehr, wodurch es Stürmen besser standhalten konnte. Ein neues Ruder wurde eingebaut, außerdem eine patentierte Winde, ein Herd und ein Ofen. An den Masten wurden zu Experimentierzwecken Blitzableiter angebracht. Die Taue, Segel und Spiere waren nach FitzRoys Bekunden »die besten, die man für Geld bekam«. In seiner Kabine hatte er 22 Chronometer verstaut, die seine neuen Aufgaben vereinfachen würden – nicht nur eine präzise Vermessung der südamerikanischen Küstenlinie durchzuführen, sondern auch die Kette chronometrischer Maßbestimmungen, die sich rund um den Erdball zog, zu schließen.

Viele aus der neu zusammengestellten Mannschaft, darunter Leutnant Wickham und Leutnant Sulivan, der Tischler Jonathan May und der Assistenzarzt Benjamin Bynoe (nicht aber der barsche Schiffsarzt Robert MacCormick), waren schon auf der vorangegangenen Reise der *Beagle* mitgesegelt. Die Besatzung bestand aus 65 Mann, mit den Reisenden waren 74 Menschen an Bord des winzigen Schiffs; unter ihnen der Künstler Augustus Earl, der 200 £ im Jahr für die Dokumentation der Landschaften und Abenteuer erhielt, der Instrumentenbauer George Stebbings, der FitzRoys Chronometer zu warten hatte, die drei Feuerländer sowie ein junger Naturalist als Gefährte für den Kapitän.

Mehr denn je fürchtete FitzRoy das »blaue Übel«. Der Selbstmord seines Onkels, Stokes Tod und die Aussicht auf eine lange und beschwerliche Reise spielten seinem Gemüt grausame Streiche. Seine herablassende Haltung und die Angst, eine allzu große Vertraulichkeit mit der Mannschaft würde einem Disziplinverlust Vorschub leisten, brachten es mit sich, daß es so gut wie keinen Austausch zwischen ihm und den Männern der unteren Decks gab. Einsamkeit konnte ihm schwer zusetzen. Er brauchte jemanden, mit dem er sich unterhalten und manchmal auch speisen konnte, ohne Angst vor einer Meuterei haben zu müssen. Dabei war es zwingend notwendig, daß dieser Mann die richtigen Voraussetzungen mitbrachte, daß er belesen, intelligent und vorzugsweise in den Wissenschaften zu Hause war und die vielen Gelegenheiten zur Forschung, die sich ihm auf der Reise böten, nicht ungenutzt ließ. Im Juli und August hielt Kapitän FitzRoy Ausschau nach einem solchen Reisebegleiter.

Er bat den Cambridger Naturforscher John Stevens Henslow um Rat. Zunächst zog dieser die Gelegenheit für sich selbst in Betracht, als sich aber seine schwangere Frau einer möglichen fünf- oder sechsjährigen Abwesenheit widersetzte, empfahl er FitzRoy einen befreundeten Studenten: einen Zweiundzwanzigjährigen namens Charles Darwin.

Doch FitzRoy hatte andere Vorstellungen; außerdem mußte er schon eine ganze Reihe möglicher Kandidaten begutachten. Darwin erschien ihm noch sehr jung, und die Phrenologie seiner Nase legte einen Mangel an Energie und Entscheidungsfreude nahe, und, was noch schlimmer war, er war ein Whig und verabscheute die Sklaverei zutiefst. Nichtsdestotrotz bot

FitzRoy dem jungen Mann nach einem ziemlich spannungs-
geladenen Gespräch und einem deutlich harmonischeren Essen schließlich einen Platz auf dem Schiff an.

FitzRoys Zeit wurde noch von anderen Verhandlungen in Anspruch genommen. Am 5. August schlug ihm Mr. Wilson aus
Walthamstow vor, den Feuerländern zwei Missionare zur Seite
zu stellen. So könnte die gute Arbeit, die bereits begonnen worden sei, fortgeführt werden. Die Missionare würden den Feuerländern und ihren Leuten allmählich zur Zivilisation verhelfen.
FitzRoy begeisterte sich für die Idee und ersuchte die Admiralität um Genehmigung. Bis zu diesem Zeitpunkt hatte
sein Plan darin bestanden, die drei an ihre jeweiligen Heimat-
orte zurückzubringen und sie ihren Landsleuten zu überlassen. Er muß gewußt haben, daß es unmöglich sein würde,
diesen ursprünglichen Plan umzusetzen. Wilsons Vorschlag
verhieß Unterstützung, Struktur und eine weiterführende
Entwicklung. Außerdem war so für ein wachsames Auge auf
seine Feuerländer gesorgt, vielleicht sogar für deren Schutz.
Besonders wird FitzRoy der letzte Absatz von Wilsons
Brief gefallen haben, in dem dieser dem Kapitän der *Beagle*
mitteilte: »Eine Spendensammlung ist von gewissen Herren in
die Wege geleitet worden, die ein außerordentliches Interesse
daran haben, daß diese Gelegenheit, anderen die Wohltaten
der Zivilisation zuteil werden zu lassen, nicht ungenutzt ver-
streiche.«
Wilson wandte sich an die Kirchliche Missionsgesellschaft
um Hilfe, die sein Anliegen jedoch abermals abschlägig be-
schied. Sie bot ihm Mittel aus der Spendensammlung an,
konnte sich die finanzielle Belastung durch einen Missionar
aber nicht leisten. Außerdem mangelte es an ausgebildeten
Männern, die willens waren, nach Feuerland zu gehen. So wurden die Fühler weiter ausgestreckt, und als die Einschiffung
bereits nahe rückte, fand sich ein Mann: Richard Matthews,
ein Laienmissionar, noch keine zwanzig Jahre alt. Sein familiä-
rer Hintergrund sprach jedoch für ihn: Da sein Bruder in Kaitaia in Neuseeland erfolgreich missionierte, mußte er eine
Vorstellung von der Härte des Missionarsdaseins haben.

Trotzdem kamen schon in diesem frühen Stadium Zweifel auf bei dem Gedanken an einen einzigen Mann, der völlig auf sich selbst gestellt in einer »wilden« Landschaft leben sollte. War es überhaupt möglich, daß Matthews zurechtkam? FitzRoy befand ihn als »eher zu jung, und unerfahrener als man sich wünschen würde …«, aber, fuhr er fort, »sein Charakter und sein Benehmen sprechen dafür, daß man mit gutem Grund erwarten kann, daß er in einer dermaßen schwierigen Situation, wie die, für die er sich freiwillig gemeldet hat, sein Äußerstes geben würde«.

Während Matthews sich gedanklich und körperlich auf seine künftige Arbeit vorbereitete, trieben William Wilson, Joseph Wigram und Dandeson Coates von der Kirchlichen Missionsgesellschaft die Spendensammlung weiter voran. Sie hatten es sich zum Ziel gesetzt, die drei Feuerländer und den Missionar mit allen Gegenständen auszustatten, die dem Überleben und der Entwicklung dienen könnten. Coates wirkte auf die Missionsgesellschaft ein, Bücher für 10 £ zu spenden. Die Menschen aus Walthamstow und andere, die sich mit Jemmy, Fuegia und York angefreundet hatten, trugen ungeheure Mengen europäischer Kleidung, Werkzeuge, Eisen- und Tonwaren bei. Viele von ihnen hatten offensichtlich nicht die geringste Ahnung von den Bedingungen und Widrigkeiten der Mission, denn außer den eher praktischen Gerätschaften zum Überleben schickten sie eine Vielzahl modischer Londoner Luxusgüter: Toilettenartikel, Kristallkaraffen und Kristallgläser, Suppenterrinen, Butterdosen, Teetabletts, feine weiße Wäsche, Biberhüte, Seidentaschentücher, einen Kosmetikkoffer aus Mahagoni und Nachttöpfe.

Am Vorabend seiner Abreise aus Plymouth schrieb Dandeson Coates einen langen Brief mit »Vorschlägen und Ratschlägen« an Matthews. Darin teilte er seinem Gefolgsmann mit, daß er sich an alle Anordnungen FitzRoys zu halten habe. Es sei Matthews Aufgabe, »die Herrlichkeit Gottes und das Gute aller Mitkreaturen« zu preisen. Er müsse sich stets bemühen, ihnen, soweit es in seiner Macht stand, Gutes angedeihen zu lassen, ihr Vertrauen zu gewinnen und »stark durch die Güte zu sein, die in Jesus Christus ist«.

Zunächst, so teilte Coates dem angehenden Missionar mit, sei es notwendig, die feuerländischen Sprachen zu lernen; er solle die Überfahrt nutzen, um sich mit den Dreien an Bord zu unterhalten, um alle neuen Wörter zu notieren und herauszufinden, welche die am häufigsten benutzte Sprache war, und sich auf diese zu konzentrieren. Die Bibel sei Grundlage aller Unterrichtsstunden, er müsse jedoch im Hinterkopf behalten, daß »es die irdischen Vorteile sind, die Sie ihnen am ehesten nahebringen können, und die sie am schnellsten und leichtesten wahrnehmen werden. Dazu zählen bessere Unterkünfte sowie besseres und reichhaltigeres Essen und Kleidung …« Aus diesem Grunde sollte er Landwirtschaft und Viehzucht zu seiner Priorität erklären und die Feuerländer in der Anzucht von »Kartoffeln, Kohl und anderen Gemüsen« unterweisen sowie »Schweine, Geflügel etc. züchten und sich eine geräumige Wohnstätte errichten«.

Coates schloß, daß Matthews ein gutes Beispiel abgeben sollte. Indem er ein Stück Land für sich einzäunte, mit einem sauberen, ordentlichen Haus, einem gut bestückten Garten und einem gedeihenden Viehbestand, könnten die Eingeborenen die Vorteile erleben, die eine Abkehr von ihrer tradierten Lebensweise mit sich brächte.

Am Abend des 13. November trafen die Feuerländer in Begleitung ihres Lehrers Mr. Jenkins und Richard Matthews auf dem Dampfschiff *Shannon* von London aus in Plymouth ein. Dreizehn Monate zuvor waren sie beim Anblick eines vorüberfahrenden Dampfbootes im Hafen von Falmouth fast zu Tode erschrocken, jetzt reisten sie selbst auf einem – 500 Tonnen Tragfähigkeit, angetrieben von Maschinen mit der geballten Kraft von 160 Pferdestärken. Ihre Ausrüstung bestand aus notwendigen und nicht ganz so notwendigen Gegenständen, die ihre Unterstützer ihnen hatten zukommen lassen. Die *Beagle* machte den Eindruck, gleich zu bersten, doch als die Utensilien geladen wurden, wurde aus dem Unmut der Mannschaft, noch mehr Dinge verstauen zu müssen, schnell Heiterkeit. »Im kleinen Laderaum der *Beagle* war es nicht leicht, Stauplatz für so viele Gegenstände zu finden«, notierte Fitz-

Roy. »Als sie den Inhalt einiger großer Truhen aufteilten, um sie umzupacken, hatten die Seeleute auf Kosten derer, die komplette Porzellanservice beigesteuert hatten, einiges zu lachen.«

Am Abend stellte FitzRoy den Feuerländern die Mannschaft der *Beagle* vor, von denen sie einige ja bereits kannten. Am nächsten Tag schrieb Robert MacCormick in sein Tagebuch: »Montag, der 14. Nov. Habe Fuegia Basket im Hotel Weakley gesehen.« Das war ein nettes Gasthaus in Devonport, und der Eintrag legt die Vermutung nahe, daß die Feuerländer wie viele Offiziere, an Land logierten, bis das Schiff tatsächlich ablegte.

Die Abreise schien nun unmittelbar bevorzustehen. Das Schiff war startklar, die Mannschaft angeheuert, die Feuerländer und der Missionar waren angekommen und ihre Ladung verstaut, Darwin war ebenfalls vor Ort – alles war bereit, aber das Wetter spielte nicht mit. In den nächsten Wochen verschworen sich ungünstige Winde mit tobenden Stürmen, um das Schiff im Hafen zu halten. Unzufriedenheit breitete sich aus, und Darwin kommentierte: »Diese zwei Monate in Plymouth waren die elendsten, die ich je erlebt habe.«

Die *Beagle* legte am 23. November ab und steuerte ihren Ankerplatz bei Barnet Pool an. Alle Blicke waren gen Himmel gerichtet. Der Tag der geplanten Abfahrt, der 5. Dezember, kam und mündete in einem gewaltigen Sturm. Fünf Tage später setzte die Mannschaft die Segel, und die *Beagle* stach in See. Keine 24 Stunden später war sie wieder im Hafen, erneut von heftigen Stürmen bezwungen.

Die Tage verstrichen, und die Abergläubischen unter den Männern meinten wohl, ihre Abfahrt würde durch jemanden an Land verhindert, der eine schwarze Katze unter einem Faß versteckt hielt. Am 21. Dezember hißten sie wieder die Segel, nur um bei Drake's Island einen Felsen zu rammen. Dort steckten sie eine halbe Stunde fest, in der die Mannschaft von einer Seite des Schiffs zur anderen rannte, um es freizubekommen. Vor Lizard Point in Cornwall wurden sie noch einmal zur Rückkehr nach Plymouth gezwungen.

Lebhafte Geselligkeiten an Bord und eine Reihe von Bällen

und Dinnereinladungen an Land wirkten der Frustration der Offiziere entgegen, auch wenn mittlerweile alle ruhelos wurden. Am ersten Weihnachtstag fing die Mannschaft an zu randalieren. In seinem Tagebuch beschrieb Darwin den Tag bedauernd als »für die Männer von großer Bedeutung: der ganze Tag war für die Feierei abgeschrieben, zur Zeit gibt es keinen nüchternen Mann auf dem Schiff: King muß nun Wache stehen, denn die letzte Wache kam hinuntergestolpert und verkündete, er sei nicht mehr im Dienst, daraufhin ist er in Ketten gelegt worden und nüchtert so schnell aus wie er kann.«

Ob sich Jemmy, Fuegia und York auf dem Schiff aufhielten, als das geschah, ist nicht bekannt. FitzRoy nahm an der Feier nicht teil, und nach den Schilderungen muß er das Schiff wohl für den Tag verlassen haben. Wahrscheinlich hatte er die Feuerländer und den Missionar vorher in Sicherheit gebracht, da ihm die Neigung seiner Leute zum Alkohol nicht unbekannt war.

Am Tag darauf herrschte bedauerlicherweise hervorragendes Wetter, ein blauer Himmel, eine leichte Brise, ruhige See. Leider fehlte die Mannschaft. Seinem Unmut verlieh Darwin in seinem Tagebuch freien Ausdruck:

Den ganzen Tag über war das Schiff in einem Zustand der Anarchie. Nur ein Feiertag hat all diese Schäden angerichtet; solch eine Szene beweist, wie unumgänglich strikte Disziplin für solche gedankenlosen Geschöpfe wie Seeleute ist. Einige haben für ihre Unverschämtheiten bezahlt, indem sie acht oder neun Stunden in schweren Ketten saßen. In diesem Zustand war ihr Betragen wie das von Kindern, die jeden und alles beschimpfen, nur sich selbst nicht, um im nächsten Moment fast zu weinen …

FitzRoy disziplinierte die Besatzung, indem er mehrere Rädelsführer auspeitschen ließ, als sie auf See waren. Am 27. Dezember dann war das Wetter fabelhaft: ein frischer Ostwind, ein leicht gekräuseltes Meer und ein hoher Barometerstand. Um die Mittagszeit hatte die *Beagle* die Wellenbrecher hinter sich gelassen und machte Fahrt. Leutnant Sulivan war der Meinung, es habe noch nie ein Schiff gegeben, das für seine

Zwecke besser ausgerüstet war. Als die englische Küste mit dem Mount Edgecumbe langsam ihren Blicken entschwand, müssen die Feuerländer über die merkwürdigen vierzehn Monate nachgedacht haben, die hinter ihnen lagen. Mit Sicherheit freuten sie sich darauf, zu ihren Leuten zurückzukehren.

TEIL DREI

ZWANZIG VERKÜMMERTE HAARE

Kapitel 10

Die Reise der *Beagle* wurde zu einer der großen und bekannten Seereisen, durchdrungen von der Romantik des Abenteuers und der Entdeckungen, aber am Anfang – die Mannschaft war durch zu viel Arbeit und zu viel Alkohol völlig erschöpft – schienen die Aussichten weniger vielversprechend.

Sie liefen Häfen auf Teneriffa an, auf Madeira, den Kapverdischen Inseln, Porto Noronha, Bahia, Rio de Janeiro, Buenos Aires und Montevideo. In Teneriffa verweigerte man dem Schiff aus Quarantänegründen die Zufahrt in den Hafen; in St. Paul's Rocks wurde ein Beiboot von Haien umrundet. In Buenos Aires feuerte ein Schiff der Hafenwache bei dem Versuch, Quarantänebestimmungen durchzusetzen, einen Salutschuß auf die *Beagle* ab. Ein internationaler Zwischenfall konnte gerade noch abgewendet werden. In Montevideo marschierte die Mannschaft waffenstarrend und mit gezückten Entermessern durch die Straßen und half der Polizei, eine Meuterei ortsansässiger Soldaten niederzuschlagen. In Maldonado erlebte York Minster vielleicht den eindrücklichsten Augenblick in seiner Zeit fern der Heimat – die Begegnung mit einem Strauß. In seinem *Journal of Researches* notierte Darwin, daß nichts den Feuerländer mehr verblüfft zu haben schien, als der Anblick dieses Vogels »athemlos vor Erstaunen kam er auf Mr. Bynoe zugelaufen, mit welchem er ausgegangen war: ›Oh! Mr. Bynoe, Vogel, ganz gleich Pferd!‹«[4]

Auf der *Beagle* war es eng, sie war beladen bis unter die Luken – dreiundsiebzig Männer, ein Mädchen und ein wohlgefüllter Frachtraum auf einem Schiff kaum dreißig Meter lang – diese Enge verstärkte Spannungen, für die die Feuerländer nicht unempfänglich waren. York, noch immer vernarrt in

Fuegia, wachte über jeden ihrer Schritte. Überall sah er potentielle Rivalen, und wurde, wie Leutnant Sulivan später bemerkte, »gelegentlich so eifersüchtig, daß es das Einschreiten des Kapitäns erforderte …« Yorks Mißtrauen richtete sich in erster Linie gegen Jemmy, den Fuegia scheinbar mit ihm verglich. »Jemmy war offensichtlich ihr Liebling«, berichtet eine Quelle. »Aber die Kraft und Wildheit von York trugen ihm den Sieg ein.« Aus Angst, York könnte Jemmy sogar umbringen, setzten sich die Schiffsoffiziere für den älteren Mann ein. »So wurde Fuegia Basket mit York Minster verlobt«, berichtete dieselbe Quelle, und »danach wurde sie von ihm ununterbrochen grimmig beobachtet.«

Jemmy versuchte sich von solchen Streitereien fernzuhalten. Aus ihm war ein wohlgenährter, angenehmer, charmanter junger Mann geworden, der Liebling aller. Seine übertriebene Geckenhaftigkeit wirkte absurd, war aber auch gleichzeitig der Glanz des Schiffes: Der kleinste Fleck auf seinem Schuh »ließ ihn sogleich in seine Kabine laufen, wo Days und Martins Dienste sehr gefragt waren«, erinnerte sich ein Schiffsmaat. »Sein Kragen wurde peinlich sauber gehalten. Er zog dem groben Südwester der Offiziere einen Frack vor und ging selten ohne Handschuhe an Deck.«

Aber wenn die positive Seite von Jemmys gesteigertem Sinn für Mode die war, daß sie seinen Fortschritt symbolisierte, dann war die negative Seite die damit einhergehende Eitelkeit. Bald war er so eingebildet, daß er ziemlich grob werden konnte. In seinem *Journal of Researches* schrieb Darwin, Jemmy sei »kurz, dick und fett, aber auf seine persönliche Erscheinung eitel … Er liebte es, sich in einem Spiegel zu bewundern, und ein kleiner Indianerknabe mit einem heiteren Gesicht vom Rio Negro, den wir einige Monate lang an Bord hatten, merkte dies sehr bald und pflegte ihn zu necken.« Jemmy mochte das nicht und sagte geringschätzend: »Zu viel Lerche.«[5]

Diese gelegentlichen Ausbrüche von Gereiztheit verschafften sich auch auf andere Art Luft. Die Mannschaft der *Beagle* war verblüfft über die Sehkraft der Feuerländer, die, wie sie glaubten, der eines durch ein Teleskop blickenden Europäers entsprach. Jemmy stand oft im Ausguck und hielt Ausschau nach anderen Schiffen, Land und Felsen. Mehrmals hatten er und York einen Fleck am Horizont ausgemacht und einer mißtrauischen Mannschaft erklärt, es handele sich um dieses oder jenes, was sich am Ende als richtig herausstellte. Wenn Jemmy mit einem der Offiziere auf der *Beagle* stritt, schmollte er, wie Darwin in seinem Tagebuch schrieb, und drohte: »Ich Schiff sehen, nicht sagen.«[6]

Von Anfällen schlechter Laune abgesehen kam Jemmy jedoch mit allen gut zurecht; außer mit York natürlich. Die Reise war eine Gelegenheit, die Bekanntschaft mit den alten Gefährten zu erneuern, besonders mit dem Steuermann Bennet und seinem »vertrauten Freund«, dem zweiten Schiffsarzt, Benjamin Bynoe (der, nachdem der unangenehme Robert MacCormick in Rio vom Schiff geworfen wurde, erster Schiffsarzt wurde). Bynoe gewann das besondere Vertrauen der drei Feuerländer, vielleicht weil er sich sehr um ihre Gesundheit sorgte und bei vielen Gelegenheiten die direkte Verbindung zwischen ihnen und dem Kapitän war. Wenn sie jagen gingen, berichtete der erste Schiffsarzt seinem Kapitän von seinen neuesten Entdeckungen, was das Leben und den Glauben der Feuerländer anging.

Auch Darwin wurde zum Freund. In einem aufschlußreichen Abschnitt seines Tagebuchs zeichnete er ein sehr menschliches Bild seines feuerländischen Schiffsgefährten. Obwohl Jemmy jähzornig sein konnte, schrieb er: »Sein Gesichtsausdruck zeigte sofort seine zärtliche Anlage. Er war heiter und lachte oft und war merkwürdig mitfühlend mit Jedem, der Schmerzen hatte.«[7] Der Naturforscher hatte aus erster Hand Erfahrungen mit Mitleid. Als Landratte hatte er fast von dem Augenblick an, an dem die *Beagle* Anker gelichtet hatte, schrecklich gelitten: »Wenn das Meer unruhig war, war ich oft etwas seekrank und [Jemmy] pflegte dann zu mir zu kommen und in einer schmerzlichen Stimme zu sagen: ›armer, armer Kerl‹. Aber nach seinem an das Wasser gewöhnten Leben die Idee in sich aufkommen zu lassen, daß ein Mensch seekrank wäre, war ihm zu lächerlich, und er mußte sich meist nach der Seite umdrehen und ein Lachen verbergen, worauf er dann sein ›armer, armer Kerl‹ wiederholte.«[8]

Darwins Berichte sind ein Markstein für den Fortschritt der Feuerländer. Obwohl er vorher noch keine getroffen hatte und daher keinen Vergleich anstellen konnte, begegnete er ihnen doch mit dem unvoreingenommenen Blick des Naturforschers. In den Stunden, die er mit ihnen auf dem Schiff und an Land verbrachte, hatte er Zeit, klar und knapp und mit menschlichem Blick ihre wichtigsten Eigenheiten zu bestimmen und niederzuschreiben. Für ihn war York ein »erwachsener, kurzer, dicker, kräftiger Mann ... zurückhaltend, schweigsam, moros und, wenn er gereizt wurde, leidenschaftlich heftig. Seine Zuneigungen zu einigen wenigen Freunden an Bord waren sehr stark«[9]. Trotz allem, was andere über ihn schrieben, fügte Darwin hinzu, sei »sein Intellect gut«[10]. Über Fuegia Basket sagte er, sie sei ein »nettes, bescheidenes, zurückhaltendes junges Mädchen mit einem im Ganzen angenehmen, aber zuweilen trotzigen Ausdruck. Sie lernte sehr schnell Alles, besonders Sprachen.«[11]

Beim letzten Aspekt sind Darwins Beobachtungen von besonderer Bedeutung. Die Englischkenntnisse der Feuerländer waren eine entscheidende Bezugsgröße in ihrem Fortschritt weg vom »Wilden«. Darwin sprach höflich über ihre Fähigkeiten, fand jedoch: »Obgleich alle drei ziemlich gut Englisch sowohl sprachen als verstehen konnten, so war es doch eigenthümlich schwierig, viel Aufklärung von ihnen in Betreff der Lebensweise ihrer Landsleute zu erhalten.«[12] Dies kam seiner Ansicht nach daher, daß sie das Konzept alternativer Antworten nicht begriffen: Wenn ein Kleinkind zum Beispiel gefragt wird, ob ein Gegenstand schwarz oder weiß ist, kann die Möglichkeit von zwei Antworten es überfordern. Ungeachtet dessen stellten die Feuerländer auf der Reise nach Süden mehrfach unter Beweis, daß sie Englisch gut beherrschten und fähig waren, neue Sprachen zu erlernen, insbesondere Fuegia Basket. Kurz nachdem die *Beagle* am 4. April 1832 in Rio de Janeiro anlegte, entdeckte FitzRoy, daß es ein Problem mit den geografischen Längen gab und er nach Norden nach Bahia zurückkehren mußte, um seine Chronometer zu überprüfen. Während Jemmy und York auf dem Schiff blieben, wurde Fuegia der Obhut einer ausgewanderten Familie anvertraut, bei der sie den größten Teil der nächsten drei Monate verbrachte. Sie diente als Kindermädchen im Haus und brachte den Kindern zwischen April und Juli 1832 nicht nur Englisch bei – sie waren so lange aus England weg, daß sie ihre Muttersprache vergessen hatten –, sie selbst lernte auch so gut Portugiesisch, daß sie sich bald fließend unterhalten konnte. Noch bemerkenswerter war, daß sie, als die *Beagle* später in Montevideo anlegte, ebenso erfolgreich Spanisch lernte.

Die Reise nach Feuerland mit ihrer Eintönigkeit gab den Offizieren Gelegenheit, ihr formloses Studium des Glaubens und der Sitten der Feuerlandbewohner fortzusetzen. Eines Morgens erzählte Jemmy dem Schiffsarzt Bynoe, ein Mann habe ihn in dieser Nacht an seiner Hängematte besucht und ihm ins Ohr geflüstert, sein Vater sei tot. Dies beunruhigte ihn, und als Bynoe versuchte, die Geschichte mit einem Scherz abzutun, schüttelte Jemmy den Kopf und sagte, es sei »schlimm – sehr schlimm«.

Geister waren auf der *Beagle* nichts Neues: Die Mannschaft fürchtete seit langem, es spuke auf dem Schiff. Es hieß, der letzte Kapitän, Pringle Stokes, gehe um Mitternacht auf Deck um. Jemmys Geschichte war besonders bedeutsam, da sie in den Augen seiner Beobachter auf die Möglichkeit eines Glaubens an ein Leben nach dem Tod deutete, auf eine bis dato noch nicht zum Ausdruck gekommene Spiritualität, und im weiteren Verlauf der Reise wurde deutlich, daß die drei in der Tat gläubig und daß »ihre Vorstellungen nicht auf die sichtbare Welt beschränkt waren«. Böse Taten hätten, wie Jemmy erklärte, schlechtes Wetter zur Folge, dafür sorge ein großer schwarzer Mann, der im Wald lebe und alles wisse, was geschehe. Als er Zeuge wurde, wie Bynoe Enten schoß, die noch zu jung zum Fliegen waren, tadelte er den Schiffsarzt: »Oh, Mr. Bynoe, sehr schlimm kleine Enten zu schießen – kommt Wind – kommt Regen – Sturm – sehr viel Sturm.« York erzählte auch eine Geschichte über seinen Bruder, der, wie er sagte, einen Mann umgebracht hatte, weil dieser Vögel gestohlen habe. Das hatte er sogleich bedauert, denn darauf geschah folgendes:

»Regen kam herab – Schnee kam herab – Hagel kam herab – Wind toste – toste – sehr viel Wind. Sehr schlimm, den Mann zu töten. Großer Mann im Wald nicht gefällt, er böse.« Bei dem Wort »toste« machte York das Brausen eines starken Windes nach; und er erzählte die ganze Geschichte mit sehr leiser Stimme und auf geheimnisvolle Weise; er hielt es für eine sehr ernste Angelegenheit.

Mit diesen Gesprächen gingen die häufigen und unvermeidlichen Fragen nach Kannibalismus einher. Mr. Low, ein Robbenfänger, der in Feuerland an Bord der *Beagle* kam, erzählte ihnen, daß die Indianer die alten Frauen ihres Stammes töteten und aßen, wenn in den Wintermonaten Hunger einsetzte. Er hatte einen Feuerlandjungen befragt, der ihm erzählt hatte, die Frauen würden im Rauch des Lagerfeuers erstickt. Auf die Frage, warum sie nicht ihre Hunde äßen, hatte der Junge geantwortet: »Hunde fangen Otter, alte Frauen zu nichts gut, Leute sehr hungrig.« Zum Spaß hatte der Junge die Schreie einer Frau nachgemacht. Jemmy hatte bestätigt, daß diese Geschichte wahr sei, und ein entsetzter Darwin schrieb: »So schrecklich ein derartiger Tod durch die Hand ihrer Freunde und Verwandten sein muß, so ist es doch noch peinlicher, an die Furcht der alten Weiber zu denken, wenn der Hunger sie anfängt zu drücken. Es wurde uns gesagt, daß sie häufig in die Berge davonlaufen, daß sie aber von den Männern verfolgt und zu dem Schlachthaus an ihren eigenen Herd zurückgebracht werden.«[13]

Die drei Feuerländer sprachen jedoch nicht gerne über das Thema, und wenn sie es taten, waren ihre Geschichten widersprüchlich: Sie aßen keine Geier, weil die Vögel möglicherweise Menschenfleisch gefressen hatten; sie warfen ihre Toten nicht ins Meer, weil sie von Fischen gefressen werden könnten, die dann wiederum von ihnen gegessen wurden. Wenn über Kannibalismus gesprochen wurde, verwies Jemmy voller Scham auf sein Volk und bestritt, daß er je Menschenfleisch gegessen habe. Er würde es, wie er behauptete, vorziehen, »seine eigenen Hände zu essen.«

Kapitel 11

Am 4. Dezember 1832 schrieb FitzRoy aus Montevideo an seine Schwester: »Ich bin erneut dabei, die halb-zivilisierte Welt hinter mir zu lassen und kehre zu den barbarischen Gegenden des Südens zurück.« Noch vor Ablauf von zwei Wochen erreichte die *Beagle* die Good Success Bay an der Ostküste Feuerlands. Auf dem Weg dorthin hatte der Anblick einheimischer Indianer die Worte des Kapitäns bestätigt und noch einmal deutlich gemacht, wie groß die Veränderung war, die die nach Hause zurückkehrenden Feuerländer durchgemacht hatten. Am Cape Peñas entdeckten sie eine Gruppe »großer Männer« mit Hunden; Jemmy und York nannten sie Oens-Menschen und behaupteten, sie seien böse. Vergeblich verlangten sie, das Feuer auf sie zu eröffnen.

Zugleich waren sie, wie FitzRoy bemerkte, »durch die Gewißheit, ihrem eigenen Land so nah zu sein, freudig erregt; und der Junge wurde nicht müde, uns zu erzählen, wie ausgezeichnet sein Land war, wie froh seine Freunde wären, wenn sie ihn wiedersähen – und wie gut sie uns behandeln würden, um sich für unsere Freundlichkeit ihm gegenüber erkenntlich zu zeigen«.

Als sich die *Beagle* der Good Success Bay näherte, sprang eine Gruppe Einheimischer, die sich auf den umliegenden bewaldeten Hügeln versteckt hatte, hoch, winkte mit Häuten und entfachte ein Feuer. Dies war das erste Mal, daß Charles Darwin die Bewohner Feuerlands in ihrem natürlichen Zustand zu Gesicht bekam, und später schrieb er an seinen alten Mentor John Stevens Henslow:

Die Feuerländer leben in einem elenderen Zustande der Barbarei als ich jemals ein menschliches Wesen zu sehen erwartet hätte

... Ich werde das nie vergessen ... der Schrei, mit welchem uns eine Partie Feuerländer empfing. Sie saßen auf einer Felsspitze, von dem dunklen Buchenwalde umgeben; wie sie ihre Arme wild um ihre Köpfe herumwarfen und ihr langes Haar flatterte, schienen sie unruhevolle Geister aus einer anderen Welt zu sein.[14]

Am 18. Dezember ankerten sie, und FitzRoy ging mit Jemmy, Darwin und anderen an Land. Mit dabei war Robert Hamond, der sich ihnen in Montevideo angeschlossen hatte und wenig später die Königliche Marine wegen seines unkontrollierbaren Stotterns verlassen sollte. An Land stießen sie auf Männer, die sich mit rotem Ocker und schwarzer Kohle bemalt und mit Öl eingerieben hatten. Der Älteste unter ihnen stellte prächtige weiße Federn in seinem Haar zur Schau, und über sein Gesicht liefen zwei dicke weiß-rote Streifen. Sie trugen schäbige Guanakofelle um die Schultern und sahen erbärmlich aus, sie hatten wenig Ähnlichkeit mit den Feuerländern auf dem Schiff, von »der Hautfarbe und der ›Art der Gesichtszüge‹« abgesehen. Einer von ihnen war sogar 1,80 Meter groß. Hamond, der auch zum ersten Mal Einheimische sah, notierte später: »Wie schade, daß solche feinen Burschen einem so barbarischen Zustand überlassen werden!« Ihre Sprache hörte sich für die Europäer wie ein nervöses Stammeln an, sie schienen sich zu fürchten.

Die Männer gaben ihnen rote Stoffstreifen, die sich die Indianer um den Hals wickelten. Der Bann war gebrochen; die Feuerländer teilten ihren neuen Freunden zum Zeichen des Willkommens Klapse aus. Darwin machte einen kurzen Gang mit einem alten Mann, welcher ihn gleichzeitig drei Mal vorn und hinten beklopfte, bevor er ihm seine Brust zur nämlichen Behandlung anbot. Darwin ließ sich nicht lange bitten. Die Anerkennung klang für ihn wie das Grunzen Rasender, einem Hühnergackern vergleichbar.

Die Feuerländer hatten schnell den Unterschied zwischen Jemmy Button und der Schiffsbesatzung ausgemacht. Der alte Mann nahm ihn für eine lange und lautstarke Tirade beiseite. Danach wandte sich Jemmy peinlich berührt an seine Mitreisenden von der *Beagle*: Er hatte kein Wort verstanden und ihm

war das Auftauchen dieser erbärmlichen Kreaturen unangenehm, die Darwin später mit »den Teufeln, welche in Stücken
wie dem Freischütz auf die Bühne kommen«[15] vergleichen
sollte. Wie das auch gewesen sein mag, die beiden Gruppen
schienen sich zu mögen. Bald ahmten die Einheimischen ihre
neuen Freunde in allem nach: Wenn die Seeleute Gesichter
schnitten, schnitten die Indianer Gesichter, wenn die Seeleute
die Augen zusammenkniffen, kniffen die Einheimischen die
Augen zusammen, wenn die Seeleute sprachen, sprachen die
Eingeboren ihnen Wort für Wort nach. Als sie Seemannslieder
anstimmten, versuchten die Indianer mitzusingen. Der größte
unter ihnen war darauf aus, mit seiner Gestalt und seinem
guten Aussehen anzugeben, und maß sich Rücken an Rücken
mit dem größten Matrosen, wobei er sich auf die Zehenspit-
zen stellte und Sand unter sich schaufelte. Er zeigte seine
Zähne und sein Gesicht im Profil, so daß alle ihn bewundern
konnten.

Im Laufe des Tages kam FitzRoy noch einmal mit anderen
Männern. Diesmal waren Jemmy und York dabei, und sie sta-
chelten sich gegenseitig auf, sich über die Einheimischen, über
ihre Erscheinung und ihre Redeweise lustig zu machen. Daraufhin schimpften diese Indianer York aus, wie sie es vorher
schon mit Jemmy getan hatten. Sie verglichen seine Hautfarbe
mit der der Seeleute und sagten ihm direkt ins Gesicht, daß er
sich rasieren sollte, obwohl er, wie Darwin in den *Narratives*
kommentierte, »… nicht zwanzig verkümmerte Haare auf seinem Gesicht trug, während wir sämmtlich ungestutzte Bärte
trugen«.[16]

York bekam einen unkontrollierbaren Lachanfall und, ungeachtet dessen, daß Jemmy und er vorgaben, die anderen nicht
zu verstehen, prustete er schließlich hervor, der alte Mann
habe gesagt, er sei dreckig und müsse sich die Barthaare aus-
reißen.

Diesmal gab es kaum Spannungen. Die einheimischen Männer hatten Kinder mitgebracht, und bald waren sie wieder aus-
gelassener Stimmung. Den langen verfilzten Bärten der Seeleute zum Trotz glaubten die Indianer offensichtlich, einige der
kleineren seien Frauen – einer von ihnen tanzte einen Walzer

mit einem Offizier, als die Schiffsgesellschaft eine improvisierte Vorstellung eines Balls gab. Sie machten Witze und amüsierten sich mit den jüngeren Männern aus der Mannschaft, doch als sich die Männer im Ringkampf messen wollten, machte FitzRoy dem Spaß ein Ende. Sollte einer seiner Männer im Wettkampf mit einem Indianer unterliegen, wäre das ungünstig.

Diese erste Begegnung mit den Indianern hinterließ einen tiefen Eindruck bei Darwin. An seine Schwester Caroline schrieb er:

Ein ungezähmter Wilder ist wirklich eines der ungewöhnlichsten Schauspiele der Welt. Was ein gezähmtes von einem wilden Tier unterscheidet, ist beim Menschen sehr viel auffälliger markiert: In dem nackten, mit einer Schicht Farbe beschmierten Barbaren, dessen Gesten, seien sie friedlich oder feindselig, unverständlich sind, sehen wir nur mit Mühe eine uns gleichgestellte Kreatur. Keine Zeichnung und keine Beschreibung kann in irgendeiner Weise das außerordentliche Interesse erklären, das der erste Anblick von Wilden in uns erweckt. Es ist ein Reiz, der einen fast für das Reisen in diesen Breiten entschädigt, und ich versichere Dir, das heißt sehr viel.

Die *Beagle* ließ die Good Success Bay am Morgen des 21. Dezember hinter sich. Die neuen Freunde der Mannschaft waren nach dem ersten gemeinsamen Abend verschwunden, doch zwei Tage später waren sie mit großer Verstärkung wiedergekommen, um *cuchillas* zu erbitten – was auf Spanisch Messer heißt. Die Beziehungen blieben zwar herzlich, aber es war eindeutig an der Zeit weiterzufahren.

Was nun folgte war der Alptraum einer Seereise über ein furchtbares Meer. Mehr als einmal entronnen sie den Elementen um Haaresbreite – und dabei kamen sie so gut wie nicht voran. Die Beagle umschiffte Kap Hoorn bei gutem Wetter, aber danach hatten sie drei lange Wochen keines mehr. Gigantisch hohe Wellen schlugen in grauenvollen Stürmen von allen Seiten über dem kleinen Schiff zusammen. Am 13. Januar 1833 waren sie trotz all ihrer Anstrengungen in die Heimat von York und Fuegia zu gelangen, erst zwanzig Meilen hinter dem Kap. An diesem Tag ballte sich die Kraft des Meeres zu einem letzten Angriff zusammen. Um die Mittagszeit wurde die *Beagle* kurz hintereinander von drei riesenhaften Brechern überspült, die die Decks füllten und ein wertvolles Walboot zerschmetterten. Es hätte nur noch eines weiteren solchen Brechers bedurft, und sie wäre gekentert. Auf dem Schiff herrschte Verwirrung. Das zertrümmerte Boot wurde mit einer Axt losgeschlagen, und als es so gut wie sicher schien, daß das Schiff sinken würde, wurden die Luken geöffnet. Das eingedrungene Wasser konnte abfließen, und die *Beagle* kam wieder hoch. Als das Schiff eine Kehrtwendung machte, und nach Osten zurücksegelte, sagte FitzRoy erschüttert zu Darwin, dies sei der schlimmste Sturm gewesen, den er je mitgemacht habe.

Zwei Tage später fand das Schiff Zuflucht in Goree Roads. Jetzt waren sie nah an der östlichen Einfahrt der Wasserstraße, die als Beagle-Kanal bekannt werden sollte, deutlich näher an Jemmys Heimat als an der von York und Fuegia. Als das Schiff im ruhigen Wasser lag, verkündete York, er wolle lieber in Jemmys Land bleiben, als nach Hause zu gehen. Der Kapitän war erfreut und unglaublich erleichtert. »Das war ein vollkommener Sinneswandel, und ich war darüber sehr froh; denn es wäre doch sehr viel besser, wenn die drei, York, Jemmy und Fuegia, sich zusammen niederließen. Ich hatte ja keine Ahnung, was Master York im Schilde führte.«

Zu der Zeit schrieb FitzRoy Yorks Umschwung noch der Tatsache zu, daß der Missionar Matthews mit seinem Sammelsurium von Geschenken bei Jemmy Button bleiben würde. York wollte wahrscheinlich einfach nur sichergehen, daß er auch einen Anteil von der Beute abbekam.

Am nächsten Tag ging ein Teil der Besatzung bei Goree Roads an Land, um ein Gelände zur Ansiedlung auszukundschaften. Das war allerdings eine merkwürdige Eingebung: Die Feuerländer hier zurückzulassen wäre sicherlich die schlechteste aller Möglichkeiten gewesen, denn es hätte bedeutet, daß keiner der drei zu seinen eigenen Leuten zurückgekehrt wäre. FitzRoy machte seine Pläne offensichtlich *ad hoc*. Wie die

Dinge lagen, war die Stelle außerordentlich ungeeignet. Es war das einzige flache Land, daß FitzRoy in Feuerland gesehen hatte, und er hatte gehofft, daß es sich zur landwirtschaftlichen Nutzung eignen würde. Ein langer Spaziergang machte diesem Glauben jedoch bald ein Ende. Das Land war nichts als versumpftes Moos und Torf, ein Morast, in dem man zwei Meter tief versinken konnte. Auch gab es wenig Anzeichen von Leben, eine Schar Wildgänse, ein paar Guanakos und eine noch warme Feuerstelle, an der ein Mann vor kurzem Napfschnecken gegessen und geschlafen hatte. York Minster sagte, eine solche Isolierung sei kennzeichnend für »einen sehr schlechten Mann«, für jemanden, der beim Stehlen erwischt worden war. Sie beschlossen, den Vorstoß in Jemmys Heimat zu wagen. Sie würden sich langsam um die Nordostküste der Navarin Island vorantasten, um dann in den Beagle-Kanal hineinzusegeln in Richtung Murray Narrows. In Wulaia Cove würden sie die Feuerländer und den Missionar absetzen.

Die nächsten Tage verbrachten sie damit, eine kleine Flotte aus Walbooten, der Segeljolle und der Gig zusammenzustellen. In die Segeljolle wurde ein provisorisches Deck eingezogen, auf dem Matthews »Ausrüstung« aus Walthamstow transportiert werden konnte. In seinem Tagebuch kommentierte Darwin aufgebracht: »Die Auswahl der Gegenstände brachte die gröbste Fahrlässigkeit und Dummheit an den Tag ... und zeigt, wie wenig man das Land, in das sie gingen, bedacht hatte. Die Mittel, die auf solcherlei Dinge vollkommen verschwendet worden waren, hätten einen großen Vorrat sehr hilfreicher Dinge anschaffen können.«

Unter den Geschenken waren fünf Kaninchen, die sich in der Gegend vermehren sollten. FitzRoy hatte sie von einem Mann namens Tom Wood in England bekommen und die Tiere, wie er an seine Schwester schrieb, »fast religiös verehrt, obwohl sie sich durch jeden Apparat gekaut haben, der für ihre Sicherheit und ihren Schutz vor den unzähligen Salzwasserwellen nur ersonnen werden konnte«.

Am Morgen des 19. Januar legten vier Boote um kurz vor neun Uhr von der *Beagle* ab. Außer FitzRoy waren die Feuerländer an Bord, Matthews, Darwin, Bynoe, Hamond und der

Kapitänleutnant Stewart, der Seeoffiziersanwärter Johnson sowie vierundzwanzig Matrosen. Die große Besatzung war imstande, die schwer beladene Yawl gegen widrige Winde und Strömungen zu schleppen.

Endlich war das Wetter einmal herrlich, und am frühen Nachmittag passierten sie die Kanalmündung, womit sie sich 30 Meilen von der *Beagle* entfernt hatten. Nicht ein Einheimischer war zu sehen, die Sonne schien, die Fahrt war ruhig, die Zweige großer Bäume hingen über dem Wasser, und die Sicht auf die spektakulär gezackten Berge mit ihren Schneekuppen über den undurchdringlichen Wäldern verschönerte ihnen die Reise. Es war ein idealer Start. Als es dunkel wurde, rasteten sie in einer hübschen, von einigen vorgelagerten Inseln gebildeten Bucht. Offensichtlich war Darwin zufrieden:

Nichts konnte gemüthlicher aussehen als diese Scene. Das spiegelglatte Wasser des kleinen Hafens mit den Zweigen der über den felsigen Strand herabhängenden Bäume, die vor Anker liegenden Boote, die von den gekreuzten Rudern gestützten Zelte und der das bewaldete Thal hinaufwirbelnde Bach gaben ein Bild ruhiger Zurückgezogenheit.[17]

Die Feuer, die sie in dieser Nacht entfachten, seien groß genug gewesen, um ganze Elefanten über ihnen zu rösten, schrieb FitzRoy. Nur ein Unglücksfall trübte ihren Optimismus: Beim Holzhacken rutschte dem Seemann Robinson die Axt ab und hätte ihm fast zwei Finger von der Hand getrennt. Das galt als schlechtes Omen. Hamond schrieb in seinem Tagebuch: »Ich legte mich in meinen Persenningsack, aber ich schlief in der Nacht nur wenig.« Die idyllische Bucht wurde Cutfinger Cove getauft.

Am nächsten Morgen lösten sie das Lager um vier Uhr auf, und als die Sonne über die Berge stieg, sichteten sie in Küstennähe einige indianische Kanus. Sie paddelten weiter durch ruhiges Wasser, vorbei an Klippen, die den Kanal auf eine Meile verjüngten. Diese Region war dichter besiedelt: Überall wurden Feuer angezündet, um ihre Durchfahrt bekanntzugeben – das war die feuerländische Warnung vor durchreisenden

Fremden. Eine Gruppe von Männern rannte kilometerweit am Ufer neben den europäischen Booten her. Bei der Umschiffung einiger Klippen sprangen drei oder vier Feuerländer schreiend und mit rudernden Armen hoch. Sie fuchtelten mit Stöcken herum, und in ihrer Nacktheit mit den windzerzausten Haaren boten sie den unter ihnen Dahingleitenden einen furchterregenden Anblick.

Die Männer ließen sich jedoch nicht beirren, sie nutzten die steife Brise und waren bemüht, nicht an Fahrt zu verlieren. Im Schatten der Berge war es bitter kalt. Jemmy erklärte FitzRoy, dies seien ihre Feinde, die oft mit seinen Leuten Krieg führten. York lachte sie aus, machte sie nach und schrie aus der sicheren Entfernung des Bootes: »Affen – dreckig – Narren – keine Männer.« Fuegia schlug die Hände vors Gesicht, sie konnte sich nicht überwinden, diese Leute anzusehen. FitzRoy reagierte halb überrascht, halb freudig: »Es war interessant zu beobachten, wie sich ihre Vorstellungen in nur drei Jahren verändert hatten, und zu bemerken, daß sie das Aussehen und die Gewohnheiten ihrer ehemaligen Gefährten vergessen hatten; denn es stellte sich heraus, daß Jemmys eigener Stamm in jeder Hinsicht ebenso minderwertig war …«

Um die Mittagszeit machten sie in der Nähe eines Indianerlagers Rast. Die Feuerländer standen rufend am Ufer und bedeuteten den Seeleuten heranzukommen, aber auch wenn die Gig und das zweite Walboot näher heranfuhren, so ging doch niemand an Land. FitzRoy tauschte lediglich etwas Fisch ein. Unterdessen nahmen die Männer die Riemen hoch, und nach einer kurzen Atempause ging es wieder hinaus gegen eine steife und ermüdende Brise. In den nächsten beiden Stunden kamen sie kaum voran. Sie aßen unweit einer Gruppe Indianer zu Abend, die ihre Schleudern nicht aus der Hand legten und eine Weile einen bedrohlichen Eindruck machten.

FitzRoy entschärfte die Situation, indem er ihre Köpfe mit roten Bändern schmückte und ihnen Handbohrer schenkte. Das gefiel ihnen zwar, aber nicht so sehr, als hätte man ihnen Messer gegeben. Laut Hamond hatten diese Indianer »elendiglich dünne Arme und Beine an ihren großen Körpern«, und doch waren sie wählerisch mit dem Essen, das man ihnen anbot. Der Zwieback schmeckte ihnen, aber bei dem konservierten Fleisch verhehlten sie ihren Ekel nicht.

Der Spätnachmittag zog sich dahin. Wegen des Gegenwinds schafften sie kaum mehr als eine träge Meile in der Stunde, und bei Einbruch der Dunkelheit, bemerkten sie, daß sie von drei Kanus verfolgt wurden. FitzRoy drosselte das Tempo noch weiter, um die Indianer aufzufordern, sie in Frieden zu lassen, aber ohne Erfolg. Er schoß über ihre Köpfe, und feuerte, als das nichts half, eine weitere Salve durch eines der Kanus. Sie fielen zurück, aber als die Bootsleute sich daran machten, ihre Zelte aufzustellen, landeten die Kanus und die Insassen gesellten sich zu ihnen an den Strand.

Als die Seeleute früh am nächsten Morgen aufwachten, hatte die Zahl der Feuerländer deutlich zugenommen. Sie machten den Eindruck, als wären sie auf Streit aus, denn sie trugen Schleudern und waren über eine Grenzlinie getreten, die auf der Erde gezogen worden war, um sie in einigem Abstand vom Lager zu halten. Dann fingen sie an, einen entsetzlichen Lärm zu machen, und FitzRoy, der zur Warnung mit seinem Entersäbel herumfuchtelte, heizte ihnen damit noch mehr ein. Die Frauen und Kinder zogen sich zurück, und ein Mann hob einen großen Stein auf. Da trat FitzRoy in einer bravourösen Zurschaustellung von Selbstvertrauen auf ihn zu, nahm ihm den Stein aus der Hand und klopfte ihm auf den Rücken. Die Feuerländer verstummten, und die Seeleute frühstückten, als sei nichts geschehen.

Während die Seeleute aufbrachen, trat einer der Indianer ans Wasser heran und trug eine laute Rede vor. York Minster warnte die Umstehenden, dies sei »sehr schlechtes Gerede«. Doch der Rest des Tages verlief mehr oder weniger ereignislos wie eine ruhige Ruderpartie auf der schönen Durchfahrtsstraße des Beagle-Kanals. Sie hatten vor drei Tagen von ihrem Schiff abgelegt, die ersten Entdecker in einem jungfräulichen Land, und sie waren dankbar für die Ruhe.

Der nächste Tag, der 22. Januar, begann mit einer äußerst willkommenen frischen Brise, die bald einer gnadenlosen Sonne wich, die den Seeleuten die Haut von Gesicht und Rücken schälte. Als sie sich um neun Uhr abstießen, brachte

Fuegia ihr Boot fast zum Kentern, weil ihr Kleid sich an dem Schothaken verfing. In seinem Tagebuch mokierte sich Hamond: »Wir hatten ohnehin die Vorsichtsmaßnahme ergriffen, sie vor jedem Kreuzen umzusetzen, sie war wie ein Bündel dreckiger Kleider und andauernd im Weg …« Nichts aber konnte Yorks glühende Leidenschaft abkühlen, er war in sie verliebt und ungemein eifersüchtig. In seinen *Narratives* berichtet FitzRoy von den nicht immer allzu ernst zu nehmenden Problemen, die ihm das bereitete:

Die Aufmerksamkeiten, mit denen York seine zukünftige Frau Fuegia überschüttete, verursachten unserer Gesellschaft großes Amüsement. Er hatte schon seit längerem seine Neigung zu ihr bezeugt, und daraus hatte sich allmählich eine exzessive Eifersucht entwickelt. Wenn jemand mit ihr sprach, belauschte er jedes Wort; wenn er nicht an ihrer Seite sitzen konnte, grummelte er schmollend; doch wenn er durch ein Versehen von ihr getrennt wurde und in einem anderen Boot fahren mußte, war er störrisch und verdrießlich. Heute abend wurde er so eingehend nach ihr befragt, daß er richtig wütend wurde und ich eingreifen mußte, um einen Streit zwischen ihm und einem seiner treuesten Freunde zu verhindern.

Trotz der Hitze legten sie an diesem Tag eine weite Strecke zurück, es war ein Tag, an dem sie ohne große Störungen durch die Ureinwohner durch eine grandiose Landschaft ruderten. Jemmy erklärte FitzRoy, hier würde niemand leben, weil es ein gefährliches Gebiet sei, ein »Land zwischen bösen Leuten und seinen Freunden«, eine Art Pufferzone, die ab und an von den Todfeinden der Yámana durchquert wurde, den Selk'nam. Er hatte Angst, daß sie über Nacht dort rasten würden, aber sie ruderten bis zum Ponsonby Sound und landeten zwischen den Wigwams einer Gruppe aus Jemmys Stamm.

Es waren drei Männer und zwei Frauen, und der Anblick der kleinen Flotte ängstigte sie dermaßen, daß sie gleich fortliefen. Nach der Landung schickte FitzRoy Jemmy und York aus, um sie zu beruhigen. Die Feuerländer kamen ans Lager zurück, aber sie brachten Jemmy eine traurige Nachricht: Sein

Vater war gestorben. Jemmy wandte sich an den Steuermann James Bennet, um ihn an den Traum zu erinnern, den er draußen auf dem Meer gehabt hatte. Er war ernst, aber nicht verstört, und stieß die Worte »Ich nicht ändern!« hervor. Dann ging er fort, um grüne Blätter zu sammeln, die er bedrückt verbrannte, und als das geschehen war, »redete er und lachte wie immer, und nicht einmal kam er von sich aus wieder auf das Thema des Ablebens seines Vaters zu sprechen«, wie FitzRoy beobachtete.

Auch in dieser Nacht zündeten die Seeleute eines ihrer hell lodernden Feuer an und setzten sich mit höflich-sanftmütigen Feuerländern darum, deren Gesichter ihnen in dem flackernden Holzfeuer wie schreckliche Masken erschienen. Jemmy erzählte lange Geschichten über sein Leben in dieser Gegend und über die grausamen und vielgefürchteten Selk'nam, die zur Zeit der »roten Blätter« – im April oder Mai – über die Berge kamen, um die Menschen am Yahgashaga anzugreifen, Frauen, Kinder, Hunde und Waffen zu stehlen und die Männer zu töten.

Während alle seinen Geschichten aufmerksam zuhörten, beobachtete Darwin die Feuerländer, die sich bei ihnen eingefunden hatten: »Wir waren gut bekleidet und waren doch, trotzdem wir dicht am Feuer saßen, durchaus nicht zu warm; und doch sahen wir, wie diese nackten Wilden, trotzdem sie weit wegsaßen, zu unserer großen Ueberraschung von Schweiß überströmt waren, weil sie ein solches Rösten aushalten mußten.«[18] Sie schienen jedoch zufrieden, und als die Mannschaft ein Lied anstimmte, fielen sie ein, so gut sie konnten, auch wenn Darwin fand, daß »... die Art und Weise, in welcher sie ausnahmslos immer ein bißchen zu spät waren, vollständig lächerlich« war.[19]

Spät in der Nacht brachen einige Feuerländer auf, um die Nachricht von der Rückkehr des verlorenen Sohnes und den merkwürdigen singenden Freunden mit den behaarten Gesichtern zu verbreiten.

Kapitel 12

Der Morgen des 23. Januar 1833 begann mit einem außerordentlichen Ereignis und sollte auch außerordentlich zu Ende gehen. Es war kurz nach Sonnenaufgang, und die Matrosen luden gerade ihre Kochutensilien in die Boote, da hörten sie Schreie aus der Ferne. Innerhalb von wenigen Minuten war eine große Gruppe Indianer am Strand aufgetaucht, sie liefen so schnell, daß sie Nasenbluten bekamen und sprachen und riefen in einem so schnellen Geschnatter, daß ihnen der Speichel wie Schaum vorm Mund hing. Viele Gesichter waren mit weißen Punkten bedeckt, und ihr Haar war mit Lehm beschmiert; andere hatten sich schwarze und rote Streifen auf Nase und Wangen gemalt, und alle trugen Schnüre um den Hals. Die bestürzten Seeleute glaubten, Dämonen gegenüberzustehen, die aus einem Kampf zurückkehrten, aber es gab keinen Angriff und wenig Scherereien, außer einem unbeholfenen Versuch, etwas zu stehlen – ein Mann wurde mit Hamonds Axt unter dem Arm erwischt, als man ihn zur Rede stellte, gab er sie mit einem an Unbekümmertheit grenzenden Mangel an Schamgefühl zurück.

Das Wetter war herrlich, und an diesem schönen Tag würde das letzte, entscheidende Stadium von FitzRoys langem Experiment beginnen. Die Boote hatten kaum abgelegt, da schossen Feuerländer in Kanus hinter ihnen her. Zuerst waren es dreizehn, aber aus allen Lagern, an denen sie vorbeikamen, von allen Inseln, die sie umschifften, kamen weitere Kanus hinzu, um sie zu grüßen. FitzRoy beschrieb die Szene in einem Brief an seine Schwester:

Der Tag unserer Ankunft in Wullia war wunderschön – auf der einen Seite glitzerten die schneebekrönten Berge mit ihren steilen Flanken in der Sonne, während auf der anderen tiefe Schatten auf das eisige, glatte, dunkelblaue Wasser fielen. Dreißig oder vierzig Kanus folgten unseren Booten, als wir inmitten von schmalen Meeresarmen und um hervorspringende Klippen einer gewundenen Küstenlinie folgten. Die tiefen Stimmen der Eingeborenen, die mit aller Kraft schrieen, hallten von Gipfel zu Gipfel. Von den kleinen Feuern in den Kanus stiegen dünne blaue Rauchsäulen auf, was die ganze Szene noch ungewöhnlicher und pittoresker machte. Es war nicht gerade das, was man von Feuerland erwartete, es war (abgesehen von den Berggipfeln) eine Szene von den Südseeinseln.

In den nächsten paar Stunden bewirkte das Zusammenspiel ihres mühsamen Ruderns und einer zufälligen Brise, die ihre Segel blähte, daß die Boote einen beträchtlichen Vorsprung vor ihren Verfolgern bekamen. Sie kamen am frühen Abend in Wulaia Cove an, wo sie genügend Zeit hatten, die ehemalige Siedlung einzuschätzen und sich zu organisieren. FitzRoy war noch nie hier gewesen – er hatte Jemmy auf dem Meer entführt – und hatte keine Vorstellung von dem, was ihn erwartete. Was er fand, übertraf seine kühnsten Hoffnungen: sanft gewelltes Weideland mit einer guten, tiefen Ackerkrume, gut gewässert von einem kristallklaren Bach, der Fruchtbarkeit verhieß und ein gutes Zeichen war für die landwirtschaftlichen Ambitionen, auf die er bei den zurückkehrenden Feuerländern hoffte. Er war außer sich vor Freude über die Aussicht, hier eine dauerhafte Siedlung zu errichten, und beglückwünschte den stolzen Jemmy zu der Qualität seiner Heimaterde.

Es galt, keine Zeit zu vergeuden: Die Mannschaften waren in den letzten Tagen bis zur Erschöpfung gerudert, aber die Horden der Feuerländer würden bald da sein. Eine Familie, die bereits glücklich auf Wulaia lebte, mußte mit Geschenken und Beteuerungen beschwichtigt werden, und FitzRoy machte sich keine Illusionen über die noch bevorstehenden Probleme. Ein Trupp wurde abkommandiert, um die geplante Siedlung herum einen Grenzgraben auszuheben, und an strategischen Punkten entlang des Grabens wurden Wachposten aufgestellt, um Übergriffe zu verhindern. Eine Gruppe schlug die Zelte auf, eine andere grub den Mutterboden neben dem Bach für einen Garten um, und eine weitere sollte Bäume fällen, aus denen Holzhäuser gebaut werden würden – eines für Matthews, eines für Jemmy und eines für York und Fuegia, die, von allen gutgeheißen, jetzt rechtskräftig verheiratet waren.

Gerade als die Gruppen eingeteilt wurden, landeten die ersten Kanus. Männer und Jungen stürmten das Lager, die Frauen blieben zurück. Bald drängten rund hundert Indianer an den Grenzen, die nur mit Gewalt, guter Laune, Jemmys Erklärungen und den Messern, Scheren und Handbohrern der Europäer in Schach zu halten waren. Nacheinander hockten sich die Feuerländer an der Linie hin. Jemmy wurde mit tausend Fragen und Tiraden bestürmt. Seine Geduld schien bis an ihre Grenzen strapaziert, und als auf dem Höhepunkt seiner Wut ein tiefes Brüllen zu hören war, hielt er wie festgewurzelt inne und drehte sich um. Noch einmal erklang das Brüllen. Es kam von einem Mann auf einem Kanu eine Meile auf dem Meer entfernt. Jemmy ließ die Tüte mit Nägeln fallen, die er in der Hand hielt. »Mein Bruder!«, schrie er und kletterte auf einen Felsen, um das Kanu zu beobachten.

An Bord waren seine vier Brüder – ein Mann und drei Jungen –, zwei Schwestern und seine Mutter. Als das Boot sich näherte, stieg Jemmy vom Felsen hinunter und lief an den Strand. Seine Mutter, die ihn kaum anschauen konnte, lief davon, um das Kanu festzumachen, dann versteckte sie ihre Besitztümer – einen schäbigen Korb mit Zunder, Feuersteinen, Farbe und Fischen. Jemmys Schwester ging mit ihr und überließ es ihren vier Brüdern, den Zurückgekehrten anzustarren. Ein paar Sekunden vergingen ohne ein Wort, dann traten sie auf ihn zu, umringten ihn und gingen ein ums andere Mal um ihn herum.

»Fremde Hunde, die sich auf der Straße begegnen, zeigen mehr Angst und mehr Leben als bei diesem unmenschlichen Treffen eines verlorenen Kindes mit seiner betrübten Mutter und seinen Verwandten«, schrieb FitzRoy später an seine Schwester Fanny. Auch Darwin griff zu einer Analogie aus dem Tierreich: Die erste Begegnung, schrieb er, war »weniger interessant als zwischen einem frei auf das Feld gelassenen

Pferde und einem alten Gefährten, dem es wieder zugesellt wird. Kein Zeichen von Zuneigung machte sich bemerkbar; sie starrten einfach einander eine kurze Zeit an.«[20] Jemmy wollte sich mit ihnen unterhalten und war verblüfft, daß er seine Muttersprache nicht mehr beherrschte. Er wollte mit seinem ältesten Bruder auf Englisch sprechen, und als er keine Antwort bekam, fragte er immer wieder: »*No sabe? No sabe?*« Darwin beobachtete den Vorgang traurig: »Ich vermute, es gibt keinen Menschen, der so wenig Sprachkenntnisse hat wie der arme Jemmy«, notierte er in seinem Tagebuch. »Seine eigene Sprache vergessen, und sein mit ein paar Brocken Spanisch durchsetztes Englisch fast unverständlich.«

Auch die Mannschaft war verwirrt. Sie hatten große Gefühle erwartet, doch was sie sahen wirkte auf sie wie grausame Gleichgültigkeit. Es war ein weiteres dieser augenscheinlichen Beispiele von Kaltherzigkeit, das ihre Vorstellung von Wildheit zu bestätigen schien. Bemerkenswert ist, daß York später am Abend, nachdem er mit Jemmys Mutter gesprochen hatte, bekanntgab, sie sei über die Entführung ihres Sohnes untröstlich gewesen. Weil sie gehofft hatte, das Schiff habe ihn abgesetzt, war sie wochenlang unablässig an den Küsten Feuerlands umhergestreift.

Am Abend blieben die drei Zurückgekehrten noch etwas im Lager der Feuerländer, das in der Nähe errichtet worden war. Sie wollten erklären, wo sie gewesen waren und was sich ereignet hatte. Jemmy gab seiner Mutter einen Fuhrmannskittel, um ihre Nacktheit zu bedecken. Seinem ältesten Bruder schenkte er eine wollene Seemannsjacke, eine Hose und eine schottische Mütze. Beide waren entzückt. Bei Sonnenuntergang gingen diejenigen Feuerländer, die keine Wigwams gebaut hatten, zu ihren Lagern, während Jemmy, York und Fuegia zu ihren Schiffskameraden zurückkehrten.

In den nächsten vier Tagen war in Wulaia Cove viel los. Für Matthews und die Feuerländer wurden drei große, geräumige Wigwams gebaut. Bäume wurden gefällt und in spitz zulaufende Pfähle zurechtgehauen. Die dickeren Enden dieser Pfähle wurden in einem Kreis in die Erde getrieben und die dünneren an der Spitze zusammengebunden. Diese Konstruktion wurde mit mehreren isolierenden Schichten aus Zweigen und Gras bedeckt. Das dem Missionar zugewiesene Wigwam wurde mit Brettern, die man vom Schiff herbeischaffte, mit einem Obergeschoß ausgestattet, damit er Werkzeuge und Proviant vor den Augen der diebischen Indianer versteckt horten konnte. Um die Wigwams wurden ein paar kleine Äcker gegraben und mit Kartoffeln, Karotten, Rüben, Bohnen Erbsen, Salat, Zwiebeln, Lauch und Kohl bepflanzt.

Jeder Schritt wurde von den versammelten Feuerländern beobachtet. Ein paar Tage blieben die Beziehungen freundschaftlich: Einige Indianer schleppten Baumstämme für die Wigwams und sammelten Material für die Dächer. Sie tauschten Fisch gegen wertlosen Schmuck und Eisenwerkzeuge und amüsierten sich über die Possen der Matrosen. Eines Tages brachten der Maat und der Schiffsarzt die ganze Versammlung zum Tanzen, wobei der Maat die Bewegungen vormachte, während Bynoe auf einer Maultrommel spielte. Zuweilen stimmten die Matrosen Lieder an, was die Indianer innig liebten und wobei sie ihren schauspielerischen Talenten freien Lauf ließen. Das größte Schauspiel für die Feuerländer waren jedoch weiße Männer, die sich wuschen. Als die Mannschaft die Kleider ablegte und in einem Bach herumplanschte, wurde sie von hundert Augenpaaren beobachtet. Doch als am dritten Tag etliche Männer nackt im hüfthohen Wasser standen, tauchte eine große Gruppe Feuerländer auf und nutzte die Gelegenheit, um zu stehlen, was sie in die Finger bekamen: Taschentücher, Schuhe, Hemden und ähnliches. Die Diebstähle wurden zum Problem: Die Matrosen hatten viele Besitztümer verloren, und FitzRoy konnte beobachten, wie ein Feuerländer Jemmy im Gespräch ablenkte, während ein zweiter ihm ein Messer aus der Tasche zog. Sogar der stets vorsichtige und ehrfurchtgebietende York Minster war einiges an die Diebe losgeworden.

Im Laufe der Zeit kamen immer mehr Feuerländer hinzu. Irgendwann saßen nicht weniger als dreihundert an der Grenzlinie, und Jemmy warnte FitzRoy vor einigen unangenehmen Kerlen, zu denen auch ein Onkel von ihm gehörte.

Am 26. Januar schlug die Stimmung in Feindseligkeit um, als die Indianer gemeinsam versuchten, die sich waschenden Seeleute zu bestehlen. Noch ernster war ein Zwischenfall an der Grenzlinie. Hier versuchten zwei oder drei alte Männer, die Grenze des Lagers zu überschreiten. Als ein Wachposten den einen aufforderte, zurückzutreten, kam der alte Mann geradewegs auf ihn zu und spuckte ihm ins Gesicht. Dann ging er zurück über den Graben, stellte sich neben einen schlafenden Landsmann und tat so, als ziehe er ihm die Haut ab, schneide ihn in Stücke und esse ihn. Die Anspielung war deutlich.

Am Abend ordnete FitzRoy eine Schußwaffenübung an, um die Einheimischen zu beeindrucken und zu warnen. Die Feuerländer beobachteten schwatzend, ob die Kugeln ihre Ziele trafen oder weit draußen ins Meer klatschten. Bei Sonnenuntergang verließen sie wie gewöhnlich das Lager, aber FitzRoy fiel auf, daß sie »ernst dreinschauten und ernsthaft miteinander sprachen«. Eine Stunde später schoß eine Wache auf etwas, was bei den Zelten herumschlich, in der Annahme, es sei ein wildes Tier. Doch es war kein Tier. Es war ein Mann, der aufsprang und in der Nacht verschwand.

Am nächsten Morgen herrschte eine merkwürdige Atmosphäre im Lager. Um neun Uhr, als sowohl bei den Wigwams, als auch bei den Gärten letzte Hand angelegt wurde, stiegen alle Feuerländer bis auf vier Männer in ihre Kanus und verließen die Bucht. Sie gaben keine Erklärung ab, warum oder wohin sie gingen, nicht einmal gegenüber Jemmy und York, und im Lager geriet man ins Grübeln: Waren sie von der Demonstration der Stärke am vorhergehenden Abend gewarnt worden oder planten sie einen Überfall? So wie die meisten anderen befürchtete auch FitzRoy eher Letzteres. In den vergangenen Tagen hatte die Ankunft vieler Fremder den Einfluß von Jemmy und seiner Familie unter den Feuerländern verringert. Seine Freunde und Verwandten vermuteten vielleicht, daß ein Kampf bevorstehe, und FitzRoy zerbrach sich den Kopf, warum sie Jemmy oder York nichts gesagt hatten.

Er ersann einen Plan gleichzeitigen Rückzugs und Vorrückens. Falls alle dreihundert Feuerländer angriffen, bestand nicht die geringste Chance, daß seine dreißig Leute den Angriff überlebten. Er fand es vernünftig, die Siedlung zu verlassen, etwas abseits ein Lager aufzuschlagen und die möglicherweise ausbrechende Gewalt wie ein Strohfeuer sich selbst zu überlassen. Gleichzeitig bot diese kleine Krise auch eine Chance. Er rief Richard Matthews herbei und fragte ihn, was er davon halte, die erste Nacht allein mit den drei Feuerländern in den Wigwams zu verbringen. Weil keine Indianer da waren, hätte die Mannschaft die Gelegenheit, die Segeljolle – unbehelligt von ihren begehrlichen Blicken – auszuladen, und eine Nacht in den Wigwams auf sich gestellt wäre ein Test sowohl für die Absichten der Feuerländer, als auch für den Mut des Missionars. Matthews war etwas mulmig zumute: Einerseits befürchtete FitzRoy Verrat und einen großen Angriff, dem dreißig Männer unmöglich standhalten konnten, andererseits schlug er vor, Matthews, Jemmy, York und Fuegia sollten die Nacht allein und ungeschützt verbringen.

Dennoch war Matthews einverstanden. Er genoß auf der *Beagle* keine besondere Achtung – Darwin sagte von ihm in diesem Moment, daß er »sich mit seiner gewohnten ruhigen Entschlossenheit verhielt: er hat einen verschrobenen Charakter und scheint (was merkwürdig ist) nicht sehr viel Energie zu besitzen, und ich halte es für äußerst zweifelhaft, ob er für solch ein schwieriges Unternehmen geeignet ist«. Bislang hatte er allerdings angesichts möglicher Unglücke weder Angst noch Zaudern gezeigt, und er würde jetzt nicht damit anfangen. Man holte Vorräte von der Segeljolle brachte sie in Matthews Wigwam, wo sie im oberen Teil verstaut wurden. Eine Kiste mit besonders wertvollen Dingen wurde zum Schutz vor den Feuerländern und vor Feuer vergraben. Im Laufe des Nachmittags gingen York und Fuegia in ihren Wigwam, Jemmy leistete Matthew Gesellschaft, und die Boote segelten davon, als sei es für immer. Drei Meilen entfernt, ruderten die Männer in eine Bucht und stellten im Dunkeln ihre Zelte auf.

Bei Tagesanbruch kehrte die Mannschaft zurück, und je näher sie kamen, desto unruhiger wurden sie. Wie mochte es dem Missionar ergangen sein? War er tot? Hatte Jemmy dasselbe Schicksal ereilt? Und York und Fuegia? Sie umrundeten eine Landspitze, das Lager kam in Sicht, und da stand Richard Matthews, den Kessel in der Hand, entspannt und zuversichtlich nach einer ruhigen Nacht. Viele Indianer seien zurückgekehrt, sagte er, aber sie hätten nicht freundlicher sein können. Jemmy bestätigte dies und fügte hinzu, die Feuerländer, die jetzt auf Wulaia seien, seien Freunde von ihm, alle bösen Männer seien in ihr eigenes Land zurückgekehrt.

Ermutigt beschloß FitzRoy, den Test einen Schritt weiter zu führen. Er befehligte die Segeljolle und ein Walboot zurück zur *Beagle*, und schickte sich mit Hamond, Darwin und einem Teil der Matrosen an, den nordwestlichen Arm des *Beagle*kanals zu erforschen. Er versprach, in gut einer Woche wieder zurück zu sein. Matthews würde mit den Feuerländern eine längere Zeitspanne alleine sein. Was auch immer nun geschehen würde sollte den Ausschlag geben, ob man ihn in Feuerland zurücklassen konnte oder nicht.

Neun Tage verstrichen. Die Vermessungsboote fuhren den unerforschten nordwestlichen Arm des Beagle-Kanals zum Whaleboat Sound und zur Stewart Island hinauf und kehrten wieder um.

Am 5. Februar trafen sie gegenüber von Shingle Point auf eine große Gruppe Feuerländer. Dies war noch weit von Wulaia Cove entfernt, und schon auf dem Hinweg hatten Indianer ihnen hier gedroht. Es waren dieselben, aber jetzt waren sie voll bekleidet, ihre Gesichter waren mit roter und weißer Farbe beschmiert, ihr Haar mit Gänsefedern geschmückt. Eine Frau trug ein Kleid, das Fuegia Basket gehört hatte; Bänder und rote Stoffe zierten die Körper anderer. Schlimmer jedoch war ihre Haltung, die wenig Grund zum Optimismus bot: Es herrschte, so FitzRoy, »unter diesen Menschen eine fast trotzige Stimmung, sie sahen aus, als wüßten sie, daß etwas Schlimmes passiert wäre, als wären sie bereit, sich zu verteidigen, falls ein von ihnen erwarteter Angriff zur Ausführung käme«. Das Herz wurde ihm schwer. Besorgt um das Wohlergehen des Missionars, Jemmys, Fuegias und Yorks ruderte die Mannschaft so lange weiter, wie es das Tageslicht erlaubte. Am nächsten Tag fuhren sie mit der Morgendämmerung weiter. Hamond schrieb in sein Tagebuch, daß, nachdem sie die Murray Narrows passiert und den Ponsonby Sound erreicht hatten, »viele Kanus auf[tauchten]; und wir hörten wie gewöhnlich aus jedem kleinen Tal und aus jeder Bucht am Strand Geschrei. Mehrere Kanus kamen sehr nah, aber wir ließen sie achtern; mir fielen jedoch die vielen Kleidungsstücke etc. auf, so hatte sich ein Mann ein Stück von Fuegias farbenprächtigem buntkariertem Unterrock um den Kopf gebunden. Wir befürchteten das Schlimmste ...«

Dann senkte sich Stille über die Mannschaften auf den Booten, und obwohl die Bedingungen günstig waren, kam Wulaia erst gegen Mittag in Sicht. Am Strand lagen mehrere Kanus, und überall standen große Gruppen Feuerländer, geschmückt mit zerrissenen Hemden und Kleiderfetzen. Sie liefen brüllend und schreiend auf die beiden Boote zu, als diese an Land kamen, und sprangen aufgeregt herum. FitzRoy befahl seinen Männern, nach ihren Waffen zu greifen. Hinter dem schreienden Haufen erhob sich eine Stimme. Matthews, Jemmy und York drängten sich nach vorne: Allen dreien ging es gut, und Fuegia wartete in einem Wigwam.

Der Missionar wirkte erleichtert und stieg für ein Gespräch auf See in FitzRoys Boot. Jemmy stieg in das andere Boot, aber York wartete am Strand. Die Indianer um ihn herum hockten sich hin, um die beiden Boote zu beobachten, wie »ein Haufen Hunde, der darauf wartet, daß ein Fuchs aus seiner Höhle getrieben wird«. Was Matthews FitzRoy erzählte, bedrückte diesen. Der Abreise der beiden Boote waren zwei relativ ruhige und friedliche Tage gefolgt, aber am dritten Tag waren Kanus voller streitsüchtiger Feuerländer gelandet. Überzeugt, daß die Beiboote der *Beagle* für immer weg waren, plünderten sie mehrere Tage lang. Sie hatten Matthews das Leben schwer gemacht: Ihm die Kleider vom Leib gerissen und Werkzeuge, Geschirr und Nahrungsmittel gestohlen. Sie waren in seinen Wigwam eingedrungen und hatten Geschenke verlangt, hatten ihm mit Gewalt gedroht und ihn mit dem Kopf nach unten baumeln lassen, um ihre Stärke zu demonstrieren. Als er eines Tages einen alten Mann bat, ihm aus dem Weg zu gehen, griff der Mann nach einem großen Stein und drohte, ihm damit den

Kopf einzuschlagen. Eine andere Gruppe kreiste ihn ein und schubste ihn hin und her. Sie hänselten ihn, zogen scheußliche Gesichter und rissen ihm die Barthaare aus. Ein anderes Mal liefen viele Männer mit Steinen und Pfählen hinter dem Missionar her. Einer von Jemmys Brüdern, der dies mit ansah, brach in Tränen aus, obwohl Matthews seine potentiellen Angreifer mit Geschenken beschwichtigen konnte.

Der Alptraum nahm kein Ende: Sein Wigwam war ständig von Männern umgeben, die ihm mit ihrem unaufhörlichen Geschnatter in der Nacht und traurigem Heulen bei Sonnenaufgang den Schlaf raubten. Die einzige Rettung kam von den Frauen, die Mitleid mit ihm hatten und ihm in ihren Wigwams Essen und Schutz boten. Gegen Ende der Woche konnte er nicht einmal mehr dorthin gehen, so zahlreich waren seine Angreifer und so wachsam mußte er mit seinen Besitztümern und seinem Wohlergehen sein.

Als die Boote zurückkamen, hatte er fast alles verloren. Auch Jemmy war der meisten seiner Besitztümer beraubt worden, obwohl man Fuegia und York in Ruhe gelassen hatte. Die Gärten waren zertrampelt, obwohl Jemmy versucht hatte, ihnen Zweck und Nutzen zu erklären. »Mein Volk sehr böse, sehr dumm; wissen nichts; sehr, sehr dumm«, sagte er zu Fitz-Roy, als man ihn um seine Version der Ereignisse bat. Einzig Jemmys Familie hatte sich freundlich verhalten, obwohl ein Bruder beim Plündern dabei gewesen war.

Es war klar, daß Matthews nicht bleiben und seiner Arbeit nachgehen konnte, ohne sich großer Gefahr auszusetzen. Fitz-Roy pflichtete ihm bei, daß er mit den Booten zur *Beagle* zurückkehren sollte. Er kommandierte Männer ab, sich unter die Eingeborenen zu mischen, um den Eindruck von Stärke und Übermacht zu erwecken, dann befahl er den restlichen Matrosen, das, was von Matthews Besitztümern übrig war – hauptsächlich die vergrabene Kiste –, so schnell wie möglich zu bergen. Hamond fand dies sehr mutig: »Ich dachte, wir würden nicht ohne einen großen Aufruhr davonkommen, denn die Indianer machten ziemlich viel Krach, und einige der Häuptlinge machten drohende Gesten. Wie auch immer, wir waren sehr auf der Hut und kamen ohne Streit davon.«

Als der letzte Mann sicher an Bord der Boote war, reichte FitzRoy den Indianern Äxte, Sägen, Messer, Handbohrer und Nägel, verabschiedete sich von Jemmy und York und versprach, in ein paar Tagen noch einmal vorbeizukommen. Die beiden zurückbleibenden Feuerländer standen winkend am Strand, immer noch in Glacehandschuhe und Knopfstiefel, Kniehosen und Waffenröcke gekleidet. Die Traurigkeit des Abschieds berührte viele, und Darwin schrieb in sein Tagebuch:

Es war recht bedrückend, unsere Feuerländer mitten unter ihren barbarischen Landsleuten zurückzulassen. Einen Trost gab es: Sie schienen keine Angst zu haben. Aber im Widerspruch zu dem, was oft behauptet wurde, waren drei Jahre genug, Wilde in vollkommene und unabhängige Europäer zu verwandeln, zumindest was Gewohnheiten betrifft. York, der ein erwachsener Mann mit einem starken, hitzigen Gemüt war, wird, da bin ich mir sicher, soweit es ihm seine Mittel erlauben, in jeder Hinsicht leben wie ein Engländer. Der arme Jemmy sah ganz untröstlich aus, er wäre sicher am liebsten mit uns zurückgekehrt; er sagte: »Sie waren alle sehr böse Männer, nicht ›sabe‹ gar nichts.« Jemmys eigener Bruder hatte ihn bestohlen; wie Jemmy sagte: »Was für einen Brauch nennt man das?« Ich fürchte, welche anderen Ergebnisse dieser Ausflug nach England auch haben mag, er wird nicht zu ihrem Glück beitragen. Sie haben viel zu viel Verstand, um nicht zu sehen, wie sehr der Zivilisierte dem Unzivilisierten überlegen ist, und doch fürchte ich, daß sie in letzteren Zustand zurückkehren müssen.

Obwohl der Abschied traurig war, herrschte auch ein Gefühl der Erleichterung. In einem Brief an seine Schwester Caroline kommentierte Darwin das Erlebnis, er habe »allein beim Hören der Stimmen dieser erbärmlichen Wilden einen gehörigen Widerwillen empfunden«. Von Matthew behauptete FitzRoy in seinen *Narratives*, er müsse »sich gefühlt haben wie ein Mann, dem man eine Gnadenfrist gewährt hat, nur daß er die Gefühle genoß, die stets jene belohnen, die versuchen, ihre Pflicht zu tun«.

Leider wurde Richard Matthews Leben nicht besser. Als die *Beagle* 1835 schließlich Neuseeland erreichte, schloß er sich seinem Bruder an und versuchte noch einmal, Missionar zu werden. Unglücklicherweise war kein Verlaß auf ihn: Er verhielt sich bei vielen Gelegenheiten unpassend und sorgte dort für eine Verschlechterung der gefährdeten Beziehungen zwischen Missionaren und Einheimischen. Eines Sonntags ließ er einen Maori-Jungen einen Hund erschießen, der hinter seinen Hühnchen her gewesen war, und als die Besitzer des Hundes sich beklagten, peitschte er sie aus. 1840 war er in Wanganui in einen finanziellen Skandal verwickelt, bei dem es auch um die Unterschlagung von Missionsgeldern ging. Er sah sich mit seiner schwangeren Frau und ihren Kindern gezwungen, den Besitz zu verkaufen und 650 Kilometer quer durch Neuseeland zum Haus seines Bruders zu wandern. 1845 verspürte er den Wunsch, seine Missetaten wieder gutzumachen, und eröffnete fünfzig Kilometer von der »Zivilisation« entfernt eine Einheimischen-Schule. Er schrieb an die Kirchliche Missionsgesellschaft: »Es hat dem Herrn gefallen, daß ich das Licht eines Auges verliere, und mit einer Frau und vier Kindern befinde ich mich gegenwärtig im größtem Elend …«

Für FitzRoy war die Rückkehr nach Wulaia wegen des Durcheinanders und Zusammenbruchs aller Bemühungen ein schwerer Schlag. Er konnte wohl behaupten, daß er dem Leben der drei Feuerländer eine Wendung gegeben hatte, aber er konnte sich nicht vormachen, seine Bemühungen hätten große Früchte getragen. Hamond bemerkte in seinem Tagebuch: »Es war äußerst demütigend für Kapitän FitzRoy, der so viel Unannehmlichkeiten auf sich genommen und in so uneigennütziger Weise gehandelt hatte, um die Lebensbedingungen dieser armen Wilden zu verbessern, daß all seine Pläne gleich zu Anfang zunichte gemacht wurden.« Seine nächsten Worte waren zweifellos nicht metaphorisch gemeint, können aber durchaus so gelesen werden: »Alle ausgesäten Samen waren aufgekeimt, aber ich fürchte, es war zu spät im Jahr, als daß sie noch reifen konnten. Wir gingen alle sehr verstimmt über das Verhalten der Indianer zu Bett.«

Acht Tage, nachdem FitzRoy Jemmy, York und Fuegia am 14. Februar 1833 zum letzten Mal gesehen hatte, stattete er ihnen einen weiteren Besuch in Wulaia ab. Es ging ihnen gut, und sie waren in Gesellschaft einiger Ortsansässiger, die fischten. Alle drei waren elegant gekleidet und guter Dinge. Doch sie hatten eine ereignisreiche Woche hinter sich. Jemmy hatte weitere Gegenstände durch Diebstahl verloren, von denen ihm am meisten an einem Spiegel gelegen hatte, aber York und Fuegia war es sehr viel besser ergangen. York war mit dem Bau eines großen Kanus beschäftigt, das neben seinem und Fuegias Wigwam lag.

Kurz nach FitzRoys und seiner Leute Abreise waren Fremde aufgetaucht, erzählte Jemmy dem Kapitän. Es hatte »sehr viel Frechheiten« gegeben und viele Kämpfe mit »sehr vielen Steinen«. Die Fremden hatten zwei Frauen geraubt, und Jemmys Volk hatte auch eine gestohlen, aber jetzt war alles ruhig, und er glaubte, das Schlimmste sei vorbei. In den Gärten gediehen Bohnen, Erbsen und Getreide. Jemmys Mutter begrüßte den Kapitän in dem Kleid, das ihr Sohn ihr geschenkt hatte. Es war ein zärtlicher Abschied, der FitzRoys Stimmung hob. Vielleicht hatte ihr Vorhaben noch eine Chance. Vielleicht war es noch zu früh, alle Hoffnungen fahren zu lassen. In einem Brief an seine Schwester schrieb er: »Ich verließ sie mit einiger Befriedigung … Es hätte schlimmer kommen können, aber auch besser.«

Kapitel 13

An einem strahlend schönen, windigen Tag Anfang März 1934 warf die *Beagle* Anker vor Wulaia. Dreizehn Monate waren vergangen, seit FitzRoy Jemmy, York und Fuegia auf Wiedersehen gesagt hatte. In der Zwischenzeit hatte die Besatzung der *Beagle* die Ostspitze Feuerlands kartografiert, Patagonien der Länge nach zweimal vermessen und Buenos Aires, Montevideo und die Falklandinseln angelaufen. Nun, wo das Ende ihrer Arbeit an der Atlantikküste absehbar war, nutzte FitzRoy die günstigen Winde und den wolkenlosen Himmel, um als erster Kapitän den Beagle-Kanal in einem Schiff zu durchqueren.

Doch die drei Feuerländer waren nicht vergessen worden; in ihren ruhigeren Momenten dachten viele Seeleute voller Sorge an sie. Am 3. Dezember 1833 schrieb Darwin an seine Schwester Susan: »Es wird sehr interessant, doch fürchte ich auch ebenso schmerzhaft sein, den armen Jemmy Button und die anderen zu sehen – ich erwarte, sie nackt und halb verhungert wiederzusehen – wenn sie nicht gar über den letzten Winter verschlungen worden sind.«

Die *Beagle* erreichte Port Famine an der Magellanstraße in den ersten Februartagen. Von hier aus segelten sie durch die Nassau Bay und Goree Roads nach Westen in die Wasserstraße hinein. Alles war ruhig. Auf der letzten Etappe der Strecke folgten ihnen sieben Kanus. Vor Wulaia wurden die Seeleute bedroht, aber die Verfolger wurden abgetrieben. Dann war es wieder ruhig. Schon vom Schiff aus war zu erkennen, daß die Bucht verlassen lag.

Als FitzRoy in ein Boot stieg, um sich an Land rudern zu lassen, machte er sich Mut für den Fall, daß ihn schlechte

Nachrichten erwarteten. Seine Ängste waren gerechtfertigt: die Wigwams standen leer und waren offensichtlich schon länger verlassen. Sie bestanden nur noch aus den Außenwänden: Die Ausstattung und die Möbel waren komplett entfernt worden. Von den Feuerländern fehlte jede Spur. FitzRoy ging zum Garten und sah sich dort entmutigt um. Ein paar robuste Kartoffeln und Rüben wuchsen hier, der Rest aber war niederschmetternd vernachlässigt worden. Der Kapitän ordnete an, daß sie ausgegraben und ihm am Abend serviert werden sollten. Daraufhin schritt er zügig auf das Boot zu und kehrte auf die *Beagle* zurück.

Stundenlang lief FitzRoy an Deck auf und ab. Schließlich wurden in einiger Entfernung drei Kanus gesichtet, die sich schnell von einer kleinen Insel auf die *Beagle* zu bewegten. Das erste hatte eine zerlumpte rote Flagge gehißt. FitzRoy konnte die Insassen durch sein Teleskop nicht gut erkennen, er sah nur, daß sich zwei von ihnen die Gesichter wuschen. Als sie näher kamen, erkannte er Jemmys Bruder »Tommy Button«, aber, so schrieb er an seine Schwester, er sei sich bei einem anderen nicht sicher gewesen, von dem er eigentlich meinte, ihn gut zu kennen. »Schließlich sah er mich, und aufgrund seiner Handbewegung (er legte die Hand an den Kopf wie ein Seemann, der seinen Hut berührt), wußte ich, daß es mein armer kleiner Freund Jemmy war – so verändert …«

Der junge Feuerländer war nackt bis auf ein Tuch, das seine Scham bedeckte. Er war ausgemergelt, das Haar lang und verfilzt, die Augen ascheverkrustet. Der gedrungene, aber früher stets gut gepflegte Junge war nur noch ein Schatten seines früheren Selbst. Er schämte sich so sehr für sein Äußeres, daß er dem Schiff den Rücken zukehrte, als sein Kanu herankam. Darwin schrieb: »Wir hatten ihn fett, rund, rein und gut bekleidet verlassen; ich habe niemals so einen vollständigen und traurigen Wechsel gesehen.«[21] Die Wirkung war durchschlagend. »Ich hätte weinen mögen«, schrieb FitzRoy. »Ich war nicht der einzige, der geneigt war, in Tränen auszubrechen, denn er war unser Liebling gewesen, und seine veränderte Erscheinung war genug, um abgehärtetere Menschen als Seeleute zu rühren.«

Jemmy kletterte flink an Bord der *Beagle* und begrüßte seine früheren Gefährten warmherzig, dann wurde er schnell unter Deck geführt, wo man ihn schrubbte und ankleidete. Keine halbe Stunde später speiste er am Tisch des Kapitäns, wo er »Messer und Gabel benutzte und sich in jeder Hinsicht so benahm, als habe er uns erst am Tag zuvor verlassen«. Auch sein Englisch war so gut wie eh und je; er erinnerte sich an alle und verlieh seiner Freude über das Wiedersehen Ausdruck, wobei er Benjamin Bynoe und James Bennet ganz besondere Aufmerksamkeit schenkte. Er überreichte Geschenke, die er für sie aufbewahrt hatte: Zwei sorgfältig konservierte Otterfelle, eins für FitzRoy, das andere für Bennet, einen Bogen mit einem Köcher voller Pfeile für Mr. Jenkins, seinen Lehrer in Walthamstow sowie zwei Speerspitzen, die er für Darwin angefertigt hatte. FitzRoy berührte das sehr, er betonte in einem Brief an seine Schwester Fanny: »Diese Gegenstände waren, ihrem sauberen Aussehen nach zu urteilen, für unsere erwartete Rückkehr beiseitegelegt worden, dessen bin ich mir sicher. Hätte der arme Junge mehr für uns tun können?«

Aber Jemmy wollte kein Mitgefühl. Das Leben sei gut, verkündete er. Seit er die *Beagle* verlassen hatte, sei er keinen einzigen Tag krank gewesen, im Gegenteil, er fühle sich wohler denn je. »Ich bin gesund, Sir«, sagte er zum Kapitän, der vom Aussehen des Feuerländers geschlossen hatte, er müsse krank gewesen sein. Jemmy beklagte sich nur darüber, daß er zu viel gegessen habe. »Viele Früchte, viele Vögelchen, zehn Guanakos in der Schneezeit und zu viele Fische«, sagte er und klopfte sich auf seinen flachen Bauch.

Als sie ihn drängten, mit ihnen nach England zurückzufahren, um daran anzuknüpfen, was er begonnen hatte, antwortete er, er habe nicht den Wunsch, zurückzukehren oder sein Leben zu ändern. Er würde hier bleiben, wo er hingehöre. Diese Weigerung überraschte alle. Darwin schrieb seiner Schwester Catherine: »Er war ganz zufrieden. Im vergangenen Jahr sagte er auf der Höhe seiner Indignation: ›seine Landsleute nicht s a b e nichts – verdammte Narren‹, — jetzt waren sie sehr gute Leute, mit nur z u v i e l zu essen und allem Luxus des Lebens.«[22]

In den Tagen nach FitzRoys Abreise war ihnen sehr viel gestohlen worden, aber Jemmy hatte ein Kanu aus einem großen Baumstamm geschnitzt und täglich den Garten inspiziert. Bald nach der Abfahrt der Boote hatten sich die ersten Fröste eingestellt. Keine zwei Monate später waren die Feuerländer bis auf die Knochen durchgefroren und in ihren neuen, unpraktischen Behausungen, die sich als zu groß, zu hoch und fast unheizbar erwiesen hatten, ganz auf sich gestellt. Sie zogen zurück in die relativ warmen feuerländischen Wigwams.

Zugleich hatte sich die Nachricht von der Niederlassung in Wulaia Cove bis in die hintersten Winkel Feuerlands herumgesprochen, bis zu den Selk'nam. In gestohlenen Kanus überquerten sie den Beagle-Kanal, dann stürmten sie über die Berge von der Landseite her in die Bucht. In dem folgenden Kampf tötete Jemmy einen der Angreifer, bevor er sich seinen fliehenden Leuten anschloß, die Zuflucht auf den umliegenden Inseln suchten. Man hätte erwarten können, daß ihn, als den »zivilisiertesten« unter den Feuerländern, der Kampf am stärksten beunruhigt hätte, aber York war noch verstörter: In der Hitze des Gefechts hatte er sich vor die Tür seines Hauses gestellt, einen Spaten hoch über sich erhoben und damit gedroht, jeden, der ihm zu nahe käme, zu enthaupten. Kurz nach dem Angriff überredete York Jemmy und seine Mutter, ihn zu einem Besuch in seinem Land zu begleiten. Zu jener Zeit, so sagte Jemmy, sei York bereits eine erschreckende Gestalt gewesen: »Sehr viel Kinn … hebt große Steine auf … alle Menschen Angst.« Er hatte sich verpflichtet gefühlt, ihn zu begleiten.

Sie fuhren in vier Kanus nach Westen. Bei Devil Island, nah der Kreuzung der nordwestlichen und südwestlichen Arme des Beagle-Kanals, trafen sie auf Yorks Bruder und eine Gruppe Alakaluf. In dieser Nacht raubten die Alakaluf Jemmy sämtliche Kleider, Werkzeuge und alles andere, was sie fanden, mit Ausnahme eines großen Messers, das er um den Hals trug. Fuegia beteiligte sich an dem Verrat; sie half York, Jemmys Sachen zu stehlen. Als Jemmy sie zuletzt gesehen hatte, hatte sie gelacht wie immer, und York und sie waren gut angezogen. Später hatte Jemmy gehört, daß York und Fuegia durch den

Beagle-Kanal zum Christmas Sound gefahren und gut in ihrer Heimat angekommen waren.

Noch einmal sah sich Jemmy verlassen – das zweite Mal innerhalb weniger Monate –, diesmal an einer einsamen Küste, so nackt, wie er auf die Welt gekommen war. Nur seine Mutter war da, um ihm zu helfen – sie war sein Rettungsanker. Als ihm York die Kleider vom Leibe zerrte, das gestärkte weiße Hemd und die steifen Breeches, die Kinderhandschuhe und die Knopfstiefel – raubte er ihm die letzten Rudimente seiner englischen Identität. In dieser aussichtslosen Lage wurde der verängstigte und frierende Jemmy sich seiner Isolation bewußt. Er konnte sich dazu entschließen, weiterhin eine Scharade zu spielen und so tun, als sei er jemand anderes, als habe er einen Auftrag zu erfüllen und müsse eine neue Art zu leben weitergeben, oder er konnte akzeptieren, daß er von allen, außer den ihm am nächsten Stehenden, verlassen worden war. Als Yámana wählte er den einzigen Weg, der ihm offenstand. Er kehrte zu seinem Volk zurück.

Nach dem Essen machten Jemmy und sein Bruder einen Spaziergang mit dem Arzt Bynoe. Sie sahen sich an, wo 1833 die Zelte der Seeleute gestanden und wo sie den Grenzgraben gezogen hatten. Bynoe versuchte, die Feuerländer zu überzeugen, nach London zurückzukehren.

FitzRoy war desillusioniert. Sein großartiger Plan hatte sich in Luft aufgelöst. Eigentlich hatte er seit den Ereignissen von 1833 und der Rettung von Matthews befürchtet, daß die Sache so und nicht anders ausgehen würde. York Minster hatte ihm schon lange Sorgen gemacht. Jemmy hatte eine liebenswürdige und freundliche Seite, während York – von seinem Umgang mit Fuegia abgesehen – ein roher Mensch war. Es war ihm nicht gelungen, seine Schiffskameraden oder die Menschen in England für sich einzunehmen. So sah FitzRoy Yorks Tat als Ausführung eines längst feststehenden und gut durchdachten Plans. In den *Narratives* schrieb er, schon als York beschloß, daß er lieber nach Wulaia als in sein eigenes Land gehen würde, habe er den Plan ausgeheckt.

Yorks schönes Kanu war ganz offensichtlich nicht nur dazu gebaut worden, ihn allein zu transportieren; auch das Treffen mit seinem Bruder war kein Zufall ... Er hatte sich wohl überlegt, daß er eine Gelegenheit nutzen würde, um sich aller Sachen zu bemächtigen; und er hatte sich auch gedacht, wenn er in seinem eigenen Land ohne Matthews abgesetzt werden würde, so würde man ihm nicht allzuviele Dinge geben, auch wüßte er dann nicht, wo er später nach Jemmy suchon sollte, um den Ärmsten auszuplündern.

Am frühen Abend kam FitzRoy ein Gerücht zu Ohren. Ein Kanu kam längsseits, in dem eine schöne junge Frau saß und weinte. Jemmy hatte sie nicht erwähnt, und als er über sie ausgefragt wurde, leugnete er jede Bekanntschaft mit ihr, bis ein älterer Feuerländer der Schiffsgesellschaft kundtat: »Jemmy Buttons Frau, Jemmy Buttons Kanu und Jemmy Buttons Frau kommen!« Erst da gab Jemmy es zu und löste damit eine allseitige Feier und viel Heiterkeit aus. Taschentücher, Schals und eine golddurchwirkte Haube wurden der Frau als Geschenke überreicht. Sie war »entschieden die bestaussehendste Frau in der Gesellschaft«, kommentierte Leutnant Sulivan, aber sie machte sich Sorgen: Seit ihr junger Ehemann losgestürmt war, um das Schiff zu begrüßen, hatte sie Angst, man würde noch einmal versuchen, ihn mitzunehmen. Ihr Tränenfluß versiegte erst bei seinem Erscheinen an Deck.

Die Ankunft der jungen Frau heiterte FitzRoy auf. Jemmy war verheiratet, er war glücklich. Hier war der Beweis. Wenn er auch keinen Missionar abgab, so hatte er sich doch mit seinen Leuten versöhnt.

Bemerkenswert war die Sprache, in der sich die Feuerländer während ihres Besuches unterhalten hatten. Als sie Ende 1832 nach Feuerland zurückgekehrt waren, war FitzRoy bestürzt gewesen, daß Jemmy kein Yámana mehr konnte. Als die Familie des Indianers – seine Brüder und deren Frauen – an diesem Nachmittag das Schiff bevölkerte, wurde deutlich, daß Jemmy seine Muttersprache noch immer nicht ganz beherrschte. Allerdings hatte er seinen Freunden etwas Englisch beigebracht. Die beiden Sprachen hatten sich zu einer Art Pidgin vermischt, in dem sich Jemmy mit seiner Familie unterhielt. »So merkwürdig es auch scheinen mag«, schrieb FitzRoy, »aber er hatte seiner Familie tatsächlich mehr Englisch beigebracht als sie ihm Feuerländisch. Jedes Wort, das wir ihn sprechen hörten – sei es an seine Familie oder an seine Frau gerichtet –, war gebrochenes Englisch – und er erzählte mir auch, daß er nur wenig in seiner eigenen Sprache sagen könne – und daß er Englisch besser könne – und daß ihn seine Familie verstehe, wenn er Englisch spreche.«

»Gib Messer«, »Kanu«, »komm« echoten die Feuerländer. Er war Jemmy Button geblieben und nicht zu Orundellico, dem Namen seiner Kindheit, zurückgekehrt. Vielleicht war dies der bedeutendste Erfolg seiner Monate in England.

Am nächsten Morgen, dem 6. März 1834, war es wärmer aber wolkig, aus einem verhangenen Himmel drohten böige Schauer. FitzRoy war darauf erpicht weiterzukommen; er begrüßte Jemmy im Morgengrauen zum Frühstück.

Ihre Unterhaltung in der Kabine des Kapitäns war ausführlich und fand unter vier Augen statt. FitzRoy wollte alles über York und Fuegia und über die Möglichkeit einer Rückkehr der Selk'nam von dem jungen Feuerländer erfahren.

FitzRoy hörte seinem ehemaligen Mündel genau zu, und er konnte sich davon überzeugen, daß, selbst wenn der große Plan in sich zusammengefallen war, so doch die »gute Wirkung« auf Jemmy und seine Familie, die FitzRoy für viel »zivilisierter« als den Rest der »Wilden« in diesem Gebiet hielt, unverkennbar war. Er tröstete sich mit den kleinsten Dingen:

Ich kann mir nicht helfen, ich hoffe, daß irgendein noch so geringer Nutzen aus dem Verkehr dieser Menschen, Jemmy, York und Fuegia, mit den anderen Eingeborenen Feuerlands erwachsen wird. Vielleicht wird einem schiffbrüchigen Seemann Hilfe und freundliche Behandlung von Jemmy Buttons Kindern widerfahren, die dazu durch Gebräuche aus anderer Herren Länder veranlaßt werden, von denen sie gehört haben mögen, und durch eine noch so schwache Vorstellung von ihrer Pflicht Gott und ihren Nachbarn gegenüber.

Die Unterhaltung war vorüber, und es war Zeit, auf Wiedersehen zu sagen. Jemmys Familie wartete schon unten in den Kanus, und er tauschte mit der Mannschaft ein letztes trauriges Lebwohl aus. Darwin schrieb in sein Tagebuch: »Jedermann an Bord war von Herzen traurig, ihm für das letzte Mal Lebewohl zu sagen. Ich zweifle jetzt nicht, daß er so glücklich und vielleicht noch glücklicher sein wird, als wenn er niemals sein Vaterland verlassen hätte.«[23]

Wenn die Feuerländer auf irgend jemanden einen bleibenden Eindruck gemacht hatten, dann auf Darwin. In seinen Schriften zeigt sich, wie sehr ihn die Begegnungen mit den primitiven Völkern um das Kap Hoorn bewegt haben. Er hatte Jemmy, York und Fuegia in Plymouth kennengelernt. Sie waren die ersten Menschen aus Stammesvölkern, die er je gesehen hatte, und sie waren schon fast zwei Jahre aus ihrer Heimat herausgerissen, hatten europäische Manieren, waren höflich und sauber gekleidet. Was Darwin in Feuerland erlebte, stand in schockierendem Kontrast dazu. Er kam zu dem Schluß: »Erblickt man solche Menschen, so kann man kaum glauben, daß sie unsere Mitgeschöpfe und Bewohner ein und derselben Welt sind.«[24] Und doch sah er sie in FitzRoys Feuerländern gespiegelt. Es war möglich, sich zu verändern, zu wachsen, sich weiter zu entwickeln. In seinem Bericht über die Reise der *Beagle* schrieb Darwin:

Wenn man diese Wilden betrachtet, so fragt man, wo sind sie hergekommen, was kann wohl einen Stamm von Menschen versucht oder welche Veränderung kann ihn gezwungen haben, die schönen Gegenden des Nordens zu verlassen, die Cordillera oder das Rückgrat von Amerika hinabzuwandern, Canoes zu erfinden und zu bauen, welche von den Stämmen in Chile, Peru und Brasilien nicht gebraucht werden, und dann eins der unwirtlichsten Länder auf der ganzen Erde zu betreten? Obschon derartige Betrachtungen anfangs sich dem Geiste aufdrängen, dürfen wir doch sicher sein, daß sie zum Teil irrig sind. Es liegt kein

Grund vor zur Annahme, daß die Feuerländer an Zahl abnehmen; wir müssen daher annehmen, daß sie ihren Anteil an Glück, welcher Natur dies auch sein mag, genießen, und zwar genug, um ihr Leben des Besitzes wert zu machen. Die Natur, welche die Gewohnheit zu einer unwiderstehlichen Macht und ihre Wirkungen erblich gemacht hat, hat den Feuerländer dem Klima und den Erzeugnissen seines elenden Vaterlandes angepaßt.[25]

In Feuerland wurde die Saat eines Gedankens gesät, die sein ganzes Leben beherrschen sollte. Doch als er die Gegend verließ, tat er das mit pessimistischen Gefühlen, was die Zukunft der Feuerländer anbetraf.

So lange nicht im Feuerland irgend ein Häuptling aufsteht, welcher Kraft genug hat, irgendeinen erlangten Vortheil, wie z. B. domesticirte Thiere, sich zu sichern, scheint es kaum möglich, daß der politische Zustand des Landes verbessert werden kann. Jetzt wird selbst ein Stück Tuch, was dem Einen gegeben wird, in Streifen zerrissen und vertheilt, und kein Individuum wird reicher als ein anderes. Auf der anderen Seite ist es schwer, einzusehen, wie ein Häuptling erstehen kann, bis Besitz irgend welcher Art vorhanden ist, durch welchen er seine Ueberlegenheit offenbaren und seine Macht vergrößern kann.[26]

Jemmy wartete auf die Abfahrt der *Beagle*. Als das Schiff anfuhr, schrie seine Frau in einem der Kanus gequält auf, und sein Bruder rief: »Jemmy Button – Kanu – komm!« Beladen mit Beute, die so schwer war, daß er sie mit seiner Familie in den drei Kanus kaum transportieren konnte, kletterte Jemmy ein letztes Mal vom Schiff und paddelte zu der Insel, von der er dem Kapitän erzählt hatte, daß es die seine sei. Das Schiff nahm Fahrt auf, und wer sich draußen im Ponsonby Sound umwandte, sah die Rauchwolke von Jemmy Buttons Abschiedsfeuer emporsteigen.

TEIL VIER

EINE SELBSTSÜCHTIGE GRILLE

Weint! Weint um Patagonien!
In Dunkelheit, o unermeßlich
Fristen die Kinder Patagoniens
Ihr irdisches Sein.
Ah, wer weinte da nicht?
Ungehört verhallt sie dort,
Die Kunde von des Retters Liebe.
Und kostbare Seelen versinken
In der Verzweiflung dunklem Grunde.

Gebet für Patagonien,
Patagonische Missionsgesellschaft

Kapitel 14

Die Patagonische Missionsgesellschaft entstand aus dem religiösen Eifer und der protestantischen Entschlossenheit, von denen Großbritannien im 19. Jahrhundert durchdrungen war. Die willkürliche Ausweitung überseeischer Macht erweckte bei Frommen den Wunsch, das Evangelium in die neu erschlossenen Gebiete zu tragen. Missionare gehörten zur Vorhut des Empires. In Afrika, Asien, im Pazifik und in Ozeanien ebnete der Vormarsch der Soldaten des Herrn den Weg für koloniale und imperiale Ausbeutung. Und doch bedeutete diese oft mehr Unannehmlichkeiten, als sie wert war: Britische Missionare, angetrieben von starker religiöser Leidenschaft, führten das Empire in Stichwege und Sackgassen, in denen es nichts verloren hatte und die es nie hätte betreten sollen.

In eine dieser schmalen Gassen hatte sich die Patagonische Missionsgesellschaft seit ihrer Gründung verirrt. Ihr Ahnherr, Allen Gardiner, war ein ehemaliger Marineoffizier mit bemerkenswerter Energie, beneidenswertem Charisma und unersättlicher Abenteuerlust. Wo Gardiner begann und die Patagonische Missionsgesellschaft endete war unmöglich zu sagen: Sein Glaube, seine Vitalität und sein Verstand durchdrangen den Charakter des Unternehmens. Alle Stärken und alle Schwächen der Organisation waren in ihm verkörpert: Talent und Schwung, Mut und Naivität und auch die Mängel ihrer Pläne, die schließlich zu Unheil und Unglück führten.

1794 geboren, hatte Gardiner mit Mitte dreißig seinen Ruf zu Christus vernommen. Er reagierte mit einem fundamentalistischen Fanatismus und einer Hingabe, die ihn immer wieder in entsetzliche Situationen stürzten. Nur drei Monate nach dem Tod seiner ersten Frau 1834 fuhr er nach Zululand in

Südafrika, um dort eine Missionsstation zu errichten – in einem Gebiet, das unter der Herrschaft des Zulu-Königs Dingaan stand. Zunächst wurde er abgewiesen, weil der König mehr an Waffen als an Gott interessiert war, aber Gardiner blieb hartnäckig und wurde Unterhändler eines Vertrags zwischen weißen Händlern und den Zulus. Dieser versprach die erzwungene Rückführung von Zulu-Flüchtlingen aus Port Natal nach Zululand, als Gegenleistung für die Sicherheit der weißen Einwohner von Port Natal. Dingaan war hocherfreut und gestand dem Missionar Land in der Nähe von kwaBulawayo zu.

Gardiner entdeckte bald die schreckliche Wirklichkeit des umgesetzten Vertrags, den er mit ins Leben gerufen hatte: Zu seinen ersten Pflichten gehörte der Transport von sieben Ausreißern in die Hände Dingaans. Diese Unglücklichen, unter ihnen eine Frau und drei Kinder, ließ man hungern, bevor man sie hinrichtete. Im Februar 1838 massakrierten Dingaans Getreue 283 Buren, ihrem Anführer Piet Retief rissen sie das Herz und die Leber aus dem Leib, um sie bei magischen Ritualen zu verwenden. Obwohl Gardiner nicht unmittelbar für das Blutbad verantwortlich zu machen war, fand es doch in der Nähe einer seiner Missionsstationen statt und kam hauptsächlich durch Umstände zustande, denen er in der Gegend Vorschub geleistet hatte.[27]

Zululand war eine entmutigende Erfahrung, selbst für einen Mann mit einer so unbezwingbaren Begeisterung, also zog Gardiner weiter. In den nächsten zwölf Jahren versuchte er erfolglos in Neuguinea, Chile und in Gran Chaco – einer Gegend im Herzen Südamerikas, begrenzt von Bolivien, Argentinien und Paraguay – Missionsstationen einzurichten. Er hatte keinen Auftrag für diese Arbeit und bekam wenig ideelle und noch weniger finanzielle Unterstützung. Die Bedingungen unterschieden sich häufig von dem, was man ihn hatte glauben lassen, und seine Schwierigkeiten wurden durch örtliche politische Fehden und das, was er als das Ränkespiel kleiner, aber machtvoller katholischer Oligarchien betrachtete, oft noch verschlimmert.

Feuerland, dafür entscheid sich Gardiner, war anders. Es war jungfräuliches Terrain, jenseits der verderbten Tentakel

Roms. Noch wichtiger war jedoch, daß er von einer Gruppe freundlicher Feuerlandindianer gehört hatte, die 1830 von Kapitän FitzRoy nach England gebracht worden waren und nicht nur die Grundsätze des protestantischen Glaubens kannten, sondern auch Englisch sprachen. Wenn er Jemmy Button fände, wäre sein Erfolg garantiert, das spürte er.

Nach einem Besuch der Magellanstraße im Jahre 1842, bei dem er freundlichen Kontakt mit einem kleinen Stamm unter Häuptling Wissale gehabt hatte, kehrte Gardiner nach Brighton zurück und gründete die Patagonische Missionsgesellschaft. Er hatte vor, in Oazy Harbour an der Nordküste der Magellanstraße eine Ausgangsbasis zu errichten, aber als er 1845 mit Robert Hunt, einem Lehrer, dorthin zurückkehrte, verhielten sich die Eingeborenen feindselig. Die beiden Männer flohen zurück nach England, doch Gardiner gab nicht auf. Drei Jahre später fuhr er mit fünf Männern an Bord eines Frachters, der Kohle nach Peru brachte, nach Feuerland. Ein oder zwei Tage lang lief alles nach Plan, und sie machten sich daran, in Banner Cove ein Lager einzurichten, aber die Nachricht von ihrer Anwesenheit verbreitete sich schnell. Horden von Feuerländern stürzten sich auf sie und stahlen alles, was sie in die Finger bekamen. Wütend bestieg die enttäuschte Gruppe wieder das Schiff, mit dem sie gekommen war, und fuhr in Richtung Lima, wo sie die langwierige und kostspielige Rückkehr nach England antrat. Die Mission war jahrelang geplant worden und hatte kaum eine Woche überlebt.

Dann war alles vorbereitet für das, was für einige Gardiners größter Erfolg war, für andere seine größte Niederlage. Im Nachhinein mögen seine Handlungen Ende der Vierzigerjahre des 19. Jahrhunderts einen Anschein von Verrücktheit haben. Die meisten Menschen wären bezwungen und entmutigt aus Banner Cove zurückgekehrt, Gardiner aber forderte eine Verdopplung der Anstrengungen. Der Erfolg, glaubte er, war in Reichweite, er brauchte nur eine schwimmende Missionsstation, ein Schiff, das vor Feuerland ankern konnte, klein genug, um Kontakt mit den Eingeborenen zu ermöglichen, aber groß genug, ihren unerwünschten Aufmerksamkeiten und möglichen Angriffen standzuhalten. Also lancierte er in England eine Kampagne zum Kauf eines 120-Tonnen-Schoners. Er hielt Vorträge und bewegende Plädoyers und sprach bei Kundgebungen. Vielleicht war aber seine Freundschaft mit einem anderen starken Charakter, Reverend George Packenham Despard, der Sekretär der Gesellschaft wurde, noch ausschlaggebender. Das öffentliche Interesse war gering und Geld nicht aufzutreiben. Ein Gönner aus Cheltenham spendete 1000 £, aber abgesehen davon blieben die Kassen niederschmetternd leer.

Jetzt änderte Gardiner gegen den Willen des Komitees der eigenen Gesellschaft seine Pläne. Statt eines Schoners würde er mit zwei Acht-Meter-Barkassen, der *Speedwell* und der *Pioneer*, und zwei Beibooten nach Banner Cove fahren, in seiner Begleitung eine Truppe von sechs Männern: drei Fischer aus Cornwall, John Pearce, John Badock und John Bryant, ein Schiffsarzt aus Staffordshire, Richard Williams, John Maidment, Kellner und Sonntagsschullehrer, und ein Schiffszimmermann, Joseph Erwin, der Gardiner auf früheren Missionen begleitet und erklärt hatte, mit ihm zusammen zu sein, sei »wie der Himmel auf Erden«. Innerhalb weniger Tage nach ihrer Ankunft in Feuerland im Dezember 1850 muß es auch ihm wie die Hölle auf Erden erschienen sein.

Die Gruppe wurde von der *Ocean Queen*, einer Bark, die in Richtung *San Francisco* unterwegs war, zu den Inseln geleitet. Sobald das Schiff fort war, zwangen Angriffe der Einheimischen die Gruppe hinaus aufs Meer, und während einer stürmischen Überfahrt nach Bloomfield Harbour gingen die beiden Beiboote verloren. Ein harter Anfang, aber es sollte schnell noch schlimmer kommen: Ein paar Tage später mußten sie feststellen, daß die *Ocean Queen* mit dem Pulver und der Munition für ihre Waffen weitergefahren war. Es gab weniger Fische, als sie angenommen hatten, und jetzt würde auch das Jagen schwierig werden. In den folgenden Tagen wurden beide Barkassen auf Lennox Island stark beschädigt. Nachdem die Männer sie repariert hatten und vierzig Meilen nach Spaniard Harbour gesegelt waren, wurde die *Pioneer* in zwei Stücke gerissen.

Die Reste des zerstörten Bootes wurden an Land gebracht

und von Gardiner und Maidment als Schutz benutzt. Anderthalb Meilen entfernt ankerten die übrigen fünf auf der zweiten Barkasse. Im März 1851 hatten Badcock und Williams Skorbut. Im Juni wurde ihr Netz zum Fischen vom Eis zerfetzt. In einer durch Krankheit und religiösen Eifer ausgelösten Verblendung schrieb Williams in sein Tagebuch: »Ach, ich bin Tag und Nacht glücklich. Schlafend oder wachend, Stunde um Stunde, ich bin glücklich über die Grenzen der Sprache hinaus.« Der Hunger war unbarmherzig: Muscheln wurden ihr Hauptnahrungsmittel, Mäuse ein Luxus. Am 28. Juni starb John Badcock. Ende August folgten ihm Erwin und Bryand durch Skorbut und Unterernährung. Bald darauf erlagen Williams, Maidment und Gardiner den Umständen. Als im Oktober ein Rettungsschiff unter William Smyley aus Montevideo ankam, wurde das Wrack der *Speedwell* gefunden, eine Leiche lag immer noch darin, eine unerklärliche Schramme zeichnete Kopf und Hals. Zwei weitere Tote lagen am Strand, Papiere, Kleider und Werkzeuge um sie herum. Angesichts eines Sturms war Smyley gezwungen abzudrehen. Drei Monate später kam die HMS *Dido* und fand die Überreste von Gardiner, Maidment und den anderen. In der Nähe des Expeditionsleiters entdeckten sie sein Tagebuch und einen weitgehend unversehrten Teil eines Briefes an den bereits toten Schiffsarzt, in dem er diesen über das Ableben Maidments informierte:

Mein lieber Mr. Williams,

Der Herr hielt es für angebracht, ein weiteres Mitglied unserer kleinen Gesellschaft heim zu rufen. Unser lieber verstorbener Bruder verließ das Boot am Dienstag nachmittag, und ist seither nicht zurückgekehrt. Zweifellos ist er nun bei seinem Erlöser, dem er treu gedient hat. Noch eine kleine Weile, und doch ... der Allmächtige, sein Lob zu singen ... Thron. Ich weder Hunger noch Durst, doch ... Tage ohne Essen ... Maidments Freundlichkeit mir gegenüber ... Himmel.

Ihr liebevoller Bruder in ...
ALLEN F. GARDINER
6. September 1851

Man hielt einen Trauergottesdienst ab, und bestattete die Toten. Die Fahnen der *Dido* und ihres Beibootes wurden auf Halbmast gesetzt, und über den Gräbern feuerte man drei Musketensalven ab.

Das Vorhaben war naiv gewesen. Den Problemen bei seinen früheren Versuchen zum Trotz war Gardiner ohne seine schwimmende Missionsstation gekommen und noch schlechter vorbereitet gewesen als zuvor. Einen Fehlschlag von solchen Ausmaßen hatte es selten gegeben. Man hatte keinen Kontakt mit Jemmy Button aufgenommen, und nichts war erreicht worden, doch sieben Männer hatten ihr Leben geopfert. Die *Times* stellte das Unternehmen am 29. April 1852 in einem Leitartikel an den Pranger:

Weder Ehrfurcht vor den Motiven, aus denen sie sich auf das Unternehmen einließen, noch Bewunderung für die Fähigkeiten des Anführers der Gruppe können unseren Blick trüben für die unaussprechliche Torheit des Unternehmens, wie es durchgeführt wurde. Noch wollen wir die natürliche Entrüstung über diejenigen, die bei einer so aussichtslosen Unternehmung mutwillig so viele kostbare Leben aufs Spiel setzen konnten, für uns behalten … Kein Wort mehr über Missionen in Patagonien! Die Befürworter des Vorhabens haben bereits eine Verantwortung auf sich geladen, die ihnen Anlaß zu quälender Reue gibt und erst mit ihrem Tod enden wird.

Aber die Leser der Zeitung waren anderer Meinung, sie liebten nichts mehr als tollkühne Geschichten voller Gefühl, Beispiele für britische Tapferkeit, letzte Taten der Selbstlosigkeit. Der langsame Tod Gardiners und seiner Kameraden an einem abgelegenen Strand war für die Patagonische Missionsgesellschaft ein Segen. Zum ersten Mal trafen Spendengelder ein, und die einst leeren Kassen quollen über. Unter der rücksichtslosen und opportunistischen Verwaltung von George Packenham Despard mobilisierte man Unterstützung für die Idee, die Falklandinseln als Missionsstation zu nutzen. Dorthin wollte man Feuerlandindianer bringen, um sie zu erziehen und sodann zurückzuschaffen, damit sie ihr Volk zivilisierten. Gardiner selbst hatte einmal mit Bartholomew Sulivan darüber gesprochen – Sulivan war einer der ersten Kolonisatoren der Insel, Mitglied des Komitees der Gesellschaft und ehemaliger Leutnant auf der *Beagle* –, in dessen Ohren dies einen vertrauten Anklang gehabt haben mag. Bei überfüllten Zusammenkünften und Versammlungen wurde die Idee begeistert aufgenommen. Man suchte Robert FitzRoys Unterstützung, und am 6. Dezember 1852 schrieb dieser:

Ich habe die Angelegenheit … sorgfältig geprüft.

Es scheint mir, Ihr gegenwärtiger Plan ist durchführbar und vergleichsweise sicher: Er bietet deutlichere Aussichten auf Erfolg als die meisten missionarischen Unternehmungen zu Beginn, und es dürfte schwer fallen, einen weniger einwandfreien Plan vorzuschlagen.

Forderungen nach einem Denkmal für Gardiner wurden laut: eine Statue, eine Gedenktafel in Westminster Abbey. Im März 1854 hatten diese Forderungen konkrete Formen angenommen, ein Schiff sollte gebaut und nach ihm getauft werden. »Welches geeignetere [Denkmal] könnte es geben als dasjenige, welches wir jetzt errichten – ein Schiff, das den Namen des christlichen Seemannes trägt und als wichtiges Instrument zum Vorantreiben des Zieles dient, für das dieser christliche Seemann starb?« fragte die Zeitschrift der Patagonischen Missionsgesellschaft, die *Voice of Pity*. »Wenn der gute Herr unseren Bemühungen für die Bekehrung der Wilden gewogen ist, wird die Annäherung des Schiffes an diese Küsten in ein paar Jahren freudig begrüßt werden, und ihr Name, der Seinen Namen lehrt, wird zum geläufigen Begriff für christliche Menschenliebe.«

In der Tat hochfliegende Ambitionen, aber zu mörderischen Kosten. In einem aufdringlichen Spendenaufruf richtete die Gesellschaft einen emotionalen Appell an ihre Mitglieder, durch Selbstverleugnung, gesellschaftlichen Einfluß und Gebete das Geld zusammenzubringen:

Wir benötigen 2300 £ ... Wir brauchen sie sofort. Die Nöte der Heiden dulden keinen Aufschub. Seelen leiden, Sünder sterben, die Hölle füllt sich, der Teufel triumphiert ... Gebt Pfundnoten, wenn ihr könnt, gebt Schillinge, wenn ihr keine Pfundnoten geben könnt, gebt eine Briefmarke, wenn ihr keinen Penny geben könnt ...

Die *Voice of Pity* berichtete, in Schottland gingen tatkräftige Damen mit Spendenaufrufen von Haus zu Haus. Eine Gesellschaft in Maidstone hatte ein Boot für das Schiff gekauft. Ein Chronometer war gespendet und ein Kleid für einen patagonischen Häuptling genäht worden. Für die Zweifler zeichnete die Zeitschrift ein idyllisches Bild ihrer Ziele, die Vision eines zukünftigen Feuerlands, zivilisiert und christianisiert. Mit einem Schiff, harter Arbeit und Gottes Hilfe würde die Gesellschaft die unwirtlichen Küsten des Archipels mit

Gärten, Bauernhöfen und betriebsamen Dörfern überziehen ... Die Kirchenglocke wird diese stillen Wälder wecken, und um seine fröhliche Herde und freundlichen Lehrer herum versammelt die Sonntagsschule die noch freudlosen Kinder von Navarin Island. Der Seemann kann sein angeschlagenes Schiff nach Lennox Harbour bringen und es der Sorge feuerländischer Kalfaterer und Zimmerleute überlassen; und nachdem er durch die Straßen einer blühenden Hafenstadt gestreift ist, kann er im Gardiner-Institut die Zeitungen lesen oder wochentags am Abend in der Richard Williams Kapelle den Gottesdienst besuchen.

Im August 1854 wurde die *Allen Gardiner* auf dem Fluß Dart zu Wasser gelassen, und zwei Monate später legte sie mit dem Ziel Falklandinseln von Bristol ab. Das Kommando hatte William Parker Snow, mit ihm fuhren seine Frau, ein Katechet namens Garland Phillips, der Schiffsarzt James Ellis, der Zimmermann Richard Dayas und John Webber, ein Maurer.

Gardiners Mission war verjüngt worden, aber in ihrem Kern herrschte das schiere Durcheinander, bedingt durch das Fehlen eines klaren, realistischen Ziels, an den Haaren herbeigezogener Erwartungen und wenig Verständnis für ihr Zielgebiet. Die Kommunikationswege, schon unter den günstigsten Umständen äußerst verworren, waren nicht geklärt worden. Zahlungsmethoden blieben unklar, Befehlsrichtlinien fehlten. Die Ereignisse hatten sich derart überschlagen, daß die Gesellschaft nicht einmal einen Missionsvorsteher gefunden hatte, der die Station leiten konnte, wann und wo auch immer sie eingerichtet werden würde. In der *Voice of Pity* dachte die Gesellschaft kaum über die Probleme nach, die sie zu Hause wie im Ausland hatte, – aber, so sehr sie es auch zu verdecken suchte, es kann kein Zweifel daran bestehen, daß es zu der Zeit, als das Schiff sein Ziel erreichte, große Probleme gab.

Viele resultierten aus dem ungestümen Temperament des Kapitäns der *Allen Gardiner*, William Parker Snow. Zu seiner gegenwärtigen Stellung war er durch eine Antwort auf eine Anzeige in der *Times* im August 1854 gekommen. Der siebenunddreißigjährige Sohn eines Marineleutnants, der bei der Schlacht von Trafalger dabei gewesen war, fuhr mit kurzen Unterbrechungen seit fünfundzwanzig Jahren zur See. Mit seiner Karriere war es auf und ab gegangen, sie war ereignisreich und erfolglos. Mit sechzehn verließ er die Royal Navy und wanderte nach Australien aus, wo er in den Busch ging und ein wildes Leben hart am Rande der Kriminalität führte. 1836 kehrte er nach England zurück, geriet aber in schlechte Gesellschaft und verarmte. Um seinen Schulden zu entkommen, heuerte er auf einem anderen Schiff an, wurde jedoch kurz darauf wegen Desertion bestraft. Nachdem er vor der afrikanischen Küste einen Schiffskameraden aus den Kiefern eines Hais gerettet hatte, erreichte er seine Freilassung. Es folgte eine kurze Episode als Autor, aber als sich der Erfolg einzustellen begann, wurde er all seines Geldes beraubt und erblindete kurzfristig. Dann führte er mit seiner Frau ein Hotel in Melbourne; gesundheitliche Gründe zwangen ihn jedoch, nach England zurückzukehren, wo er Sekretär von Thomas Macauley wurde und die ersten beiden Bände von dessen *Geschichte Englands* abschrieb. Nach einem Traum, in dem er den »wahren« Aufenthaltsort der Franklin-Expedition erfahren haben wollte – Sir John Franklin und 128 Offiziere und Mannschaftsmitglieder wurden vermißt, seit sie 1848 in der Arktis nach der Nord-westpassage suchten –, schloß er sich einer erfolglosen Rettungsmission an, die 1850 in Richtung Polarmeer reiste.

Die Triumphe und Niederlagen seines Lebens hatten Snows Weltanschauung beeinflußt. Er war ein liberaler Humanist mit einem ausgeprägten Interesse an der Welt und einer besonderen Sorge um das Wohlergehen eingeborener Völker, sei es in Australien, in Afrika, am Polarkreis oder in Südamerika. Die Schläge und Rückschläge seines Lebens hatten ihn zynisch gegenüber Autoritäten gemacht. Manche sahen in ihm einen Querulanten, einen von denen, die sich ständig verbissen über das Leben beklagen, stets Unheil vorhersehen und »unfaires Spiel« schreien. Er war eine Kassandra des 19. Jahrhunderts, und wie Kassandra glaubte ihm kaum jemand, was schade war, denn häufig hatte er Recht.

Als er sich um das Amt bei der Patagonischen Missionsgesellschaft bewarb, bot er an, umsonst zu arbeiten. Sie stellten ihn schnell ein, und obwohl sie darauf bestanden, ihm seinen Lohn zu zahlen, bedauerte er umgehend: Das Schiff war zwar brandneu, aber unbequem und undicht, überall an Deck lagen Bohlen, die zu den Falklandinseln transportiert werden sollten, und seine Gefährten ließen einiges zu wünschen übrig. Garland Phillips, der Katechet, war arrogant und übereifrig bis zur Zerrüttung. Die Mannschaft, die wegen des Krimkrieges und der Bedingung der Gesellschaft, daß die Leute religiös zu sein hätten, schwer anzuheuern war, gab sich frech und beinahe fanatisch. Noch bevor das Schiff England verließ, hatte Snow dreimal vergeblich seinen Rücktritt eingereicht.

Snow glaubte, daß Phillips der Mannschaft mit seinem Gerede vom »Auserwählten«, religiöser Überlegenheit und der Oberhoheit Gottes sowohl Überheblichkeit, als auch den Keim der Meuterei einflößte. Er hatte den Eindruck, der Mann führte seit ihrer Abreise aus Bristol Krieg gegen ihn: »Die merkwürdige Art und Weise der religiösen Unterweisung, die gegen meine wiederholten Warnungen und Einsprüche eingeführt wurde«, schrieb Snow, »reicht aus, das disziplinierteste Schiff in Unordnung zu bringen.« »Ständige Eifersucht, Widerstand und Bösartigkeit [sind die] Folge, getarnt durch eine frostige, demütige Miene.« Einmal wurde Snow von einem Mannschaftsmitglied zu Boden geschlagen und in die Rippen getreten. Ein andermal erklärte der Kapitän in Montevideo, wegen der vielen Arbeit werde es nur einen Gottesdienst pro Tag geben und nicht mehr zwei wie zuvor. Am nächsten Tag verweigerten die beiden Maate die Arbeit, bis es wieder zwei Gottesdienste gab. Sie führten sich so ungebärdig auf, daß er ein vorbeikommendes französisches Kriegsschiff um Hilfe bat. Die beiden wurden entlassen und in Montevideo abgesetzt, wo sie sich daran machen wollten, »unglückliche Seeleute und bigotte Papisten zu bekehren«. Die erste Reise der *Allen Gardiner* stand also unter keinem guten Stern.

Nachdem die *Allen Gardiner* bei schlechtem Wetter West Falkland umfahren hatte, suchte sie am 28. Januar 1855 Schutz vor Keppel Island im Norden der kleinen Inselgruppe. Ein Erkundungsgang am nächsten Tag ergab, daß es ein idealer Ort mit guter Ackererde, Wasser und reichlich Wild war. Es gleiche dem Norden von Devon und Wales, schrieb der Schiffsarzt Ellis in sein Tagebuch, obwohl »dieses Land nichts Pittoreskes hatte, alles war eintönig und unveränderlich, aber mit den Augen eines missionarischen Siedlers betrachtet, und nicht mit denen eines Touristen, dachte ich mehr an seine Tauglichkeit denn an seine äußere Schönheit ...« Snow und er waren sich einig, daß dies der geeignete Ort für die Missionsstation war.

Nachdem sie die Insel ein paar Tage lang ausgespäht und andere Orte in Augenschein genommen hatten, ging die Missionsgruppe an Land, um im Namen der Gesellschaft Anspruch auf die Insel zu erheben. Das Schiff war voll beflaggt, die Männer waren angewiesen, ihre eleganteste Montur zu tragen und Haltung anzunehmen, als Kapitän Snow verkündete:

Wir geben diesem Ort den Namen »Cranmer«, aus Hochachtung für unseren zu Tode gemarterten Erzbischof und eifrigen Reformer der Kirche von England, und dem Haus, das hier errichtet wird, geben wir den Namen »Sulivan House« aus Hochachtung für Kapitän B. Sulivan, RN, Mitglied des Komitees und äußerst tüchtiger Unterstützer der Mission. Die Bucht vor uns taufen wir »Committee Bay«, und diesen besonderen Ort aus naheliegenden Gründen »Despard Plains« ...

Snow erklärte den Tag zum Feiertag, doch schon zwei Stunden später hatte jemand die Insel in Brand gesetzt. Auf einer Breite von achthundert Metern gerieten die Flammen außer Kontrolle. Die neu erklärte Missionsstation konnte nur durch harte Arbeit und ein plötzliches Drehen des Windes gerettet werden. Ein paar Tage später drohte noch ein Inferno. Flammen krochen die Hügel hinab und hüllten die *Allen Gardiner* in Rauch ein. Wieder schlug der Wind das Feuer zurück. Einen ganzen Monat schwelte es in den Hügeln auf einer Breite von fast zwei Kilometern, die glühenden Stümpfe erleuchteten den Nachthimmel. Doch die Gefahr war gebannt, und sie konnten mit der anstrengenden Arbeit beginnen, das Schiff zu entladen und provisorische Unterkünfte zu bauen. Am 10. Februar wurden die Fundamente für ein Haus gelegt, eine Woche später war das Gebäude bewohnbar.

Am 5. März war Snow bereit, mit Ellis in das 150 Meilen entfernte Port Stanley zu fahren, der Hauptstadt der Falklandinseln. Wenn er an diese Zeitspanne seiner Arbeit zurückdachte, empfand Snow große Bitterkeit. Das Gefühl, daß Garland Phillips unablässig gegen ihn arbeitete, war stärker geworden, und nun war er am Ende. Das Feuer, das seiner Meinung nach absichtlich gelegt worden war, verblüffte ihn, wie ihn die Geschwindigkeit, mit der seine Kollegen arbeiteten, erschreckte. Zudem fand er sie ungeeignet für die Aufgabe und Verhältnisse, die vor ihnen lagen. Die Spannungen nahmen zu, und die Stimmung wurde gereizt. Kurz bevor Snow nach Stanley aufbrach, gab es einen großen Streit, der in gegenseitiger Verachtung endete.

Die Falklandinseln waren eine der isoliertesten und trostlosesten Kolonien des Britischen Empire. Seit ihrer Entdeckung durch John Davis im Jahre 1592 hatte es einige unbedeutende Kabbeleien zwischen verschiedenen Ländern gegeben, welche die Oberhoheit über sie beanspruchten. England, Frankreich und Spanien hatten zu verschiedenen Zeitpunkten behauptet, die Inseln gehörten ihnen, aber schließlich hatten alle drei eingesehen, daß sie keinerlei materiellen Wert besaßen. 1774 wurde eine englische Kolonie in Port Egmont wieder aufgelöst, da man das Gefühl hatte, es lohne sich nicht, sie zu schützen. Bis 1809 hielt Spanien eine kleine Garnison auf East Falkland, und in den Zwanzigerjahren des 19. Jahrhunderts war Argentinien an der Reihe, die Inseln als Eigentum zu beanspruchen. 1833 hißte die HMS *Clio* erneut die Flagge, und die Falklandinseln wurden britisch, jedoch ohne besondere Begeisterung. Es waren kahle, vom Wind gepeitschte Inseln von keinem ersichtlichen Wert, außer daß sie Schiffen, die Kap Hoorn umrundeten und Robbenfängern, die in der Gegend fischten, als Zwischenstation dienten. Ein britischer Offizier beschrieb Port Stanley in Worten, die alles andere als ermutigend waren:

Es gibt etwa 200 Kolonisten, sie leben in Holzhütten auf der einen Seite des Hafens, in drei langen Reihen, eine über der anderen. Es ist einer der tristesten und jämmerlichsten Orte, in die ich je einen Fuß gesetzt habe. Es ist ein Ödland und einer der letzten Flecken der Erde, von dem man erwarten würde, daß eine vernünftige Regierung Menschen überredete, dorthin auszuwandern … Die Mehrheit der Siedler sind Pensionäre und Iren, die mit dem Versprechen auf 100 Morgen Weideland und 10 weitere Morgen um das Haus, dazu eine Kuh und ein Schwein, hierhergelockt wurden. Sie kommen hier an, und zu ihrer Bestürzung sind die hundert Morgen nichts als Sumpf und Heideland und liegen etwa zwölf Kilometer von der Siedlung weg, Kuh und Schwein sind so wild wie »Marschhasen«, denen niemand sich zu nähern wagt, und durch das Haus aus Holz pfeift jämmerlich der Wind. Außer Fleisch ist alles 300 Prozent teurer als in England. Alle scheinen unzufrieden zu sein mit dem Ort, und sobald sie ein bißchen Geld zusammen haben, kehren sie in die Heimat zurück oder gehen in ein Land mit einem etwas freundlicheren Klima.

Snow teilte diese Meinung, er sagte, Port Stanley sei »einer der langweiligsten und elendesten Orte der Welt. Eine Art von geistigem Miasma scheint über ihm zu schweben ...« Ihn führte ein unangenehmer Höflichkeitsbesuch bei George Rennie, dem Gouverneur, hierher: Er mußte den Repräsentanten der Königin darüber informieren, daß die Gesellschaft Land beansprucht hatte, ohne zuvor seine Erlaubnis eingeholt zu haben.

Als er mit Ellis eintraf, stellte Snow fest, daß Rennie sie bereits erwartete, um ihnen ein paar unbequeme Wahrheiten beizubringen. Er sagte, er sei bestürzt, daß die Gesellschaft es für angebracht gehalten habe, eine Insel, die unter seiner Hoheit stand, in Besitz zu nehmen. Obwohl er ihr Betragen unhöflich fand, und ungeachtet der Tatsache, daß er Vorbehalte gegen ihre Pläne hatte – er nannte sie unklug –, würde er ihnen keine Hindernisse in den Weg legen, solange sie begriffen, daß er hier im Land das Sagen hatte. Er sei durch den Kolonialminister in London, Sir George Grey, vorgewarnt worden, daß ein Schiff der Gesellschaft unterwegs wäre. Auch Grey war von ihren Plänen nicht eingenommen gewesen, hatte Rennie jedoch angewiesen, die Missionare gewähren zu lassen. Rennie gestattete der Gesellschaft, das Land für eine symbolische Pacht von 1 £ pro Jahr in Besitz zu nehmen. (Dies wurde bald danach geändert, als er der Mission erlaubte, 160 Morgen zu kaufen, und die ganze Insel bis auf eine kleine Regierungsparzelle auf zwanzig Jahre für 10 £ jährlich zu pachten.)

Das Treffen verlief höflich aber kühl, und Snow und Ellis standen noch weitere Schrecken bevor. Rennie sagte ihnen, sie müßten ihre politischen Interessen wahren. Er las ihnen einen Brief von George Packenham Despard an Sir George Grey vor, in dem dieser schrieb, die Gesellschaft bitte um eine Örtlichkeit »weit von den verkommenen, primitiven und unmoralischen Kolonisten von Stanley entfernt«. Die Ortsansässigen seien gekränkt, sagte Rennie, und würden sie folglich nicht mit der Nächstenliebe behandeln, die ein solches Unternehmen üblicherweise erwarten könne.

Danach erläuterte der Gouverneur ein rechtliches Problem, das die Gesellschaft überwinden müsse. Als er im Winter 1848 auf die Falklandinseln gekommen war, war er auf verhungernde südamerikanische Gauchos in einem Zustand schrecklichen Elends gestoßen. Sie waren im Sommer von Rinderfarmern auf die Inseln gebracht worden, um das wilde Vieh zusammenzutreiben, das auf der Insel umherstreifte. Als der Winter näherrückte, waren die Gauchos entlassen worden, ohne daß man ihnen eine Rückfahrt gewährte, und ohne Beschäftigung, Nahrung oder Schutz zurückgeblieben. In einem Brief an die *Times* schrieb Rennie 1859, er glaube, einige seien vor Kälte und Not gestorben, ehe er etwas hatte tun können. Er war gezwungen gewesen, Kolonialgelder für die Überlebenden zu verwenden, hatte dann jedoch beim gesetzgebenden Rat der Falklandinseln eine Fremden-Verordnung durchgesetzt, in der es hieß: »Daß es keinem Kapitän oder Siedler erlaubt ist, irgendwelche Fremden auf die Insel zu bringen oder dort zurückzulassen, ohne eine Kaution oder Bürgschaft in Höhe von 20 Pfund zu hinterlassen, damit der Fremde zurückgebracht oder unterhalten werden kann, ohne daß die Kolonie dadurch belastet wird.«

Rennie wies darauf hin, daß diese Verordnung auch für die Feuerlandindianer gelten sollte, die nach Keppel Island gebracht werden sollten, und wenn ihnen etwas zustieße, wäre der Kapitän des Schiffes, mit dem sie gekommen waren, dafür verantwortlich. Bevor die Feuerländer auf den Falklandinseln an Land gehen durften, mußten zwanzig Pfund Kaution hinterlegt werden, und falls einer sterbe, werde der Kapitän des Schiffes, das ihn hierher gebracht hatte, wegen Totschlags vor Gericht gebracht. Snow zeigte sich entsetzt, aber Rennie war noch nicht am Ende. Wie wollten sie an die Eingeborenen kommen?, fragte er. Peinliches Schweigen, bevor Ellis meinte: »Ich nehme an, wir müssen sie ihren Häuptlingen abkaufen.« Es schien, als sei die Frage zum ersten Mal aufgetaucht, und Rennie warnte sie, solche Aktionen könnten ihnen leicht Anklagen wegen Entführung einhandeln. Er würde es als seine Pflicht betrachten, »wenn sie irgendwelche von diesen unglücklichen Wilden auf die Falklandinseln brachten, strenge Untersuchungen anzustellen, ob diese freiwillig gekommen seien und mit legalen Papieren, soweit dies nicht über ihren beschränkten Verstand gehe«. Das Unterfangen grenze auch an Sklaverei, fügte er hinzu, und die, so erinnerte er sie, war im Britischen Empire verboten.

Falls Snow bis dato das Gefühl gehabt hatte, das ganze Unternehmen sei schlecht durchdacht und vorbereitet, mußte es ihm jetzt vorgekommen sein, als würde es gänzlich zusammenbrechen: Die ramponierten Beziehungen, die Mißbilligung des Gouverneurs, die Fremden-Verordnung, die verärgerten Ortsansässigen. Konnte die Situation noch schlimmer werden? In Stanley wartete der Beweis auf ihn, daß das tatsächlich möglich war. Während er im Hafen die Zeit totschlug, traf er Ellis, der zu einem Preis von 3 £ pro Kopf 130 Rinder zu kaufen versuchte und versprach, »ein andermal mit uns zu teilen …« Snow war außer sich: Hier war etwas so weit von seinem Auftrag, »so ganz anders als das, was wir eigentlich tun sollten … daß ich es fest entschlossen ablehnte, und nach Hause schrieb, um dies kundzutun und zu erklären, daß es nicht Bestandteil meines Vertrags sei …«

In einer Geste des guten Willens hatte der Gouverneur Snow gefragt, ob er den Postverkehr der Falklandinseln mit Montevideo übernehmen könnte. Es war eine erkleckliche Einkommensquelle für die Gesellschaft – Rennie würde Snow jedesmal zwischen 85 £ und 100 £ zahlen –, Snow konnte seinen verachteten Kollegen fernbleiben, und es gab ihm die Gelegenheit, regelmäßig nachzusehen, ob der erwartete Missionsvorsteher angekommen war. Er nahm das Angebot an, und in den nächsten sechs Monaten pendelte er zwischen dem südamerikanischen Festland und den Inseln, mit kurzen Aufenthalten auf Keppel Island, um Vorräte abzuliefern und nachzusehen, ob alle gesund waren und welche Fortschritte sie machten.

Am 19. August 1855 kam er in Montevideo an. Er hoffte, daß der dringend gebrauchte Missionar auf ihn wartete. Statt dessen erhielt er von einem Schiff aus Liverpool die verwirrende Nachricht, daß der Missionar ein paar Tage bevor er England verlassen sollte verhaftet worden war. Snow fragte sich, wo all das enden sollte. Er kehrte übelgelaunt und ungeduldig auf die Falklandinseln zurück. Sie waren schon fast ein Jahr unterwegs, aber der Kontakt mit den Feuerlandbewohnern schien immer noch in so weiter Ferne zu liegen wie an dem Tag, als das Schiff seinen Liegeplatz in Bristol verlassen hatte. Snow beschloß, es sei an der Zeit, die Sache in die Hand zu nehmen. Er schrieb an Garland Phillips auf Keppel Island und lud ihn zu einer Fahrt nach Feuerland ein. Der Katechet nahm die Einladung nach kurzem Zögern an. Snow machte deutlich, daß er auf dem Schiff der Verantwortliche war. Das bedeutete die Unterordnung unter Regeln und Disziplin und »keine dieser seltsamen Halluzinationen mehr wie auf der Überfahrt hierher ...« Phillips war einverstanden. Am Sonntag, den 14. Oktober 1855, verließ die *Allen Gardiner* die Committee Bay. An Bord waren die beiden Gegner, Mrs. Snow und eine verdrossene Mannschaft.

Kapitel 15

Anfang November 1855 segelte die *Allen Gardiner* durch die Murray Narrows in den Yahgashaga. Fast zweiundzwanzig Jahre waren vergangen, seit Jemmy Button zum letzten Mal gesehen worden war, und seither hatte man nicht das Geringste von ihm gehört. Die Abendsonne war warm, die Landschaft spektakulär und Snow von der geradezu phantastischen Schönheit beeindruckt.

Wulaia lag nur noch etwa fünf Meilen entfernt, ihm fielen jedoch der Rauch und die Funken zahlreicher Feuer auf Button Island auf. Es war fünf Uhr nachmittags und die Männer saßen unter Deck und tranken Tee, mit Ausnahme des Steuermanns und einer Wache. Einer Eingebung folgend hißte Snow die britische Flagge. Sobald sie im Wind flatterte, kamen zwei Kanus von der Küste auf das Schiff zugeschossen. Snow rief: »Jemmy Button? Jemmy Button?« Und: »Zu meiner Verwunderung und Freude – es verschlug mir für einen Moment fast die Sprache – lautete die Antwort von einem der vier Männer aus dem Kanu: ›Ja, ja, Jam-es Button, Jam-es Button!‹, dabei zeigte er auf das andere Kanu, das gerade längsseits kam.«

Snow war überrascht und befahl sogleich, die Segel zu reffen. Alle Männer wurden an Deck geordert. Mrs. Snow, der Katechet und zwei Offiziere kamen angelaufen und sahen zu, wie ein korpulenter, »struppiger Mann« aufstand und rief: »Jam-es Button, ich; wo ist Leiter?« Man fand ein Seil, das über die Reling geworfen wurde, und der Feuerländer wurde an Bord gehievt, worauf Händeschütteln und Gestottere in gebrochenem Englisch folgten. Der Feuerländer faßte sich respektvoll an die Stirn. »Wie heißen Sie?« fragte er Snow.

Die Mannschaft traute ihren Augen kaum. Vor ihnen stand

ein kleiner, dicker Indianer, dreckig und nackt, der verständliche Sätze ihrer eigenen Sprache hervorbrachte. Seemann C., der Feuerländer verachtete, war erschüttert:

Tja, ich werd' verrückt! Was für eine komische Sache! Ein Rätsel! Kommt dieser verschlafene, verdreckte, nackte Wilde und spricht den Skipper so klar an wie einer von uns; der Henker soll mich holen, wenn der nich so höflich is wie als wenn er im Salon groß geworden wär, und nicht an so 'nem ausländischen Ort! – Tja, is komisch, wie überhaupt die ganze Sache. – Ich werd nicht schlau draus. – Günstige Winde – keine Gefahr – haufenweise Barbaren, benehmen sich wie Zivilisierte – und jetzt quatscht einer von denen fast so drauf los wie wir selbst! Das haut mich um!

Snow mußte einen Ankerplatz für die Nacht finden, und sobald die Vorstellungsrunde vorüber war, fragte er Jemmy nach einer geschützten Stelle. Der Feuerländer brachte stotternd eine Antwort hervor, und Snow gab Order, in eine kleine Felsbucht einzufahren.

Inzwischen trieben sechzig oder siebzig Menschen in Kanus um das Schiff, und da er sich Sorgen machte, sie könnten überfallen werden, erteilte der Kapitän den Befehl, niemanden an Bord zu lassen, außer Jemmy, einen Onkel, zwei Brüder und einen weiteren Mann, der demnächst Jemmys Tochter heiraten würde. Für den Augenblick blieb die hin- und herpaddelnde Menge in den Kanus ruhig, aber Jemmy warnte Snow, daß ein oder zwei schlechte Männer in den Kanus säßen, die »nicht von diesem Land« seien, er solle also auf der Hut sein.

Sowie er entdeckt hatte, daß eine »änglisch Dam« auf dem Schiff war, forderte der Feuerländer Kleider. Snow ließ eine seiner eigenen Hosen und ein Hemd holen und händigte sie Jemmy aus. Doch dieser paßte nicht hinein, weil er zu dick war, bei einem Meter und sechzig Körpergröße. Snow kommentierte mit einer für ihn untypisch beleidigenden Schärfe, Jemmy habe wie ein »riesiger Pavian ausgesehen, den man für den Anlaß herausgeputzt hat«. Jemmy sagte: »Will Hosenträger«, und nachdem sie ihm gebracht worden waren, entspannte er sich sichtlich.

Sein Englisch war für jemanden, der die Sprache seit zwanzig Jahren nicht gesprochen hatte, bemerkenswert gut. Er sprach zwar nicht fließend, aber er brachte »gebrochene Sätze« zustande, die »abrupt, aber prägnant waren. Kurze Erkundigungen und manchmal fast schmerzhafte Anstrengungen sich auszudrücken, allerdings gemischt mit einem deutlich erkennbaren Vergnügen, sich mit jemandem in ›änglisch Sprach‹ unterhalten zu können«.

Jemmy wurde in die Kapitänskajüte gebracht, wo er Mrs. Snow vorgestellt und wo ihm zum Tee auch etwas zu essen angeboten wurde. Er setzte sich zu Tisch, nahm ein Messer in die Hand und bat um Fleisch, doch als es aufgetragen wurde, überwältigte ihn der Augenblick, und er hatte keinen Appetit mehr. Snow, der auch nichts mehr essen konnte, versuchte sich mit Jemmy zu unterhalten, ihn über sein Leben auszufragen und darüber, an was er sich von der *Beagle* und von England erinnerte. Die Antworten kamen schnell und folgten dicht aufeinander, unzusammenhängend, verwirrend und manchmal kaum zu verstehen. »Ja, ich weiß, änglisch Land: sehr gutt«, sagte er. »Euch Flagg, kenn ich; ja; viel gutt – alles gutt in änglisch Land – weit weg – ich krank in Hängematt – ganz krank – groß Wasser, groß Meer – ich kennen Käp'n Fitzroy – Byno – Bennet – Walamstow – Wilson – änglisch Dam dein Frau?« Jemmy befand, Snows Frau habe eine »lieblich Farbe« und »sehr gutt aussehn«. »Ah! Änglisch Dam sehr hübsch! Sehr hübsch!«

Jemmy hatte zwei Frauen und war Vater einiger Kinder. Snow lernte drei seiner erwachsenen Nachkommen kennen und ein kleines Kind. Sein ältester Sohn war verheiratet, und seine älteste Tochter, die »eine milde und freundliche Art hatte«, war einem viel älteren Mann versprochen worden, obwohl sie noch keine vierzehn Jahre alt war. Jemmy hatte sehr zugenommen, sah aber ansonsten aus, wie FitzRoy ihn auf seiner letzten Reise angetroffen hatte, mit langen verfilzten Haaren und stark vom Rauch der Holzfeuer in Mitleidenschaft gezogenen Augen. Er bestätigte, daß er nie wieder in Wulaia gelebt hatte, nachdem die Oens-Menschen dort eingefallen waren, aber er fügte hinzu, daß die Gärten nach wie vor fruchtbar seien. In der Gegend sei seit der Abfahrt der *Beagle* kein Schiff vorbeigekommen, und als Snow das bezweifelte, antwortete er: »Nein: kein Schiff – Käp'n Fitzoy – Ihr.«

Während sie sich unterhielten, stellte Snow FitzRoys Vokabular feuerländischer Wörter auf die Probe, die im Anhang zu den *Narratives of the Voyage of the Beagle* abgedruckt waren, und fand sie treffend. Er zeigte Jemmy die beiden dort abgedruckten Porträts von ihm, das eine zeigte ihn als zivilisierten jungen Mann in englischer Pose, das andere nach seiner Rückkehr in die Wildnis. Jemmy lachte, aber dann machte er – auf sein Leben blickend – ein trauriges Gesicht. Snow vermutete, daß er sich wohl fragte, »welches denn das Bessere war – das Steife und Gestärkte oder das Rauhe und Zottige. Was er sich dachte, teilte er mir nicht mit; was ich schlußfolgerte, beruhte einzig auf seiner Weigerung, irgendwohin mit uns zu gehen.«

Im Verlauf ihrer Unterredung erwähnte Snow die Missionsstation, die auf den Falklandinseln gebaut wurde, und wie wichtig Jemmy für seine Arbeit sein könnte. Würde er sich überlegen, mit ihm auf die Falklandinseln zurückzukehren? Jemmy sagte nein. Snow beharrte darauf: »Ich stellte die Frage ausdrücklich in jeder nur denkbaren Form. Aber eine entschiedene und unumstößliche Weigerung war die Antwort.«

Die Stunden vergingen, und es begann zu dunkeln. Snow war darauf bedacht, das Schiff zu sichern. Von einem der Kanus rief Jemmys Frau: »Jamus, Jamus.« Bevor sie sich über Nacht trennten, führte Snow Jemmy kurz durch das Schiff, wobei er ihm seine Bibliothek zeigte, die Schiffsinstrumente, Gewehre, Photographien, luxuriöse Damenartikel und Parfüms. Jemmy war erfreut und nannte viele Dinge beim Namen. Er forderte Snow auf, sein Gewehr abzufeuern, aber der Kapitän erhob den Einwand, es könnte die anderen Feuerländer erschrecken. Als Jemmy um ein Buch bat, überreichte Snow ihm eine Reihe religiöser Traktate und die *Voice of Pity*. »Eine edle Spieldose machte ihm außerordentlich Freude; und als ich Harmonium spielte, war er ganz hingerissen. Er sagte, es sei ›oh, sehr gutt – alles änglisch sehr gutt!‹«

Snow führte Jemmy aufs Oberdeck und sagte ihm, es sei Zeit zu gehen, aber am nächsten Morgen würde er ihnen Kleider und Geschenke überreichen. Jemmy versicherte ihm, daß es in der Nacht keine Probleme geben werde, daß die Menschen in dieser Gegend gut seien, und damit kletterten seine Brüder und er über die Reling in ihre Kanus.

Es war eine ruhige Nacht, man hörte nur das entfernte Japsen der Hunde, und um vier Uhr früh erhob sich Snow, um die aus Bristol mitgebrachten Geschenke bereitzulegen. Sobald die Sonne über den Horizont stieg, kamen an die hundert Yámana zum Schiff, ihre Kanus »schossen durch das Wasser wie Ruderkähne bei einem großen Stapellauf bei uns zu Hause«. Nicht lange danach kletterte Jemmy in Begleitung seiner Brüder und einiger anderer Männer an Bord. Ihre Stimmung schien sich verändert zu haben: Sie waren aggressiver, fordernder und nicht wenig furchterregend. Jemmy sah noch »scheußlicher und erbärmlicher« aus, als es sich Snow je vorgestellt hatte: Er war zwar in der Kleidung zurückgekehrt, die ihm in der Nacht zuvor gegeben worden war, hatte aber offensichtlich im Schlamm geschlafen und war verdreckt von rotem Matsch.

Dennoch hieß Snow ihn willkommen und schlug ihm vor, seine Frau und Tochter an Bord zu bringen, damit sie Mrs. Snow kennenlernen könnten. Jemmy rief den beiden zu, sie sollten hochkommen, und nachdem sie ihr Widerstreben ausreichend an den Tag gelegt hatten, kletterten sie doch an der Seitenwand empor und wurden in die Kapitänskajüte gebracht, wo Mrs. Snow sie in ihre abgelegten Kleider steckte. Snow gab Jemmy einen kleinen Berg Geschenke, darunter ein Klappmesser, eine Axt, Decken und Hemden, worauf sich die Stimmung des Feuerländers deutlich aufzuheitern schien. Als sie alle oben an Deck miteinander plauderten, veränderte sich die Atmosphäre jedoch erneut. Kapitän Snow hatte einige Männer in ein Boot geordert, um das Schiff aus der Bucht zu schleppen, und erteilte gerade den Befehl, den zweiten Anker zu lichten. Da stürzten sich vier oder fünf Indianer, darunter auch zwei von Jemmys Brüdern, auf ihn und schubsten und zerrten ihn herum. Sie packten ihn am Revers, zogen an seiner Weste und riefen dazu: »Änglisch komm – Änglisch gibb – Änglisch viel!« Weitere Indianer kamen über die Reling. Inmitten dieses Handgemenges gab Snow noch einmal lautstark den Befehl, den zweiten Anker zu lichten, doch der Offizier, der »am starrsinnigsten« war, ignorierte die Anweisung. Die Männer im Boot mühten sich ab, das vor Anker liegende Schiff loszuschleppen. Snow rief Jemmy um Hilfe an, mußte aber bemerken, daß »dieser sich den Grobheiten seiner Brüder und der anderen Gefährten nicht in den Weg stellen konnte oder wollte«. Um eine Eskalation zu verhindern, gab Snow den Befehl, die Segel zu setzen. Er spekulierte darauf, daß die Feuerländer fliehen würden, wenn sie merkten, daß sie mitgenommen wurden. In der leichten Brise blähten sich die Segel auf und das Schiff schlingerte vorwärts. »Alle Mann, allen voran Jemmy, kletterten nach einem ergreifenden Abschied über die Schiffsseite, als sie sahen, wie das Schiff langsam Fahrt aufnahm, während ein babylonisches Stimmengewirr um uns herrschte, Rufe überall.« Vom Schiff aus sah Snow zurück auf Button Island und auf Jemmy und seine Frau, die sich mit dem überladenen Kanu abmühten und die unwillkommene Aufmerksamkeit anderer Feuerländer abzuwehren trachteten. Snow hob seine Mütze und winkte ein letztes Mal.

Kapitel 16

Die Reise nach Feuerland trug kaum dazu bei, die Beziehungen innerhalb der Missionsgesellschaft zu verbessern, obwohl sie insofern erfolgreich gewesen war, als sie Jemmy Button gefunden hatten. Phillips hatte versucht, die Frau des Feuerländers dazu zu überreden, ihre kleine Tochter der Mission zu überlassen, und er fand, Snow hätte den Feuerländern mehr zureden müssen, sie auf die Falklandinseln zu begleiten. Snow seinerseits behauptete, er hätte alles in seiner Macht Stehende getan – und außerdem klangen die Warnungen des Gouverneurs über Entführung und Verantwortung nach. An irgendeinem Punkt – ob wegen der Warnungen des Gouverneurs oder wegen des Unbehagens, das auf seinem Mißtrauen gegenüber dem Missionspersonal fußte – fing Snow an, die Grundsätze seiner Arbeit zu hinterfragen. Später würde er schreiben:

Jemmy Button hatte die Freuden, oder, wie es ihm vorkommen mochte, die dunklen Seiten der Zivilisation kennengelernt: Er wußte auf alle Fälle, was sie war und was es bedeutete wegzugehen; und wie lautete seine Antwort, als der Katechet und ich ihn fragten, ob er oder einer seiner Jungen uns ein kleines Stück begleiten würden? Natürlich ein ausdrückliches Nein! Wenn ich daher von zehn oder fünfzig feuerländischen Jungen hören würde, sie befänden sich in der Missionsstation auf den Falklandinseln, würde ich, bevor ich nicht wüßte, daß die Feuerländer unsere Sprache gelernt haben, niemals glauben, daß diese armen Kerle dorthin gegangen wären, so wie eine religiöse Gesellschaft sie gehen lassen sollte, nämlich mit einem fundierten Verständnis, wozu dies diene. Es darf nichts Böses getan werden, damit vielleicht, und wirklich nur vielleicht, Gutes geschieht.

Außerdem, so meinte er, waren in Cranmer noch längst nicht die Voraussetzungen geschaffen, um einen noch so kleinen Zustrom feuerländischer Indianer empfangen zu können. Obwohl die Zeitschrift der Gesellschaft das Gegenteil behauptete, war für diejenigen, die einen Blick auf die Station warfen, klar, daß dort nichts fertiggestellt worden war. Das Haupthaus war nicht fertig, es gab keine Hütten für Arbeiter, keine Einzäunungen für das Vieh und nur ein kleines Lagerhaus. Die Arbeiten an einer Straße, welche die Siedlung mit dem Meer verbinden sollte, waren noch nicht aufgenommen worden, und weder der Anlegeplatz noch der Pier waren fertig. Im Januar 1856 wurden die Bedingungen noch schwieriger, als der Zimmermann und der Maurer erklärten, sie könnten Ellis' Benehmen nicht länger ertragen, und verlangten, von Keppel Island weggebracht zu werden.

In England liefen die Dinge für die Patagonische Missionsgesellschaft alles andere als gut. Widersprüchliche Nachrichten von den Falklandinseln, die Verzögerungen, die der Postweg mit sich brachte, und die Notwendigkeit, der wachsenden Zahl der Mitglieder der Gesellschaft, die inzwischen einunddreißig Niederlassungen hatte, positive Nachrichten zukommen zu lassen, all dies schuf neue Vorstellungen, Erwartungen und Druck. Auch hier wuchs die Ungeduld: Mitglieder wie Vorstand waren blind für die Probleme ihrer Vorhut in Cranmer und warteten fast flehentlich auf Nachrichten über die Kontaktaufnahme mit den Feuerländern. Sie verstanden nicht, warum das ständig aufgeschoben wurde (die Geschichte über das Auffinden Jemmy Buttons erschien erst 1856 in der *Voice of Pity*).

Im Mai 1855, zwei Tage bevor das Schiff ablegen sollte, mit dem der Missionar Mr. Verity reisen wollte, kam die Polizei an Bord und verhaftete ihn als Komplizen bei einem Verstoß gegen das Konkursrecht. Nun mußte die Suche nach einem Missionar von vorne beginnen. Am 9. Oktober schrieb der Vorsitzende der Gesellschaft an Snow: »Kein Geistlicher ist uns bisher geeignet erschienen ... Aus achtbaren Quellen habe ich erfahren, daß Mr. Verity die Gesellschaft vollkommen ruiniert hätte, wenn man ihm die Gelegenheit dazu gegeben hätte.« Am 7. Dezember 1855 bot George Packenham Despard, der Sekretär der Gesellschaft, schriftlich seine Dienste an:

Mr. Verity hat uns im Stich gelassen, und auch mittels Inseraten haben wir den geeigneten Leiter für unsere Stationen nicht gefunden. Es drang aus vielen Ecken; die Mission wankt, das Interesse läßt nach, ihre Arbeit wird vereitelt. Eine innere Stimme sagte mir, du bist in vieler Hinsicht die geeignete Person; auf jeden Fall genießt du das Vertrauen der Menschen zu Hause – der Beweis: Du hast in knapp drei Jahren 6400 £ gesammelt und genießt die Zuneigung von Snow und den anderen in Übersee ...

Es kam zu einer Einigung, und die Gesellschaft konnte aufatmen. Despard würde der erste Missionsleiter auf den Falklandinseln und in Feuerland werden. Im Januar 1856 wurde ein junger Deutscher namens Schmidt, der ein Jahr bei Despard gelebt hatte, auf die Falklandinseln geschickt, um für die Gesellschaft als Sprachforscher tätig zu werden, verantwortlich für die Erstellung eines neuen Wörterbuches der feuerländischen Sprache. Reverend John Ogle meldete sich als Hilfsmissionar, und Allen Gardiner, der Sohn des zum Märtyrer erklärten Kapitäns, schrieb sich als unbezahlter Katechet ein. Charles Turpin, ein weiterer Laienprediger, stieß zu der Gruppe, die auf siebzehn Personen angewachsen war, als sie im Juni 1856 Plymouth auf der *Hydaspes* verließ:

Rev. G. P. Despard, Missionar
Rev. John Furniss Ogle, Missionar
Frances Margaret Despard, Stiefmutter der Despard Kinder:
    Emily, etwa 12
    Bertha, 11
    Florence, 9
    Harriet, 8
    E. Packenham, 7

Despards zwei Adoptivsöhne:
    Thomas Bridges, 13
    Frank Jones, 10
A. W. Gardiner und Charles Turpin, Katecheten
Miss Louise Hanlon, Gouvernante
Margaret, Dienstmädchen
William Bartlett, Hirte
Emma Bartlett
Mr. Foster, Zimmermann

Ihre Ausrüstung wog 80 Tonnen, wie Snow sich später beschwerte, hauptsächlich persönliche Habe für Despard selbst – ein Klavier, Möbel und Bücher – und eine Kuh, die bei der Ankunft in Port Stanley starb.

Mittlerweile verbrachte Snow die meiste Zeit in Port Stanley, suchte den Rat des neuen Gouverneurs, Thomas Moore, setzte die *Allen Gardiner* wieder instand und wartete auf die Nachricht von der Ankunft des Missionars. Nur Phillips und Ellis waren noch in Cranmer. Snow sah gelegentlich nach ihnen und bot an, sie von der Insel wegzubringen, was sie standhaft ablehnten, indem sie behaupteten, sie seien mit dem, was im Grunde eine Einsiedelei war, ganz zufrieden.

Im April 1856 kam Schmidt an. Seine Anwesenheit konnte Snow jedoch kaum aus seiner wachsenden Niedergeschlagenheit reißen. In *A two years' cruise off Tierra del Fuego, the Falkland Islands, Patagonia and in the River Plate: a narrative of life in the southern seas,* Snows Bericht über seine Arbeit im Südatlantik, zeichnete er von Schmidt das Bild eines Speichelleckers, eines ängstlichen, aber hinterlistigen Pöstcheninhabers, von Despard geschickt, um die Missionsgruppe auszuschnüffeln und sogar die private Post des Gouverneurs und des Kolonialgeistlichen zu öffnen. Snow machte sich von dem Augenblick an, als sie sich in einem Fremdenheim in Port Stanley das erste Mal trafen, über ihn lustig. Es war, »als habe man es mit einem Baby zu tun«, schrieb er. Schmidt war alles andere als Sprachforscher, er beherrschte nicht einmal Englisch, und Snow war »beim Anblick des Gentleman, der unter diesem hochtrabenden Titel gekommen war, so erstaunt und enttäuscht, daß ich kaum das Wort an ihn richten konnte«.

Snow behauptete auch, Schmidt sei die Art seiner wissenschaftlichen Tätigkeit nicht klar gewesen, und als dieser feststellte, daß er mit Despard auf Keppel Island leben sollte, sei sein Kummer groß gewesen. Snow zufolge fand der Koch der *Allen Gardiner* ihn »in der Kabine auf den Knien und betend, es möge ihm jemand zu Hilfe kommen – ihn retten! Bittere Tränen rannen ihm über das Gesicht, und er bedauerte über alle Maßen, daß er nicht dem Rat seiner Eltern gefolgt und zu Hause geblieben war.«

Die *Hydaspes* kam am 30. August 1856 in Port Stanley an. Auf der Überfahrt hatte Emma Bartlett ein kleines Mädchen entbunden. Frank Jones und Miss Hanlon, die Gouvernante, hatten arg unter Seekrankheit gelitten, aber alles in allem war es eine gute Überfahrt gewesen. Kurz nach fünf Uhr am Nachmittag kam Snow an Bord und schüttelte Despard die Hand. Sie begegneten sich mit einer Herzlichkeit, die wenig von der unter der Oberfläche liegenden Spannung verriet. Der Prediger notierte in seinem Tagebuch: »Selten habe ich die Hand eines Mannes mit herzlicherem Wohlwollen geschüttelt. Er hatte wochenlang auf uns gewartet ... und glaubte fast schon, wir wären an einer der vielen gefährlichen Landspitzen in dieser Gegend gestrandet.«

Despard und seine Familie bekamen ein Haus in Port Stanley, und die nächsten Tage vergingen mit dem Entladen der *Hydaspes.* Der junge Allen Gardiner erinnerte sich an das Durcheinander auf dem Kai:

Der unterhaltsamste Vorfall, an den ich mich erinnere, war wohl das An-Land-Bringen des Viehs – Mr. Turpin und ich mieteten ein Boot ... Die Schweine kamen in den Bug, die Schafe in die Mitte, und die Ziegen ins Heck, damit ich nach ihnen sehen konnte. Dann kamen die Gänse, Enten und Hühner, bis es auf dem ganzen Boot nur so wimmelte. Sobald wir mit unserer letzten Ladung abstießen, ließ die Mannschaft an Bord uns dreimal hochleben, was wir erwiderten. Und bald erreichten wir sicher den

Kapitän Robert FitzRoy (um 1838)

Feuerlandindianer, so wie sie die Mannschaft der *Beagle* bei ihrer ersten Ankunft erlebte

Feuerländer vor ihren Wigwams grüßen die Seemänner.

Reger Handel vor Button Island

Yámana-Indianer vor Wulaia Cove, im Hintergrund die Zelte und Boote der Expeditionsmannschaft

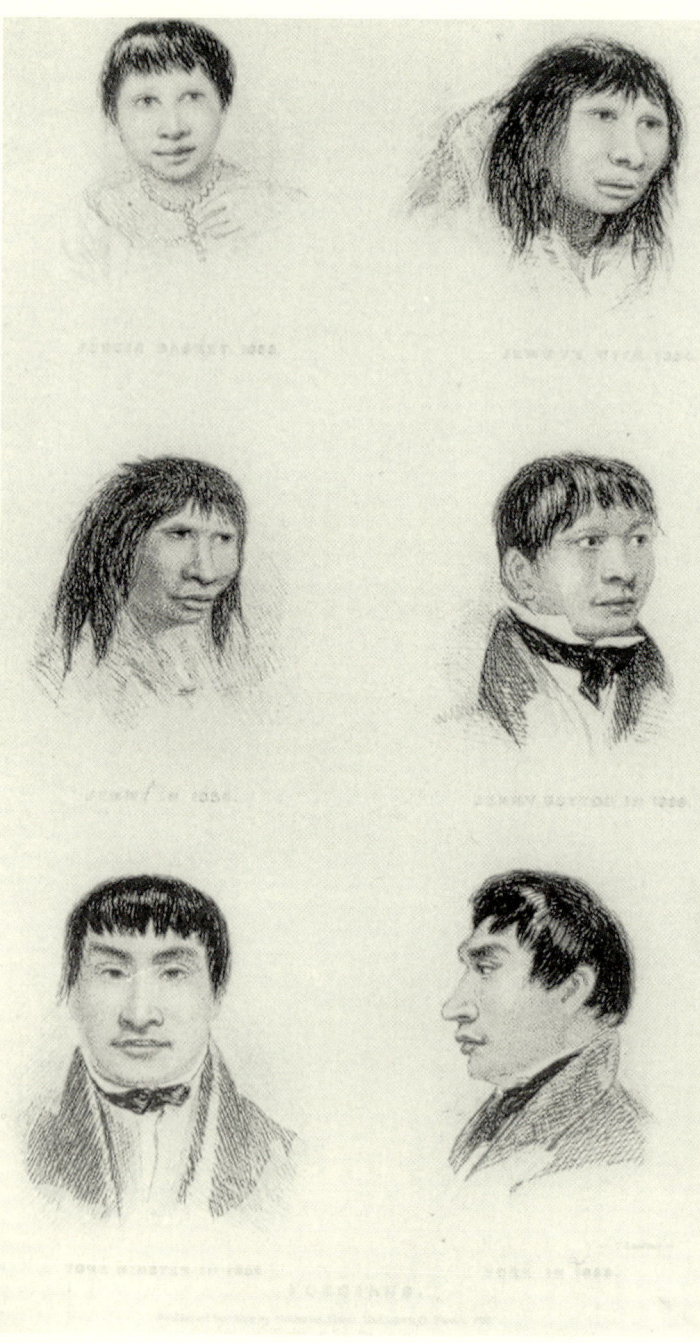

JUNIOR BARNET. 1826.

JEMMY'S WIFE 1834.

JEMMY IN 1834.

JEMMY BUTTON IN 1834.

YORK MINSTER IN 1834.

YORK IN 1834.

FUEGIANS.

St. Mary's infants school in Walthamstow

Linke Seite:
FitzRoys Feuerländer (von links oben im Uhrzeigersinn):
Fuegia Basket (1833), Jemmy Buttons Frau (1834), Jemmy Button (1833), York Minster im Profil (1833), York Minster (1833), Jemmy Button (1834), ein Jahr nachdem er zurück nach Feuerland gebracht worden war

Indianerfamilie im Kanu vor der Küste Feuerlands

Rechte Seite:
»Ihr Haar hing an den Seiten herab wie Dachstroh.« – Ein Yámana-Paar posiert für
die Kamera.

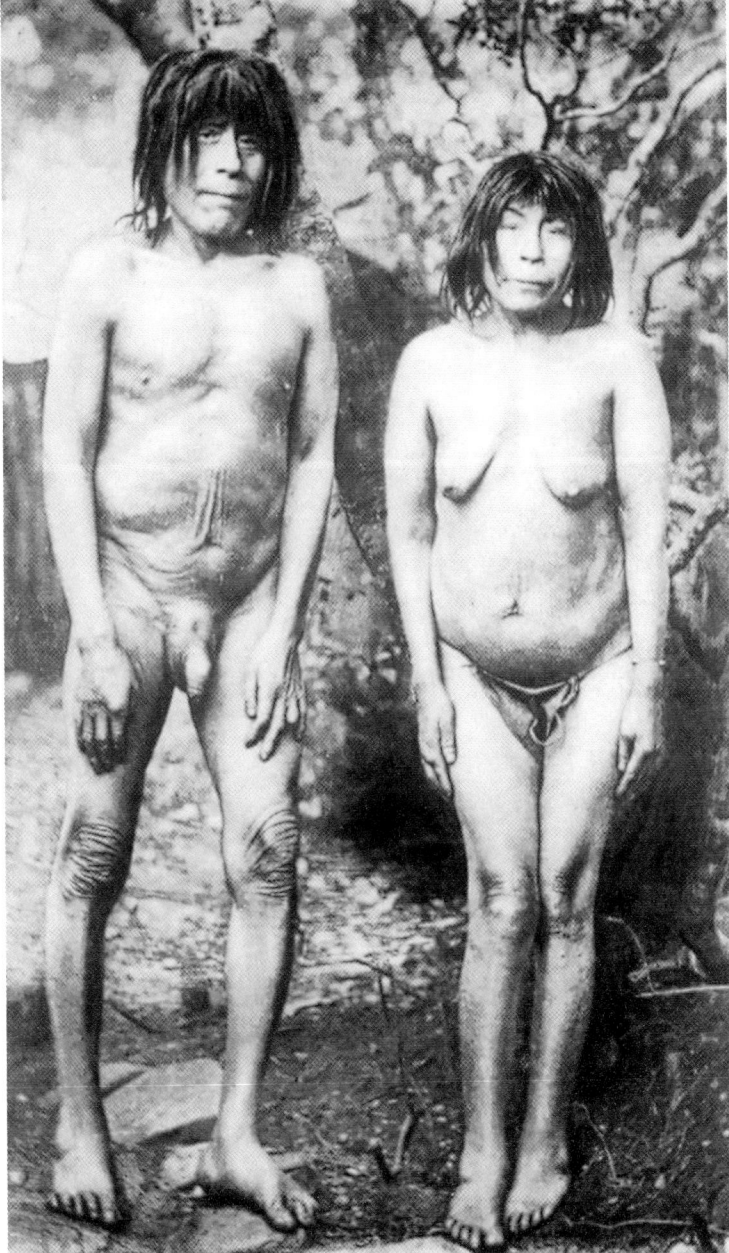

HOPE DEFERRED NOT LOST

ALLEN GARDINER

SEELEYS, FLEET ST.; J. NISBET & Co. BERNERS' ST.
LONDON: & J. WRIGHT. BRISTOL.

Die vom Schicksal wenig begünstigte *Allen Gardiner*

Die Cranmer Missionsstation der Patagonian Missionary Society auf Keppel Island

Der Stachel im Fleisch der Patagonian Missionary Society: William Parker Snow (1867)

Waite Stirling, der erste Bischof der Falklandinseln mit seinen vier Feuerländern Threeboys, Uroopa, Mamastugadegenes und Sesoienges, die er 1865 nach England brachte.

Feuerländer, europäisch gekleidet, bauen einen traditionellen Wigwam.

Alakaluf-Frauen bei der Arbeit in der Missionsstation auf Dawson Island

Eine Quelle der allgemeinen Belustigung – Ein Feuerländer stolziert rauchend auf Deck herum.

Strand … Die arme Kuh starb an dem Tag, an dem wir Anker warfen, also wurde ihr Stall an Land gebracht und in einen vorläufigen Schutz für das Federvieh verwandelt. Der Gouverneur erlaubte uns freundlicherweise, die Schafe und Ziegen auf seine Koppel zu bringen. Die Ziegen liefen mir hübsch hinterher … Mit den Schweinen umzugehen, war ganz fürchterlich. Es dauerte Stunden, bis wir sie im Pferch hatten, der in einiger Entfernung lag.

Das Treiben auf dem Kai einmal beiseite gelassen, steuerte die Mission hinter den Kulissen immer weiter auf einen Streit zu. Falls Snow sich Hoffnungen gemacht hatte, die Ankunft von Despard würde endlich Klarheit und Einigkeit schaffen, irrte er. Außerdem hatten sich bei Snow Enttäuschungen und Wut viele Monate lang angestaut, er brannte auf einen Streit.

Zwei Tage nach der Ankunft der *Hydaspes* erhielt er unerwarteten Besuch. John Furniss Ogle hatte 500 £ für seine Überfahrt bezahlt, und jetzt suchte er ein mitfühlendes Ohr. In einem Zustand unkontrollierbarer Erregung erzählte er Snow, daß Despard ihn während der Reise beleidigt habe: »Ein Schuhputzer wäre besser als er. Er sei nicht einmal in der Lage, den Schweinen zu predigen, und ähnliche Schmähungen habe der Leiter der Mission geäußert. Überdies habe Despard einen Teil des Holzhauses gestohlen, das Ogle für sich mitgebracht hatte, und angeordnet, daß, wenn die Gruppe nach Cranmer führe, Ogle in Port Stanley bleiben müsse, wo es wenig Lebensmittel gab und die Preise in die Höhe schnellten.

In einem Akt selbstmörderischen Trotzes bekam Snow einen Wutanfall. Despard bat um einen Platz auf der *Allen Gardiner* nach Keppel Island. Er brannte natürlich darauf, zu sehen, was dort erreicht worden war, und wollte sich des Wohlergehens seiner Kollegen vergewissern. Snow aber weigerte sich, ihn mitzunehmen. Er wandte die Fremden-Verordnung buchstabengetreu auf Despard an und sagte, wenn er ihn nach Cranmer bringen würde, wäre er für seine Sicherheit verantwortlich und könnte, falls ihm etwas zustieße, wegen Totschlags vor Gericht gestellt werden. Außerdem, fügte er hinzu, mußte die Mannschaft abgemustert werden, einige hatten die Zusage für eine Passage zurück nach England.

Despard war außer sich. Am 18. September charterte er ein Schiff, die *Victoria*, und machte sich auf den Weg nach Keppel Island. Einen Tag darauf ließ Snow die *Allen Gardiner* bereit machen zum Segelsetzen. Später sagte er, er habe der *Victoria* lediglich folgen und sicherstellen wollen, daß der Missionar unter den vorherrschenden Gefahren sicher an seinem Ziel ankomme. Die Patagonische Missionsgesellschaft beteuerte, Snow habe sich heimlich mit dem Missionsschiff nach England absetzen wollen. Wie dem auch gewesen sein mag, bevor das Schiff ablegen konnte, stellten es die Hafenbehörden sicher und drohten, ihre Kanonen abzufeuern, die von der Festung von Port Stanley auf das Schiff gerichtet waren. Snow befahl der Mannschaft, einzuhalten und den Dienst zu beenden.

Zehn Tage vergingen, ehe Despard zurückkehrte. Bei seiner Ankunft schickte er eine Anordnung auf die *Allen Gardiner*, der Kapitän habe drei Stunden Zeit, das Schiff zu verlassen. Snow protestierte, er habe all seine Habe an Bord und brauche länger. Despard gewährte ihm drei Tage. Snow verlangte eine Entschädigung – Geld für eine Unterkunft und die Überfahrt nach Hause für ihn und seine Frau. Despard lehnte das ab.

Das war in der Tat hart. Port Stanley stand vor einer Hungersnot, es gab keine billigen Wohnungen und kein Schiff nach England. Als Snow auf dem Kai stand, kündigte sich bereits sein späterer Nervenzusammenbruch an. Fast mittellos verhandelte er mit Despard um alles, was er bekommen konnte: er kaufte zwei alte Matratzen, Kissen und Decken für 2 £, dreißig Pfund Schiffszwieback für 10 Schilling, und acht Pfund Pökelfleisch für weitere vier Schilling. Der Gesundheitszustand seiner Frau verschlechterte sich, und er mietete von der Falkland Islands Company für 2 Pfund, 10 Schilling ein Haus. Um die Miete aufzubringen, verkaufte er Bücher und Instrumente zu Schleuderpreisen. Vier Wochen später bekam er zu einem Preis von 47 £ für sie beide eine Überfahrt auf einem Schiff nach England. Am 30. Dezember 1856 traf er in Ramsgate ein.

Am nächsten Morgen verkündete die *Voice of Pity*: »Uns fällt die besonders quälende Pflicht zu, den Freunden der Patagonischen Mission bekanntzugeben, daß Kapitän Snow und

Reverend J. F. Ogle nicht mehr mit der Gesellschaft in Verbindung stehen.« Snow hatte Ansichten über die Führung der Mission geäußert, die mit denen der Organisation unvereinbar seien. Alles, was sie jetzt tun konnten, war, für ihn zu beten. Ogle bedachten sie boshaft: »In der Tat scheinen sich fast vom Tag der Ankunft der Missionsgruppe in Stanley merkwürdige Halluzinationen seiner bemächtigt zu haben, die nur mit einem schlechten Gesundheitszustand oder durch Vorhaltungen, die ihm gewisse Parteien dort machten, erklärt werden können.« Diese Strategie einer neuen Rücksichtslosigkeit sollte die Gesellschaft in den kommenden Jahren bestimmen.

Kapitel 17

Die Auseinandersetzung zwischen William Parker Snow und der Gesellschaft wurde mittlerweile äußerst persönlich und gehässig geführt, und es war kaum noch möglich auszumachen, wer im Recht war. In klareren Momenten hatte Snow jedoch die Leitgedanken und die Durchführung des Unternehmens in Frage gestellt. Ihm war deutlich geworden, wie unmoralisch es war, Feuerländer, die gar nicht verstanden, was mit ihnen geschah, einige hundert Meilen von ihrer Heimat in eine ganz neue Umgebung zu versetzen. In seinem 1857 publizierten Bericht schrieb er, die Arbeit von Missionaren sollte darauf gründen, Gutes zu tun, die Armen zu unterstützen, der Welt zu mehr Wissen und Verständnis zu verhelfen und die Heiden mit Gott vertraut zu machen. Sie sollte nicht darin bestehen, unter die Eingeborenen zu gehen, um »in ihre Herzen ein Idol zu pflanzen, das Gefüge ihrer Existenz durch plötzliche Veränderungen und ein gewaltsames Herantragen mystischer Gedanken zu unterwandern, die sie nur so verstehen können, wie die Missionare sie ihnen verständlich zu machen belieben, wobei die verschiedenen Methoden nicht immer die offensten und ehrlichsten sind«.

Doch hatte der Missionar Despard nun die Möglichkeit, das Erreichte zu bewerten und das Unterfangen in eine Periode dringend benötigter Festigung zu überführen. In den nächsten zwei Jahren sollte die verlorene Zeit möglichst wieder wettgemacht werden. Mrs. Despard blieb mit ihren Kindern in Port Stanley, während ihr Ehemann den Rest der Missionsgruppe nach Cranmer brachte. Wohn- und Lagerhäuser und Straßen mußten gebaut, Rinder, Schafe und Schweine gekauft, Bauholz beschafft und kurze Erkundungstouren nach Patagonien und zu den Ausläufern von Feuerland unternommen werden, wo man die Gräber der ursprünglichen Expedition von Allen Gardiner besuchte.

In Cranmer wurde es lebendig. James Ellis und Garland Phillips, die seit acht Monaten allein auf der Insel gelebt hatten, mußten sich an die neue Enge erst gewöhnen. Nun übernahmen die Bartletts mit ihrem Baby Annie Jemima das Zimmer von Phillips im Missionshaus, und dieser teilte sich mit Despards beiden Adoptivsöhnen Thomas Bridges und Frank Jones ein kleines Zimmer. Schmidt, Ellis und Turpin hatten einen großen Raum im selben Haus, der neue Tischler lebte über ihnen, und Despard verbrachte den Großteil seiner Zeit auf der *Allen Gardiner*.

Schnell hatte sich ein fester Tagesablauf etabliert. Schmidt, Phillips und Jones waren für die Arbeiten im Haus zuständig, sie kochten und putzten, während der Rest der Gruppe sich mit den Bauvorhaben der entstehenden Siedlung beschäftigte. Um halb sieben begannen sie mit der Arbeit, Frühstück gab es um acht, Andacht war um neun, und nach weiteren dreieinhalb Stunden Arbeit war es Zeit fürs Mittagessen. Gegen zwei Uhr begann ihre dritte Arbeitsschicht, um halb sechs gab es Tee und um sieben Uhr die Abendandacht. Donnerstags wurden die Wochenvorräte aus dem Lagerhaus geholt. Der Freitag verging mit dem Kochen für Sonntag, der halbe Sonnabend war zum Baden, Spazierengehen und Jagen frei. Der Sonntag war dem Gebet, den Hymnen, dem Lesen und der Unterhaltung gewidmet. Die Räume waren kalt und das Essen eintönig, es bestand aus Gemüse, Pinguineiern, Wildbret und Fisch sowie alle drei Monate aus einem Stück Rindfleisch.

Despard verbrachte viel Zeit auf See. Zwischen Juni 1856 und Dezember 1857 unternahm er fünfundzwanzig Schiffsreisen; er pendelte zwischen der Missionsstation auf Keppel Island, seiner Familie in Port Stanley und dem südamerikanischen Kontinent, wo er Mittel einwarb und Proviant kaufte.

Im November 1857 fuhr Garland Phillips nach England. Er war seit mehr als drei Jahren fort gewesen und wollte sich um seine Ordination bemühen. Als er zwei Monate später dort eintraf, fand er eine in die Enge getriebene Missionsgesellschaft vor, die das wutentbrannte Gezeter ihres ehemaligen, rache-durstigen Kapitäns, William Parker Snow, über sich ergehen lassen mußte.

1857 hatte Snow ein Pamphlet mit dem Titel *Die Patagonische Missionsgesellschaft und einige mit ihr zusammenhängende Wahrheiten* zu sechs Pennies unters Volk gebracht. Im selben Jahr erschien auch sein zweibändiger Bericht über seine Zeit als Kapitän des Missionsschoners, der von der Kritik hoch gelobt wurde und auf großes öffentliches Interesse stieß. Er hatte außerdem hartnäckig versucht, seinen Einfluß beim Kolonialminister geltend zu machen und sich Hals über Kopf in einen Rechtsstreit mit der Gesellschaft gestürzt. Die Anklagepunkte waren bekannt, wenn er auch sicherheitshalber noch ein paar weitere hinzugefügt hatte. Er gab an, die Patagonische Missionsgesellschaft habe ihn unfair entlassen, wodurch seine Frau und er plötzlich Tausende von Meilen von zu Hause entfernt und völlig mittellos dagestanden hätten. Er habe sein Geld nie bekommen, und sie seien gezwungen gewesen, die Rückkehr nach Hause allein zu organisieren. Weiterhin behauptete er, daß die Gesellschaft in Wirklichkeit Rinderzucht und Spekulationen betreibe, und daß sie beabsichtige, Eingeborene zu entführen, um sie nach Keppel Island zu verschleppen, wo sie als Viehhüter gebraucht wurden. Das, so fügte er hinzu, sei aber Sklaverei. Damit nicht genug, geißelte Snow noch andere: Die Beamten auf den Falklandinseln seien korrupt; so profitiere etwa der ortsansässige Agent des Schiffsmaklers Lloyd von einer vorsätzlichen Zerstörung von Schiffen. Wenn man nichts unternähme, hätte dies gravierende Schwierigkeiten zur Folge, warnte Snow.

Die Gesellschaft setzte Snows Beschuldigungen zwar etwas entgegen: *Eine kurze Erwiderung auf gewisse Behauptungen, die von William Parker Snow gegen die Patagonische Missionsgesellschaft oder Südamerikanische Missionsgesellschaft erhoben wurden.* Gegen Snow konnte sie jedoch nicht ankommen. Deswegen war Garland Phillips Ankunft in England ein Geschenk des Himmels für sie, denn nun konnten sie Berichte aus erster Hand veröffentlichen: über das bereits Erreichte, über Fortschritte und Hoffnungen für die Zukunft. Phillips räumte ein, er habe gehofft, in seinen ersten zwei Jahren deutlich mehr Missionarsarbeit leisten zu können, aber es habe viel mehr zu tun gegeben als ursprünglich angenommen. Er könne aber mit Genugtuung sagen, daß jetzt alles funktioniere: Die Straße sei geschottert worden, Steingebäude würden erbaut, und man habe erste Besuche in Feuerland und Patagonien unternommen.

Zur selben Zeit konnte die Gesellschaft bekanntgeben, daß sie nach einer Reihe zeitweiliger Ernennungen, von denen keine erfolgreich gewesen sei, nun auf die Empfehlung des Inhabers der Pfarrstelle von St. Paul, Whitechapel, einen fähigen und religiösen Kapitän eingestellt hätte, um William Parker Snow zu ersetzen und das Kommando über den Missionsschoner zu übernehmen. Robert Fell war schon auf dem Weg zu den Falklandinseln. Genau mit solchen guten Nachrichten mußte die Gesellschaft jetzt prahlen, und zu Beginn des Jahres 1858 war Despard in der Lage, ihnen noch mehr zu liefern. Am 20. April ging er mit den beiden Katecheten Turpin und Gardiner an Bord des Missionsschiffes. Ihr Ziel war Wulaia Cove. Es war an der Zeit, sich Jemmy Button zunutze zu machen.

Ein scharfer Wind fegte über den Bug der *Allen Gardiner*. Der Winter hielt Einzug. Als sie in der Nacht des 9. Juni in Wulaia eintrafen, trieb der Schnee in Segel und Takelage und legte sich aufs Deck; der Mond erhellte die Inseln wie »Gespenster, die sich aus dem Wasser erheben«. Zwei Kanus hießen sie willkommen, und ein Feuerländer brüllte: »Hillo! Hoy, hoy, hoy!« Als Despard Jemmy Buttons Namen hinunterrief, erhob sich der Mann und deutete über das Wasser nach Button Island.

Am nächsten Tag gingen die Missionare in der Bucht spazieren, die sie anhand der Skizzen aus FitzRoys *Narratives* identifiziert hatten, da landeten fünf Kanus. In einem saß Jemmys achtzehnjährige Tochter. Despard bat sie, ihren Vater zu holen, doch er glaubte zu verstehen, daß Jemmy nicht dort sei. »Ich gab ihnen ein paar Sachen; aber ich zeigte ihnen noch viel bessere und sagte: ›Jemmy Button.‹ Schließlich hatte das die gewünschte Wirkung, denn nun fuhr die Tochter in Richtung der Insel und sagte dabei: ›Jemmy Button.‹«

An dem Tag geschah weiter nichts, und Despard fragte sich schon, ob er die junge Frau richtig verstanden, oder ob sie ihn vielleicht getäuscht hatte. Der nächste Morgen brach an, und die Sonne schien auf die herrliche, reifbedeckte Bucht. Kurz nach neun kamen vier Kanus um die Nordspitze von Button Island. Als sie sich näherten, rief ein Mann irgend etwas. Die Leute in den Kanus sahen zu Despard herüber: Dies sei Jemmy Button, sagten sie.

Der Feuerländer kletterte an Bord der *Allen Gardiner* und erhielt Kleider, eine Kiste mit Tischlerwerkzeug, die Benjamin Bynoe schicken ließ, sowie Kaffee, Brot und Butter in der Kabine des Kapitäns. Seine Tochter, erklärte Jemmy, sei lange gerudert, um ihn zu finden, und sie seien sehr früh am Morgen aufgebrochen, um hierherzukommen. Er fragte Despard, ob er die alten Wigwams sehen wolle, die FitzRoy und die Besatzung der *Beagle* gebaut hätten.

Der Missionar war von der Idee begeistert, und so stieg er mit Jemmy in eins der einheimischen Kanus. Sie gingen am Strand entlang. »Hier standen seine Häuser aus Segeltuch«, schrieb Despard später. »Dort, wo der Erdwall und der Graben noch erhalten sind, hatte er einen Garten angelegt. Über den Bach, ins Dickicht geduckt, stand der Wigwam des Missionars; hier, in der Nähe Jems; dort Yorks ...« Während die beiden auf Erkundungstour waren, bauten die Feuerländer ihre eigenen Wigwams für die Nacht. Jemmy zog eine alte Axt hervor, von der er sagte, FitzRoy habe sie ihm gegeben, und deren Blatt vom jahrelangen Gebrauch dünn wie Papier war. Auch Jemmy begann, eine kleine Hütte zu bauen. »Morgen machen sehr groß Wigwam«, versprach er, als erfordere der Anlaß, daß er seinen Besucher beeindruckte.

Die Tage im Juni sind in Feuerland kurz, die Sonne sinkt schon bald nach drei Uhr. Als das Licht zu schwinden begann, wollte Despard zum Schiff zurückgebracht werden, und Jemmy rief zu seinen Kindern hinüber, die auf dem Meer im Kanu geblieben waren: »Komm hier, Wigwam-Schlaf.« Sie paddelten ans Ufer, entluden ihre Körbe voller Muscheln und Napfschnecken und trugen sie zum Wigwam. Jemmys Frau übernahm das Kanu, ruderte es an einen Felsvorsprung, wo

Despard und seine Leute trockenen Fußes einsteigen konnten, und brachte sie zur *Allen Gardiner* zurück, wobei sie geschickt durch eine Flotte von Kanus hindurch manövrierte, die sich an der Mündung der Bucht drängten.

Als Despard im Boot saß, war er froh, die Verbindung mit FitzRoys Feuerländer aufgenommen zu haben, aber unter seine Freude mischte sich ein Wermutstropfen. Sobald Despard mit Jemmy auf freundlichem Fuß stand, hatte er ihn gebeten, mit ihm nach Cranmer zu kommen – er dürfe auch seine Familie mitbringen, sein Kanu, er könne gehen, wann er es wünsche. Der Missionar redete auf ihn ein, er bestach ihn, er sprach von Jemmys Pflicht Gott gegenüber und berief sich auf alte »Verpflichtungen«, aber er erreichte nichts. Also beschloß er, Turpin und Gardiner auf Jemmy anzusetzen.

Im Missionshaus in Cranmer hörte man am Morgen des 24. Juni 1858 kurz nach dem Frühstück den Ruf: »Die *Allen Gardiner*, die *Allen Gardiner* läuft ein!« Mrs. Despard und ihre Kinder, Ellis und die Bartletts liefen hinunter zur Committee Bay und winkten dem Schiff zu. Schnell erfuhren sie, daß fünf Feuerländer an Bord waren, und die Gruppe brach in Freudenschreie aus.

»Freuet Euch mit mir, und nochmals sage ich Euch, freuet Euch«, schrieb Mrs. Despard in einem Brief. »Denn es hat dem Herrn gefallen, unsere täglichen Gebete zu erhören, die wir an Ihn, den hohen Lenker aller Schicksale gerichtet haben, Ihm hat es gefallen, einer kleinen Schar dieser armen umnachteten Feuerländer einzugeben, sich uns anzuvertrauen und an unsere Gestade zu kommen.«

Jemmy hatte eingewilligt mitzugehen. Nachdem er acht Tage von Turpin und Gardiner genötigt und freundlich ermutigt worden war, hatte er sich mit seinen Leuten beraten und dem Druck der Briten schließlich nachgegeben. Er brachte seine gedrungene ältere Frau Lassaweea mit, die von der Missionsgruppe Jamesina genannt wurde, seinen wißbegierigen zwölfjährigen Sohn Wammestriggins (von nun an Threeboys), seine Tochter Passawullacuds, eine lebhafte Achtjährige, jetzt Fuegia genannt, sowie das fünfzehn Monate alte Baby Annasplonis, der schnell zu Anthony Button wurde.

Auf dem Schiff und an Land herrschte große Freude, auch wenn es noch keine Unterkunft für Dauerbesucher gab. Jemmy hatte eingewilligt, für »fünf Monde« mitzukommen, und er blieb auf der *Allen Gardiner*, während das Backstein-Lagerhaus in ein Wohnhaus umfunktioniert wurde. Es war ein sehr kleines Haus, kaum drei Quadratmeter groß, aber durch seine Lage am Meer sollten sich »die Buttons« schnell einleben; von hier konnten sie leicht zu den ertragreichen Muschelbänken, Napfschnecken und Fischen gelangen. Das Haus hatte einen soliden Holzboden, ein wasserdichtes Dach und ein Fenster aus Kattun. Ein Bett mitsamt einem Stapel sauberer Decken wurde bereitgestellt und ein Kamin eingebaut. So würde es die Familie warm haben und könnte kochen.

Während sie auf die Ausschiffung warteten, verwickelte Despard die Buttons in eine Unterhaltung, jedoch nicht ohne die beiden Katecheten instruiert zu haben, auf Worte in Yámana zu achten und sie aufzulisten. Jemmys Englisch war verständlich, auch wenn ihm viele Vokabeln fehlten und er keine längeren Sätze bilden konnte. Sein Erinnerungsvermögen war jedoch gut.

Zwei Tage nachdem das Schiff in der Committee Bay angelegt hatte, war das Haus fertig, und die Buttons wurden an Land gebracht. Despard erinnerte sich, daß Jemmys »Aufzug in dem Südwester, dem roten Schal, der Pijacke und den schweren Stiefeln dem des Kapitäns eines dänischen Loggers sehr ähnelte; während seine Frau wegen ihrer Hautfarbe, ihres Gesichts und der Kleidung wie eine alterslose Zigeunerin aussah«.

Die Buttons wurden der ganzen Missionsgemeinschaft vorgestellt und dorthin geführt, wo für die nächsten fünf Monate ihr Zuhause sein sollte.

Berichte über den Aufenthalt der Feuerländer auf Keppel Island sind rar. Im Grunde stellen die Meldungen, Journale und Briefe, die an die Patagonische Missionsgesellschaft geschickt und in der *Voice of Pity* nachgedruckt wurden, die einzige Quelle dar.

William Parker Snow beschwerte sich, dieses Organ sei eigentlich nur eine Postille und Hochwürden Despard der

Erzpropagandist. Er behauptete, die Nachrichten aus Übersee würden umgeschrieben, Erfolge betont und Probleme übergangen. Es ist davon auszugehen, daß die Gesellschaft in ihrer Zeitschrift kaum über Schwierigkeiten und Rückschläge berichtete. Daß Jemmy und seine Familie nach Cranmer kamen, gab ihrer Glaubwürdigkeit jedoch enormen Auftrieb; es war ein Zeichen dafür, daß ihre Absichten ernsthaft und durchführbar waren. In ihren Berichten über den Fortschritt der Buttons legte die *Voice of Pity* Wert auf Geschichten, die die Leser mit Sicherheit beeindrucken würden. Besonderes Augenmerk galt Jemmys Manieren: wie oft er danke und bitte sagte, wie er sich die Stiefel abputzte, bevor er ein Haus betrat, wie er ein Messer weiterreichte, den Griff voran.

Nun, wo die feuerländische Familie tatsächlich in Cranmer lebte, mußte die Arbeit wirklich beginnen. Der Sprache galt ein Hauptinteresse. Despard wollte unbedingt so viel Yámana lernen wie möglich, auch wenn es wichtig war, daß Jemmys Englisch besser wurde. Zugleich mußten Jemmy erneut die christlichen Werte eingeimpft werden, und er sollte mit den Ritualen und Glaubensgrundsätzen der Kirche von England vertraut gemacht werden. Schließlich hegte Despard große Hoffnungen, daß Jemmy sich als Garant zukünftiger Erfolge ihres Vorhabens erweisen würde.

So oft wie möglich sprachen Despard oder Turpin mit Jemmy (Allen Gardiner war kurz nach der Ankunft der Familie Button nach England abgereist). Sie fanden in ihm einen einfühlsamen und liebevollen, stets höflichen Mann, dessen Auffassungsgabe allerdings nicht unbedingt bemerkenswert war. Ihre Unterhaltungen kreisten oft um die Bibel und die Schöpfung. »Jemmy Button kam, um mich im Lagerhaus zu besuchen«, schrieb der Missionar am 16. Juli:

»Wer hat die Sonne gemacht, Jem?«
»Gott.«
»Mond?«
»Gott.«
»Welt?«
»Gott.«

»Dich?«

»Änglisch Gott.«

»Gott?«

»Gott.«

Wenn er gefragt wurde, was nach dem Tod geschehe, antwortete Jemmy: »Guter Mann geht in Ewigkeit, schlechter Mann geht in Boden.« Er konnte die Tage der Woche benennen und erinnerte sich an seine Zeit in Walthamstow. Viele Einzelheiten waren ihm noch präsent: Als er ein Porträt von Königin Victoria sah, sagte er, er habe die Frau des Königs kennengelernt. Er sprach von Unterhaltungen mit Hochwürden Wilson über das Sterben, und als ihn Despard drängte, fügte er hinzu: »Ja, ich sterben in mein Land; du sterben in dein Ängland; deine Frau sterben in Ängland. Ich alt, sterben; du alt, sterben … Ich gehen in Himmel; nicht essen da, nicht trinken, nicht schlafen, aber singen; änglisch singen.« Despard bedrängte Jemmy auch, ihm mehr über Kannibalismus mitzuteilen, aber der Feuerländer nutzte die Gelegenheit nur, um über York Minsters Volk herzuziehen, das, wie er sagte, gestrandete schiffbrüchige Seeleute enthauptete: »Mensch essen Land, essen Kopf, essen Arm, essen Fuß, essen alles. Schneiden Hals und essen.«

Von Anfang an nahmen die Buttons am täglichen Nachmittagsgottesdienst teil. Jemmy versuchte, die Hymnen mitzusingen, indem er die Worte mit den Lippen formte, und allmählich machte er solche Fortschritte, daß er sich zutraute, im Gottesdienst kurze Reden zu halten. Eines Sonntags verpaßte er eine Andacht. Er sagte, sein Sohn habe zu viel gegessen. Despard warnte ihn und sagte, Christus habe für die Sünder am Kreuz gelitten. »Ja, Sir, ich weiß, Sohn von Gott kommen runter zu sterben«, antwortete der Indianer.

Es scheint, als habe Jemmy sehr bald zu seinen guten Manieren zurückgefunden. Die Berichte des Missionars über ihn strotzen vor vielsagenden Hinweisen auf die viktorianische Etikette. Dies war die Meßlatte, nach der die Feuerländer beurteilt wurden. Wenn man ihm Kuchen anbot, nahm Jemmy das kleinste Stück von der Platte; er aß lieber weniger, aus Angst, für gierig gehalten zu werden, aber er trank gerne eine zweite Tasse Tee. Er klopfte grundsätzlich an, bevor er eintrat, hielt dem Missionar die Tür auf und machte einen Diener, wenn er Mr. oder Mrs. Despard anredete und sagte »Ja, Sir« oder »Ja, Ma'm«.

Er scheint auch so eitel gewesen zu sein wie ehedem. Er wusch sich täglich und bestand darauf, daß seine Frau die Kinder wusch. Dauernd bürstete er seine Kleidung, und seine rote Kappe wusch er so oft, daß die schwarze Borte braun wurde, und schließlich war sie so eingelaufen, daß sie ihm nicht mehr paßte.

In der *Voice of Pity* entstand allmählich ein Bild von Häuslichkeit und Zufriedenheit, das jede britische Mittelschicht-Familie gutheißen mußte. Despard gab Jemmy einen neuen Besen, und der Feuerländer nahm es peinlich genau mit dem täglichen Fegen seines Hauses. Zinntöpfe und -teller wurden poliert, bis sie glänzten. Im Juli kam der Missionsleiter in das mittlerweile als Villa Button bezeichnete Haus zu Besuch, wo kurz zuvor ein Herd eingebaut worden war, und kommentierte: »Was für eine Überraschung und Freude, den verdienstvollen Burschen dort ohne Jackett sitzen zu sehen, wie er ordentlich mit einem Fingerhut einen Streifen Kattun zusammennähte, um sich Hosenträger anzufertigen.«

Auch Mrs. Button konnte beim Rupfen einer Ente fürs Abendessen angetroffen werden oder wenn sie Nähunterricht nahm und bügelte. Sie konnte Unmengen gezuckerter Pflaumen und Rosinen vertilgen, die sie sich so schnell in den Mund stopfte, wie es nur ging. In einem Brief an eine Freundin in Irland beschrieb Mrs. Despard, wie Jamesina in der Küche stand und alles beobachtete – Kochen, Backen, Waschen –, um dann nach Hause zu eilen und es ihr nachzutun. Jeden Tag kam sie zusammen mit Threeboys und Fuegia zum Englischunterricht ins Missionshaus, und ihre Kinder spielten mit den Despard Kindern. Fuegia ließ sich liebend gern von der etwas älteren Bertha durchkitzeln, und sie bot der Gouvernante Louise Hanlon die Wange zum Kuß. Die ersten Worte des Babys Annasplonis (oder Anthony) lauteten: »Button, Button.«

Doch in die idyllischen Berichte schlich sich die Unzufriedenheit der Engländer über ihre mangelnden sprachlichen

Fortschritte. Beim Frühstück berichtete Charles Turpin Despard täglich, welche neuen Worte er aufgeschnappt hatte. Ende Juli begann er, das Vaterunser in Yámana zu übersetzen, stieß dabei jedoch auf grundsätzliche Probleme: Er konnte die Worte für Königreich und Himmel nicht herausfinden, und es war ihm nahezu unmöglich, den Feuerländern die Vorstellung der dritten Person Singular zu vermitteln. Im September war Despard der Meinung, er habe die Aufgabe gelöst, aber als er am ersten Sonntag des Monats das Gebet in der Yámana-Version vortragen wollte, mußte er schon nach den ersten Worten abbrechen. Laut Jemmy hatte Turpin niedergeschrieben: »Toter Vater, der du ...«

Sicherlich lernten die Missionare einige Worte von den Buttons. Im November verkündete Despard, er habe eine Liste von vierhundert Begriffen zusammengestellt – aber so sehr sie sich damit auch brüsteten, das Ergebnis blieb enttäuschend. Sie argumentierten, das sei Jemmys Schuld: »Es ist schwer, über Jemmy Button an Worte zu kommen, denn er hat große Schwierigkeiten, selbst einen einfachen englischen Satz zu verstehen«, schrieb Despard. »Er scheint Englisch nie in Feuerländisch umgewandelt zu haben, sondern seinen Leuten England in englisch erklärt zu haben.« Der wahre Grund kann aber noch interessanter gewesen sein. Schon sehr früh gab Mrs. Despard zu Protokoll, daß, wenn ihr Ehemann seinen Yámana-Wortschatz erproben wollte und den Feuerländern die Worte sagte, die er wußte, Jemmy »ziemlich überrascht [schien], daß er so viele kannte. Neulich sagte er lachend: ›Sie kennen zu viel meine Sprache; nicht gutt, nicht gutt.‹« Hielt Jemmy seine Sprache vielleicht vorsätzlich vor seinen britischen Gastgebern geheim? Aus der *Voice of Pity* geht zumindest hervor, daß einige den Verdacht hegten, er gebe Yámana nur sehr ungern weiter: Kam jemand von der Missionsstation dazu, wenn er gerade mit seiner Familie sprach, wechselte er ins Englische. Vielleicht war es, wie Jemmy sagte, für Despard »nicht gutt«, seine Sprache zu können. Vielleicht mochte er den Missionar auch nicht und war in Cranmer unglücklich. Möglicherweise legte er Wert auf die Privatsphäre und Heimlichkeit, die er und seine Familie aufrecht erhalten konnten, wenn sie sich in einer Sprache unterhielten, die andere nicht verstanden, und er schätzte das Prestige, das ihm die Vermittlung zwischen den Missionaren und seinen Leuten einbrachte. Durchaus möglich, daß der Feuerländer die Macht der Sprache verstand und damit auch die Gefahren, die ein offener Dialog mit sich bringen konnte.

Was der Grund auch gewesen sein mag, Despard und Turpin widmeten ihre Aufmerksamkeit von nun an nicht mehr Jemmy, sondern seinem Sohn. Threeboys war ein schlaues Kerlchen, er lernte schnell, arbeitete fleißig und war immer bemüht, englische Worte und Grammatik aufzuschnappen. Kurz und kräftig gebaut, hatte er die Augen seines Vaters und die »rosig-brünette« Hautfarbe seiner Mutter. Die Missionare hatten ihre Freude an ihm: Er war nicht nur intelligent, er war auch stets bereit, ihnen bei den schweren Bauarbeiten in der Siedlung behilflich zu sein. So wurde Despard schon früh auf das Potential des Jungen aufmerksam.

Threeboys wurde ihr Augapfel. Er bedankte sich höflich für alles und war immer der erste, der ihnen fröhlich guten Morgen oder guten Abend wünschte. Meistens nahm er am Gottesdienst teil, und im August konnte er buchstäblich jedes Objekt, das Turpin ihm zeigte, englisch benennen, und, was noch wichtiger war, er war auch willens, das Yámana-Äquivalent anzuführen. Despard war sehr darauf bedacht, ihn an sich zu binden: »Ich hoffe inständig, daß dieser Junge … der erste eingeborene Evangelist in Feuerland wird. James ist zu alt, um von ihm in dieser Hinsicht allzuviel zu erwarten.«

Inzwischen lebte Jemmy Button weiter wie bisher. Er verbrachte seine Tage in eitlem Müßiggang und schlenderte vom Tischler zum Arzt, von der Küche zum Steinbruch. Er beschäftigte sich mit kleinen Aufgaben, so fertigte er etwa für Despard und Turpin Pfeile an, oder er fing mit einem Speer im Bach Fische, er drückte seine Sorge über die Gesundheit von Mrs. Despard aus, als sie eine Zeitlang Augenprobleme hatte, und fragte in dieser Zeit täglich nach ihrem Befinden, ab und zu brachte er ihr sogar Blumen mit, die er im Garten gepflückt hatte.

Hinter dieser Fassade der Höflichkeit wuchs die Unzufriedenheit jedoch auf beiden Seiten. Für Jemmy und seine Familie waren fünf Monate fern der Heimat eine lange Zeit. So sehr sich die Missionare auch bemühten, das zu verbergen, so deutlich ist es, daß die Buttons mit ihrem neuen Tagesablauf nicht gut zurecht kamen. Sie hatten Heimweh. Zunächst verschafften sich die Spannungen in Nörgeleien Luft, aus denen jedoch bald Reibereien wurden.

Jemmy machte sich Sorgen um die unmittelbar bevorstehende Zukunft. Es schien keine Pläne zu geben, ihn und seine Familie zurück nach Feuerland zu bringen. Ende Juni fuhr die *Allen Gardiner* nach Montevideo. (Sie war bis Oktober unterwegs und brachte Garland Phillips und seine Frau mit zurück.) Jemmy fürchtete Despards Pläne: Der Missionar schien Threeboys ganz offensichtlich unter seine Fittiche nehmen zu wollen, und seine Frau war nicht nur vernarrt in Fuegia, sie verbrachte auch viel Zeit damit, das Baby Anthony herumzutragen. Mitte August notierte Despard in seinem Tagebuch, daß seine Frau »die Neigung hat, das kleine Mädchen großzuziehen«. In Despards kurzer Charakterisierung von Jemmy findet sich eine vielsagende Passage. Demnach war der Feuerländer

... liebevoll; er mag seine Kinder; aber er wird immer zappeliger, denn nachdem ich ihn gebeten habe, Passanulla [eine weitere Version des Namens Passawullacuds] meiner Frau zu überlassen, damit sie hier in unserer Familie wie unsere eigene Tochter groß wird, will er fort; er meint wohl, daß ich sie gewaltsam hierbehalten will; und er beruhigte sich erst, als ich Mr. T's Versicherung bestätigte, sie würden alle zusammen zurückkehren.

Im Gegensatz zu fast allem, was über den Aufenthalt der Feuerländer auf Keppel Island geschrieben wurde, gibt es also einen unmißverständlichen Hinweis, daß sie »immer zappeliger« wurden, weil sie endlich zurückgebracht werden wollten.

Dieser Wunsch beruhte durchaus auf Gegenseitigkeit. Der Missionsgruppe war bewußt geworden, daß Jemmys Kooperation ihre Grenzen hatte, und sie wurden seiner müde. In den Tagebüchern finden sich oft Andeutungen über seine Faulheit und eine unverkennbare Enttäuschung darüber, daß er mit der Arbeit, die in der Siedlung anfiel, nichts zu tun haben wollte.

Gegen Ende September begann die zweiwöchige Periode des Torfstechens. »Mr. Button, der einzige müßige Gentleman am Ort, stattete mir einen Besuch ab«, schrieb Despard. »Er bemerkte, daß meine Arbeit naß und dreckig sei, machte aber beileibe keinen Versuch zu helfen. Jemmy Button verbrachte seine Zeit damit, sich ein großes Bilderbuch anzusehen.« Doch als er am nächsten Tag auf einer Spielzeugtrompete spielte, tadelte ihn Despard: »Jemmy, alle hier arbeiten, du nicht arbeiten.«

Als sich die Zeit näherte, in der die Indianer nach Feuerland zurückgebracht werden sollten, waren die Fragen über die Zukunft der Mission und Jemmys Rolle ungelöst. Die Missionare waren nicht zufrieden mit den Auswirkungen ihrer Arbeit auf den älteren Feuerländer, aber in den Kindern sahen sie Möglichkeiten. Wenn sie die jungen Feuerländer erreichten, konnten sie schon im formbaren Lebensalter einen wichtigen Einfluß ausüben. Dennoch war Jemmy wichtig für sie. Würde er dazu beitragen, daß andere Feuerländer nach Cranmer kamen? Würde er seinen eigenen Kindern gestatten, ohne Eltern zurückzukehren? Jemmy zierte sich. Als Despard ihn fragte, ob er zurückkommen würde, antwortete er: »Ich alter Mann jetzt – ich gehen langen Weg nach Ängland, kommen hier, zwei Male gehen weg. Mein Bruder kommen dann.«

Einen Grund, etwas beherzter in die Zukunft zu blicken, gab ihnen Jemmy dann doch. Er sagte, er ginge »nach Haus, mein Land; ich sagen, Mr. Despard, Keppel Island; sehr gutt; Kirchenmann. Mein Bruder kommen; nach und nach; ich komme. Keppel Island nur kurz; Ängland lang.«

Kapitel 18

Kapitän Robert Fell war in der letzten Juniwoche des Jahres 1858 nach Keppel Island gekommen, etwa um die gleiche Zeit wie die *Allen Gardiner* mit Jemmy Button und seiner Familie aus Feuerland. Der neue Kapitän hatte ein Patent vom Handelsministerium, aber die letzten fünf Jahre hatte er in England Seeleute missioniert. Die Arbeit war strapaziös, und wegen seines schlechten Gesundheitszustands hatte er auf ärztlichen Rat hin damit aufgehört. Der Arzt war der Ansicht, er müsse wieder die Meeresbrise im Gesicht spüren.

Fell war der ideale Kapitän für den Missionsschoner. Seine Erfahrungen als Seemann qualifizierten ihn für ein solches Unternehmen ebenso wie seine Frömmigkeit und die Ablehnung von Alkohol, Tabak, Flüchen, Theatern und Unterhaltungsetablissements – welcher Art auch immer. Er war ein leidenschaftlicher, unerbittlicher Baptist, für den das Leben ein langer Kreuzzug war, der reichlich Gelegenheit bot, die Heiden zu unterrichten und gegen den gewaltigen Strom des Katholizismus anzukämpfen. Als er auf seinem Weg zu den Falklandinseln den Tejo hinuntergesegelt war, hatte er über Portugal geschrieben: »Wie sehr wurde dieses Land durch den Aberglauben und die Oberherrschaft der Römisch Katholischen Kirche zerstört und ruiniert – wie tyrannisierte der eiserne Griff des Pfaffentums seine Bewohner und enthielt ihnen so viele Jahrhunderte das Wort und das Licht des Lebens vor ...«

In jedem Hafen, wo sie anlegten, hatte er an die Seeleute auf den Kais und die Menschen auf den Märkten Traktate verteilt. In Madeira hinderten ihn Quarantänevorschriften daran, an Land zu gehen, also warf er den Händlern, die längsseits kamen, Bündel ins Portugiesische übersetzter religiöser Propagandaschriften zu. Auf den Kapverdischen Inseln betrat er ein englisches Schiff, trommelte in Abwesenheit des Kapitäns die Mannschaft zusammen und hielt einen Gottesdienst ab. Der Anblick von Kohle schleppenden Sklaven reizte ihn so, daß er in Bahia an Land ging, um die Ortsansässigen aufzuklären. Dabei hielt er stets ein Auge nach einem bigotten Priester offen, der ihm Schwierigkeiten machen konnte. Das Erste, was er tat, als er in Cranmer ankam, war, die Mannschaft der *Allen Gardiner* zusammenzurufen und zu warnen: »Falls Sie vorhaben, dem Schiff Schande und mir großen Kummer zu bereiten, müssen Sie sich nur betrinken, und Sie werden Ihr Ziel erreichen, falls Ihnen das Befriedigung verschafft. Wenn Sie das nicht wollen, dann bleiben Sie nüchtern.« In Robert Fell hatte die Patagonische Missionsgesellschaft zweifellos den Mann gefunden, den sie so lange gesucht hatte.

Der neue Kapitän hatte wenig Zeit, sich mit den eintreffenden Feuerländern bekanntzumachen. Der junge Katechet Allen Gardiner mußte nach Montevideo, um dort ein Schiff zu erreichen, und nachdem er ihn abgesetzt hatte, verbrachte der Kapitän die nächsten Monate zwischen dieser Stadt und Buenos Aires, musterte die alte Mannschaft ab, heuerte neue Männer an, hielt Vorträge, um Spenden einzutreiben, sammelte unerwünschte Kleider für die Feuerländer und wartete schließlich auf die Ankunft von Garland Phillips und dessen Frau aus England. Als das Schiff in die Committee Bay einlief, war Jemmy Button bereit, nach Feuerland zurückzukehren.

Er reiste mit seiner Familie am 20. November ab, sechs Tage später gingen sie nach einer stürmischen Überfahrt in Banner Cove vor Anker. Innerhalb weniger Minuten näherten sich vier Kanus mit zwanzig Indianern dem Schiff. Jemmy war an diesem Morgen tonsuriert worden, und er und seine Familie waren begierig darauf, die eigenen Landsleute zu beeindrucken: So schnell sie konnten zogen sie all ihre Kleider an, Passawullacuds trug zwei Kleider über dem Kleid, in dem sie gereist war. Die Indianer baten Jemmy um das Klappmesser, das um seinen Hals hing, und obwohl er ihnen dieses verweigerte, gab er ihnen kleine Geschenke – Knöpfe, Nadeln, eine

Gabel und ein anderes Messer aus seinem eigenen Besitz. Drei Männer kamen an Bord des Schiffes und bekamen Hemden, Krawatten und Hosen. Aber während Jemmy sich freundlich verhielt, war seine Frau weniger zuvorkommend. Lassaweea fühlte sich den anderen jetzt offensichtlich überlegen und schaute mit einem finsteren Blick voller Hohn auf ihre Landsleute herab, der anzudeuten schien, daß sie sie ziemlich vulgär fand. Einer von ihnen nannte sie Pallil-keepa, Engländerin. Sie reichte einem Mann für ein Stück Walbauch eine Halskette aus Perlen, riß sie jedoch wieder an sich und ging schmollend davon, als der Mann sich weigerte, ihr das Fleisch zu geben.

Despard forderte Jemmy auf, für sie zu dolmetschen. Sei es aus Unwissenheit, Exhibitionismus oder einem Widerwillen, vor dem Missionar Yámana zu sprechen, er redete seine Landsleute auf Englisch an. Sie antworteten auf Yámana: »Was, Landsmann, du dort in dem änglischen Schiff?« Jemmy fügte hinzu: »Ich komme aus Sehr-weit-weg-Land.« Verwirrt fragten die Indianer auf Spanisch »*Que?*« Der Missionar notierte: »Wir versuchten ihm klarzumachen, daß es unsinnig sei, wenn er mit ihnen Englisch spräche, denn das konnten wir besser als er.« Sie hatten damit keinen Erfolg.

Am 27. November trafen weitere Kanus ein, während das Schiff in der Nähe des Beagle-Kanals vor Anker lag, in einem von ihnen saß ein Freund von Jemmy. Als Despard Geschenke verteilte, tauschten Jemmy und Lassaweea Körbe, die zu Mrs. Despard und Louise Hanlon nach Cranmer geschickt werden sollten. Ein Feuerländer kletterte an Bord der *Allen Gardiner* und fing, beide Fäuste ans Kinn haltend, an zu tanzen und zu singen. Fell gab ihm ein weißes Hemd, von dem dieser nicht wußte, wie er es anziehen sollte. Dann sagte er zu ihm: »Du bist ein ganz netter Kamerad.« Der Eingeborene antwortete: »Du bist ein ganz netter Kamerad.« Als man ihm sein Spiegelbild zeigte, bekam er Angst und lief davon. Fell legte den Spiegel weg, zerriß ein paar alte Hemden und rief die übrigen Yámana an Bord, um ihnen bunte Stoffstreifen um den Kopf zu binden.

Der nächste Tag war ein Sonntag, und Despard verbot jeglichen Handel. Da es warm und sonnig war, hielt er die Morgenmesse auf dem Hauptdeck ab. Jemmy schaute hinüber zu den Feuerländern in ihren Kanus und sprach feierlich vom Fallreep zu ihnen: »Warum geht ihr nicht in euer eigenes Land? Geht weg – geht an Land; wir wollen jetzt keinen Lärm.« Da seine Worte überhaupt keine Wirkung zeitigten, wurde er ärgerlich, wieder einmal war er sich nicht bewußt, daß er Englisch gesprochen hatte. Als die Mannschaft ihn auslachte, steckte er die Hände in die Jackentaschen und ging verstimmt davon. Die Schiffsglocke wurde angeschlagen, und die Yámana schrieen überrascht, aber ein paar Minuten später sangen sie die Hymnen mit.

An diesem Tag kam noch ein Freund von Jemmy. Tish-pinnay sah eigentümlich aus, seine Nase war so aristokratisch, daß FitzRoy ihm den Spitznamen Herzog von Wellington gab. Er hatte bei einem Unfall ein Auge verloren, wenngleich Jemmy eine sehr viel farbigere Erklärung hatte: »Mann stirbt, hier am Strand, er sehr leid, weint sehr viel, Auge läuft weg im Wasser auf der Wange; ja, Sir!« Ein Gespräch mit seinem Freund beunruhigte ihn, denn er hatte Gerüchte gehört, nach denen die Indianer ein Komplott gegen ihn schmiedeten: »Sie sagen, lassen Kanu andere Seite, gehen, gehen, gehen hinunter in mein Land. Kommen nachts, nehmen meine Kleider und Messer. Ich bleibe ruhig auf Insel.«

Als die *Allen Gardiner* sich zwei Tage später Wulaia Cove näherte, peitschten starke Stürme das Meer. Die Kanus der Eingeborenen konnten ihr Tempo nicht halten, und da er ihretwegen nicht anhalten wollte, ließ Robert Fell im Kielwasser des Schiffes Geschenke zu ihnen treiben. Bei der Einfahrt in die Murray Narrows zerriß der Sturm die Fallleinen des Topsegels, und das Hauptsegel stürzte herunter. Mrs. Button schrie auf vor Schreck. Der Kapitän wendete, um in der Wellfound Bay Schutz zu suchen, von wo aus sie am Morgen losgesegelt waren. Jemmy war wütend, wie Fell bemerkte:

Kaum hatte das Schiff gewendet, zeigten Mr. und Mrs. Button, deren Hoffnungen, nach Hause zu gelangen, zu schwinden schienen, ihre wahres Gesicht. »Ich sage, wie nennst du das? Den Weg nicht zu meinem Land. Gehen zurück nach Ängland.«

Jemmy und seine Frau waren außer sich, weil sie nicht begriffen, in welchen Schwierigkeiten wir steckten ... das Schiff hätte sinken können. Wenn es Schwierigkeiten gab, schrie Mrs. Button vor Angst auf, aber wenn wir Schutz suchten, beschwerte sie sich ...

Jemmy fürchtete, man habe ihn betrogen und würde ihn jetzt zurück nach Keppel Island oder – noch schlimmer – nach England bringen. Als am nächsten Tag eine Gruppe von Kanus mit der Nachricht längsseits kam, daß man seinen Sohn Queerentze töten werde, verkündete er, er werde das Schiff verlassen und auf eigene Faust nach Hause zurückkehren. Die Missionare, erklärte er, könnten mit seinen Besitztümern weiter nach Wulaia segeln, wo er sich mit ihnen treffen wollte. Dann ging er an Land, seine Frau und seine Kinder in einiger Entfernung hinter ihm, an einer Stelle wo eine Versammlung von Feuerländern um eine kleine Pyramide aus Muscheln saß. Er umrundete sie wiederholt, bevor er sich nicht weit von ihnen mit seiner Familie niederließ.

Ein paar Minuten verstrichen, und dann kam eine Abordnung zu ihm hinüber. Kurz darauf brach ein Streit aus, und Jemmy stand auf und winkte verzweifelt zur *Allen Gardiner* hinüber. Die Missionare ignorierten ihn – Despard behauptete, er habe gedacht, Jemmy wolle ein Kanu borgen, aber die abfällige Bemerkung in Garland Phillips Tagebuch – »Er winkte uns, aber niemand schenkte ihm Beachtung« – läßt darauf schließen, daß man Jemmy eine Lektion erteilen wollte. Schließlich zog der Feuerländer seine Weste aus und erkaufte sich damit eine Fahrt zurück zum Schiff in einem Kanu. Als er an Bord kletterte, sagte er zu Despard: »Böse Männer, wollten ich cooshie [schlafen]; wollten alle meine Kleider stehlen. Nicht mein Land nehmen. Wollten großes Stück aus Schal von meine Frau schneiden. Über meinen Sohn nur Lügen. Ich bleibe, sehr gut, Sir, gehe zu meinem Land mit dir.«

Je mehr sich die *Allen Gardiner* Wulaia Cove näherte, desto mehr verächtliche Bemerkungen über die Buttons gab es in den von der Missionsgruppe geführten Tagebüchern, die in der *Voice of Pity* veröffentlicht wurden. Kapitän Fell, der die Feuerländer kaum kannte, schrieb: »James Button scheint, obwohl nett und gutmütig, einer der dümmsten Vertreter seiner Rasse zu sein.« Despard fügte sein mißbilligendes Urteil hinzu:

Der arme Jemmy ist als Dolmetscher ziemlich dumm – er versteht weder sie noch uns –, und wenn wir ihn bitten, etwas zu ihnen zu sagen, besteht er hartnäckig darauf, dies in seinem gebrochenen Englisch zu tun. Sogar seine Frau versucht das. Heute morgen rief sie einem Kanu »Basketta« zu (*kay-jan* ist das Wort für Korb). Natürlich bekam sie keine Antwort, bis einer von uns das richtige Wort benutzte.

Die Missionare berichteten jetzt auch ehrlicher über Jemmys Wutanfälle. Es scheint, daß sie nun, wo klar war, daß Jemmy im Grunde zu nichts nutze war, ihre Gefühle ihm gegenüber offener zeigen konnten. In ihren Augen hatte er nur noch eine Funktion, und zwar, eine weitere Gruppe zu überreden, nach Cranmer zu gehen. Danach brauchte man sich nicht mehr um ihn zu scheren.

Am 4. Dezember ankerten sie vor Wulaia, und nach dem Mittagessen ging Jemmy mit einer Gruppe an Land, um das zu erkunden, was nach Fells Lektüre von FitzRoys *Narratives* die »berühmte Stadt Woollya« sein sollte. Der Kapitän war jedoch nicht beeindruckt: »Zuerst waren wir sehr enttäuscht, und unsere Blicke verrieten einander, was wir dachten.« Er fügte hinzu, daß Jemmy sich bei ihrem Spaziergang zu schämen schien. Seine Miene schien auszudrücken: »Weder ich noch meine Landsleute waren die Mühe wert, die Kapitän FitzRoy sich mit unserem Garten gemacht hat, da wir ihn völlig haben verwildern lassen.«

An diesem Abend war Jemmys Bruder Macooallan der erste von vielen Besuchern auf der *Allen Gardiner*. Er war ein *yacomosh* – verantwortlich für körperliche Beschwerden und das Wetter. Jemmy und er gingen an Bord barsch miteinander um und vermieden Blickkontakt. Statt dessen starrte Macooallan Despard an und wiederholte jedes seiner Worte. Jemmy legte seinem Bruder die Hand auf die Schulter und zeigte auf den Missionsleiter: »Das Mr. Despard«, sagte er.

Sein Bruder wiederholte: »Tas Mr. Depard.«

Jemmy wandte sich an Fell: »Das Kapitän FitzRoy« und dann verbesserte er sich: »Kapitän Fell, Kapitän Fell.«

»Tas Kapitän Fell.«

Und so ging die Unterhaltung weiter.

»Das Mr. Phillips.«

»Tas Mr. Phillips.«

»Das Mr. Turpin.«

»Tas M. Turpin.«

Bald gesellten sich andere hinzu: ein weiterer Bruder von Jemmy, Waymeschoones, Jemmys Sohn Queerentze und sein Schwiegersohn Loole, seine Töchter Coolakayenche und Macooallkippin, seine andere Frau und ihre kleine Tochter, die Mutter der beiden Frauen und seine Schwiegertochter Lookalke sowie zwei Männer, Schwaiamugunjiz und dessen Bruder Tellon. Es war eine ziemlich große Gruppe, und alle bekamen Schiffszwieback, aber das war nicht genug. Jemmy wußte, daß es im Laderaum einen großen Vorrat Kleider gab, und verlangte, daß man seinen Freunden und Verwandten welche gab. Fell und Despard weigerten sich und sagten, es wäre schon spät. Jemmy wandte sich an Charles Turpin: »Warum gibt Kapitän Fell nicht meinen Landsleuten Kleider? Wie nennen Sie das? Kapitän Fell gibt Mutter Mann Kleider, und nicht gibt meinen Landsleuten Kleider, wie nennen Sie das?«

Turpin erwiderte, es sei spät, aber Jemmys Leute würden viele Kleider bekommen, wenn sie warteten. Jemmy schien zufrieden und verbeugte sich mit einer Berührung der Stirn, doch Fell hatte die Unterredung zufällig mitangehört und ließ sich erweichen, weil er fand, es sei das Beste, gute Beziehungen aufrechtzuerhalten. Die Sachen wurden herbeigeholt, und man half den Besuchern in ihre neuen Kleider.

Dieses erste Zusammentreffen mit Jemmys Feuerländern machte der Missionsgruppe Hoffnungen auf weitere Fortschritte. Despard hatte große Pläne für Wulaia. Er wollte eine neue Gruppe zusammenbekommen, sie mit nach Cranmer nehmen und in der Wulaia Cove ein kleines Gotteshaus bauen. Dort sollte mit der Zeit ein Missionsaußenposten entstehen, wo Mitglieder seiner Mannschaft für kurze Zeit unter den Einheimischen leben konnten. Sie sollten vier Wochen in der Gegend verbringen und neue Gebäude errichten, Bruchstücke der feuerländischen Sprachen erlernen und persönliche Beziehungen mit den Feuerländern aufbauen. Im Umgang mit ihnen sollten die Arbeitsethik und die Entlohnung ihrer Arbeit eine neue Dimension bilden.

Dieser neue Schritt war fast sofort spürbar. Am 6. Dezember wollte Jemmy, bevor er das Schiff verließ, frühstücken. Fell erklärte ihm die neue Sachlage: »Also, Jemmy, du weißt, Muskeln sehr gut in deinem Land. Wenn du arbeitest, geben wir dir Zwieback; wenn du nicht arbeitest, können wir dir keinen Zwieback geben.« Am Vormittag begannen sie, die Fundamente für das Pfarrhaus auszuheben und Bäume für die Wände zu fällen. Eine strapaziöse Aufgabe für die kleine Mannschaft des Schiffes, aber Jemmy, einer seiner Söhne, ein Schwiegersohn und ein Feuerländer namens Silagalesh waren einverstanden, für je einen Zwieback zu helfen. Ein Entlohnungssystem war schnell eingerichtet, und am ersten Tag verdiente sich Jemmy zehn, sein Kollege nur fünf. Die Missionare boten an, die Indianer für das Schneiden und Herbeiholen von Rinde zu bezahlen, und als sich mehr an den Bauarbeiten beteiligten, stellte Despard fest, daß es unklug war, sie abends zu bezahlen: Die Feuerländer verloren jeglichen Ansporn. Also versuchte er, sie am Ende jeder Arbeit zu bezahlen, und beobachtete, daß so die Arbeitsleistung stieg. Interessanterweise entwickelten die Tagelöhner schnell ein Bewußtsein ihrer wirtschaftlichen Macht: Als die Dacharbeiten begannen, weigerten sie sich, Schulterladungen Bauholz für nur einen Schiffszwieback die Leiter hinaufzutragen.

Fell schrieb in sein Tagebuch, daß die Feuerländer jetzt, da sie bezahlt wurden, »ihre faulen Gewohnheiten ablegen, wie etwa den ganzen Tag in den verschiedenen Wigwams am Feuer zu sitzen und keine Hand zu rühren, bis der Hunger sie dazu treibt, wegen Muscheln an den Strand zu gehen«. Für das Fällen von Bäumen bot er ihnen Kleider vom südamerikanischen Festland an; es waren, wie er vermerkte, die »schlechtesten Stücke«, dennoch hatte das Angebot die erwünschte Wirkung: Die Feuerländer griffen begeistert nach ihren Äxten. Bald hatte sich Tish-pinnay – der »Herzog von Wellington« – einen

schwarzen Gehrock verdient, über dem er einen Damenunter-
rock trug.

Groß war die Freude bei der Maskerade. Hier versuchte ein Mann
sich in ein paar Kleidungsstücke für kleine Jungen zu zwängen;
dort kam eine Jacke über ein Stück Decke und dann eine Weste
über das Ganze; anderswo sah man einen Kopf, der durch das
Armloch einer Weste gesteckt wurde, während der Rest elegant
über die linke Schulter hing. Eine Dame hatte ein langes, schwarzes Musselinkleid mit vielen Volants ergattert, sie steckte ihre
Arme durch die Ärmel und zog die Volants hinter sich her. Diese
drollige Gestalt erregte brüllendes Gelächter. Ich glaube, es gibt
unter den 170 hier kaum einen, der nicht irgendein Kleidungs-
stück besitzt.

In der Zwischenzeit hatten die Beziehungen mit den Feuerländern einen Zustand der Stabilität erreicht. Wenn auch nicht
übertrieben herzlich, so war der Umgang zwischen den beiden Parteien doch freundlich und selten bedrohlich. Jemmy
Button hatte verschiedentlich etwas zu monieren, wie etwa
am 10. Dezember, als er die Missionsgruppe informierte, die
Frauen würden sich beschweren, weil sie nicht genug Geschenke erhielten. Despard schickte ihn mit der Nachricht
zurück, wenn sie Körbe flochten, würde er sie bezahlen.

Ein weiteres Vorhaben begann ihre Beziehungen zu beherrschen: Während die Arbeit fortschritt, hielten die vier
führenden Köpfe der Missionsgruppe – Despard, Fell, Phillips und Turpin – Ausschau nach den in ihren Augen besten,
klügsten und fleißigsten Feuerländern, in der Hoffnung, sie
überzeugen zu können, mit ihnen nach Keppel Island zu fahren.

Kurz nach ihrer Ankunft in Wulaia hatte sich ihnen ein viel-
versprechender Kandidat präsentiert. Ookokowenche war ein
gutaussehender Bursche von ungefähr sechzehn Jahren. Als
Despard ihn einlud, an Bord der *Allen Gardiner* zu kommen,
sprang er geradezu die Gangway hinauf und ließ ohne Protest
einen Haarschnitt und eine gründliche Wäsche über sich ergehen. Zur Belohnung erhielt er eine Mahlzeit mit Schweine-

fleisch, Zwieback und Kaffee (den er widerwärtig fand und schlechtes Wasser nannte).

Im Laufe der nächsten paar Tage machte er es sich bequem, aß und trank alles, was er in die Finger bekam, bewunderte sein Spiegelbild in einem Dachfenster und legte gelegentlich auch mit Hand an. Er war, wie er Despard sagte, nicht aus Wulaia, sondern wohnte weit entfernt, und er hatte nichts dagegen, nach Cranmer zu gehen. Seine Mutter war als Witwe in diese Gegend gekommen.

Drei Tage, nachdem er an Bord gegangen war, lernten die Missionare auch sie kennen. Am 7. Dezember kam sie in einem Kanu, machte ein großes Geschrei wegen der vermeintlichen Festnahme ihres Sohnes und verlangte, man solle ihn sofort freilassen. Despard sagte, er könne gehen, wenn er alle Kleider, die er als Teil des Handels für die Zustimmung, mit nach Keppel Island zu gehen, bekommen hatte, zurückgebe. Die Frau packte sich ihren Sohn und zerrte ihn, wegen seiner Ungezogenheit mit ihm schimpfend, zum Strand.

Schlechtes Wetter verzögerte die Arbeiten am Haus. Am 13. Dezember kam Macooallan – mittlerweile bekannt als Tommy Button – bei strömendem Regen auf die *Allen Gardiner*, um zu sagen, er käme gerne mit zur Missionsstation. Sein Gesicht war weiß angemalt, und Despard sagte, er sei schmutzig. Der Feuerländer »zeigte auf meinen Bart und warf mir vor, schmutzig zu sein«, schrieb Despard. Ein anderer Indianer, der neunzehnjährige Congorenches, erklärte, er habe Interesse, sich mit seiner Frau der Missionsgruppe anzuschließen, und auch Ookokowenche hatten sie noch nicht aufgegeben. Weihnachten war es an der Zeit, ihre Auswahl öffentlich bekanntzugeben und herauszufinden, ob sie ihre Pläne voranbringen konnten.

Der erste Weihnachtsfeiertag fiel auf einen Samstag, und die Mannschaft versammelte bei strömendem Regen einundfünfzig Feuerländer in dem unlängst fertiggestellten Haus. Despard und Fell reihten die Männer auf der einen Seite des Gebäudes auf, die Frauen auf der anderen. Auf einem Tisch mitten im Raum standen vier riesige Plumpuddings und eine Kanne Sirup. Der Hauptmissionar eröffnete das Verfahren mit einem Gebet für die Feuerländer, dann sang er eine Hymne. Danach schnitt Fell den Kuchen und gab jedem ein Stück.

Als alles aufgegessen war, wurden Wassereimer hereingebracht, damit alle sich Hände und Gesicht waschen konnten. Der Augenblick war gekommen. Despard las eine Liste von Namen vor, die die Missionsgruppe zusammengestellt hatte, und Jemmy rief: »*Oh-he* Keppel Island?« was bedeutete: »Willst du nach Keppel Island?« Die Benannten antworteten: »*Ow-a*« – ja. Damit hatte Despard seine Feuerländer. Hocherfreut teilte er den Auserwählten mit, sie sollten am Montag morgen an Bord des Schiffes kommen, wo man sie »reinigen und ankleiden« werde.

Die vorangegangenen Ereignisse und die, die noch folgen sollten, sind entscheidend für das Verständnis der Eigenart der Beziehungen zwischen Engländern und Feuerländern und auch deren Verschlechterung. 1860 und 1861 hörte man in Port Stanley Anschuldigungen, die bis nach London drangen, die Patagonische Missionsgesellschaft habe unter der Verwaltung von Reverend Despard Feuerländer aus Wulaia entführt und gegen ihren Willen nach Keppel Island gebracht. War das die Wahrheit? Es ist unwahrscheinlich, daß die Missionare sie gewaltsam entführten – dazu waren sie schlicht zu wenige: Berichten zufolge lagerten nicht weniger als 170 Feuerländer in Wulaia, an Bord des Schiffes waren vermutlich etwa zehn Mitglieder der Missionsgruppe, und sie hatten nur ein paar Schußwaffen.

Wahrscheinlicher ist, daß die Feuerländer, die sich einverstanden erklärten, nach Keppel zu gehen, dies taten, ohne recht zu wissen, auf was sie sich einließen. Die Ereignisse der nächsten Tage lassen Verwirrung unter den Indianern und der Schiffsbesatzung erahnen. Sie entlasten die Yámana nicht ganz, ebensowenig wie sie die Missionare verurteilen, aber sie belegen, daß Despard, als er in dem Haus stand und verkündete, am Montag werde er seine ausgewählten Feuerländer reinigen und einkleiden, die Sache nicht vollständig überblicken konnte.

Am Sonntag, den 26. Dezember, paddelten kurz nach zehn Uhr zwei Kanus längsseits der *Allen Gardiner*. Am Morgen hatte der Wind gedreht, und Fell hatte eine andere Stelle in der Bucht ansteuern lassen. Despard fand nicht heraus, warum sie gekommen waren, dachte aber, sie fürchteten, die *Allen Gardiner* würde wegfahren. Tellon hielt eine lange, ernste Rede, und Macooallan stand ihm mit ein paar kurzen, ruhigeren Worten bei. Beide bekamen etwas zu essen und wurden gebeten, erst am Montag wiederzukommen.

Am frühen Morgen des 27. Dezember kamen die »auserwählten Feuerländer« an Bord der *Allen Gardiner* und wurden, wie versprochen, gewaschen und eingekleidet. Die Frauen waren nicht mitgekommen, also nahm Fell kurz nach dem Mittagessen die Gig des Schiffes, um sie zu suchen. Als er aus dem Boot stieg, fiel Lassaweea, Mrs. Button, mit Schimpftiraden über ihn her, und Macooallan stürzte sich auf ihn, riß ihm die Weste auf und schrie, er habe bessere Geschenke erwartet, insbesondere bessere Kleider. Jemmy Button tat es ihm gleich: Kapitän FitzRoy war allzu freigiebig gewesen, aber Kapitän Fell? »Wie nennen Sie das?«, schrie er und zerrte an den Kleidern, die man ihm gegeben hatte. Fell redete freundlich auf sie ein, versprach ihnen mehr Schiffszwieback und Kleider und gab Macooallan eine Decke. Die explosive Situation war entschärft. Fell kehrte mit den Frauen zum Schiff zurück, und ließ sie an den Stellen, wo es schicklich war, von einem Mitglied der Schiffsbesatzung waschen.

Kurz darauf kam ein Kanu längsseits, und in Sekundenschnelle sprang Congorenches hinein, samt der schönen Kleider, die man ihm für seine Reise nach Keppel Island gegeben hatte. Luccaenches schrie, er sei ein schlechter Mensch, und Schwaiamugunjiz schleuderte ihm vom Heck Beleidigungen hinterher. Aber das war noch nicht alles. Nachdem sie gebetet hatten, paddelte Luccas Vater Tellon zum Schiff, und ohne einen Augenblick zu zögern, sprang auch Lucca über Bord und war verschwunden. Despard war erbost. Als Threeboys versuchte, an Bord zu kommen, wies man ihn an, das Schiff zu verlassen. Im Schutz der Dunkelheit paddelte eine von Jemmy Buttons Töchtern heimlich zur *Allen Gardiner*. Sie kam geräuschlos, wurde jedoch von Charles Turpin entdeckt, der Alarm schlug, woraufhin die Mannschaft bemerkte, daß alle

Feuerländer dabei waren, sich aus dem Staub zu machen, komplett mit Decken, Kleidern und einer Handvoll Werkzeug vom Schiffsdeck. Despard befahl, sie alle zu verhaften, sie zurückzuhalten und ihnen alles abzunehmen, was sie bei sich hatten. Nacheinander wurden Macooallan, Schwaiamugunjiz, ihre beiden Frauen und Ookokowenche nackt in die Nacht entlassen. In ihren Ohren hallte die Botschaft wider, daß sie die Kleider nur bekämen, wenn sie einverstanden wären, nach Keppel Island zu gehen. Wie Despard in sein Tagebuch schrieb:

Dieser Vorfall *hat unsere Erwartungen sehr enttäuscht* und läßt uns fürchten, daß wir diesmal ohne Besucher nach Cranmer zurückkehren. GOtt weiß, was am besten ist. Manche glauben, der Neidhammel JB stecke dahinter, andere, Threeboys habe das Komplott ersonnen. Sicher ist, daß der Teufel uns jedes erdenkliche Hindernis in den Weg legt, damit diese armen Menschen nicht aus ihrer entwürdigenden Lage erlöst werden.

Zwei Tage später kehrten Lucca und Tellon auf das Schiff zurück, als sei nichts geschehen. Tellon hatte einen schrecklichen Streit mit einem seiner Brüder gehabt und sorgte sich um seine Sicherheit; sie waren gezwungen worden, in einem alten Wigwam in der Nähe zu biwakieren. Am Abend kletterten Macooallan, Threeboys und Schwaiamugunjiz an Bord. Es wurde spät, sie kamen unerwartet, und es lagen viele Sachen herum. Despard verlangte von ihnen, das Schiff zu verlassen, aber sie weigerten sich und sagten, sie würden an Bord schlafen. Schwaiamugunjiz hielt eine wütende Rede, und nachdem er ihnen zu verstehen gegeben hatte, sie seien »nicht gut«, kletterte er von Bord. Threeboys folgte ihm und drohte, nie wiederzukommen, und schließlich ging auch Macooallan, nachdem der Kapitän ihn mit Schiffszwieback bestochen hatte.

Nach diesen Geschehnissen brachte der 30. Dezember überraschende Neuigkeiten. Jemmy Button frühstückte mit Despard und erzählte ihm, wenn Despard einverstanden sei, sie zurückzubringen, so wie er zurückgebracht worden sei, wäre die ursprüngliche Gruppe immer noch bereit, nach Keppel Island zu gehen – und nicht nur das, auch sein anderer Bruder, Macalwense, und dessen Frau würden sich ihnen anschließen. Am nächsten Tag löste er sein Versprechen ein. Die Gruppe bestand aus neun Feuerländern:

Macooallan, 36 Jahre alt
Wendoogyappa, Frau von Macooallan
Macalwense, 32 Jahre alt
Wyeenagowlkippin, Frau von Macalwense
Schwaiamugunjiz, 24 Jahre alt
Wyruggelkeepa, Frau von Schwaiamugunjiz, und ihre 2 Jahre
    alte Tochter Kyattegattemowlkeepa
Ookokowenche, 16 Jahre alt
Luccaenche, 12 Jahre alt

Am Neujahrstag 1859 versammelte sich eine große Schar Yámana am Strand von Wulaia, um die *Allen Gardiner* zu verabschieden. Despard verteilte Kleider, Werkzeuge, Perlen, Zwieback und Zucker. Jemmy Button bekam ein Faß Schiffszwieback, ein paar Stücke Schweinefleisch und zwölf Pfund Zucker. Er rief: »Auf Wiedersehen, Mr. Despard, auf Wiedersehen, Mr. Phillips, auf Wiedersehen, Mr. Turpin, auf Wiedersehen, Kapitän.«

Als sich die *Allen Gardiner* vom Land entfernte, ordnete Garland Phillips das Waschen und Einkleiden aller Gäste an, und danach gab er ihnen so viel Zwieback und Schweinefleisch, wie sie essen konnten. Plötzlich brach ein Sturm über das kleine Schiff herein und peitschte Wellen über den Bug, daß sogar die Feuerländer seekrank wurden.

Von Despards Standpunkt aus betrachtet, war sein erster Besuch in Wulaia ein kleiner Erfolg. Fünf Feuerländer waren sicher nach Hause zurückgebracht worden; ein Gotteshaus war gebaut worden; und jetzt kehrte er mit neun Feuerländern an Bord nach Cranmer zurück – und das war das wichtigste. Nicht daß sich seine Haltung ihnen gegenüber geändert hätte. »Diese Menschen sind eigensinnig und launisch wie große verzogene Kinder, und der Umgang mit ihnen erfordert große

Geduld und Entschlossenheit sowie einen unerschrockenen Geist«, schrieb er in sein Tagebuch. Die Missionare hatten vier Wochen unter den Yámana gelebt, und waren »ohne Angst und Zögern unter ihnen ein- und ausgegangen. Wir sind allein in ihre Wälder gegangen, haben unser Boot an ihren Stränden liegen lassen und unser Schiff stundenlang mit nur einem Mann an Bord alleingelassen, und haben niemals Grund gehabt, unser Vertrauen zu bereuen. Ich brauche kaum zu erwähnen, daß wir am Strand niemals eine Waffe zur Verteidigung bei uns trugen.«

Kapitel 19

Die *Allen Gardiner* legte am Morgen des 5. Januars 1859 in der Committee Bay an, und bis zum Nachmittag waren die Feuerländer in dem Haus einquartiert worden, das zuvor schon Jemmy und seiner Familie gedient hatte. Diesmal bekam jedes Paar eine Ecke für sich. Noch nie zuvor hatten sie so etwas wie die Siedlung in Cranmer zu Gesicht bekommen, nicht einmal ein Haus, mit Ausnahme jenes, das vor kurzem in Wulaia errichtet worden war. Daher entstanden in den ersten Tagen, in denen sie sich aufeinander einstellen mußten, auch sehr viele Mißverständnisse. Am 6. Januar zeigte man den Männern das Vieh, während die Indianerinnen von den Frauen der Siedlung gewaschen und eingekleidet wurden. Kühe, Pferde, Schweine und Ziegen wurden allesamt mit einem Lecken der Lippen und der Erklärung begrüßt, daß es hier gutes Essen gebe. Etwas später entdeckten die einheimischen Männer die mühsam gehegte Pinguin-Zucht und schlachteten mehr als ein Dutzend Vögel.

Es gab ganz grundlegende Unterschiede zwischen dieser Gruppe und den vorangegangenen Besuchern in Cranmer. Keiner dieser Feuerländer war je in England gewesen – keiner von ihnen hatte sich je weiter als bis nach Yahgashaga vorgewagt. Sie brachten kein Verständnis auf für britische Erwartungen, Empfindlichkeiten oder kulturelle Eigenheiten, sie sprachen nur wenig Englisch, hatten noch weniger mit ihren Gastgebern gemein, und sie verspürten nichts von der Treue oder Verpflichtung, die Jemmy Button, aus welchen Gründen auch immer, gefühlt hatte. Außerdem war es eine größere, nicht so homogene Gruppe wie »die Buttons«. Während Jemmy eine gewisse Autorität über diejenigen ausübte, die mit ihm mitgekommen waren, bestand diese Gruppe aus unterschiedlichen Familien aller Altersgruppen. Falls die Sache mißlang, würde sich eine Konfrontation zwischen den beiden Kulturen entwickeln. Der Umgang mit der neuen Gruppe könnte sich auch als schwierig erweisen, weil es eine große Vielfalt an Meinungen, Temperamenten und Charakteren gab.

Die Feuerländer waren unter der Voraussetzung mitgekommen, daß sie zu Beginn der Eier-Zeit wieder zurück sein würden, denn diese Zeit gehörte zu den schönsten des Jahres, wenn das Eiersammeln auf den Klippen und am Ufer des Yahgashaga wochenlange Feste einleitete. Die Saison begann im September, und das hieß, daß sie neun Monate auf Keppel Island bleiben würden, deutlich länger als die Buttons. Dadurch hätten die Missionare genug Zeit, um zum nächsten Stadium ihrer Arbeit voranzuschreiten.

Fünf Tage nach der Ankunft der Indianer breitete sich auf der Insel ein großes Feuer aus. Die Erinnerung an das knappe Entrinnen aus der Katastrophe im Jahr 1855 war denen, die damals dabei waren, sofort lebhaft gegenwärtig, und sie wußten noch, wie schnell damals die Flammen hochgeschossen waren. Das war kurz nach der Gründung der Siedlung gewesen, als es noch keine Gebäude und nur wenig Vieh gab. Ein Feuersturm wie damals hätte mittlerweile viel katastrophalere Folgen gehabt. So mühten sich jetzt alle, einen Graben auszuheben und das Feuer zu ersticken. Nach einigen sehr heißen Stunden hatten sie die Gefahr gebannt, und das Feuer erlosch.

Als alles vorüber war, wurde nach der Ursache geforscht. Nicht weit von der Siedlung entfernt, hinter einer kleinen Seenkette, die sich über die Insel zog, entdeckte man die Feuerländer, die über einem offenen Lagerfeuer Albatrosse brieten. Despard rügte sie wegen ihrer Unvorsichtigkeit. »In ihrem eigenen Land machen sie überall Feuer, wo sie lagern«, schrieb er später. »Sie haben die Gepflogenheit, einen brennenden Ast mit sich herumzutragen ... Ihnen wurde deutlich gemacht, daß sie hier kein Feuer mit sich herumtragen dürfen, weil es der Insel sehr großen Schaden zufügen könnte.«

Diese Warnung zeitigte allerdings keine große Wirkung. Drei Tage später ritt Garland Phillips in Begleitung von Ookokowenche und Macalwense aus, weil er sich Sorgen wegen des Verschwindens von Schwaiamugunjiz und Luccaenche machte. Sie fanden sie nicht weit entfernt an einem offenen Feuer, auf dem zischend Seehundfleisch garte. Phillips befahl ihnen zurückzugehen und löschte das Feuer.

Für mehr Befremden sorgten Ookokowenche und Macooallan, als sie in der ersten Woche in Cranmer in das Missionshaus eindrangen und dort alles durchwühlten. Die englischen Damen im Haus erschraken und riefen Despard herbei. Er wies die Yámana an, das Haus zu verlassen. Für eine solch zudringliche Nähe war es noch zu früh. »Ihre Gewohnheiten sind noch zu ungeschliffen, um ihnen zu gestatten, nach Lust und Laune ein- und auszugehen, wie Jemmy Button und seine Familie es getan haben.«

Für den Erfolg dieses zweiten Stadiums feuerländischer Missionstätigkeit war es unabdingbar, daß sich schnell ein fester Tagesablauf etablierte. Für ebenso wichtig wurde gehalten, daß die Arbeits- und Unterweisungsstunden, die die Gewohnheiten eines ganzen Lebens verdrängen sollten, mit Strenge durchgesetzt wurden. Zehn Tage nach der Ankunft der Feuerländer folgten sie bereits einem solchen täglichen, arbeitsintensiven Stundenplan. Es wurde als ratsam angesehen, daß sich die Indianer »zu ihrer Ablenkung und zu ihrem Vergnügen ihren Lebensunterhalt im Wesentlichen auf die für Feuerländer übliche Weise beschaffen sollten«. Mit anderen Worten: Sie sollten Schalentiere am Strand sammeln und durften so viele von den reichlich vorkommenden Wildvögeln jagen, wie sie wollten. Das hatte den Vorteil, daß sie für die Mission keinen »großen Posten« darstellten.

Obwohl das Gegenteil behauptet wurde, scheint es, als hätten die Männer hart arbeiten müssen. Sie waren keine geborenen Arbeiter, und in den Unterlagen der Patagonischen Missionsgesellschaft finden sich viele Kommentare über ihre Faulheit und darüber, wie leicht sie sich von Müdigkeit überwältigen ließen, sowie über ihren Hang, von den zugeteilten Arbeiten einfach wegzulaufen. Dessen ungeachtet hatte die Missionsgesellschaft in den nächsten neun Monaten wenig Grund zu Beschwerden. Die Indianer stachen Torf zum

Heizen, sie strichen Fensterläden und schleppten Platten für die Straßenbefestigung. Sie arbeiteten in den Gärten und hoben Gräben aus, bauten Brücken über Flüsse, trugen Pfosten vom Strand zur Siedlung und erlernten die Anfangsgründe des Tischlerns. Die Frauen flochten Körbe und Tischsets und halfen bei allen anfallenden Hausarbeiten. Wenn das auch nicht die von William Parker Snow in England verkündete Sklaverei war, so handelte es sich doch um aufreibende Aufgaben, die von Arbeitskräften ausgeübt wurden, die eigentlich nicht für solche Anstrengungen angeheuert worden waren und die die Insel zudem nicht nach eigenem Gutdünken verlassen konnten. Wenn sie also die Werkzeuge fallenließen und sich mit den Worten »Genug Arbeit für Geld« ins Gras legten, wie sie es ab und an taten, bringt man leicht Verständnis für sie auf.

Ihre Anwesenheit auf Keppel Island zeitigte erfreuliche Fortschritte der Missionare beim Erlernen der Yámana-Sprache. Weil es eine größere und uneinheitlichere Gruppe war, hörten Despard, Turpin und Phillips deutlich mehr Unterhaltungen mit als je zuvor.

Die Ausbildung einer Gruppe von dieser Größe war für die Missionare sicherlich schwer zu organisieren. In der wachsenden Siedlung gab es immer viel zu tun, und trotz anderslautender Absichten verbrachte Despard immer noch einen Großteil seiner Zeit auf See. Für die Feuerländer mußte die Erfahrung der auf Keppel Island verbrachten Monate als Ersatz für den wenigen Unterricht dienen: Die Reglementierung durch die Arbeitsstunden im Freien sollte für die Männer, die häuslichen Pflichten für die Frauen zusammen mit der Teilnahme am Gottesdienst den Unterrichtsstoff ausmachen, der Feuerland zu einer besseren Zukunft verhelfen würde.

Allerdings gab es zwei Ausnahmen. Die beiden Jungen Ookokowenche und Luccaenches hatten es den Missionaren sehr bald angetan. Ookoko, wie er genannt wurde, war der ältere, ein gutmütiger neugieriger Junge zwischen fünfzehn und zwanzig Jahren, der stets mit einem strahlenden Lächeln die Arbeit im Freien und im Klassenzimmer anging. Sein englisches Sprachvermögen und seine Bereitschaft, Yámana Worte auszutauschen, begeisterten die Missionare. Am meisten schätzten sie seinen Eifer im Hinblick auf Sauberkeit. Er habe, schrieb Despard, einen dermaßen großen »Ehrgeiz, weiß zu werden, daß er sich sehr oft wäscht, in der Hoffnung, das Braune aus seiner Haut herauswaschen zu können«.

Lucca war jünger, und im Gegensatz zu Ookoko sah er mit seinen tief in den Höhlen liegenden Augen und einem ziemlich mürrischen Gesichtsausdruck nicht gerade gut aus. Er war jedoch sehr schlau, lernte noch schneller Englisch als Ookoko, wenn ihn auch weder das Spielerische noch die Gesellschaft seines feuerländischen Gefährten auszeichnete, sondern vielmehr eine ziemliche Verdrießlichkeit. Dabei hatte er ein feines Gespür für Lächerlichkeiten und konnte andere hervorragend karikieren. Trotz seiner Launen war er eine freundliche Seele, und als sein Englisch besser wurde, nahm er Mrs. Phillips bei der Hand und stellte ihr Fragen über England und ihr dortiges Leben.

Despard erkannte, welche Möglichkeiten in den beiden Jugendlichen steckten, und ließ ihnen viele Stunden Unterricht im Versammlungshaus, dem Cenobium, zuteil werden. Als Despard am 4. Februar nach Patagonien segelte, wo er Schmidt absetzen wollte, war er so überzeugt von Ookoko, daß er ihn sogar als Seemann und Reisegefährten mitnahm.

Im Mai zogen beide Jungen aus dem feuerländischen Haus aus; sie wohnten jetzt bei Charles Turpin und Garland Phillips und seiner Frau. Ookoko wurde bald Robert genannt und Lucca James. Ihrem Fortschritt wurde viel Zeit und Energie gewidmet: Jeden Abend bekamen sie Unterricht im Lesen, und in den nächsten sechs Monaten wurden sie – im Gegensatz zu den anderen Feuerländern – von den Missionaren europäisch sozialisiert. Sie scheinen häufig im Cenobium oder im Missionshaus Tee getrunken zu haben. Die Kinder der Despards brachten ihnen die fünf englischen Vokale bei. Im Mai freute sich der Missionsleiter darüber, daß er endlich das Yámana-Wort für »wir« entdeckt hatte (er sagte, es heiße *macatoo*). Einmal hörte jemand, wie Ookoko betete: »Lieber Gott, um Jesu willen, mach einen guten Jungen aus mir!« In Phillips Tagebuch findet sich der zufriedene Vermerk, die beiden hätten jede Nacht an ihrem Bett gebetet. Als Ookoko eines Abends zum Essen im Haus des Katecheten auftauchte, stellte er sich an den Tisch und sagte aus freien Stücken: »Bitte, lieber Gott, segne dies!« Turpin sagte, es sei das »erste Gebet, das ein Feuerländer gesprochen habe und das sogar auf englisch«.

Kein Wunder, daß diese besondere Behandlung der Jungen zu Spannungen unter den Einheimischen führte. Im Juli beschwerten sich die feuerländischen Frauen darüber, daß Ookoko und Lucca jeden Sonntag Tee mit der Missionsgesellschaft tranken, sie und ihre Männer jedoch nur selten eingeladen wurden. Auch bei der Arbeit im Freien mehrten sich die Anzeichen dafür, daß die Unstimmigkeiten zwischen Ookoko und Macooallan wuchsen. Garland Phillips führte das darauf zurück, daß »der Faule eifersüchtig auf den fleißigen Arbeiter ist, insofern als es Letzterem besser ergeht als Ersterem, weil er sich das Vertrauen des weißen Mannes verdient hat«.

Das Leben bestand aber auch für die übrigen Feuerländer nicht nur aus Arbeit und Erziehung: Sie spielten mit den Kindern der Despards, und ab und zu statteten die Frauen in ihren besten Kleidern Sulivan House einen Besuch zu Tee und Rosinenkuchen ab. Im Februar gab Charles Turpin ein Mondschein-Konzert auf seiner Flöte, dessen Höhepunkt eine bewegende Interpretation von »God Save the Queen« war, bei der die Yámana den Chor gaben.

Auch die britischen Rituale wollten beachtet werden. Am 12. März starb James Ellis als zweiter der Missionsgesellschaft auf Keppel Island. Despards Adoptivsohn Frank Jones war fast auf den Tag genau ein Jahr zuvor verstorben. Die Bestattungsfeierlichkeiten und die Beerdigung des Arztes waren die ersten europäischen Riten, die die Feuerländer zu sehen bekamen. Anfang Mai rief Alfred Coles, der Koch der *Allen Gardiner*, alle Feuerländer zusammen und bewaffnete sie mit Holzscheiten, Rechen und Besen, dann hieß er die zerlumpte Armee im Gänsemarsch um die Siedlung laufen. Den Feuerländern soll es gefallen haben, und die Missionare amüsierten sich darüber.

Der 24. Mai war der Geburtstag der Königin, er wurde von Despard zum allgemeinen Feiertag erklärt, den sie mit einer lebhaften Feier begingen, darunter auch eine Prozession. Um fünf Uhr wurden die Feuerländer eingeladen, mit den Missionaren, ihren Familien und Kapitän Fell an einem Festmahl aus Tee, Fleisch, Früchten, Pasteten und Kuchen teilzunehmen, bei dem einundzwanzig Personen in einen winzig kleinen Raum gepfercht waren, doch Schwaiamugunjiz hatte Schwierigkeiten, mit Messer und Gabel zu essen, und ging bald hinaus. Nach dem Essen sangen alle die Nationalhymne und folgten dann Mrs. Despard in ein anderes Zimmer, um sie Klavier spielen zu hören. Der Abend endete mit einer Laterna-Magica-Vorführung, die die Indianer bezauberte und sehr beeindruckte.

Die Patagonische Missionsgesellschaft zeichnete nach wie vor ein rosiges Bild ihrer Anstrengungen auf Keppel Island. Schließlich hatte sie in England keinen leichten Stand. William Parker Snows Kampagne gegen die Gesellschaft hatte im Laufe des Jahres 1858 an Schärfe gewonnen: Im Mai war im Unterhaus eine ganze Akte von kontroversen Briefen und Darstellungen zwischen ihm, dem Kolonialminister, dem Gouverneur der Falklandinseln und dem Sekretär der Gesellschaft hinterlegt worden. Im September 1858 schrieb der ehemalige Kapitän eine lautstarke Warnung an den Kolonialminister Bulwer Lytton:

Kümmert es denn wirklich niemanden, Sir? Will die Regierung denn nicht fragen, wie sie dorthin gebracht wurden, und sich auch die Beweise dafür vorlegen lassen? Oder muß das Thema mit Gleichgültigkeit behandelt werden, bis, ich spreche es aus, bis ein entsetzliches Massaker an der Mannschaft eines Schiffes an der feuerländischen oder patagonischen Küste das englische Volk auf die Torheit und die Grausamkeit aufmerksam macht, Einheimische mit allen nur erdenklichen Mitteln abzutransportieren, nur um irgendeiner selbstsüchtigen, dem Hirn eines klugen Spekulanten oder Idealisten entsprungenen Grille Genüge zu tun?

Snows Prozeß gegen die Gesellschaft wurde im Dezember 1958 vertagt, um ihm Gelegenheit zu geben, Unterlagen von der Regierung der Falklandinseln anzufordern. Nun, da es schien, als würde ihr ehemaliger Kapitän den Propagandakrieg gewinnen, war es noch wichtiger, daß die Gesellschaft ihre Unterstützer mit guten Nachrichten versorgte. Sie taten das mit Geschichten über häusliche Zufriedenheit, den erfolgreichen Kontakt mit den Einheimischen und den so erbrachten Beweis des Fortschreitens vom Wilden zum Zivilisierten. So erfahren wir etwa, daß Wyeenagowlkippin und Wendoogyappa sich gerne reinlich kleideten und Erstere ihr Haar ordentlich gescheitelt trug, vorn von zwei farbigen Schleifen und hinten mit einem Spitzenbändchen zusammengehalten. Letztere sei zwar klein und gedrungen, sehe aber selbst »für englische Augen« gut aus. Wir erfahren auch, daß sie eifrig alle Hausarbeiten ausführten, Handarbeiten und Korbflechten mochten, kamen und gingen, wie es ihnen paßte, und liebevoll zu den Missionskindern waren.

Im Juni wußte Despard zu berichten, seine Frau habe Wyeenagowlkippin eine Bratpfanne geliehen, nachdem sie diese unterwiesen hatte, wie sie zu benutzen sei. Am nächsten Tag brachte die Frau die Pfanne noch sauberer zurück, als sie gewesen war. Auch Mrs. Despard fielen Veränderungen bei den Frauen auf. »Sie werden langsam keuscher«, schrieb sie in einem Brief nach Hause, »und entkleiden sich nicht mehr, auch hocken sie sich nicht mehr hin, wie sie es nach ihrer Ankunft bei uns taten.« Etwas zum Lachen gab es auch: Die *Voice of Pity* informierte ihre Leser, daß Wendoogyappa die bestgelaunteste und beliebteste der Frauen sei. Sie stürzte in ein Zimmer, setzte sich, machte eine Bemerkung, stand wieder auf und rannte in ein anderes Zimmer, nur um dann wieder ins erste zurückzukehren.

Ein Bild häuslicher Zufriedenheit lieferten die um das Feuer in ihrem Häuschen sitzenden Männer, die ihre Kleidung flickten. Als Garland Phillips Daguerreotypen und Fotografien von sich und seiner Familie herumzeigte, waren die Feuerländer fasziniert und fragten, wo denn die Menschen in den Bildern seien und ob sie weit weg seien. Ihnen fiel die Ähnlichkeit zwischen Mrs. Phillips und ihrer Schwester auf, und sie lachten über ein Bild des Katecheten ohne Bart.

Nach missionseigenen Maßstäben waren tatsächlich ein paar

Erfolge erzielt worden, mit denen man sich brüsten konnte: Alle neun Feuerländer gingen in die Kirche, bewegten ihre Lippen zu den Gebeten und sagten »Amen«. Sie waren höflich, gaben die Hand und sagten: »Guten Morgen, Mr. Despard.« Die Frauen küßten die Frauen der Missionare, wenn sie sie morgens trafen. Es deutete sogar einiges darauf hin, daß die Feuerländer die Moral ihrer Aufseher begriffen: Als Wyeenagowlkippins Tochter etwas aus dem Eßzimmer stahl, bestrafte ihre Mutter sie dafür, und als Macooallan ein Spannschloß fand, brachte er es dem Tischler zurück.

Vor allem die Frauen bekamen viel Lob. Die Zeit in Cranmer hatte aus lethargischen Faultieren energische und fleißige Arbeiterinnen gemacht, die gelernt hatten, »ihre Nadeln zu halten, wenn auch vielleicht auf grobe Art ihre Kleider zu waschen, sich selbst sauber zu halten und außerdem viele Haushaltpflichten zu erfüllen«. Und selbstverständlich konnte man auf die erzieherischen Fortschritte bei Ookoko und Lucca stolz sein. Die beiden wurden beschrieben, wie sie an ihren Schreibtischen saßen, zeichneten oder schrieben und vor dem Essen »Gott segne diese Mahlzeit« sagten, oder wie sie in ihrem Sonntagsstaat zum Tee im Missionshaus erschienen.

Wenn Despard auf diese Monate zurückblickte, tat er das mit einer gewissen Befriedigung. Er behauptete, sein Wortschatz bestehe nun aus mehr als 800 Worten Yámana.

Doch die Kehrseite der Medaille läßt sich erstaunlich leicht zwischen all den guten Taten und herzerwärmenden Fortschritten entdecken, auch wenn die Missionare sie nicht offiziell festhielten. Schon am 20. Januar 1859, nur drei Wochen nach der Ankunft der Feuerländer, hatte Phillips einen ernstzunehmenden Zusammenstoß mit Schwaiamugunjiz, dem impulsivsten Vertreter der Gruppe. Seine Frau Wyruggelkeepa war mit den Frauen der Mission im Sulivan House zusammen gewesen. Ein paar Minuten, nachdem sie gegangen war, wurde sie von Mrs. Despard beschuldigt, eine Schachfigur gestohlen zu haben. Phillips ging zum Haus der Feuerländer, durchsuchte Wyruggelkeepas Sachen und fand den gesuchten Bauern in einer ihrer Taschen. Der Katechet hielt ihr eine einschüchternde Standpauke. Stehlen sei schlecht, sie seien gut

217

zu ihr gewesen, wie also habe sie ihnen das antun können …
»Sie schien sich zu schämen«, bemerkte Phillips in seinem
Tagebuch.

Die Männer waren unterwegs, um Muscheln und Napfschnecken zu sammeln, und als sie wiederkehrten, ging Phillips hinüber, um ihnen eine gute Nacht zu wünschen. Schwaiamugunjiz war so aufgebracht, daß er seine Wut kaum im Zaum
halten konnte. Der Feuerländer brüllte und schrie Phillips an:

Er war entsetzlich wütend darüber, daß seine Frau des Stehlens
beschuldigt worden war. Sein Auftreten war so hitzig und sein Betragen so bedrohlich, daß ich einen Moment lang richtig Angst
bekam. Dabei wußte ich ganz genau, daß ich auf keinen Fall verängstigt wirken durfte, deswegen ging ich sofort hinein, schloß
die Tür hinter mir und redete ihn dort in Grund und Boden. Ich
erklärte die Umstände und gab ihm und den anderen zu verstehen, auch wenn wir sehr freundlich zu ihnen seien, sei Stehlen
grundsätzlich nicht gestattet, wir würden sie ohnehin dabei er-
tappen. Falls sie jeden Tag ein bißchen arbeiteten, würden wir sie
auch entsprechend belohnen. Wir trennten uns für die Nacht als
gute Freunde, und sie hatten meine begierig erwartete Versicherung, daß ich nun wieder ihr »Tagacollo« (Freund) sei. Ich betete
mit ihnen, bevor ich ging.

Manchmal behandelten Phillips und die anderen ihre feuerländischen Gäste respektlos oder gar mit Mißachtung. Selbst Ookoko war dagegen nicht gefeit. Nachdem er mit dem Katechе-
ten einen Tag lang gejagt hatte, an dem sie viele Wildgänse
erlegt hatten, wurde der Junge mit einer weniger schmackhaf-
ten Alternative abgespeist. Mit entwaffnender Ehrlichkeit gab
Phillips zu: »Ich hatte vor, ihn in Naturalien zu entlohnen,
aber ich dachte nicht einen Moment daran, ihm fünf Gänse zu
geben, wenn doch die gewöhnlichen Enten seinen Gaumen
ebenso erfreuen würden.« Ookoko war außer sich vor Wut,
aber trotz eines lautstark ausgetragenen Streits und seiner
Weigerung, die Enten anzunehmen, setzte sich Phillips
schließlich durch.

Schwaiamugunjiz war der streitlustigste unter den Feuerländern. Dem kleinen, heißblütigen Mann mit seiner tiefen Stirnkerbe hatten die Briten den Spitznamen »Gutsherr Dummkopf« oder einfach nur »Gutsherr« gegeben. Despard beschrieb ihn als den »Langfingrigsten des ganzen Haufens … Sein Auftauchen gilt als Signal, alle herumliegenden Sachen einzupacken und irgendwo in Sicherheit zu bringen.« Als seine Frau stahl, wurde gesagt, sie täte das entweder »auf Befehl oder nach dem Vorbild ihres indianischen Herrn«. Als Ookoko Bartlett im April half, Rüben im Lagerhaus aufzuschichten, versuchte Schwaiamugunjiz, etwas von dem Gemüse für sich abzuzweigen. Despard kam hinzu und befahl ihm, das zu unterlassen, »woraufhin er einen leidenschaftlichen Anfall bekam, mit den Armen fuchtelte und wilde Schreie ausstieß. Ich befahl ihm kategorisch, das Lagerhaus zu verlassen. Er gehorchte zwar, machte aber die wildesten Gesten und sah mich ganz finster an. Ich erwiderte seine Blicke, und schließlich beruhigte er sich und sprach ruhig über etwas anderes.«

Am 1. Juli schrieb Phillips an Charles Turpin, der vor kurzem die Missionsstation verlassen hatte, um in Port Stanley zu leben, daß Macooallan und Schwaiamugunjiz versucht hatten, ins Lagerhaus einzudringen. Als man sie darauf ansprach, »stritten sie es entschieden ab und sagten, die Ratten hätten das Holz weggefressen«.

Die überzogene Reaktion der Missionare auf diese trivialen Diebstähle ist nicht nachzuvollziehen. Ein paar Rüben mitzunehmen, eine Schachfigur oder – bei einer anderen Gelegenheit – einen Kamm, kann kaum als Kapitalverbrechen gelten, und doch gefährdeten die Missionare wiederholt ihr ganzes Unternehmen und setzen das Vertrauen und die Unterstützung der Feuerländer aufs Spiel, in die sie doch so viel Hoffnung gesetzt hatten, nur um sie zu bestrafen und ihnen eine Lektion zu erteilen. Sicher sahen die Missionare Diebstahl als ernstzunehmendes Vergehen an, und sicher waren die Feuerländer berüchtigt für ihre Stehlereien, auch waren die Missionare der Ansicht, ein solches Verhalten müsse ausgemerzt werden. Manchmal standen aber schon die Anschuldigungen auf wackligen Füßen, waren beleidigend oder unüberlegt.

Nachdem Schwaiamugunjiz bezichtigt worden war, einen Kamm gestohlen zu haben, erschien er eines Sonnabends zum Morgengebet, obwohl er verkündet hatte, daß er daran nicht mehr teilnehmen wollte. Er trat auf Despard zu und reichte ihm in einer Geste der Freundschaft die Hand. Indessen hatte der Missionar seinen Fehler weder eingestanden noch hatte er Vergebung gezeigt. Ironischerweise hatte hier der »Wilde« die Tugenden und die Großzügigkeit zum Ausdruck gebracht, für die doch der Mann eintrat, mit dem er gerade eine Versöhnung suchte.

Die Feuerländer waren auf Keppel Island längst nicht so heimisch geworden, wie die Missionare ihre Geldgeber glauben ließen. Bereits im April – noch lagen sechs Monate Aufenthalt vor ihnen – machten sich ihre Unruhe und ihr Heimweh bemerkbar. Selbst Despard hielt ihre Ruhelosigkeit in seinem Tagebuch fest: »Sie fangen an, sehr viel darüber zu sprechen, nach Hause zu gehen, um Eltern und Freunde, Frauen und Kinder wiederzusehen und um gutes ›Push-aki‹, Feuerholz, zu sammeln.« Ende Juni wurde bei einem Treffen im Cenobium die Frage aufgeworfen, wann sie nach Hause gehen dürften, und bald darauf wurde Macooallan, der noch eine Frau und weitere Kinder in Feuerland hatte, rastlos. Im September schrieb Garland Phillips: »Unsere momentanen Gäste wünschen sich sehr, zu ihren Leuten zurückzukehren.« Despard erinnerte sich, daß die Feuerländer »oft danach fragten, wann der Schoner zurückkäme, aber immer zufrieden schienen, wenn man ihnen sagte, er käme bald«.

Die *Allen Gardiner* war unterwegs an der Küste Südamerikas, wo sie die Frau des Kapitäns, seinen Sohn und den Bruder John Fell abholte, der der ranghöchste Offizier des Schiffs sein würde. Sie kam am 17. September zurück, zwei Wochen früher als geplant. Da der nächste Tag ein Sonntag war, kamen alle Fells und die vier Matrosen zum Gottesdienst an Land. Despard fiel auf, daß sie

so proper in ihren Guernseys aussehen, auf denen die Worte »Mission Yacht« quer über der Brust stehen. Die neue Mannschaft ist sicherlich die beste, die Männer sehen von allen, die wir auf dem Schoner je gehabt haben, am freundlichsten aus. Drei von ihnen sind nette junge Schweden. Einer ist der alte H McD, der im letzten Jahr der Sportlichste des Schiffs gewesen ist, ein unfehlbarer Schütze, ein kenntnisreicher Fischer, ein Arktisreisender, ein Veteran der Teerjacke und ein kapitaler Seemann. Der Koch, Ookokos »Kookomann«, ist wieder zurückgekommen. Er sagt, so lange er eine Koje auf der *Allen Gardiner* bekommen kann, wird er sie nicht mehr verlassen. Er sei nie auf einem besseren Schiff gefahren.

Nun endlich näherte sich der Tag, an dem die Feuerländer nach Hause gebracht werden sollten.

Kapitel 20

Am Mittwoch, den 28. September 1859, kurz nach elf schickte Kapitän Fell eine Nachricht an Despard: Tide und Wind waren günstig, das Schiff bereit, es war Zeit, die Feuerländer an Bord zu bringen und ihre Rückkehr vorzubereiten. Die Jahreszeit der Wildvogeleier fing schon in einer Woche an – am 4. Oktober –, und die Unruhe der Feuerländer, nach Hause zu kommen, wuchs.

Despard trommelte Phillips und drei Arbeiter von der Station zusammen und machte sich auf den Weg zum Landungssteg in der Committee Bay. Hier warteten sie, bis ihre abreisenden Gäste sich mit sonderbaren Bündeln und Taschen beladen näherten. Der Missionar hielt sie auf und befahl seinen Leuten, sie gründlich und streng zu durchsuchen. Die Feuerländer waren empört, daß man sie des Diebstahls verdächtigte, und als die Männer Wyeenagowlkippins Taschen öffneten, brüllte ihr Ehemann Macalwense mit lauter Stimme los. Währenddessen versuchte Macooallan, seine Sachen in das wartende Boot zu schaffen, und als man ihn daran hinderte, warf er ein Paket Zwieback und eine Schachtel mit Geschenken ins Meer. Ein wütender Schwaiamugunjiz drohte Despard von hinten mit der erhobenen Faust, zog seine Jacke aus und warf auch diese ins Wasser. Eine Kiste, die Despard für Kleinigkeiten und Geschenke gebaut hatte, folgte. Die Frauen rissen sich die Kleider vom Leib und warfen sie auf den Landungssteg.

Despard und seine Männer setzten inmitten des Tumults die Durchsuchung fort, obwohl der Katechet Phillips unbestätigten Quellen zufolge heftige Einwände erhob. Sie fanden zwei Äxte, zwei Meißel, einen Schlichthobel, eine Schlagschnur, einen Abziehstein, Kapitän Fells Gamaschen, ein langes Tau, das zu dem Netz des Missionars gehörte, einen neuen Hammer, einen Zimmermannshammer, einen Handbohrer, mehrere Eisenbänder, Lumpen und verschiedene Kleinigkeiten, einschließlich Gänsehälsen, den Eigenweiden von Tieren, Töpfen und Blechdosen voller Zwieback. Das war ein beeindruckender Fang, und Despard war erfreut über seine Initiative, jedoch enttäuscht, daß seine Besucher das Stehlen nicht lassen konnten. Doch fragt man sich, ob das ein kluger Umgang mit der Situation war. Die Feuerländer hatten gerade mehr als neun Monate ihres Lebens auf Keppel Island geopfert und kaum greifbaren Lohn dafür erhalten. Despard war sich bewußt, wie ernst sie die Anschuldigung des Diebstahls nahmen und wie sehr solche Behauptungen sie verletzten. Er erkannte sogar, daß das Ergebnis der Suche

äußerst anschaulich den Widerwillen gegen das Ertapptwerden zeigte, der über die Grenzen der zivilisierten Gesellschaft hinaus verbreitet zu sein scheint. Etwas Unrechtes zu tun ist eine Sache, dabei erwischt zu werden eine ganz andere. Für viele ist Letzteres sehr viel schmerzlicher. Die Feuerländer sind sehr auf ihren guten Ruf bedacht; um so mehr vielleicht, als er manches Mal in Gefahr ist.

Er wußte also aus Erfahrung, daß solche Anschuldigungen die Feuerländer zutiefst kränkten, egal wie hieb- und stichfest die Beweise sein mochten. Dennoch fand Despard es – selbst auf das Risiko hin, noch die letzte Spur von Wohlwollen zu verlieren – angebracht, ihnen ein letztes Mal die Botschaft einzutrichtern, daß Diebstahl eine Sünde war.

Die Situation beruhigte sich, die Feuerländer gingen zum Schiff, und sobald Schwaiamugunjiz an Bord war, verlangte er nach der Kiste, die er ins Meer geworfen hatte. Despard gab jedem eine Decke, um sich zu Hause warm zu halten. Es scheint jedoch, als wäre jetzt, wo sieben aus der Gruppe an Bord waren – Ookoko und Lucca sollten bis zur letzten Minute am Strand bleiben –, die Gelegenheit zum Lossegeln vorbei gewesen. Heftige Stürme peitschten plötzlich über die Ebenen der Falklandinseln und hinderten das Schiff am Auslaufen aus der Committee Bay. Nachdem sie drei Tage herumgesessen hatten, waren die Feuerländer zusehends enttäuschter über den Aufschub, sie wollten endlich nach Hause. Die Empörung über die Durchsuchung war immer noch groß, während müßig verbrachter Stunden steigerte sich das Murren zu lauten Unmutsäußerungen und dann zu heftigen Klagen. Am Samstag kochte ihre Unzufriedenheit über: Schwaiamugunjiz und Macalwense stürzten sich auf den nichts ahnenden Schiffskoch Alfred Coles und zerrten ihn unter großem Spektakel quer über das Deck. Macooallan griff ein und trennte sie. Und sobald Coles sich gefaßt hatte, schlug er Schwaiamugunjiz im Laderaum zusammen.

In der Zwischenzeit hatte Despard Garland Phillips brieflich seine Anweisungen für die bevorstehende Reise überreicht.

Verehrter Mr. Phillips,

sollte in Wulaia ein freundlicher Geist herrschen, ist es empfehlenswert, in dem Haus, das während meines letzten Aufenthaltes dort erbaut wurde, zwei oder drei Tage am Strand zu verbringen und einen Mann vom Schiff mitzunehmen, der sie unterstützen kann. Der Kapitän wird Sie mit Zwieback etc. ausstatten, als Ansporn für die Eingeborenen; und ich empfehle Ihnen, einen Garten umgraben und einsäen zu lassen, etc.

Verbringen Sie jeden Tag mit den Eingeborenen, statt in den Wald zu gehen und Holz zu fällen oder anderen Arbeiten nachzugehen. Halten Sie Notizbuch und Bleistift bereit und schreiben Sie alles auf, in Lautschrift. Versuchen Sie es mit Singen … Ich würde anraten, daß Sie, wenn es das Wetter erlaubt, am Sonntagmorgen und -abend am Strand eine Messe lesen, an der die Eingeborenen teilnehmen können und die sie zu Fragen ermuntert. Nehmen Sie Geschenke mit für die Verwandten des Jungen, und behandeln Sie diese mit besonderer Gunst …

Am 5. Oktober gingen Ookoko und Lucca mit Kleidern als Geschenk für ihre Mütter an Bord der *Allen Gardiner*. Am nächsten Morgen, neun Tage nachdem ein Teil der Feuerländer auf dem Landungssteg durchsucht und an Bord gebracht worden war, lief der Schoner aus. Aus Südwest zog ein Sturm auf, aber die *Allen Gardiner* kam vorsichtig voran, und gegen drei Uhr hatte sie Eddystone Rock passiert. Am nächsten Morgen um sieben Uhr legte sie in Port Stanley an.

Die Beziehungen zwischen den Feuerländern und den Missionaren standen zu diesem Zeitpunkt auf tönernen Füßen. Die Feuerländer hatten die Durchsuchung noch nicht verwunden, sie waren voll blauer Flecken von der Schlägerei mit Coles. Sie hatten verlangt, direkt nach Hause gebracht zu werden, doch statt dessen war der Schoner gegen ihren Protest in Port Stanley eingelaufen, wo er die nächsten sechs Tage festmachte, während Kohle für Cranmer in den Laderaum geschaufelt wurde. Sie waren wütend, und ihre Beschwerden verlangten nach mehr Beachtung.

Es gibt zwei verschiedene Versionen über den Besuch der Hauptstadt, und wenn sie auch nicht vollkommen gegensätzlich sind, so sind sie auch nicht miteinander vereinbar. Die Europäer vermitteln den Eindruck einer produktiven, angenehmen Zeit, in der das Geschäftliche erledigt wurde und die Feuerländer die Herzen der Städter eroberten und ihre Gedanken beschäftigten. Kapitän Fells Tagebuch berichtet von einem fröhlichen Aufenthalt voller Treffen und Gottesdienste:

Freitag, 7. Oktober – Wir sind um 7 Uhr angekommen, haben aber nicht gleich angelegt, da es für die Leute an der Küste zu früh war. Den Eingeborenen gefiel der Ort. Mr. Phillips nahm bald die beiden Jungen mit an Land. Nachdem ich der Außenstelle des Kolonialministeriums einen Besuch abgestattet hatte, suchte ich ein paar Freunde auf, und danach speisten Mr. Phillips und ich mit Kapitän Packe.

Samstag, 8. Oktober – Gestern überredete ein Amerikaner namens Mr. Havers die Eingeborenen, sich in der Kabine als Gruppe zeichnen zu lassen. Ich habe Freunde besucht und ein Treffen für Mr. Phillips morgen Abend verabredet.

Sonntag, 9. Oktober – Am Morgen ging ich zu unserem Treffen im Cottage. Mr. Phillips hat gepredigt.

Montag, 10. Oktober – Mr. Havers beim Zeichnen in der Kabine. Am Nachmittag gingen die Eingeborenen an Land und bekamen von den Einwohnern Stanleys viele Geschenke.

Dienstag, 11. Oktober – Die Eingeborenen (die jüngeren) mit an Land genommen, um sie portraitieren zu lassen.

Mittwoch, 12. Oktober – Wind etwa WNW, wir laufen aus …

Garland Phillips Bericht ist nicht ganz so dürftig. Er erzählt, wie er am 8. Oktober Ookoko und Lucca mit an Land nahm, um ihnen Despards Lagerhaus zu zeigen, den Gouverneur zu besuchen und schließlich Kapitän Packe, dessen Haushälterin sehr nett war. Zur gleichen Zeit malte Mr. Havers an Bord der *Allen Gardiner* die restlichen Feuerländer. Im Laufe des nächsten Tages wollten anscheinend viele Einwohner von Stanley die feuerländische Frau und das kleine Kind sehen. Folglich wurde die ganze Gruppe am 10. Oktober gewaschen und in ihren Sonntagsstaat gesteckt, dann gingen sie zusammen an Land, wo sie von Mrs. Sweeny und Mrs. Smiley, der Frau des amerikanischen Konsuls, empfangen wurden. Die beiden Frauen schenkten dem Kind Gamaschen, eine Wolljacke und Süßigkeiten.

Die Gruppe machte einen Ausflug in die Stadt: Bei den Sibbalds verteilte die Hausherrin Pfeffernüsse, und auf dem Hügel in der Nähe der Cottages der Ärmeren strömten Männer, Frauen und Kinder zusammen, um sie zu sehen und ihnen wertlosen Schmuck und kleine Geschenke zu reichen, »alles Beweise der freundlichen Gefühle, die man ihnen entgegenbrachte«. Kapitän Molony hatte gesagt, er wolle sie sehen, aber er war auf See, also gingen sie zu zwei weiteren Familien, bevor sie noch einmal Mrs. Smiley trafen, die darum bat, »sie zu ihrem Haus zu bringen, da sie noch einige Kleider für sie hatte. Die armen Geschöpfe, sie waren offensichtlich äußerst zufrieden mit Stanley und seinen Bewohnern und unterhielten sich unaufhörlich über die Geschenke und die Schenkenden. Es fing sehr heftig an zu stürmen, also brachte ich sie so schnell wie möglich wieder an Bord …« Als das Schiff am nächsten Tag den Hafen von Port Stanley verließ, schrieb Garland Phillips in sein Tagebuch: »Es ist sehr deutlich, daß den Eingeborenen das gestrige ›Gefeiertwerden‹ sehr gut gefiel, denn heute haben sie mir und anderen wiederholt gesagt, sie wollten nicht nach Feuerland zurück, sondern nach England. ›Feuerland nicht gut; nicht mögen Feuerland.‹«

Die zweite Version dieses kurzen Aufenthaltes in Port Stanley klingt bedrohlicher. Zwei der wichtigsten Personen in der Hauptstadt sahen die Dinge anders als die Missionsgruppe. Oberflächlich betrachtet stimmte das, was Phillips und Fell berichteten, aber der Gouverneur und der Kolonialgeistliche hatten beunruhigende Spannungen zwischen den Feuerländern und ihren Gastgebern, den Missionaren, bemerkt: In einem Bericht des Gouverneurs an den Kolonialminister in London heißt es: »Die *Allen Gardiner* legte auf ihrem Weg in Port Stanley an. Das Temperament der Eingeborenen war hier bekannt, und der Kapitän und Mr. Phillips wurden von verschiedenen Freunden gewarnt, auf der Hut zu sein.«

Der Kaplan, Charles Bull, untermauerte seine Einschätzung. In einem Brief an den *Guardian* schrieb er, nachdem das Schiff in Port Stanley angekommen sei, »war es für diejenigen, die mit dem Charakter der Eingeborenen vertraut waren, offensichtlich, daß Unheil in der Luft lag. Die Eingeborenen, die vorher beim Verlassen von Keppel Island durchsucht worden waren, brachten ihre Empörung über dieses Vorgehen zum Ausdruck.«

Die *Allen Gardiner* fuhr ohne Eile zurück nach Wulaia. Eine Reise, die unter guten Bedingungen in drei Tagen zurückgelegt werden konnte, dauerte über drei Wochen. Unterwegs legten sie in Sparrow Cove, Mare Harbour, Ship Harbour und an verschiedenen Inseln des Feuerland-Archipels an. Sie nahmen sich die Zeit, Eier zu sammeln, zu fischen und die Wassertanks des Schiffes aus den vielen Wasserläufen mit Frischwasser zu füllen. Stürme erhoben sich und wirbelten das Schiff herum wie ein Stück Treibgut. Am Donnerstag, den 20. Oktober, zehn Tage nach Verlassen der Hauptstadt der Falklandinseln, wurde Land gesichtet, es waren jedoch die Berge um Port Stanley. Fell war enttäuscht, ebenso wie die Feuerländer, die sich lautstark beklagten. Macooallan behauptete, Jemmy Button habe gesagt, es sei eine leichte und schnelle Überfahrt.

Als die Reise noch rauher wurde, die Fahrt langsamer und sich Krankheiten der Schiffsgesellschaft bemächtigten, wurde deutlich, daß nicht nur die Feuerländer unglücklich waren über die Durchführung des Unternehmens. Robert Fell setzte einen Brief an das Komitee der *Patagonischen Missionsgesellschaft* in Bristol auf. Er sei zu der Erkenntnis gelangt, eine Missionsstation auf Keppel Island sei nicht lebensfähig, falls das Unternehmen ein Erfolg werden sollte. Die Überfahrt zwischen Keppel und Feuerland konnte hart, zeitraubend und gefährlich sein. Es gebe kaum Fortschritte mit den Eingeborenen, weil die sporadischen Besuche in ihrer Heimat nicht ausreichten, Kontinuität und Einvernehmen herzustellen, und jedes Mal nur ein paar Eingeborene mitzunehmen, habe nicht den gewünschten Effekt. Er schloß, die einzig reale Chance auf Fortschritt liege darin, unter den Eingeborenen in Feuerland selbst eine Station zu errichten, und drängte das Komitee, darüber nachzudenken.

Am 2. November erreichte das Schiff Wulaia, und der Kapitän sollte nun unter Beweis stellen, daß, wenn der *Patagonischen Missionsgesellschaft* etwas vorzuwerfen war, es die Unfähigkeit ihres Personals gewesen ist, aus seinen Fehlern zu lernen. Die Abreise aus Keppel Island war über einen Monat her, und für die Mannschaft und den Kapitän der *Allen Gardiner* mochte die Durchsuchung auf dem Landungssteg kaum mehr sein als eine ferne, unbedeutende Erinnerung, aber die Indianer waren noch immer verärgert.

Als das Schiff an diesem Tag Anker warf, kam Jemmy Buttons Kanu längsseits. Fell schrieb in sein Tagebuch:

Mittwoch, 2. November – Ein Kanu legte ab, und wir erblickten den armen Jemmy Button, nackt und wild wie stets. Sein Anblick war fast zu unangenehm. Er schien zu beweisen, daß unsere ganze Arbeit mit ihm sinnlos war. Es muß etwas vollkommen anderes in Angriff genommen werden als das, was bereits getan wurde, damit die Eingeborenen davon profitieren.

Der verwahrloste Jemmy kletterte an Bord, und es dauerte nicht lange, bis er seine Unzufriedenheit über die wenigen Geschenke zum Ausdruck brachte. In der Zwischenzeit bereiteten sich die Feuerländer auf das Ausschiffen vor, aber Fell, der informiert worden war, daß der Mannschaft einiges fehlte, ordnete eine weitere Durchsuchung ihrer Bündel an. Schwaiamugunjiz und Macalwense waren außer sich. Als der Kapitän versuchte, Schwaiamugunjiz' Bündel aufzuschnüren, packte dieser ihn und drückte ihn gegen die Wand. Der Kapitän schlug um sich und stieß den Feuerländer weg. Die erzürnten Yámana ließen ihre Bündel fallen und kletterten in die wartenden Kanus. Nur Macooallan, seine Frau und die beiden Jungen Ookoko und Lucca blieben zurück, bestürzt über das, was sie gesehen hatten. Als die Indianer fort waren, wurden ihre Bündel geöffnet. Zwischen ihren Kleidern fanden sich eine Harpune, ein seidenes Taschentuch, ein Messer und ein Dolch.

Am Abend brachte Fell Macooallan und seine Frau samt der Bündel, welche die in Ungnade gefallenen Feuerländer zurückgelassen hatten, im Beiboot an Land. Am gleichen Abend wurde Jemmy Button ermutigt, wieder an Bord zu kommen, wo man ihm Kleider und einige Geschenke gab, die ihm aus Cranmer geschickt worden waren. In den nächsten Tagen ging die Mannschaft ungestört an Land, beendete die Arbeiten an dem Haus und begann, einen Garten anzulegen. Einige Feuerländer arbeiteten sogar für sie. Ookoko ging mit der Schiffsbesatzung an Land, um Bäume zu fällen, am Haus zu arbeiten und kehrte am Abend zum Schlafen auf die *Allen Gardiner* zurück. Wenn Ärger in der Luft gelegen hatte, dann hatte er das entweder nicht bemerkt, oder es für sich behalten. Doch für die Mannschaft unmerklich verfinsterte sich die Atmosphäre an Land. An dem Mittwoch, an dem das Schiff eintraf, waren erst wenige Feuerländer in Wulaia gewesen, aber bis Samstag waren siebzig weitere Kanus angekommen, wodurch die Zahl der Eingeborenen auf mehr als dreihundert stieg. Am Freitagabend kam Jemmy Button noch einmal zu einer seiner unerfreulichen Unterredungen mit dem Kapitän an Bord, einem Austausch von Ansichten, den der Kapitän wahrscheinlich der Tatsache zuschrieb, daß Jemmy »einer der dümmsten Vertreter seiner Rasse« und gierig war.

Zu den letzten vier Tagen finden sich in Fells Wulaia-Tage-
buch zwar nur wenige Anhaltspunkte für eine Verschlechterung der Beziehungen zwischen der Mannschaft und den Indianern, doch es gibt sie:

Donnerstag, 3. November – Mannschaft schlägt Holz, Mr. Phillips
und seine Jungen im Garten. Die Eingeborenen gingen an Land,
und Schwyamuggins hat am Abend seine Kleider bekommen.

Freitag, 4. November – Mannschaft im Wald. Unsere Eingeborenen zu faul, um ihre Häuser zu decken.

Samstag, 5. November – Mannschaft im Wald. Eingeborene
ziemlich lästig längsseits.

Sonntag, 6. November –

Der fehlende Eintrag für Sonntag verheißt nichts Gutes. Um
Despards Anweisungen nachzukommen und in der Hoffnung, den versammelten Feuerländern ein gutes Beispiel zu
geben, einigte man sich, in dem fast fertigen Haus einen
Gottesdienst abzuhalten. Ein großes Beiboot wurde zu Wasser gelassen. Bis auf den Koch kletterte die ganze Schiffsbesatzung an Bord und ruderte die knapp dreihundert Meter an
Land.

Es waren acht Männer in dem Boot, alle in ihren schmucken
Pullovern, auf denen vorne »Mission Yacht« stand. Als sie am
Strand ankamen, beäugten die Feuerländer sie ruhig, rührten
sich jedoch nicht hinter ihren kleinen Feuern, die den Strand
säumten. Das Boot wurde an Land gezogen, dann gingen die
Männer zum Haus und trafen Vorkehrungen für den Gottesdienst. Ein Augenblick verstrich, bevor sie Kirchenlieder anstimmten.

Draußen auf dem Schiff schaute Alfred Coles aus der Kombüse, wo er das Mittagessen vorbereitete, hinaus und sah, daß
die Yámana sich erhoben. »Die haben nichts Gutes vor«, sagte
er sich. Eine Gruppe nackter Männer näherte sich dem unbe-
wachten Boot, nahm die Ruder an sich und trug sie zu einem

Wigwam. Der Gesang endete, und ein schreckliches Geräusch durchdrang die Stille. Coles sah zum Haus hinüber. Eine große Gruppe Indianer griff an, trat die Tür ein und stürmte hinein. Hugh McDowall, ein erfahrener Seemann, der einmal an einer Expedition in die Arktis teilgenommen hatte, wurde zu Boden gestreckt. Sieben unbewaffnete Männer stoben aus dem Haus, wo die grölende Menge auf sie wartete. Holzknüppel sausten nieder, Knochen krachten, ein Regen von Steinen verdunkelte den Himmel und schlug dumpf auf die Köpfe der fliehenden Mannschaft. Die beiden Fell-Brüder wurden von einer Gruppe Feuerländer eingekreist, sie kämpften und fielen Rücken an Rücken; Felsbrocken prasselten auf ihre schon leblosen Körper. Der Zimmermann und zwei Männer gingen unter Knüppelschlägen zu Boden. Ookoko lief weinend am Strand auf und ab und flehte die Meuchelmörder an, aufzuhören.

Der schwedische Matrose August Petersen und der schreiende Katechet Garland Phillips brachen aus der Menge aus. Ein mächtiger Stein streckte den Skandinavier am Ufer nieder. Phillips stürzte ins Meer, sein schwarzes Haar flatterte im Wind, sein Mund war verzerrt vor Angst. Er versuchte, ein Boot ins Wasser zu ziehen, aber während er bis zu den Knien in der Brandung stand und verzweifelt daran zerrte, schleuderte der Feuerländer Macalwense, den die Missionare als Billy Button kannten, einen Stein, der ihn an der Schläfe traf. Sein Kopf schlug zu einer Seite, dann zur anderen, und schließlich gaben seine Beine nach. Das Leben wich aus ihm, und seine Rockschöße schwammen auf dem sich rot färbenden Meer.

In Wulaia Cove lagen acht tote Männer:

> Garland Phillips – Katechet
> Robert Fell – Kapitän
> John Fell – Maat
> John Johnstone – Zimmermann und zweiter Maat
> Hugh McDowall – Matrose
> John Johnston – Matrose
> John Brown – Matrose
> August Petersen – Leichtmatrose

Alfred Coles auf der *Allen Gardiner* blieb ruhig. Er ging nach unten, nahm eine Waffe und drei Laibe Brot. Er warf sie in die Gig, die am Schiffskran hing, schnitt das Boot ab, ließ es ins Wasser klatschen, holte sich ein Paddel aus dem Speigatt, sprang über Bord und entfernte sich von dem Blutbad.

TEIL FÜNF

DIESE GEFLISSENTLICHE VERHEIMLICHUNG

Kapitel 21

In England hatte das Jahr 1860 für die Patagonische Missionsgesellschaft gut begonnen. In den vorangegangenen 24 Monaten hatten ihre Missionare auf Keppel Island zwei Gruppen von Feuerländern empfangen, und zur nämlichen Zeit brachten sie – soweit man unterrichtet war – eine dritte Gruppe nach Cranmer. Noch wichtiger war der triumphale Ausgang des Prozesses, den der ehemalige Angestellte William Parker Snow gegen die Gesellschaft angestrengt hatte und der in einen vierjährigen Zermürbungskrieg umgeschlagen war.

Snow hatte sich unablässig um Einflußnahme auf das Kolonialministerium bemüht, die Beamten waren jedoch davon überzeugt, daß er »nicht ganz bei klarem Verstand« sei und außerdem ein »äußerst erregbares Temperament« habe. Man sah sich in diesen Ansichten bestätigt, als der Fall am 8. Dezember 1859 wieder aufgenommen und in weniger als zwei Tagen abgeschlossen wurde. Die Geschworenen sprachen das Urteil, ohne sich auch nur aus dem Gerichtssaal zurückzuziehen. Es gäbe, so befanden sie, keinen Fall, auf den die Missionsgesellschaft einzugehen habe: William Parker Snow sei keineswegs zu Unrecht entlassen worden, niemand schulde ihm Geld oder eine Kompensation für die Art und Weise, in der er behandelt worden war. Neue Anschuldigungen, der Lloyds-Bevollmächtigte für die Falklandinseln habe Snow vorgeschlagen, die *Allen Gardiner* zu versenken, auf daß sie beide Gewinn daraus zögen, wurden vom Gericht lachend abgetan.

Die öffentliche Aufmerksamkeit tat der Gesellschaft jedoch nicht gut. Am Tag nach dem Urteilsspruch prangerte *The Times* ihr Verhalten an:

Aus der Art und Weise, in der er [Snow] den Himmel zum Zeugen gegen sie [die Gesellschaft] anruft, sollte man meinen, seine Arbeitgeber seien Türken oder Monster und keine ergebenen Missionare, die von ihrer Liebe zur menschlichen Seele angespornt wurden ... Man kann getrost sagen, daß die Patagonische Mission ein schlechtes Ende genommen hat, sie kann wohl eine Liste vorweisen, aber nicht von konvertierten Heiden, sondern von ausgezeichneten Christen, die miteinander streiten und sich wechselseitig beschimpfen.

Die Gesellschaft hatte offensichtlich an der Wiederherstellung ihres Rufes zu arbeiten, und so war man erleichtert, daß der Prozeß nun endlich vorüber war. In der *Voice of Pity* wurde geprahlt:

Am hoffnungsvollsten sind derzeit die Aussichten der Mission in Übersee. Solch segensreiche Anzeichen sind uns in all unserer Arbeit noch nie zuteil geworden. Der christliche Geist wird nicht müde, die Gnade des Herrn zu erkennen, der es uns gestattet, über die Eingeborenen in Feuerland zu berichten, die zumindest äußerlich an der Arbeit und am Gottesdienst teilnehmen und mit unseren Brüdern, den Missionaren, Lobpreisungen anstimmen.

Am 8. Dezember 1859, als das endgültige Urteil im Fall Snow gesprochen wurde, ahnte in England niemand, daß schon mehr als einen Monat zuvor acht Missionare ihren Tod in Feuerland gefunden hatten.

Die *Allen Gardiner* wurde am 1. Dezember 1859 auf Keppel Island erwartet. Als sie im Februar des folgenden Jahres noch immer nicht zurückgekehrt war, wuchs die Unruhe in der Missionsstation. Despard fuhr mit dem zweiten Schiff der Gesellschaft, der *Perseverance*, nach Stanley. Dort beauftragte er den amerikanischen Seemann William Smyley, den Eigentümer der Brigantine *Nancy*, mit der Suche nach dem vermißten Schiff.

Smyley war ein verwegener Spätsechziger aus Rhode Island, dessen Ruf als Seehund- und Viehjäger ihm den Spitznamen

»Fat Jack of the Bone House« eingetragen hatte. Manche seiner südatlantischen Abenteuer grenzten an Piraterie. Es war Smyley gewesen, der 1851 die Leichen der vermißten Gardiner-Expedition gefunden hatte, was ihn mit seinen unübertroffenen Kenntnissen des Südatlantiks mit den vielen Inseln dafür prädestinierte, den verschwundenen Schoner am ehesten finden zu können.

Smyley steuerte Wulaia am 1. März 1860 an, wo er die *Allen Gardiner* vor Anker liegen sah. Die dümpelnde *Nancy* war sogleich von Kanus umringt. Auf einem stand ein weißer Mann und winkte, das war Alfred Coles. Die Mannschaft hievte ihn an Bord, und hinter ihm erklomm Jemmy Button das Schiff, um sich in der Kombüse Brot und Wasser geben zu lassen. Smyley hieß den Koch der Missionsgruppe willkommen, gab ihm etwas zu essen und ein paar Decken zum Aufwärmen und fragte ihn nach seiner Geschichte.

Coles mußte den Kopf schräg halten, weil ihm ein riesenhafter Furunkel unter dem rechten Ohr Schmerzen bereitete. Zitternd vor Erleichterung berichtete er, wie er im November 1859 die Gig der *Allen Gardiner* vom Ort des Massakers weggerudert hatte. Über die Schulter hatte er die mordlustigen Indianer in ihre Kanus steigen und eilig zum Schiff paddeln sehen, ein Kanu hatte seine Verfolgung aufgenommen. Er war um sein Leben gerudert und hatte sich Minuten später an Land in die dunkle Sicherheit des dichten Waldes gerettet. Die drei kleinen Brote, die er sich unter den Pullover gesteckt hatte, waren auf seiner panischen Flucht verloren gegangen. Von einem Baum aus hatte er beobachtet, wie seine Verfolger ganz in der Nähe an Land gegangen und auf der Suche nach ihm die Küste abgelaufen waren, ehe sie die Verfolgung aufgegeben und sein kleines Boot in Schlepptau genommen hatten.

Als es ihm sicher erschien, war Coles vom Baum gestiegen und hatte sich in Richtung Sonne aufgemacht. In den folgenden Tagen war er über offenes Land, das nur so von Guanakos und Gänsen wimmelte, nach Osten gewandert, hatte sich von Beeren ernährt und nachts unter provisorischen Dächern aus Ästen und Gras geschlafen. Nach vier Tagen war er hungrig und ausgekühlt an einen Fluß gekommen, der zu tief und zu breit war, als daß er ihn hätte überqueren können. Er war dem Flußlauf bis zu einem Strand gefolgt, wo er zwar Napfschnecken und Muscheln gefunden hatte, ohne Streichhölzer jedoch kein Feuer machen konnte, um sich zu wärmen oder seine durchnäßten Kleider zu trocknen. Etwas später hatte er – trotz allem, was geschehen war – ein vorübergleitendes Kanu herbei gewunken, das von Tellons ältestem Sohn gesteuert wurde.

Die mörderische Wut war verflogen. Er war freundlich begrüßt und mitgenommen worden. Coles war ins Kanu gestiegen und hatte sich an dem Feuer gewärmt, das in seiner Mitte brannte. Über eine Woche waren die beiden Männer von einer Insel zur nächsten gepaddelt, und er sah sich gezwungen, Banden von Einheimischen abzuwehren, die ihn anbettelten und ihm fast alles stahlen, was er besaß. Bis auf den Gürtel und die Ohrringe hatten sie ihm sämtliche Kleider genommen, Bart und Augenbrauen mitsamt der Wurzeln ausgezupft oder mit Muschelschalen abrasiert. Unter den Indianern hatte er einen mit einem Guernsey des Missionsschiffes gesehen, ein anderer trug den blauen Mantel von Fell zur Schau. Auch wenn sie ihn rauh behandelten, hatten die Yámana doch ihr Essen mit ihm geteilt, und nach zehn Tagen war er nach Wulaia zurückgebracht worden, wo die *Allen Gardiner* draußen auf dem Meer vor Anker lag. Sie war vollkommen ausgeschlachtet: Masten, Deckleuchten, Takelage, Stufen und alle Metallteile waren herausgerissen worden. Der feuerländische Mob hatte sich aufgelöst, und unter den wenigen, die zurückgeblieben waren, befanden sich Jemmy Button, seine Brüder Macooallan und Macalwense, Schwaiamugunjiz und die Jungen Ookoko und Lucca, die alle mitfühlend waren und ihn mit Muscheln, Schalentieren und manchmal mit Fisch versorgt hatten. Sie hatten Coles Strümpfe, seinen eigenen Hut und seine Hose sowie ein Paar Stiefel gegeben, die dem toten Kapitän gehört hatten. Sogar eine der Schiffsmusketen und eine Nachtmütze voll Pulver und Zündhütchen hatten sie ihm anvertraut und er hatte Gänse gejagt und sich einen Ruf als »sehr guter Bursche« erworben.

Fast vier Monate wurde Coles als Yámana behandelt, die Frauen kümmerten sich mit besonderer Freundlichkeit um ihn – eine, die auf Keppel Island gewesen war, hatte ihn sogar auserkoren, ihr bei ihrer Niederkunft beizustehen, weil man glaubte, er besäße besondere Fähigkeiten. Jeden Tag bekam er seinen Anteil, wenn die Frauen von ihren Fischausflügen zurückgekommen waren, und wenn sich die Sonne senkte, nahm er an den abendfüllenden Ringkämpfen teil. Er war mit dem Kanu nach Button Island gefahren und hatte der ausgeplünderten *Allen Gardiner* ein Dutzend Besuche abgestattet. An manchen Tagen hatte er von Sonnenauf- bis Sonnenuntergang vergeblich nach den Leichen seiner toten Kameraden gesucht. Ein Feuerländer hatte ihm gesagt, die Leichen seien ins Meer geworfen, ein anderer, sie seien an einem geheimen Ort begraben worden.

Smyley protokollierte Coles Aussage. Der dreiundzwanzigjährige Koch berichtete von den Ereignissen, die zu dem Gemetzel geführt hatten, den grauenhaften Ermordungen, die er hatte mitansehen müssen, von den Schreien, dem Blut und der gnadenlosen Brutalität. Er endete mit ernsthaften Anschuldigungen:

Die Jungen des Stammes haben mir erzählt, daß Jemmy Button und andere am Abend nach dem Massaker an Bord der *Allen Gardiner* gegangen sind und in der Kabine des Kapitäns geschlafen haben. Es lebte niemand mehr, als ich zurückkam.

Ich glaube, daß der Grund für das Massaker Jemmy Buttons Eifersucht war. Er hatte nicht so viel bekommen, wie ihm seiner Ansicht nach zustand. Er war der Anstifter.

Was nun mit den Leichen geschah, weiß ich nicht zu sagen …

Smyley hörte sich Coles Geschichte bis zum Ende mit großem Ernst an. Die Mannschaft der *Nancy* bestand nur aus sechs Mann: Anzuhalten wäre gefährlich, und der Mann, den Coles als Hauptattentäter beschuldigte, saß unten in der Kombüse. Ohne Anker zu werfen, kappte Smyley die Fangleine von Jemmy Buttons Kanu und segelte aus Wulaia Cove heraus. Der nichtsahnende Feuerländer war entführt worden

und befand sich wieder einmal auf dem Weg zu den Falklandinseln.

In Port Stanley reagierte man geschockt und wütend auf die
Nachricht von dem Massaker. Zahlreiche Freiwillige meldeten
sich, die in Feuerland Rache üben wollten. Der Befehlshaber
der Marine, Kapitän Abbott, machte den Vorschlag, mit zwanzig der in Falkland stationierten Garnisonen nach Wulaia zu
fahren, um die Schuldigen zu bestrafen. Smyley wollte ein
Aufgebot Freiwilliger an Bord der *Nancy* nehmen. Der Gouverneur, der Bedenken gegen die Aktivitäten der Patagonischen Missionsgesellschaft hegte, erlaubte jedoch keinen Ver-
geltungsakt. Er war nicht bereit, sich zu rücksichtslosen und
möglicherweise ungerechten Taten drängen zu lassen, um Rache an etwas zu üben, was er als so undurchschaubar und un-
ehrlich ansah wie die Missionsstation auf Keppel Island. Zu
der Zeit wäre es allerdings hartherzig und polemisch gewesen,
solchen Emotionen Ausdruck zu verleihen. Statt dessen argumentierte er, die Morde unterstünden nicht seiner Gerichts-
barkeit; überdies sei nur ein Indianer als Beteiligter identifiziert worden und die diversen Stämme hätten sich nach den
Morden zerstreut. Den Vergeltungsmaßnahmen würden Un-
schuldige genauso wie die Schuldigen zum Opfer fallen.
Nichtsdestoweniger räumte er in einem Schreiben an den Kolonialminister folgendes ein:

Wenn Sie sich die Umstände des Falles in aller Ruhe vor Augen
führen und es dann für richtig befinden, ein kleines Kriegsschiff
zu entsenden, um die Örtlichkeit aufzusuchen, weniger um das
Schicksal der ermordeten Männer zu rächen, als vielmehr um
durch eine heilsame Zurschaustellung von Gewalt die Sicherheit
derjenigen Seemänner zu gewährleisten, die hiernach an jene Inseln gespült werden ... dann fühlte ich mich verpflichtet zu sagen, daß eine solche Demonstration sehr nützlich sein würde.

Jemmy verließ die *Nancy* weder als Gefangener noch als freier
Mann, trotzdem schwebte er in großer Gefahr. Es steht zwar
in keinem offiziellen Bericht, aber in Stanley sollte er als Rä-

delsführer aufgeknüpft werden. George Packenham Despard erinnerte sich später, daß Jemmy, als er zum Government House gebracht wurde, Glück hatte, denn er entkam »nur knapp einer Lynch-Exekution«. Im Büro des Kolonialministers wurde er am 12. März 1860 zu dem Massaker befragt.

In Gegenwart des Gouverneurs Moore, des Kolonialkaplans, Kapitän Smyleys und des Unterzeichners gibt James Button aus Feuerland folgendes zu Protokoll:

Ich blieb auf Keppel Island vier Monde mit Frau und Kindern – wollte nicht bleiben, will nicht dahin, nicht gefallen. Despard sagt, geh zurück, Jemmy, du alt, deine Kinder bleiben – will, daß Kinder bleiben, will zurück mit Ihnen (Kapitän Smyley). Alle wollen zurück nach Wulaia, Mr. Despard fragt, geh nach Keppel, Mr. Despard sagt, geh zwei Mal, Keppel zwei Mal das Jahr. Wulaia arbeiten, nicht auf Keppel. Faß Wasser in großer Hütte auf Keppel, Speerfischen auf Keppel, nicht fangen Seehund. Fangen Fisch, großen Fisch, ich sehe nicht, als sie suchen in Taschen. Oens-Junge sehr wütend, als Despard sehen in Taschen. Oens-Menschen töten Kapitän Fell – so wie Patagonien Pfeil und Bogen Männer – mein Land kleiner Kanal, andere großes Wasser, mein Land in Wulaia, ihr Land nah Patagonien – Oensland Jungen sagen, wir machen euch nicht tot, ihr geht weg, wir machen sie tot – Kapitän Fell tot durch Stein von Oens-Männern – ich sehe Kapitän Fell tot machen – Tischler, anderer Mann sehen und macht tot – ich sehe nicht Mr. Phillips tot machen – ich lege vier in Erde, ich sehe nicht andere – ich will zeigen Kapitän Smyley – ich sehe nicht einen leben. Ich denke, einer wegkommen, weglaufen über Land – ich lege Kapitän Fell und Tischler und zwei andere in Erde. Ich schlafe nicht in Schoner, renne herum auf Land – nicht mehr schlafen, rennen herum – überall auf Insel, ich sehe nicht weißen Mann, ich suche nach tot Kapitän Fell, mein Bruder sagt – alle in Erde bei großes Haus – mein Bruder gräbt. Jeder Stamm spricht anders, Frau in Wulaia, die »Hüterin« von meinem Stamm hat fünfzehn Kanus (zählt sie an den Fingern ab) viele Kanus andere Seite über Wasser viele. Eure Leute nicht sprechen Wulaia, Oens-Menschen nicht sprechen (Lennox

Island wird beschrieben), sie nicht sprechen. Yorks Land zwei Schiffe gebrochen lange Zeit her – York Menschen essen Menschen – Mein Bruder vielleicht geht zurück nach Keppel. Ich habe genug – ich nicht zurückgehen – war weg schon drei Mal – vielleicht gehen Landsleute zurück (begleitet von einem Blick, der nein bedeutete) – (nachher hinzugefügt) – meine Landsleute wollen nicht zurückgehen nach Keppel.

Zu Protokoll genommen von Jemmy Button, soweit er verstanden werden konnte beziehungsweise seinerseits die Fragen verstehen konnte.

J. R. Longden Kolonialminister
Charles Bull Kolonialkaplan

Es gibt Unstimmigkeiten, Widersprüche und einige glatte Lügen in der Aussage des Feuerländers, aber dazwischen und zusammen mit seinen Erinnerungen an die Umstände in Cranmer – der Kessel Wasser, das Fischen, die fehlenden Seehunde – trat eine andere Version der Ereignisse zutage, die schließlich zu dem Massaker geführt hatten. Jemmy hatte es auf Keppel Island gar nicht gefallen, er wollte von Anfang an nicht dorthin und er wollte auch nicht noch einmal zurückkehren. Überdies wurde klar, daß er nicht glaubte, daß sich die Missionsstation lange halten würde – »Wulaia arbeiten, nicht auf Keppel«, hatte er gesagt. Die Durchsuchung der Taschen hatte große Verärgerung hervorgerufen, die Mörder waren jedoch nicht seine Leute, sondern die dämonisierten Oens-Menschen, die Todfeinde der Yámana. Er fügte hinzu, daß er vier der toten Männer begraben und nicht in der Kapitänskajüte auf dem verlassenen Schoner geschlafen habe. Schließlich griff er York Minster und seinen kannibalischen Stamm an und fügte hinzu, er habe genug von Keppel Island. Vielleicht wolle sein Bruder ja zurückgehen, aber dann überlegte er sich das schnell anders: »Meine Landsleute wollen nicht zurückgehen nach Keppel.« Seine Leute hatten genug von der Missionsstation.

Die Nachricht von dem Massaker erreichte London am 4. Mai 1860, fast ein halbes Jahr verzögert. Sie kam mit einer Depesche des Gouverneurs der Falklandinseln, Thomas Moore, die auf alles, was er von den Ereignissen wußte, im einzelnen einging: Auf die Arbeit der Missionsstation, die Durchsuchung der Feuerländer, die Namen der Toten, die Rettung und die Aussage Alfred Coles sowie die empörte Reaktion in Port Stanley. Er verschwieg auch nicht, daß er sich geweigert hatte, Vergeltungsmaßnahmen durchzuführen, und berichtete, was man von den Hinterbliebenen wußte. Moore machte aus seiner persönlichen Meinung keinen Hehl: »Ich fühle mich verpflichtet zu sagen, daß ich Mr. Despards Maßnahme, die Männer zu durchsuchen, in keiner Weise gerechtfertigt finde, noch scheint mir nicht sicher, daß die Eingeborenen mit ihrem erzwungenen Aufenthalt auf Keppel zufrieden waren, und ich muß betonen, daß diese Eingeborenen zuvorderst unter den Mördern waren.« Er habe deswegen die weitere Einreise Eingeborener durch die Gesellschaft verboten und nach Artikel 433 des Handelsschiffgesetzes eine Untersuchung des Gemetzels angeordnet.

Am folgenden Tag stand die Geschichte in der Zeitung. »Entsetzliches Massaker an Besatzung von Missionsschiff« lautete die Schlagzeile des *Daily Telegraph*, der sich wie der *Morning Advertiser* und die *Western Daily Press* auf die Geschichte gestürzt hatte. Am 7. Mai zog die Nachricht schon weitere Kreise, und der *Daily Record* druckte einen Brief des Sekretärs der Patagonischen Missionsgesellschaft, Waite Stirling. Er versuchte darin, den Morden etwas Positives abzugewinnen. Er lobte die Arbeit der Missionare, und nach einem Gelöbnis, das Bemühen um die Heiden nicht aufzugeben, endete er mit den schönen Worten:

Von einem, der mit mitfühlendem Herzen und aus einem starkem Glauben spricht, der jedoch die Gefühle eines anderen äußert, der, wenigstens in den Reihen der Kirche, einen hohen Rang einnimmt und dessen Worte auf uns kamen: »Wir sind Engländer – um nicht zu sagen Christen – und dürfen nicht aufgeben.« O Herr, verbreite diese Worte. In ihnen vereinigt sich der Schrei von tausend trauernden Herzen.

Der Londoner Korrespondent der *Bath Chronicle* spekulierte über die Ursache für die Morde und druckte ein in der Hauptstadt kursierendes Gerücht, daß die Feuerländer nämlich, »indem man sie wusch, ankleidete, herumschubste, angrapschte und zu ihnen predigte, sich durch und durch elend fühlten, so daß sie Rache schworen. Und als sie wieder in ihren Wigwams waren, glücklich, nackt und frei, packten sie die unglückseligen Christen ... und töteten sie mit Keulen und Steinen.«

Die wildeste Debatte blieb der Leserbriefseite vorbehalten. Die Morde lösten einen wahren Gefühlssturm aus. Selbstverständlich stachelte die Katastrophe den zunehmend bissigeren William Parker Snow gegen die immer defensiver werdende Gesellschaft an. In der *Morning Post* vom 11. Mai verlangte Snow eine eingehende Untersuchung sowohl des Massakers als auch der Aktivitäten der Gesellschaft. »Vielleicht wird angenommen, diese Eingeborenen seien so wild, daß alle Vorsichtsmaßnahmen gegen sie vergeblich wären. Falls das so ist, kann ich dazu nur sagen: Ich habe sie nicht so erlebt und auch meine Frau kann ihre freundliche und liebenswerte Natur bezeugen, selbst an genau jenem Ort, wo das Massaker stattgefunden hat.«

In der *Western Daily Press* vom 12. Mai beschuldigte ein anonymer Korrespondent mit dem vielsagenden Pseudonym »Scrutator«[28] die Gesellschaft wortgewaltig nicht nur, für den rücksichtslosen Verlust von Menschenleben verantwortlich zu sein, sondern auch noch selbstgefällig darauf reagiert zu haben. Eine eingehende Untersuchung, welche Anweisungen man den verstorbenen Männern mitgegeben hatte und mit welchen Mitteln sie eine solche Katastrophe hätten verhindern können, war unumgänglich.

Daß man sich gestattete, eine solch grauenhafte Verlautbarung mit Schweigen zu übergehen, wie der Sekretär es wohl möchte, daß es möglich sei, oder vermehrte Anstrengungen in derselben Richtung unternimmt, heißt doch, daß man uns für taub gegen das Weinen der trauernden Witwen und Waisen erklärt. Kein Quacksalber käme im Traum darauf, ein Plakat, das seine Mittelchen anpreist, mit einem Totenkopf zu schmücken. Auch die Gesellschaft sollte nicht mit einem neuen Aufruf an die Öffentlichkeit treten, ohne sie zunächst davon zu überzeugen, daß ihr nächster Einsatz weiser und vorsichtiger geplant ist und die Öffentlichkeit also, menschlich gesprochen, davor bewahrt wird, noch einmal durch solche entsetzlichen Einzelheiten aufgeschreckt zu werden.

Das war harter Tobak, und die Gesellschaft bekam die Kritik deutlich zu spüren. Waite Stirling, der schnell zum Prügelknaben der Organisation mutierte, antwortete dem »Scrutator«. Ja, die Männer an Bord der *Allen Gardiner* hätten zuviel Vertrauen gehabt, jedoch nur weil der Verrat der Feuerländer so gut getarnt und somit unvorhersehbar gewesen sei. Das sei ein Fehler gewesen, die Missionare seien aber nicht die einzigen, die im Umgang mit »einem barbarischen Volk« einen solchen Fehler begangen hätten. Britannien taumelte noch unter den Nachwirkungen des blutigen indischen Aufstandes von 1857: Ließ sich nicht sogar eine direkte Parallele ziehen?

Es ist noch nicht lange her, daß wir das schreckliche Niedermetzeln ganzer Kompanien von Christen in Indien zu beklagen hatten. Lucknow, Cawnpore, Merut, Delhi, diese Namen haben sich qualvoll in die Herzen Tausender Landsleute eingegraben. Möchte der »Scrutator« wissen, warum? Ich werde es ihm sagen. Dort wurde das Blut von englischen Männern und Frauen – das Blut von Märtyrern – vergossen, vergossen wegen des allzu großen Vertrauens der Briten und des Verrats einer eingeborenen Soldateska, auf die man sich zu sehr verlassen hatte.

In Regierungskreisen löste die Nachricht von dem Massaker eine ernsthafte Debatte aus, in welcher der Patagonischen Missionsgesellschaft wenig Sympathie entgegengebracht wurde. Stirling hatte auf die Tragödie auf dem indischen Subkontinent verwiesen. Im Vergleich zu den Hunderten, die auf indischen Straßen niedergemetzelt und in Flüsse und Brunnen geworfen worden waren, verblaßten die Toten von Wulaia zur Bedeutungslosigkeit. Nichtsdestoweniger war man im Kolonialministerium ernsthaft besorgt. Mord an Briten im Ausland war immer eine leidige Angelegenheit, und hinter Missionaren standen im allgemeinen mächtige Organisationen mit großem Einfluß. Dementsprechend mußten bestimmte Verfahrenswege eingehalten und angemessene Reaktionen erwogen werden. Die Diskussionen im Kolonialministerium wurden nicht protokolliert, aber der Tenor der Argumentation kann aus den auf die Rückseiten von Dokumenten gekritzelten Notizen erschlossen werden, die von den einfacheren Beamten über Staatssekretäre und den Kolonialminister bis zum Herzog von Newcastle weitergereicht wurden.

So sind die Notizen auf der ersten Depesche des Gouverneurs Moore, die am 4. Mai 1860 eintraf, recht aufschlußreich. Es ist deutlich, daß das Ministerium in erster Linie bemüht war, der Möglichkeit von Vergeltungsschlägen augenblicklich vorzubeugen. Unter dem Kürzel A. B. (wahrscheinlich A. Blackwood, ein leitender Beamter im Kolonialministerium) bemerkte jemand, daß der Gedanke, die Katastrophe durch einen Überfall auf die Yámana zu rächen, »grotesk« sei.

T. F. Elliot, Staatssekretär im Kolonialministerium, griff die Gesellschaft scharf an. Seine Kommentare waren zwar nicht zur Veröffentlichung gedacht, aber seine geharnischte Kritik läßt keinen Zweifel darüber, wem seine Sympathie galt. In seinen Notizen schreibt er von einer »grundlosen Verschwendung von Menschenleben«, die nur »Torheit und Starrsinn« zuzuschreiben war. Despard, sagte er, »hat seine Sache überaus schlecht gemacht«, und dann fügt er überraschend hinzu:

Kapitän Snow hat immer behauptet, die Eingeborenen würden gegen ihren Willen auf Keppel festgehalten werden, um für die Missionare zu arbeiten. Seinem Zeugnis wird man sicherlich mit Vorsicht begegnen müssen, doch wird es durch die aktuelle Aussage des Mannes namens Button bestätigt. Wenn der verantwortliche Missionar Eingeborene entführt und sie zur Zwangsarbeit angehalten hat, ist es kaum verwunderlich, daß dies zu Mord und Totschlag führte.

In seiner Offenheit und der Anerkenntnis dessen, daß das, was sich im Südatlantik abgespielt hatte, wider die Gesetze war, ist der letzte Satz, ein bemerkenswerter Fingerzeig auf die

Ansichten hochrangiger Regierungsmitglieder. Elliot ließ nicht locker, den Kollegen seine Schlußfolgerung aus den Ereignissen einzubleuen: »Die armen Männer, die ums Leben kamen, können von Rechts wegen nicht als Märtyrer unseres Glaubens gelten. Sie haben die Strafe für die Starrsinnigkeit eines gewissen Herrn, der noch lebt, und für ihre eigene Voreiligkeit bezahlt. Sie sind Opfer, nicht mehr.«

Das war scharf geschossen, doch Elliots Kollege Chichester Fortescue pflichtete ihm bei. Es sei richtig gewesen, die Einreise weiterer Eingeborener im Rahmen dieses »närrischen Missionsplans« zu verhindern. Sollte der Herzog von Newcastle damit einverstanden sein, so würden keine weiteren Schritte in die Wege geleitet, bis die Ergebnisse der versprochenen Untersuchung vorlägen und die HMS *Buzzard*, die zu den Falklandinseln geschickt worden war, sich zurückmeldete.

Der Eindruck, daß das Kolonialministerium tatsächlich keine Vergeltungsmaßnahmen gegen die Feuerländer wollte, wird durch einen Vermerk an die Admiralität vom 4. Juni noch verstärkt. Alfred Coles hatte einen Yámana, nämlich Billy Button (Macalwense), einwandfrei als Mörder von Garland Phillips identifiziert. Sein Stein habe den Kopf des flüchtenden Katecheten zerschmettert. Eine Notiz zu dem Entwurf des Briefes lautet wie folgt:

Während willkürliche Rache, sowohl aufgrund der Ungerechtigkeit als auch aufgrund des zukünftigen Schadens, die sie anrichten würde, unerhört ist, ist es eine andere Frage, ob es dem Individuum, welches den unbewaffneten und widerstandslosen Engländer ermordet hat, gestattet werden sollte, ungestraft zu entkommen, sollte es in unsere Gewalt fallen. Der Punkt, den es hierbei abzuwägen gilt, wäre die zu erwartende Wirkung auf diese Eingeborenen, über die man auf beiden Seiten sehr viel sagen könnte. Ich habe das Thema in meinem Brief an die Admiralität absichtlich unerwähnt gelassen, da es in jedem Falle noch verfrüht käme.

Das Kolonialministerium wartete über einen Monat, bevor es sich mit der Patagonischen Missionsgesellschaft in Verbindung setzte. Das Ministerium wollte die Ergebnisse der Untersuchung durch den Gouverneur abwarten, bevor es öffentlich zu dem Massaker Stellung bezog, doch als man von dort nichts hörte, befand der Herzog von Newcastle, es dürfe keine weitere Verzögerung geben. Am 19. Juni leitete sein Ministerium die Korrespondenz mit dem Gouverneur an die Gesellschaft weiter, mit einer Erklärung versehen, daß die beigefügten Aussagen »ernsthaft die Besonnenheit eines Teils der Vorgänge anfechten, die diesem Unglück vorausgingen«. Man erwarte Aufklärung, etwa in der Frage, ob der Missionsleiter tatsächlich gewaltsam Feuerländer in Cranmer festhielt, wenn dem nämlich so gewesen ist, sei es »wohl kaum nötig zu sagen, daß die Regierung Ihrer Majestät das Festhalten von Menschen gegen ihren Willen auf britischem Territorium nicht billigen« könne.

Waite Stirling stritt am 26. Juni im Namen der Gesellschaft mit aller Entschiedenheit ab, daß Eingeborene gegen ihren Willen nach Keppel Island gebracht worden waren. Er führte an, Jemmy Buttons Zeugenaussage sei alles andere als klar, sie sei unter Zwang gemacht worden und er habe Suggestivfragen beantwortet, die ihm von Menschen gestellt worden waren, denen seine Sprache unbekannt war, deren Meinung über die Gründe für das Gemetzel jedoch schon feststand. Tatsächlich, fuhr er fort, habe Jemmy Button nicht nur zugestimmt, für »vier Monde« nach Keppel Island zu gehen, er habe von dieser Zeit auch so positiv berichtet, daß zehn seiner Landsleute bereit gewesen seien, für zehn Monate dorthin zu gehen. Die Durchsuchungen der Feuerländer seien vielleicht unklug gewesen, dies bedeute jedoch nicht, daß sie falsch gewesen seien: Man mußte ihnen beibringen, nicht zu stehlen.

Was nun den wahren Grund für das Massaker anging, so befand das Komitee, man habe ihn »in zu engen Grenzen gesucht, so daß in der Folge rein zufällige Umstände aufgebauscht wurden, um den Anschein ursächlicher Gründe zu bekommen«. So ungern sie die Schuld aufteilten, seien sie trotz Alfred Coles Behauptung, Jemmy sei der Schuldige gewesen, zu der Ansicht gelangt, die Verantwortlichen seien aller Wahrscheinlichkeit nach die von Jemmy angeklagten Oens-Menschen gewesen, die die Bucht überrannt hätten.

Nach Ansicht der Gesellschaft waren die Feuerländer aus Wulaia bei dem Angriff und der folgenden Plünderung mit großer Sicherheit nur Mittäter. »In der Aufregung des Angriffs wäre es bemerkenswert gewesen, wenn Männer, denen die Selbstbeherrschung der christlichen Zivilisation so gut wie unbekannt ist, sich ganz von gewalttätigen Handlungen zurückgehalten hätten.« Nichtsdestotrotz hatte der Gouverneur richtig daran getan, die Rachegefühle zu unterdrücken, die in Stanley hochgekocht waren. Stirling hoffte jedoch, daß die Regierung ein Kriegsschiff aussenden würde, das die Kanäle Feuerlands kontrollierte und ab und an Stärke zeigte, und daß zugleich das Verbot aufgehoben würde, Indianer nach Keppel zu bringen.

Das Kolonialministerium wurde weiterhin von William Parker Snow mit Briefen bombardiert. Darin schrieb er zum wiederholten Mal, was er durchgemacht und vorausgesagt habe, und daß man nicht auf ihn habe hören wollen. Noch einmal forderte er eine Untersuchung und bestand darauf, daß die Beamten in Port Stanley für den Umgang mit seinem Unglück und die Korruption, von der ihre Handlungen zeugten, zur Rechenschaft gezogen würden. Im Kolonialministerium stimmte man ihm hinter vorgehaltener Hand zu. In einer Notiz, die an einen von Snows Briefen geheftet war, hieß es: »Es kann nicht geleugnet werden, daß Mr. Snow einen gewissen Triumph feiert. Er hat bei diesem Verlauf der Mission traurige Folgen vorausgesagt, was sich bewahrheitet hat. An seinem Ernst ist etwas Bewegendes …« Eine weitere Notiz offenbart das Dilemma, in dem sich das Ministerium befand:

Die Schwierigkeit besteht darin, herauszufinden, was Mr. Snow überhaupt wünscht. Ein großes Unglück ist geschehen, die schlimmste seiner schlimmen Prophezeiungen ist in Erfüllung gegangen, und im Lichte der jüngst vorgelegten Beweise scheint es tatsächlich so, als sei der religiöse Eifer in Entführung ausgeartet. Aber angenommen, all dies verhält sich so, was kann das Ministerium tun?

Weitere Briefe Snows folgten, in denen er erneut seinen Fall schilderte. Schließlich drohte er, sämtliche Schreiben zu veröffentlichen, die zwischen ihm und der Regierung im Laufe der letzten Jahre hin und her gegangen waren. Die Fakten sollten gedruckt und im ganzen Land bekannt gemacht werden, »damit die Menschen wüßten, wie wahr es ist, daß unsere Herrscher das Volk bis zum äußersten verachten und mit Füßen treten, wenn bestimmte Interessen Einzelner, die Verbindungen zur Regierung haben, bedacht werden müssen«. Die Beamten zeigten sich von diesen Drohungen unbeeindruckt, und nach ein oder zwei Wochen, in denen sie einen gewissen grollenden Respekt für den ehemaligen Skipper der Gesellschaft gehegt hatten, wurden sie seiner offensichtlich müde. Sie beschlossen, ihre Korrespondenz mit ihm zu beenden. Auf Snows Brief vom 30. Mai kritzelte Elliot:

Zwei weitere Rhapsodien von Mr. Snow sind eingetroffen. Ich denke bei einem lauten Abenteurer von seiner Sorte ist der kühnste Kurs der beste, und nachdem mehr als anderthalb Jahre lang genug Sorgfalt darauf verwendet worden ist, Geduld zu beweisen und die ganze Angelegenheit zu klären, würde ich nun empfehlen, ihm einen solchen Brief zukommen zu lassen, der einer leidenschaftlichen und einseitigen Darstellung, wie er sie wohl zu publizieren in Betracht zieht, im Weg stehen wird …

Ein letzter Brief wurde abgeschickt. Das Kolonialministerium sei nicht befugt, in schwebende Gerichtsverfahren einzugreifen, und falls Mr. Snow wünschen sollte, seine Korrespondenz unter Einsatz nicht unbeträchtlicher Mittel zu publizieren, dann solle er das tun.

Die Angriffe von Gouverneur Moore, der Regierung und William Parker Snow waren nicht ganz unerwartet gekommen. Doch die Kommentare des Kolonialkaplans der Falklandinseln im anglo-katholischen Wochenblatt *Guardian* am 9. Mai müssen die Gesellschaft überrascht haben. Reverend Charles Bull beschuldigte die Gesellschaft schwerer Fehler im Umgang mit den Feuerländern, kritisierte die durchgeführten Suchaktionen und regte ein Umdenken an. »Wäre es nicht gut, eine Gruppe von Missionaren dort zu stationieren – sagen wir, genau in Wulaia –, ihnen ein Haus aus Eisen zu geben, in dem sie wohnen, sowie Schußwaffen, von denen sie im Notfall Gebrauch machen könnten, und sie regelmäßig aus Stanley oder Montevideo zu besuchen?« So könnte der Samen einer christlichen Kirche auf feuerländische Erde fallen, nämlich durch beharrliches Eingreifen in das Leben der Menschen dort, während man den stationierten Missionaren zugleich ein gewisses Maß an Sicherheit vermitteln könnte.

Anfang Mai geriet die Gesellschaft unter der Last des Geschehenen und der Kritik daran ins Wanken. Sie wurde sich bewußt, daß die ursprüngliche Reaktion – Stirlings erster Brief an die *Western Daily Press* vom 8. Mai – nicht gut genug gewesen war, und daß sie eine solidere Verteidigung aufbauen mußte. Die ausführliche Antwort an das Kolonialministerium mit einer Beteuerung der eigenen Unschuld war Teil der neuen Strategie. Am 11. Mai wurde im Schulzimmer der St. Pauls Kirche in Clifton, in der Nähe von Bristol eine öffentliche Versammlung einberufen. Es war ein Freitagnachmittag, aber der Raum war zum Bersten voll mit Honoratioren. Das Treffen begann mit dem Singen eines Psalms und der Lesung des zweiten Kapitels aus Zacharias, danach erhob sich Waite Stirling, um eine Erklärung über das Massaker abzugeben. Er gestand, daß, als er die Nachricht erhalten, er daran gezweifelt habe, ob die Mission überleben würde. Aber er habe siebzig oder achtzig Briefe bekommen, die mit einer Ausnahme alle hilfreich gewesen seien, und er sei nun der Ansicht, die Gesellschaft sei verpflichtet, weiterzuarbeiten. Das Massaker sei eine von Gott gesandte Prüfung, welche die Gesellschaft zu bestehen habe. Jetzt aufzugeben bedeute, so viel hart Erarbeitetes wegzuwerfen.

Nach außen zeigte sich die Patagonische Missionsgesellschaft als geschlossene Front, einige führende Persönlichkeiten – die durchaus in der Mehrheit gewesen sein mögen – hatten jedoch erhebliche Bedenken wegen ihrer Arbeitsweise. Die Sitzung des Komitees vom 5. Mai, auf der die tragische Nachricht bekanntgegeben wurde, löste eine allgemeine Diskussion über den Missionsschoner aus und wie man die Sicherheit von Mr. Schmidt gewährleisten wolle, der alleine losgezogen war, um in Patagonien eine Missionsstation aufzubauen. Man mußte auch Wege finden, den Unterhalt der Witwen Mrs. Phillips und Mrs. Fell zu gewährleisten. Die Diskussion schlug sich in einer Notiz nieder: »Nach dem gegenwärtigen Eindruck des Komitees hat Cranmer nicht den erwarteten Nutzen gebracht.«

Wegen des Massakers traf sich das Komitee der Gesellschaft im Mai und Juni häufiger als sonst. Man mußte sich auf eine Reaktion auf die Tragödie einigen, in der Öffentlichkeit eine Position dazu vertreten, mit der man weitermachen konnte sowie kurz- und langfristige Strategien entwickeln.

Eine Woche nachdem der Brief des Kolonialkaplans Charles Bull im *Guardian* erschienen war, in dem dieser eine größere Integration der missionarischen Arbeit in das Leben der Feuerländer empfahl, bewegte sich das Komitee, wenn es die Möglichkeit auch öffentlich leugnete, bereits in diese Richtung.

Die interessanteste Diskussion fand jedoch am 7. Juni statt. Die Unwägbarkeiten der Postzustellung aus Südamerika brachten es mit sich, daß die Gesellschaft zwei Briefe von George Packenham Despard erhielt. Der erste war am 10. Februar geschrieben worden, als er sich um die verspätete Rückkehr der *Allen Gardiner* sorgte, aber noch nicht wußte, was ihr zugestoßen war. Der zweite war vom 6. März, kurz nachdem Smyley mit der schlechten Nachricht aus Wulaia zurückgekommen war.

Aus irgendeinem Grund, der aus den Notizen der Zusammenkunft vom 7. Juni nicht hervorgeht – der Brief ist nicht mehr erhalten –, reichte Despard in dem ersten Brief seinen Rücktritt ein. Das Massaker war noch nicht entdeckt worden, deswegen stellt sich die Frage, warum Despard seinen Posten aufgeben wollte. Wie wir gesehen haben, waren die offiziellen Verlautbarungen der Gesellschaft in dieser Zeit durchgehend optimistisch: In der *Voice of Pity* wurde Despard als ein in seiner Arbeit aufgehender Mann porträtiert, der in Cranmer und Wulaia gute und äußerst erfolgreiche Arbeit leistete, umgeben von seiner Familie, die sich glücklich in ihrem Heim auf den Falkland Inseln niedergelassen hatte. Hieß die Einreichung seines Rücktritts, daß die missionarische Tätigkeit doch nicht so erfolgreich war wie geplant und wie in der Öffentlichkeit kundgetan? Bedeutete sie, daß einige Mitlieder des Komitees mit ihrem Missionsleiter ebenso unzufrieden waren wie eine Reihe von Leuten, die vor Ort mit ihm zusammengearbeitet hatten? Es ist durchaus möglich, daß William Parker Snows Kritik insgeheim von den Mitgliedern der Gesellschaft geteilt wurde und man Despard den Unmut übermittelt hatte. Es wäre teuer und unklug gewesen, sich seiner zu entledigen, solange der Fall vor Gericht anhängig war, aber im Februar wußte der Missionsleiter bereits, daß die Gesellschaft den Sieg über ihren ehemaligen Skipper davongetragen hatte. Womöglich spürte er, daß es an der Zeit war zu gehen.

Als man an jenem Tag über Despard diskutierte, war der Tenor bald klar:

Dem Komitee war bekannt, daß Mr. Despard die Wünsche der Gesellschaft in einigen Punkten ignoriert hatte, und daß seine Pläne weit über das hinausgingen, was das Komitee für notwendig oder geboten hielt. Mr. Despard darum zu bitten, seinen Rücktritt zu überdenken, hätte bedeutet, daß das Komitee sich auf alle seine Pläne hätte festlegen müssen.

Man besprach auch Despards Briefe. In seinem ersten Schreiben hatte er mit einer Frist von sechs Monaten gekündigt, aus dem Tonfall des zweiten schloß das Komitee, daß er zwar immer noch seinen Abschied nehmen wollte; die Tatsache jedoch, daß er um weitere Männer und Nachschub an Vorräten bat, legte nahe, daß er nicht im August, zum Ende seiner Kündigungsfrist, gehen würde. Eine Resolution wurde verabschiedet:

Rev. G. P. Despard BA hat dem Komitee mit Datum vom 10. Febr. 1860 aus Stanley seinen Rücktritt als Leiter der Patagonischen Mission in Übersee eingereicht. Im Hinblick darauf, daß die Umstände der Mission sich seit dem Massaker an dem Katecheten und der Mannschaft des Schiffes in Feuerland am 6. November 1859 wesentlich verändert haben, bedauert das Komitee zutiefst, sich gezwungen zu sehen, seinen Rücktritt anzunehmen. Der Sekretär wird gebeten, ihm diese Entscheidung mitzuteilen. Zugleich obliegt es dem Komitee, dem Rev. G. P. Despard BA seine Bewunderung und Dankbarkeit für seine unermüdliche Hingabe und die seiner ganzen Familie von Anbeginn an auszusprechen. Es wünscht ihm und seiner Familie von Herzen alles Gute.

Die Entscheidung war gefallen, Despard würde die Mission verlassen. Seine Verabschiedung sollte jedoch so vonstatten gehen, daß sie weder mit dem Fall Snow noch mit dem Massaker in Verbindung gebracht wurde. So konnte der Schaden für die Gesellschaft in Grenzen gehalten werden. Zu einem späteren Zeitpunkt könne Despards Abschied damit ausgezeichnet werden, daß er seinen Teil zur Missionsstation beigetragen habe.

Niedergeschlagen beschäftigten sich die Herren des Komitees sodann mit den weiteren Aussichten vor Ort und besprachen den Abbau der Missionsarbeit auf den Falklandinseln und in Feuerland. Sie einigten sich auf den Verkauf der *Perseverance*. Auch sollten alle nicht unmittelbar in Cranmer benötigten Vorräte verkauft werden. Sie gaben ihr Ja zur Reparatur der *Allen Gardiner*, wenn sie aus Wulaia geborgen wäre, damit sie Despard und seiner Familie (falls sie es nicht vorziehen sollten, auf dem südamerikanischen Festland abgesetzt zu werden) zurück nach England bringen könnte. Und schließlich beschlossen sie, so lange an ihrem Vorposten auf Keppel Island festzuhalten, bis sie neue Pläne machen konnten. Neununddreißig Jahre nachdem Allen Gardiner die Patagonische Missionsgesellschaft gegründet hatte, stand sie erneut vor einer Niederlage.

Kapitel 22

Die Verzögerung der Kommunikation zwischen Großbritannien und seinem Außenposten im Südatlantik hatte zur Folge, daß zu dem Zeitpunkt, als die Nachricht über die Bedrohung nach London durchdrang, die Dinge auf den Falklandinseln und in Feuerland sich längst weiterentwickelt hatten. Smyley hatte mit der auf der Insel stationierten Garnison zur *Allen Gardiner* zurückkehren wollen, um Rache zu üben und den Eingeborenen eine schmerzliche Lektion zu erteilen, die sie nicht vergessen würden. Dies gestatteten die Behörden in Stanley nicht, doch als die *Nancy* auslief, um Jemmy Button zurückzubringen und den Schoner zu bergen, hatte der Kapitän seine Mannschaft verdoppelt und sechs Karabiner und einen Vorrat an Patronen mit an Bord, die er sich beim Gouverneur der Falklandinseln geborgt hatte.

Er hatte eine stürmische Überfahrt und einen schwierigen Auftrag vor sich. Eis und Schnee begrüßten ihn in Wulaia, ebenso wie eine Flotte von achtunddreißig Kanus. Natürlich hatten die jüngsten Ereignisse die Schiffsbesatzung im Umgang mit den Indianern vorsichtiger gemacht, und Smyley brauchte niemanden daran zu erinnern, denn die Tatsache, daß viele Indianer europäische Kleider, Halsketten aus Schillingen und Halbkronenstücken und sogar aus einem Uhrdeckel trugen, war Mahnung genug. Die Feuerländer schienen freundlich gesinnt, aber für die Woche, die sie brauchen würden, um die *Allen Gardiner* zu bergen, ging Smyley keine Risiken ein: Jemmy Button wurde unter Hausarrest auf das Schiff verbannt. Er durfte Besucher empfangen und wurde respektvoll behandelt, aber solange er in ihrem Gewahrsam war, würden die Feuerländer wahrscheinlich von Gewalttätigkeiten absehen.

Die *Allen Gardiner* war, ihren Anker hinter sich herschleppend, von Wulaia abgetrieben, aber mit Jemmys Hilfe als Dolmetscher verfolgte die *Nancy* ihre Spur. Der Schoner hatte Glück gehabt: Beinahe wäre er gegen die Felsen geworfen und zertrümmert worden, aber die Ankerkette hatte sich unter Wasser hinter einem Felsblock verkeilt, was die Abdrift verkürzt hatte. Es dauerte einen ganzen Tag, die Kette zu heben, und ein paar weitere, das geplünderte Schiff für die bevorstehende Reise einigermaßen flottzumachen. Wie Smyley bereits von Coles in Erfahrung gebracht hatte, war kaum mehr als das Gerüst übrig, sämtliche Eisenbeschläge waren verschwunden, die Segel abgetakelt und die Instrumente gestohlen. Überall auf Deck waren schwarze Brandflecke von Feuern.

Solange die Arbeiten andauerten, waren die Feuerländer in guter Stimmung. Macooallan paddelte einen ganzen Tag, um das große Beiboot der *Allen Gardiner* zu holen, das er unbeschädigt zurückbrachte. Er organisierte auch den Transport einer Ladung Holz für die *Nancy*. Kurze Landausflüge der Mannschaft, um die Opfer des Blutbads zu suchen, blieben fruchtlos, aber sie erfuhren, daß sechs von ihnen am Fuß eines Felsens beerdigt worden waren, und Ookoko sagte, die anderen beiden lägen irgendwo hinter dem Haus, wo sich viele Füchse über sie hergemacht hätten.

Vor der Abfahrt nach Wulaia hatte Despard Smyley gebeten, weitere Yámana nach Keppel Island mitzubringen. Es war eine gefühllose und unüberlegte Bitte, die der Gouverneur postwendend ausschlug, aber während sie dort waren und das Schiff reparierten, kam Ookoko an Bord und verlangte, zurück nach Cranmer gebracht zu werden. Das klingt zu schön, um wahr zu sein, aber vermutlich stimmt es sogar. Ookoko war nicht aus Wulaia; am Tag des Gemetzels war er über das Morden sichtlich entsetzt gewesen, und jetzt fürchtete er, wie er sagte, um sein Leben. Er beschrieb die Folgen der Tragödie. Zwei Feuerländer waren gestorben, nachdem sie Schiffsseife gegessen hatten, in der Annahme, es sei Fleisch. Und als die Schiffsglocke verklang, dachten sie, sie sei tot und zertrümmerten sie. Er sagte, er sei verheiratet und würde seine sechzehnjährige Frau, Camilenna-keepa, gerne mit nach Keppel Island bringen. Smyley war einverstanden, das Paar mitzunehmen. Er wußte, daß der Gouverneur verärgert wäre, es war ihm aber auch klar, daß er Ookoko und seine Frau kaum daran hindern konnte, nach Cranmer zu kommen. Smyley war amerikanischer Staatsbürger und konnte behaupten, er helfe zwei jungen Menschen, offensichtlicher Gefahr zu entkommen.

Am 11. April 1860 war die *Allen Gardiner* bereit. Beide Schiffe hißten die Segel, und man half Jemmy Button in ein wartendes Kanu und erlaubte ihm, an Land zu paddeln. Das Schiff erreichte Port Stanley fünf Tage später, wo sie, wie der wartende Despard sagte, »einen traurigen Anblick boten – alle Möbel zerschlagen und überall mutwillige Zerstörung«.

Jetzt, wo Jemmy Button in Feuerland war und die *Allen Gardiner* wieder auf den Falklandinseln, war ein Akt der Tragödie zu Ende, doch die Frage, wer die Morde begangen hatte, blieb offen. Es gab nur einen Augenzeugen, und Alfred Coles bestand darauf, er habe Billy Button (Macalwense) den Stein werfen sehen, der Garland Phillips getötet hatte. Jemmy Button habe die grölende Menge angestiftet, weil er neidisch auf die Geschenke anderer war. Coles hatte das Blutbad jedoch vom Deck des Schiffs aus mit angesehen, das mehr als 300 Yards vor der Küste geankert hatte: Wie zuverlässig war sein Bericht über das Gemetzel und das blutige Durcheinander an Land? Schließlich waren mehr als 300 Indianer an dem Überfall beteiligt.

Smyley, der diese Gegend gut kannte und der, als er dort ankam, um Coles zu retten, die Szene schnell überblickte, stimmte mit der Aussage des Schiffskochs überein. Andere behaupteten, so eindeutig sei die Sachlage nicht. Die Gemüter erhitzten sich, aber obwohl die Bewohner Port Stanleys zunächst nach Rache verlangten – was sich darin zeigte, daß sie versuchten, Jemmy Button zu lynchen, und vorschlugen, eine Strafexpedition gegen die schuldigen Feuerländer zu schicken –, ist es bemerkenswert, wie schnell Coles Aussage übergangen wurde. Jemmys Bereitschaft, nach Port Stanley zu gehen und eine Aussage zu machen – wie bereit er wirklich war, bleibt Mutmaßungen überlassen –, beeindruckte die Behörden ebenso wie seine Erklärung, die Morde seien von Außenseitern begangen worden. Eine weitere rätselhafte Frage war: Wenn er und sein Volk verantwortlich waren, warum hatten sie Alfred Coles vier Monate lang mit Sorge und Mitleid behandelt? Sie hatten ihm zu essen gegeben, ihn eingekleidet und ihm sogar eine Waffe anvertraut. Warum hatten sie die *Allen Gardiner* nicht vollkommen zerstört und alle Beweise vernichtet? Einige sagten, weil sie Angst vor Repressalien hatten und hofften, wenn sie den Koch und das Schiff retteten, würden die Weißen sie freundlich behandeln. Wenn aber die Menschen aus Wulaia die Mörder waren, wäre es sehr viel folgerichtiger gewesen, sie hätten das Schiff niedergebrannt, Coles getötet und dann behauptet, die *Allen Gardiner* sei in der Gegend gewesen, dann aber nach Westen weitergesegelt.

Die Identität der Mörder blieb ein Rätsel. Weder die Regierung noch die Patagonische Missionsgesellschaft scheinen allzu großes Interesse an der Wahrheit gehabt zu haben. Die Identifikation der schuldigen Parteien hätte zu schwierigen Entscheidungen und unerwünschten Konsequenzen geführt. Als Jemmy Button nach Stanley kam, um die Oens-Menschen zu beschuldigen, war dies für beide Seiten die bequemste Lösung eines heiklen Problems. Unter vier Augen sagte Jemmy sogar zu Despard, er sei im Haus gewesen, als der Überfall losging, er habe den Angreifern Vorhaltungen gemacht, aber aus Angst vor Männern, die »nicht kennen Gott«, schließlich davon abgelassen. Das war nicht sehr überzeugend – ohne zu wissen, was geschehen sollte, war er bestimmt nicht zu dem Haus gegangen –, doch Despard schrieb in einem beruhigenden Brief an Jemmys alten Mentor, Robert FitzRoy: »Ich bin davon überzeugt, daß James Button, Tom (Macooallan), Ookokko und Lucca nicht an der Tat beteiligt waren.«

Nach dem offiziellen Gespräch mit Jemmy in Port Stanley schrieb der Kolonialkaplan Charles Bull: »Ich möchte meinen eigenen Eindruck hinzufügen, daß Jemmy Button nicht an der schrecklichen Tragödie teilhatte; danach war er beim Plündern dabei; aber seine Freundlichkeit gegenüber Alfed Coles und daß er freiwillig an Bord der Nancy gekommen ist, beweist, daß es keine vorsätzliche Tat war.« Doch ist das wahr? Wie wahrscheinlich war es, daß die Oens-Menschen die Hauptfiguren des Dramas in Wulaia waren?

Sicherlich waren in dieser Woche sehr viel mehr Indianer in der Bucht als üblich, aber die Erfahrungen zeigten, daß die Zahl der Yámana rasch stieg, wenn sich die Nachricht möglicher Beute verbreitete, auch ohne daß Oens-Menschen dazustießen. Jemmys Geschichte zu glauben hieße nicht nur, Coles Augenzeugenbericht und seine Darstellung, Jemmy und andere Yámana-Feuerländer seien an den Tagen vor der Katastrophe an Bord der *Allen Gardiner* gekommen, zu ignorieren, sondern auch anzunehmen, die Yámana und die Oens-Menschen hätten fast eine Woche lang friedlich in derselben Enklave miteinander gelebt. Jemmys bekannter Furcht vor diesem Volk und der historischen Grausamkeit ihres Verkehrs nach zu urteilen – wie etwa, als York Minster und Fuegia Basket in Wulaia waren – war dies äußerst unwahrscheinlich.

Noch etwas klingt unwahr: Die Oens-Menschen waren erfahrene Bogenschützen, aber es gab keinen Hinweis darauf, daß auch nur ein Mitglied der Missionsgruppe durch etwas anderes zu Tode kam als durch Knüppelschläge oder Steinwürfe. Jemmy hatte in der Vergangenheit immer, wenn er Probleme hatte und weiße Männer in der Nähe waren, die Oens-Menschen beschuldigt. Sie waren ein bequemer Sündenbock, und wahrscheinlich war es auch bei der Tragödie in Wulaia Cove so. Jemmy Button muß sich die Geschichte wohl ausgedacht haben, um seinen Kopf zu retten.

Warum wurde seine Erklärung von so vielen Menschen verteidigt? Die Briten hatten sich im ganzen Empire den Ruf erworben, die ihnen zugefügten Leiden zu rächen, abzudrücken, bevor sie Fragen stellten und denjenigen, die sie als weniger menschlich betrachteten, Lektionen in Moral und Ethik zu erteilen. In diesem Fall nahmen jedoch alle in den Behörden – vom Gouverneur über den Kaplan der Kolonie bis zum Staatssekretär – den Finger vom Abzug, bevor die Waffe losgehen konnte. Zweifellos waren sie unsicher, wie sich die Ereignisse in Feuerland und auf den Falklandinseln abgespielt hatten: Sie hatten die Patagonische Missionsgesellschaft nie anerkannt und stets nur halbherzig unterstützt. Jemmy Buttons Schuldhaftigkeit anzuerkennen hätte nach Taten verlangt, zu denen sie nicht bereit waren: Sie waren alles andere als sicher, daß er und sein Volk verantwortlich waren. Strenge Rache gegen ungebildete »Wilde« sei nicht nur sinnlos, sondern für zukünftige Beziehungen auch kontraproduktiv. Zwar hatte dies die Briten in der Vergangenheit nie davon abgehalten, aber hier ging es um etwas anderes: das Gefühl der Besorgnis über die Aktivitäten der Mission, der Verdacht, daß sie gegenüber den Behörden nicht ehrlich war, daß sie nichts Gutes im Schilde führte und daß sie, obwohl man die Morde nicht gutheißen konnte, vorgewarnt hätte sein können.

Insgeheim machten sie den Missionsleiter verantwortlich: Wie es in der hingekritzelten Notiz der Kolonialbehörde heißt, war der Tod »die Buße für die Eigenwilligkeit eines Gentleman, der immer noch lebt«. Dieser Gentleman war George Packenham Despard. Kurzum, die Behörden in Port Stanley und London glaubten es wäre ungerecht, gegen die Yámana vorzugehen. Der Gouverneur faßte dies in seinem Bericht vom 8. Mai zusammen:

Die Aussagen von Jemmy Button, die unzufriedene und drohende Rede der Eingeborenen, die schon nach Keppel gebracht worden waren, und die blutige Rache, die sie augenblicklich bei ihrer Rückkehr nach Feuerland nahmen, sind für mich der greifbare Beweis, daß ihr Aufenthalt auf Keppel Island erzwungen und quälend war, und ich erkläre Ihrer Gnaden, daß es für Mr. Despard und seine Stellvertreter, die nur wenige Worte der Stammessprache beherrschen, so gut wie unmöglich war, mit den Wilden einen Vertrag zu schließen, der auch nur einen Augenblick fair genannt werden kann.

Die Motivation der Gesellschaft war eine vollkommen andere. Wenn sie ihre Arbeit fortsetzen wollte – was nicht mehr sicher war –, dann mußte sie die positive Botschaft verbreiten, daß sie bedeutsame Fortschritte erzielt hatte und die Leben der Opfer nicht vergeudet worden waren. Wenn sie zugelassen hätten, daß die von ihnen nach Keppel Island gebrachten Indianer sich gegen sie wandten, ob zum Plündern oder aus Rache, hätte dies das Ende all ihrer Anstrengungen bedeutet, sie hätten ihre Arbeit abschreiben und ihre Hoffnungen für die Zukunft begraben können. Wenn Jemmy Button und seine Brüder trotz aller Erziehungsbemühungen und all der Zeit, die man mit ihnen verbracht hatte, die Missionsgruppe umgebracht hatten, hatten sie sich damit offensichtlich jenseits alles Erlaubten gestellt. Die Gesellschaft könnte es nicht nur nicht mehr rechtfertigen, weitere Feuerländer nach Keppel Island zu bringen, sie würde zu Hause keine Unterstützung mehr bekommen und ebensowenig die Erlaubnis der Behörden in Port Stanley, weiterzumachen. Wenn sie zugab, daß Jemmy der Rädelsführer war, unterzeichnete sie ihr eigenes Todesurteil. Man hätte also zwar erwarten können, daß sie ihrem eigenen Schiffskoch glaubte, doch die Vertreter der Gesellschaft, im Südatlantik wie in Bristol, zogen es vor, andere Indianer dafür verantwortlich zu machen.

Stirling legte ihre Position in einem Brief an den Herzog von Newcastle dar:

Hinsichtlich der anderen Mitglieder seines [Buttons] Stammes haben wir, mit Ausnahme eines Mannes, der beobachtet wurde, wie er einen Stein nach Mr. Phillips warf, überhaupt keinen Beweis, daß sie an dem todbringenden Überfall auf die Missionsgruppe beteiligt waren. Mit Sicherheit weiß man nur, daß er in Wulaia stattfand, dem Hauptquartier des Stammes, zu dem die Eingeborenen, die in Keppel waren, gehörten … die große Mehrheit der Eingeborenen, die in Wulaia versammelt waren, gehörten nicht zu dem Stamm, der dort normalerweise lebt und der sehr klein ist, sondern zu einem größeren und mächtigeren Stamm, Oens-Menschen genannt. Diesen schreibt Jemmy Button das Blutvergießen zu, und wenn das Komitee sich aufgrund seines Wissens über die Gewohnheiten dieser Menschen eine Meinung über eine solch unsichere Angelegenheit zu bilden wagte, würde es zu dem Urteil kommen, daß Eifersucht auf die dem kleinen Stamm in Wulaia gewährte Gunst sowie der Wunsch, sich durch die Plünderung des Missionsschiffes zu bereichern, die

Oens-Menschen dazu anstachelte, die einmalige Gelegenheit, die durch den schutzlosen Zustand der Missionsgruppe gegeben war, am Morgen des 6. Nov. 1859 für das Gemetzel zu nutzen.

Nicht alle vertraten die Ansicht, daß Jemmy Button und sein Volk unschuldig waren. Alfred Coles hielt unbeirrbar an seiner Darstellung fest, die er verschiedentlich wiederholte. Auch Kapitän Smyley vertrat diesen Standpunkt, doch war es William Parker Snow vorbehalten, die Lüge aufzudecken. Er erkannte, wie vorteilhaft es für die Gesellschaft war, Jemmy zu entlasten, und daß jede andere Version ihre Arbeit lahmlegen würde. In einem Brief an die *Western Daily Press*, der am 28. Mai 1860 veröffentlicht wurde, sprach er es offen aus:

Mr. Stirling wagt es zu sagen, daß »Jemmy Button sein Volk« von dem Blutvergießen »vollkommen freispricht«! Wie niederträchtig ist eine solche Behauptung von einem Pfarrer des Evangeliums! Es stünde diesen Gentlemen weit besser zu Gesicht, ehrlich und mannhaft die Wahrheit zuzugeben, den begangenen Fehler einzuräumen und zu versuchen, sich zu bessern. Aber nein, das würde weder zu Mr. Stirling passen noch zu seinem Missionar noch zu denjenigen, die ihnen den Rücken stärken. Dennoch ist augenscheinlich, daß sie sich irren und daß Mr. Stirling nicht die reine Wahrheit sagt. Es waren Jemmy Buttons Bruder, Jemmy Buttons Familie und sein Stamm, die die Gruppe in Wulaia ermordeten, denn Coles hat das klargestellt. Außerdem … hatte ich genau mit diesen Männern die größten Probleme, sie haben mir die größte Angst eingejagt.

Ständig wiederholte er seine bekannte Forderung: »Dieses Blutvergießen verlangt von einer christlichen Gemeinschaft, wie der englischen, daß das Treiben der Patagonischen Gesellschaft unverzüglich einer äußerst gründlichen – umfassenden, gerechten und nicht durch juristische Haarspaltereien verfälschten – Untersuchung unterzogen wird.«

Zufällig wurde an dem Tag, an dem sein Brief in der Zeitung erschien, in Stanley eine Untersuchung des Blutbades anberaumt. Es sah so aus, als sollte es einen aufrichtigen Versuch geben, der Katastrophe auf den Grund zu gehen. Reverend George Packenham Despard war in die Hauptstadt der Falklandinseln zitiert worden. Er kam am 25. Mai dort an und engagierte sofort den einzigen Rechtsanwalt der Inseln, Mr. Lane. Was heutzutage ein normales Vorgehen ist, rief in der damaligen Zeit und unter Berücksichtigung der Umstände der Untersuchung bei den Behörden Erstaunen hervor. Am Montag, den 28. Mai, begann im Gerichtsgebäude von Port Stanley vor den Friedensrichtern Arthur Bailay und John Dean die Untersuchung. Der Kolonialminister J. R. Longden leitete das Verfahren.

Alfred Coles wurde als erster aufgerufen und vereidigt. Von Longden befragt, wiederholte er seine Version der Ereignisse in Wulaia. Auf die Frage, ob die Eingeborenen in Feuerland durchsucht worden seien, antwortete er, sie hätten dies getan, weil etliche Dinge vermißt wurden. Mr. Lane sprang auf und erhob Einspruch: Die Vernehmung könne nicht auf die Ursachen der Ermordungen an der Küste Feuerlands eingehen, behauptete er, sie werde nach den Artikeln 432 und 433 des Handelsschiffsgesetzes durchgeführt und beschäftige sich nur mit den Gründen für die Aufgabe der *Allen Gardiner*.

Die Richter waren skeptisch. Doch Mr. Longden fragte, ob Morde an Land der Grund für die Aufgabe des Schiffes gewesen sei. Coles beteuerte das. Longden und Lane ließen sich auf eine juristische Debatte ein, und nach einigen Minuten fachlicher Erörterungen verfügte der Richter, daß sie alles untersuchen würden, was an Bord des Schiffes und ebenso an Land passiert war.

Longden fuhr mit seiner Befragung fort, und Coles erzählte erneut, was ihm widerfahren, nachdem er vom Schiff geflohen war. Während des Kreuzverhörs fragte Lane Coles, ob Kapitän Fell und die Männer sicher zurückgekehrt seien, nachdem sie Tommy Button und seine Frau nach der Durchsuchung an Land gebracht hatten. Coles sagte, ja, das seien sie, und in der Tat seien in den folgenden Tagen viele Ausflüge an Land gemacht worden.

Der Richter fragte, ob die Männer im Laufe der Woche

bewaffnet an Land gegangen seien. »Sie hatten nur Äxte zum Bäumefällen dabeigehabt«, antwortete Coles. Dann wiederholte er auf weitere Fragen von Lane, daß er von den Feuerländern in Wulaia während der vier Monate, die er dort gelebt hatte, freundlich behandelt worden sei, und schloß:

Vor dem Massaker hat in meiner Gegenwart nie ein Eingeborener irgendeine Bemerkung über Gewalt ihnen gegenüber gemacht. Ich sah einen Mann, der in Keppel war, sich an der Freveltat beteiligen, das war William Button. Ich bin mir ganz sicher. Ich war an Bord des Schiffes, etwa 300 oder 400 Yards entfernt; er warf einen Stein nach Mr. Phillips und traf ihn seitlich am Kopf.

Despard wurde aufgerufen, aber er verweigerte seine Vereidigung im Zeugenstand. Das überraschte die Richter. Mr. Lane stand auf und sagte seinem Mandanten, er habe keine Wahl, er müsse den Eid leisten. Also hob Despard die Hand und schwor, die Wahrheit zu sagen.

Der Kolonialminister fragte, ob sich in seinem Besitz irgendwelche Schiffspapiere befänden. Despard zog die Mannschaftsliste hervor und sagte, das sei alles, was er habe. Die Namen der Toten waren durchgestrichen. Longden fragte, ob er irgendwelche Beweise für die Aufgabe des Schiffes geben könne. Despard antwortete: »Nein, das kann ich nicht.«

»Wissen Sie«, fragte Longden, »ob die Eingeborenen auf Keppel Island an Bord des Schiffes Drohungen oder drohende Worte geäußert haben?« Despard verweigerte die Antwort. Longden hatte keine weiteren Fragen.

Der Richter Mr. Dean fragte noch einmal, ob der Missionar von den Eingeborenen Drohungen gehört habe. Despard antwortete mit einem knappen »Ich habe keine deutliche Erinnerung daran, welche gehört zu haben«.

»Haben die Eingeborenen auf Keppel jemals die Kolonisten dort bedroht oder versucht, ihnen Gewalt anzutun?«

»Nein.«

Arthur Bailey fragte: »Haben Sie die Taschen der Eingeborenen in Keppel durchsucht?«

Despard erhob Einspruch gegen die Frage. Lane stand noch

einmal auf und erklärte diese Frage für unzulässig, sie sei außerhalb des Untersuchungsauftrags. Eine Fortsetzung war sinnlos, und die Richter hatten keine Wahl, als die Untersuchung zu schließen.

Am 29. Mai schrieb Charles Bull, der großes Interesse an den Angelegenheiten der Gesellschaft gezeigt hatte, an den Gouverneur der Falklandinseln und drückte seine »große Furcht um die Eingeborenen und den Charakter der missionarischen Arbeit im allgemeinen« aus. Er sagte, er habe neue Informationen über die erschreckende Weise, wie die Missionare die Feuerländer behandelt hatten. Mr. Turpin, der ehemalige Katechet der Mission, der jetzt in Port Stanley lebte, habe ihm erzählt, mindestens bei einer Gelegenheit seien Feuerländer gegen ihren Willen auf der *Allen Gardiner* festgehalten worden. »Wenn die Eingeborenen ohne eine vernünftige Vorstellung von dem Ziel ihrer langen Reise nach Cranmer gebracht wurden, ist dies der Schlüssel für das Vergießen des Blutes von Mr. Phillips, des Kapitäns und der Mannschaft der *Allen Gardiner*!« schrieb Bull. Um der Missionsgesellschaft, der Yámana und der toten Männer willen, um der Vermeidung zukünftiger Märtyrer willen und um der »Ehre der Flagge« willen drängte er den Gouverneur, die Anhörung vom Vortag nicht zu akzeptieren und die in seinen Augen notwendigen Schritte zu unternehmen, um die Angelegenheit zu klären.

Gouverneur Moore hatte nicht die Absicht, die Sache auf sich beruhen zu lassen, obwohl das für ihn keineswegs einfach war: Feuerland fiel nicht in seine Zuständigkeit. Er hatte keine Befugnis und keine Verantwortung für dortige Vorkommnisse, aber er hatte im Interesse des allgemeinen Wohlergehens der Falkland-Kolonien und ihrer zukünftigen Entwicklung darauf gehofft, Despard würde die Bereitschaft zeigen, die Wahrheit über das Massaker an den Tag zu bringen, indem er an der Untersuchung mitwirkte. Moore schrieb an Konteradmiral Sir Stephen Sushington, den Kommandant der britischen Station in Brasilien: »Was den freiwilligen Charakter des Aufenthaltes der Feuerländer in der Missionsstation betraf, wurden eine Zeitlang die schwersten Verdächtigungen gehegt.« Sie seien »durch Mr. Despards Verhalten noch bestärkt worden«, was zu bedauern war, denn die Missionsstation würde darunter leiden.

Ich glaube, daß die Eingeborenen aus den besten und menschenfreundlichsten Motiven hinübergebracht wurden, aber ich fürchte, sie waren nicht dankbar für die Menschenfreundlichkeit ihrer Wohltäter. Alle Informationen, derer ich habhaft wurde, laufen darauf hinaus, daß sie auf Keppel Island desorientiert und verdrossen waren, nur darauf aus, in ihr Heimatland zurückzukehren. Gelegentlich drohten sie der Missionsgruppe bei ihrer Rückkehr nach Feuerland mit Rache.

In einem ähnlich pessimistischen Ton schrieb er an den Kolonialminister in London:

Ich hatte gehofft, Mr. Despard würde sich, statt sich aller formalen Einwendungen zu bedienen, um die Untersuchung zu Fall zu bringen, glücklich der öffentlichen Untersuchung bedienen, um die Mission von den schweren Verdächtigungen reinzuwaschen, die sich in den Kolonien verbreitet haben und sich um ihren Umgang mit den Eingeborenen drehen. Unter diesen Umständen wurden die Verdächtigungen aufgrund seiner geflissentlichen Verheimlichung zwangsläufig verschärft, und statt die Wahrheit festzustellen, ist Mutmaßungen aller Art Tür und Tor geöffnet.

Diesem Schreiben an den Kolonialminister in London fügte er auch eine Abschrift von Charles Bulls Brief bei und bestätigte, daß er das Verbot, Eingeborene auf die Falklandinseln zu bringen, nicht eher aufheben wolle, als bis eine umfassende und zufriedenstellende Untersuchung durchgeführt werden würde.

London hatte großes Gewicht auf die Ergebnisse der Untersuchung in Stanley gelegt. Anfängliche Pläne, die HMS *Buzzard* zu Ermittlungen zu entsenden, konnten nicht umgesetzt werden, und der Bericht des Gouverneurs wurde begierig erwartet. Er kam am 6. August und zog viele Notizen nach sich. Dabei war die Stimmung im Kolonialministerium einhellig. Blackwood, ein leitender Beamter, war der erste, der seine Gedanken niederschrieb:

Der Kurs, den Mr. Despard verfolgt, befugt zu der Folgerung, daß sein Vorgehen, gelinde gesagt, äußerst unüberlegt war und die Auswirkungen verhängnisvoll. Sein Schweigen und das Fehlen anderer Beweise machen es der Regierung unmöglich, ihm oder den Urhebern dieser Angelegenheit eindeutig die Schuld zuzusprechen.

Der neue Ständige Unterstaatssekretär im Kolonialministerium, Sir Frederick Rogers, schloß sich dieser Meinung an. Das Ministerium solle an die Gesellschaft schreiben, seine Bestürzung über das Verhalten des Missionsleiters zum Ausdruck bringen und hinzufügen, ein solches Verhalten gebe »Anlaß zu den unvorteilhaftesten Mutmaßungen«.

Nachdem man einen Monat gewartet hatte, ob vom Gouverneur oder der Royal Navy noch weitere Informationen einträfen, schrieb Chichester Fortescue, Staatssekretär im Kolonialministerium, einen wütenden Brief an die Gesellschaft, dem er Gouverneur Moores Bericht und den Brief von Charles Bull beifügte.

Nach einem so beklagenswerten Ereignis hätte man annehmen können, der Bevollmächtigte der Gesellschaft wäre auf der Stelle bestrebt, alles in seiner Macht Stehende zu tun, um eine Untersuchung zu erleichtern. Aber Reverend Mr. Despard hat eine andere Auffassung von seinen Pflichten ... Es ist an der Gesellschaft, zu beurteilen, ob dies das richtige Verhalten war. Der Bericht enthält einiges, was nach einer eingehenden Prüfung durch die Gesellschaft verlangt, und der Minister zweifelt nicht daran, daß sie es in vollem Bewußtsein ihrer Verantwortung tun wird.

Im Hauptquartier der Gesellschaft in Clifton herrschte eine andere Stimmung. Despard hatte schriftlich erklärt, sein Verhalten bei der Untersuchung sei der Erkenntnis geschuldet, die Beteiligten seien vorurteilsbeladen und hätten nicht das Recht, sich in Angelegenheiten der Gesellschaft einzumischen, die weit von den Falklandinseln entfernt stattgefunden hatten.

Das Komitee der Gesellschaft beantwortete den Brief der Regierung am 4. Oktober. Waite Stirling schrieb, obwohl das Komitee das Schweigen des Vertreters der Gesellschaft bei der Untersuchung bedaure, könnten sie ihre »Augen nicht vor der Tatsache verschließen, daß ihr Leiter aus einer Entfernung von 150 Meilen bei rauher See vor ein Untersuchungsgericht zitiert worden sei, dessen Aufgaben begrenzt seien, dessen Autorität man jedoch versucht hatte übermäßig auszudehnen«. Wäre der Auftrag der Untersuchung angemessen gewesen, hätte Mr. Despard nicht gezögert, alle ihm gestellten Fragen zu beantworten. Überdies, so argumentierte Stirling, habe Despard kaum eine Chance gehabt. Bull sei durch einseitige Informationen irregeführt worden, die Annahme, die Feuerländer seien auf Keppel Island schlecht behandelt worden, habe das Verfahren bestimmt.

Dennoch machte Stirling einen Vorschlag zur gütlichen Einigung. Das Komitee sei bereit, dem Kolonialministerium die Tagebücher von Despard, Turpin, Phillips und Kapitän Fell vorzulegen und diese prüfen zu lassen, »so daß die Regierung Ihrer Majestät durch einen Vergleich ihrer Inhalte versichert werden kann, daß die in Stanley grassierenden Verdächtigungen jeglicher Grundlage entbehren«. Auch räumte er ein, daß es eine umfassende und unabhängige Untersuchung geben müsse, »um diese aufrührerischen Verdächtigungen aus der Welt zu schaffen, denen Gruppen in Übersee zum Opfer gefallen sind«. Das Komitee werde Despard anweisen, sich bei nächster Gelegenheit im Rahmen einer umfassenden Vernehmung über alles, was mit den Toten in Wulaia in Zusammenhang stehe, zu äußern.

Obwohl das Versprechen einer ungehinderten Untersuchung ein Schritt in die richtige Richtung war, muß das Kolonialministerium die Verschleppung leid gewesen sein, schließlich rückte der erste Jahrestag des Massakers näher. Das Ministerium hatte ein wachsendes Weltreich zu verwalten und war eines der geschäftigsten der Regierung, es verlor allmählich das Interesse an der kleinen Missionsgruppe. Blackwood notierte auf die Rückseite von Stirlings Brief: »Ich glaube nicht, daß die Fortführung der Korrespondenz mit dieser Gesellschaft über dieses Thema zu einem Ergebnis führen wird, und eine Durchsicht der Tagebücher, wie vom Absender vorgeschlagen, fiele dem Ministerium nur zur Last.«

Am 23. Oktober schrieb Chichester Fortescue an Stirling:

Mit Hinweis auf das Angebot der Gesellschaft, die Tagebücher von Mr. Despard und anderer Offiziere diesem Ministerium zur Untersuchung vorzulegen, gestatte ich mir festzustellen, daß durch eine solche Einsichtnahme nichts zu erreichen wäre, da in diesem Land keine Untersuchung rechtswirksam durchgeführt werden kann, sondern daß vielmehr der Außenminister Ihren Brief an den Gouverneur der Falklandinseln weiterleiten und ihn anweisen wird, jede sich bietende Gelegenheit zu nutzen, die Wahrheit über diese unglückselige Angelegenheit ans Licht zu bringen.

Als Despard sich Ende 1860 selbst an das Kolonialministerium wandte, nicht seine Feuerländer hätten die Morde begangen, sondern 300 »Feuerländer aus dem Norden«, schrieb Blackwood auf den Brief: »Ich bin geneigt, seine jetzige Darstellung als lahme Entschuldigung für das zu nehmen, was sich ereignet hat.« Für das Kolonialministerium war der Fall damit erledigt.

Den vielen gegenteiligen Erwartungen zum Trotz wurde in Port Stanley vom 24. April 1861 an eine umfassende Untersuchung des Blutbades abgehalten. Inzwischen war Despards Amtsniederlegung in der Januarausgabe der *Voice of Pity* unter Hinweis auf die Probleme während seiner Amtsausübung bestätigt worden:

Mit aufrichtigem Bedauern akzeptiert das Komitee das von Ihnen vorgebrachte Rücktrittsgesuch ... Diejenigen, die den feuerländischen Zweig unserer Arbeit sehr genau beobachten, kommen zu der Überzeugung, daß der zukünftige Leiter dort frei von Familienbanden sein sollte; während die Katecheten – zumindest einer von ihnen – verheiratet sein sollten. Die besonders schwierige Stellung des Leiters, der fast ständig auf dem Missionsschiff zugegen zu sein hat, wenn dieses die Eingeborenen von Feuerland besucht, läßt es als äußerst ratsam erscheinen, daß er ohne zusätzliche Sorgen wegen seiner Familie sein sollte. Andererseits ist die Anwesenheit von Frauen in der Missionsstation unentbehrlich und sollte stets gewährleistet sein.

Despard und seine Familie sollten sich in der Nähe von Buenos Aires niederlassen, wo es eine freie Stelle für einen Geistlichen gab, der bereit war, mit den *Estancieros* zu arbeiten, den großen Viehzüchtern der Pampa. In der Zwischenzeit blieb er auf den Falklandinseln und fuhr auf die Bitte des Komitees der Gesellschaft nach Stanley, um alle Fragen zu beantworten, diesmal ohne einen Anwalt zu nehmen.

Das Verfahren wurde im Ratszimmer des Regierungsgebäudes mit der Vernehmung von Charles Conyngham Turpin eröffnet, dem ehemaligen Katecheten der Missionsstation. Das war der Mann, von dem Bull behauptete, er habe gesagt, die Feuerländer seien gegen ihren Willen auf der *Allen Gardiner* festgehalten worden. Kapitän Molony und Mr. Longden führten den Vorsitz, und Despard stellte die meisten Fragen, allein fünfzig an Turpin. Sie erfuhren wenig Neues von ihm: Jemmy Button war auf Keppel Island glücklich gewesen und zum versprochenen Zeitpunkt zurückgebracht worden; er war weder zur Arbeit gezwungen, noch schlecht behandelt worden. Das gleiche konnte für die zweite Gruppe gesagt werden, die stets zufrieden wirkte, und nur diejenigen, die hatten arbeiten wollen, hatten das auch getan.

Er verriet ein paar interessante Einzelheiten, die zur großen Enttäuschung der Historiker überraschenderweise von seinen Vernehmern nicht weiterverfolgt wurden. Turpin behauptete, oft in Wulaia an Land gewesen zu sein und viel Zeit mit den Indianern verbracht zu haben, als die zweite Gruppe sich einverstanden erklärt hatte, nach Keppel Island zu gehen. Als er jedoch nach der Kommunikation der Missionsleute mit den Feuerländern gefragt wurde, räumte er ein, diese sei »doch recht mangelhaft« gewesen. Auf die Frage, wer angeordnet habe, die Eingeborenen nach Cranmer zu bringen, antwortete er: »Ich erinnere mich nicht.« Turpin bestritt, daß er dem Kaplan der Kolonie gesagt habe, die Feuerländer seien auf der *Allen Gardiner* festgehalten worden. Er habe nur an Bull geschrieben, um sein Mißfallen über eine solche Anspielung kundzutun. Doch auch wenn er das leugnete, stand in dem Brief an Mr. Bull, den er den Untersuchenden aushändigte, daß die Feuerländer an Bord des Schiffes festgehalten worden seien, bis sie die Kleider zurückgegeben hatten, die nur denjenigen zugedacht waren, die bereit waren, nach Keppel Island zu gehen.

Alfred Coles war der nächste, er wiederholte seine vielfach erzählte Geschichte. Dann war die Reihe an John Betts, einem ehemaligen Matrosen auf der *Allen Gardiner*, der inzwischen als Arbeiter auf der Missionsstation beschäftigt war. An dem Tag, an dem die zweite Gruppe an Bord gekommen war, um nach Hause zu fahren, war er bei der Durchsuchung zugegen gewesen. Er räumte ein, daß die Feuerländer nicht erfreut gewesen seien; er habe gesehen, daß Schwaiamugunjiz »Despard von hinten mit der erhobenen Faust drohte«.

Als Betts mit seiner Aussage fertig war, wurde Despard befragt. Er händigte Auszüge seiner Tagebücher aus, dann antwortete er klar und direkt auf die achtzehn Fragen, die Molony und Longden ihm stellten. Es war ein enttäuschender Abstieg: Die Fragen waren alles andere als tiefschürfend, und unter den gegebenen Umständen mutet es merkwürdig an, daß der ehemalige Missionar sich bei der ersten Untersuchung so gesträubt hatte, mitzuarbeiten. Seine beiden Vernehmer stellten mechanisch ihre Fragen und setzten ihm an keiner Stelle zu. Die letzte Frage lautete: »Führen sie das Blutvergießen auf Rachegefühle wegen der Durchsuchung zurück?«

Despard antwortete: »Nein, ich führe es voll und ganz auf die Habsucht zurück, die sie durch die Plünderung des Schiffes befriedigen wollten.«

Abgesehen von einer schriftlichen Einlassung des abwesenden Smyley – in welcher er beiläufig schrieb: »Ich bin sicher, daß Jemmy Button der Anstifter des Gemetzels war« – war das alles. Die Untersuchung war abgeschlossen. Gouverneur Moore bekam die Mitschriften, brauchte eine Weile, um die Ergebnisse zu analysieren, und als er damit fertig war, schrieb er an Despard und dankte ihm dafür, daß er »alle gestellten Fragen so offen und ehrlich beantwortet« hatte. »Erlauben Sie mir die Anmerkung, daß ich persönlich sehr viel weniger verärgert über Sie gewesen wäre, hätten Sie im Mai letzten Jahres die gleiche Bereitschaft gezeigt, das öffentliche Interesse zu befriedigen.« Das Blutvergießen konnte, wie er fand, durch den Wunsch, das Schiff zu plündern, nur zum Teil erklärt werden. Seiner Meinung nach waren die wichtigsten Gründe

die erzwungene Durchsuchung der Eingeborenen auf Keppel Island, die äußerst unklug war und der keine Vorsichtsmaßregeln zu folgen schienen; das Festhalten und die harte Behandlung der Eingeborenen auf Keppel Island, bei der Coles im Laderaum einen Eingeborenen schlug; das Versäumnis, das notwendige Vertrauen herzustellen, indem man die Eingeborenen vor Beginn ihrer Eier-Zeit zurückbrachte; und das Unterlassen vorbeugender Maßnahmen, nachdem man bemerkt hatte, daß die Eingeborenen sich versammelten und unangenehm verhielten, wie es in Kapitän Fells Tagebuch erscheint, und die abschließende Durchsuchung und das Handgemenge.

Erst wenn Gouverneur Moore überzeugt war, daß die Feuerländer zur christlichen Erziehung und praktischen Unterweisung auf die Falklandinseln gebracht würden, daß sie zudem begriffen, für wie viele Monate sie bleiben sollten, und erst wenn er sicher war, daß der Kapitän des Transportschiffes Unterweisungen für Vorsichtsmaßnahmen erhalten hatte, die zukünftigem Unheil vorbeugen würden, erst dann würde er das Einreiseverbot aufheben.

Am Ende konnte die Untersuchung die Mörder nicht beim Namen nennen – bis auf den bereits identifizierten Billy Button –, aber sie nannte mögliche Motive. Die Frage, inwieweit Jemmy Button in die Morde verwickelt war, wird nie beantwortet werden. Die Tatsache, daß so viele einflußreiche Menschen sagten, er habe nichts damit zu tun gehabt, muß gegen ihre begründeten Interessen und ihr Bedürfnis, ihn zu entlasten, abgewogen werden. Die Beweise legen nahe, daß Jemmy und seine Familie eine Mitschuld an den Ereignissen tragen. Außerdem gibt es wenig Zweifel, daß er bei der Plünderung des Schiffes dabei war. Wie auch immer, die wichtigen Fragen drehen sich nicht so sehr um die Schuld von FitzRoys Feuerländern, sondern um die Frage, inwieweit die Morde zu erklären waren, ob sie voraussehbar waren und insofern auch hätten verhindert werden können.

Vom britischen Standpunkt aus gibt es keine Rechtfertigung für ein derart brutales Gemetzel. Die toten Männer waren alle weitgehend unschuldig – die sechs Besatzungsmitglieder waren einfache Matrosen, die Anweisungen ausführten und mit den tagtäglichen Angelegenheiten der Indianer kaum etwas zu tun hatten, weder in Feuerland noch auf Keppel Island. Ob man die Morde hätte voraussehen können, ist eine andere Sache. Auch wenn die Feuerländer nicht gegen ihren Willen in der Missionsstation in Cranmer festgehalten worden sind, waren sie unglücklich, daß sie dort hingefahren waren, und alles andere als zufrieden mit ihrem Aufenthalt. Obwohl Despard behauptete, er und seine missionarischen Fußsoldaten hätten »die feuerländische Sprache« gelernt, ist offensichtlich, daß das nicht stimmte. Begriffen die Feuerländer, die nur wenige Worte Englisch sprachen, wirklich, was man von ihnen erwartete?

Das Leben auf Keppel Island hatte gute Seiten, an denen sie Gefallen fanden – Nahrung, warme Unterkünfte, Kleider –, aber die langfristigen Wirkungen der veränderten Lebensumstände waren Habsucht und Unterwürfigkeit. Sie trugen kaum dazu bei, das von den Missionaren angestrebte Ziel zu erreichen. Hinzu kam die Überheblichkeit der Missionare, die die Probleme verschlimmerte. Trotz wiederholter Warnungen, daß Anschuldigungen des Diebstahls – ganz egal ob berechtigt oder unberechtigt – die Feuerländer beleidigten, fuhren die Missionare fort, an ihnen Exempel zu statuieren. Die Lektion, daß Diebstahl schlecht und unchristlich ist, war den Missionaren sehr wichtig, aber für ein Volk, das keinen Begriff von Eigentum hatte, war sie völlig bedeutungslos. Die Missionare hatten verschiedene Gelegenheiten, ihr Verhalten zu ändern: Die Reaktion der Indianer auf die Durchsuchung auf dem Kai in Keppel war beängstigend. Daß die Mannschaft sie in Wulaia noch einmal durchsuchte, kam für die Indianer überraschend. Die Gewalttätigkeit der Feuerländer war aller Wahrscheinlichkeit nach eine Reaktion auf das, was sie als Bedrohung ihres Lebensunterhaltes betrachteten.

Die Missionare hatten eine Atmosphäre der Habgier geschaffen, die zum Scheitern ihres Unternehmens beitrug. Als die Eingeborenen die *Allen Gardiner* zum letzten Mal verließen, betrachteten sie das Schiff nicht nur als schwimmendes Haus ihrer Peiniger, sondern auch als Quelle zahlloser Schätze. Die Missionare hatten einen Wunsch nach Beute genährt, der stärker war, als sie begriffen, und gegen den sie sich am Ende nicht schützen konnten.

TEIL SECHS

DER FALL

Kapitel 23

Für die Patagonische Missionsgesellschaft signalisierte das Ende der Untersuchung des Blutbads in Wulaia, daß das Schlimmste vorüber war. Allmählich legte sich das Interesse an den Aktivitäten der Organisation, was sich allerdings auch in sinkenden Einnahmen niederschlug. Dem zum Trotz war das Komitee der Gesellschaft nun mit wiedererwachtem Eifer darauf aus, die begonnene Arbeit fortzuführen und zu festigen. Im Oktober 1861 segelte George Packenham Despard auf der *Allen Gardiner* nach England, da es ihm nicht gelungen war, in Südamerika eine geeignete Stelle zu finden (er ging schließlich nach Australien). Er wurde von dem gradlinigen und robusten ehemaligen Sekretär der Gesellschaft, Waite Stirling, abgelöst.

Despard ließ seinen achtzehnjährigen Adoptivsohn Thomas Bridges und den Feuerländer Ookoko mit seiner Frau Camilenna und ihrem Baby auf Keppel Island zurück. Von dem autokratischen und abstumpfenden Regime seines Adoptivvaters befreit, brachte der gestärkte Bridges neues Leben in die Missionsstation. Er wußte, daß viele Probleme aus der weitgehenden Unkenntnis der indianischen Sprachen entstanden waren. Hartnäckig fragte er Ookoko und Camilenna nach Worten, grammatikalischen Regeln und der richtigen Aussprache. Als Stirling im Januar 1863 auf Keppel Island eintraf, konnte Bridges für sich in Anspruch nehmen, Yámana wie kein weißer Mann vor ihm gemeistert und siebentausend Worte aufgezeichnet zu haben.

Die beiden Männer waren ein ungeheuer starkes Team. Als Missionar ging Stirling aggressiv an die Arbeit, wobei er des öfteren das Protokoll und sogar einige Gesetze mit Füßen trat –

insbesondere die Fremdenverordnung und das für die Mission geltende Verbot, Feuerländer nach Falkland zu bringen. Keine drei Monate nach seiner Ankunft in Keppel Island fuhr er mit Bridges nach Wulaia Cove. Die beiden Männer waren das erste Mal dort, und sie erlebten die Feuerländer kleinlaut und in der Furcht vor Vergeltungsmaßnahmen. Ihnen fiel auf, daß es hier nur noch wenige Indianer gab. Doch Jemmy Button ging es gut, und er kam an Bord, um zu berichten, daß viele seiner Leute einer merkwürdigen Krankheit zum Opfer gefallen waren. Stirling hörte zu und versprach ihm Geschenke, wenn er die Reparatur des Hauses am Strand – mittlerweile nur noch ein Gerüst – organisierte. Er würde Jemmy Button auch zwei Beile, vier Messer, zwei Eimer und Schiffszwieback geben, wenn er Holz für die *Allen Gardiner* sammelte, bevor sie zu den Falklandinseln ablegte. Es scheint, als seien gute Beziehungen entstanden, denn die beiden Missionare verließen Wulaia mit sieben Feuerländern an Bord: Jemmys Sohn Threeboys, Luccaenche, einem vierzehnjährigen Jungen namens Uroopa, Macooallan und seiner Frau Wendoo mit ihrem zwanzigjährigen Sohn Pinoiense und einem Kleinkind. Jemmy und seine Familie schleppten das Schiff aus der Bucht und forderten um der alten Zeiten willen ein dreifaches Hoch. Die Mannschaft tat ihnen den Gefallen.

Dies war die erste von vielen Übertretungen der Fremdenverordnung durch die Gesellschaft. Im Verlauf der nächsten vier Jahre überwachte Stirling den Transport fünfzig weiterer Feuerländer nach Keppel Island. Barsche Briefwechsel mit dem neuen Gouverneur der Falklandinseln, Mackenzie, folgten darauf, doch wurde nichts weiter unternommen, um dem Gesetz Geltung zu verschaffen. Zuletzt gab sich der Gouverneur damit zufrieden, daß der Missionar ihm eine Liste der sich jeweils in Cranmer aufhaltenden Feuerländer zukommen ließ. Außerdem gab er zu verstehen, daß er der Einreise der Feuerländer zwar kein Ende setzten würde, sie jedoch nicht für gut befand.

Am 18. Februar 1864 lief die *Allen Gardiner* von Keppel Island aus, um eine Gruppe Feuerländer nach Hause zu bringen. An

Bord waren Ookoko, Camilenna, ihre Kinder (Camilenna hatte kurz zuvor ein Mädchen geboren), sieben Ziegen und Werkzeug. Ookoko sollte versuchen, das nomadische Leben der Feuerlandindianer aufzugeben und einen kleinen Flecken Erde zu kultivieren. Camilenna würde das Fischen und müßige Umherstreifen in ihrem Kanu aufgeben, denn, so wußte die *Voice of Pity* zu berichten, ihr Leben würde von nun an »dem einer englischen Ehefrau ähneln; sie würde zu Hause bleiben, sich um die Kinder kümmern und ihrem Volk das Beispiel eines häuslichen Lebens geben«.

Doch als das Schiff die vorgelagerten Inseln Feuerlands erreichte, bemächtigte sich eine große Niedergeschlagenheit der Indianer. Gerüchte waren zu ihnen an Bord gedrungen, daß in diesem Sommer eine weitere schreckliche Krankheit viele Opfer von ihrem Volk gefordert hatte. Jeder Yámana auf dem Schiff hatte jemanden zu beklagen, Mütter und Väter, Brüder und Schwestern, Onkel und Tanten. Die eingeborenen Passagiere waren bedrückt, und viele weinten in aller Öffentlichkeit, als sie die Nachricht hörten. Am traurigsten von allen war Threeboys, der die noch unbestätigte Information erhalten hatte, sein Vater, Jemmy Button, sei unter den Opfern. Stirling berichtete der Gesellschaft, daß »die Kunde des Todes laut und melancholisch klang«.

Am 7. März erreichte man Wulaia Cove. Wie die *Voice of Pity* bekanntgab, war die Ankunft des Schiffs »das Zeichen für die Verbreitung trauriger Nachrichten … Es hatte eine bösartige Krankheit gewütet, und alt und jung, sehr viele, waren von ihr davongerafft worden. James Button war tot.«

Die *Allen Gardiner* ankerte, und an Bord warteten alle auf Einzelheiten. Am folgenden Tag kam Jemmys Frau Lassaweea in einem Kanu mit elf jungen Leuten. Stirling schrieb in seinem Tagebuch: »Ihr Gesicht war deutlich von Trauer gezeichnet; und mit ihrem Finger gen Himmel deutend, gab sie mir die Ursache ihres Kummers zu verstehen – eher durch Blicke, denn durch Worte – und wie groß dieser war. Eine Mehrheit der Eingeborenen trug die Haare am Scheitel kurzgeschnitten, auch sonst fanden sich überall Hinweise auf Trauer.«

Früh am nächsten Morgen wurde ein Boot zu Wasser

gelassen, und Ookoko und Pinoiense wurden durch die Bucht nach Button Island gerudert, wo sie eine Farm aufbauen wollten. Am Strand sah sich Stirling einer grausigen Szene ausgesetzt: die Überreste eines noch glimmenden Bestattungsfeuers, auf dem die Leiche eines Bruders von Macooallan verbrannt worden war. Daneben stand ein erbärmliches geflochtenes Wigwam, in dem der Leichnam bis zur Einäscherung aufgebahrt worden war. Ookoko flüsterte dem Missionar zu, daß Jemmy Button begraben worden sei und noch verbrannt werden müsse. Die Feuerländer hatten damit gewartet, bis Macooallan und Threeboys wieder da waren.

Stirling zeigte kein Interesse, den Leichnam des Mannes zu sehen, der so viel für die Beziehungen zwischen den Weißen und den Feuerländern getan hatte, der um den halben Globus gereist war und den König und die Königin von England getroffen hatte. Für diesen einst gesuchten und gutherzigen Mann würde es keine besondere Bestattung geben. Die Mission hatte sich weiterentwickelt, und Jemmy Button hatte längst ausgedient. Als er starb, war der Mann, für den Allen Gardiner und sechs Gefährten verhungert waren und um dessentwillen acht Männer in Wulaia ihr Leben gelassen hatten, für die Gesellschaft nicht mehr nützlich. Die Missionare lernten Yámana, und die Brücke, die FitzRoys Feuerländer zwischen den beiden Welten geschlagen hatte, war morsch geworden. Mit seinen Forderungen, gelegentlichen Wutanfällen und seiner wahrscheinlichen Verstrickung in das Massaker von 1859 war Jemmy nun ein Problem. Er war als Heide gestorben, nicht christianisiert und den Missionaren, die ihn so ausgebeutet hatten, nur noch eine Last. Er würde von seinen eigenen Leuten eingeäschert werden, aber Stirling wartete nicht darauf. Er ging zum Boot zurück und fuhr nach Wulaia Cove.

Hier erwarteten ihn weitere ernüchternde Nachrichten. Vom Deck der *Allen Gardiner* zeigte Lucca auf den Platz, an dem die Leichen der ermordeten Mannschaft versteckt worden waren. Er sprach ganz selbstverständlich darüber, wann es stattgefunden hatte und wie er geholfen hatte, eine der Leichen dorthin zu tragen. Er berichtete, wie Ookoko und er sie mit großen Steinen bedeckt hatten, um sie vor Füchsen zu schützen. Ookoko, der die Geschichte bestätigte, wurde auf dem Schiff zurückgelassen, während Stirling, Lucca und der neue Katechet, Jacob Rau, zu einer überhängenden Klippe ruderten, wo ein großer Haufen zerschmetterter Felsbrocken lag. Die drei Männer kletterten an Land und fanden Leichenteile zwischen dem Felsgestein verstreut. Stirling notierte:

Die sterblichen Überreste vom Mr. Phillips und Kapitän Fell sind unverkennbar. Lucca teilt uns mit, daß Mr. Phillips und Kapitän Fell beide in dieselbe Felskluft geworfen wurden. Wir können nur einen Teil der Überreste bergen. Doch hege ich nun keine Zweifel mehr, daß sechs unserer geliebten Freunde dort, wo wir nach ihnen gesucht haben, unverstümmelt in ihrer Kleidung abgelegt wurden – denn die Zeichen deuten unmißverständlich darauf hin – und daß nicht einmal ihre Taschen durchwühlt wurden.

Stirling wunderte sich, daß Alfred Coles die Männer nicht gefunden hatte, vor allem wenn man bedachte, wie viel Zeit er in Wulaia verbracht hatte. Coles mußte wohl angenommen haben, daß die Toten ins Meer geworfen worden seien. Vielleicht hatte er auch Angst davor, das Massaker vor den Feuerländern zu erwähnen, die so freundlich zu ihm waren.

Am nächsten Tag, dem 11. März 1864, wurde eine Trauerfeier abgehalten, zum Teil auf der *Allen Gardiner* und zum Teil auf den Felsen, unter denen die Verstorbenen lagen. Die Flagge wurde auf Halbmast gehißt, und sie sangen die Hymne.

> Wenn unsere Häupter jammerschwer sinken
> Wenn unsere Tränen bitterlich fließen
> Wenn wir die Verlor'nen, die Lieben betrauern,
> Jesu, Weib geborn, so vernimm unser Flehn.

Am Ende des Gottesdienstes wurde aus den beiden Geschützen des Schiffs über Wulaia ein kurzer, aber dramatischer Salut abgefeuert. Dann machte sich die Mannschaft daran, in der Nähe des verfallenden Hauses für Ookoko ein neues Haus und einen Ziegenstall zu bauen. Eine Woche später setzte die *Allen Gardiner* die Segel, an Bord waren acht neue Feuerländer sowie Lucca und Threeboys. Es wurde berichtet, Threeboys habe den

Verlust seines Vaters so sehr betrauert, daß er darum bat, den Rest seines Lebens auf Keppel Island bleiben zu dürfen.

In den nächsten Jahren wurden weitere Reisen nach Feuerland unternommen und zahlreiche Indianer hin- und hergebracht. Das Experiment mit Ookoko in Wulaia scheiterte. Nach monatelanger Belästigung durch Feuerländer wurde sein Haus schließlich angezündet und die meisten seiner Ziegen geschlachtet. Er wurde zurück nach Keppel Island geholt, wo Stirling darüber nachdachte, ob er der erste Feuerländer sein sollte, der soweit war, daß er getauft werden konnte. Wie es scheint, war der Missionar hin- und hergerissen zwischen seinem Wunsch, Ookoko zu taufen, und der Angst, beschuldigt zu werden, das zu früh getan zu haben, nur um das Verdienst einzuheimsen. Er schob die Taufe noch etwas auf.

Am 10. Juni 1865 fuhr Stirling auf der *Allen Gardiner* nach England, begleitet von vier jungen Yámana-Männern: Threeboys und Uroopa, beide fast zwanzig, Mamastugadegenes, einem zwölfjährigen Waisen, den alle Jack nannten, und Sesoienges, einem Elfjährigen. Im Nachhinein stellt sich hier die Frage, ob die Missionare aus den Lektionen der letzten fünfunddreißig Jahre etwas gelernt hatten. Die Mitnahme von Jemmy, York, Boat und Fuegia nach Walthamstow war nicht von Erfolg gekrönt gewesen, doch Stirling ließ sich von dem Wunsch leiten, die Unterstützer wie Verleumder der Gesellschaft gleichermaßen zu beeindrucken. Er wollte unbedingt die seit der Tragödie im November 1859 gemachten Fortschritte aufzeigen. Die Ziele, die die Gesellschaft verkündete, klangen irgendwie bekannt:

Es wurde darauf geachtet, sie unter den Schutz derjenigen zu stellen, die sie im Lesen und der Heiligen Schrift unterweisen konnten. Zudem wurden ihnen nicht nur die Sehenswürdigkeiten gezeigt, die Fremde am Erstaunlichsten finden, sondern auch Handwerk und Manufaktur, die Früchte der Industrie und des Handels, deretwegen ein zivilisiertes Land einen so erstaunlichen Kontrast zu einem Land bildet, in dem es all diese nicht gibt.

Am 11. August 1865 fuhr die *Allen Gardiner* den Fluß Avon hinauf, unter der neuen Hängebrücke von Brunel hindurch und hinein nach Bristol, wo sie von den Bischöfen Anderson und McCrae empfangen wurde. Die Lieder eines Erntedank-Gottesdienstes an Bord wurden von den vier Feuerlandjungen angestimmt.

Die Monate, die diese Feuerländer in England verbrachten, sollten deutlich produktiver werden als der Aufenthalt ihrer Vorgänger drei Jahrzehnte zuvor. Die Sache sah nicht nach Entführung aus und erschien insgesamt freier. Die Jungen waren geimpft und ihr Verständnis der englischen Sprache und Kultur war viel größer als das ihrer Vorgänger. Außerdem war das Netzwerk der Unterstützer, das sie erwartete, viel enger geknüpft und ihr Besuch dauerte länger, was ihnen die Möglichkeit gab, sich deutlich besser zu akklimatisieren.

Auch reisten sie mehr. In den dreißig Jahren seit dem letzten Aufenthalt von Feuerland-Indianern war Großbritannien durch den Industrialisierungsschub des 19. Jahrhunderts ins moderne Zeitalter aufgebrochen. Die Straßen waren besser, die Bahnen schneller, Dampfschiffe keine Neuheit mehr, und die feuerländischen Jungen wurden kreuz und quer durchs Land geführt. Im September nahmen sie an der jährlichen Konferenz der British Association in Birmingham teil. Ein geografischer Vortrag wurde unterbrochen, damit der Präsident der BA, Sir Roderick Murchison, der 1831 mit Jemmy Button, Fuegia Basket und York Minster gespeist hatte, sie den Konferenzteilnehmern vorstellen konnte. Die Feuerländer sahen den Crystal Palace, sie reisten nach Irland, wurden in York fotografiert, nahmen an Diskussionsrunden in Privathäusern und an Missionszusammenkünften teil. Sie zogen alleine los und verirrten sich auch in großen Städten nicht, sie fuhren sogar alleine mit der Eisenbahn.

Es stellte sich heraus, daß ihr Aufenthalt in Großbritannien länger dauern sollte als angenommen. Die *Allen Gardiner* wurde vollkommen überholt, und die Gesellschaft war in einen Rechtsstreit verwickelt, der die Abfahrt weiter verzögerte. Im Januar 1866 hatte sich die Organisation in Südamerikanische Missionsgesellschaft umbenannt, teils, um von ihrer einst traurigen Berühmtheit abzulenken, teils, um auf die ausgedehnten Einsätze in anderen Teilen des Kontinents zu verweisen. Der Hauptsitz war von Bristol nach London verlegt worden. In der Zwischenzeit bezauberten die Feuerländer alle, die mit ihnen zusammentrafen. Auf einer großen Versammlung in Irland hielt Threeboys eine kurze feuerländische Rede, wonach er den ersten Vers von »Wie süß klingt Jesu Name« auf englisch sang.

Der die Gesellschaft entzweiende Rechtsstreit wurde immer verwickelter, und so zog sich auch ihr Aufenthalt in England in die Länge. In Erwartung ihrer unmittelbar bevorstehenden Abreise verstärkten die vier Feuerländer im Juni 1866 ihre Vorträgsaktivitäten. Ein Ausschnitt aus ihrem Terminkalender zeugt von einem hektischen Programm:

11.6.66   Jährliches Treffen der Christ Chapel Association, Maida Hill
12.6.66   Marylebone Treffen in der Edwards Street Institution
          Zusammenkunft im Salon bei Mrs. Grautoff, 8 Foulis Terrace, Brompton
13.6.66   Streatham Common Association (zwei Sitzungen)
14.6.66   Jährliches Treffen für Battersea und Wandsworth im Freimaurer Hotel
15.6.66   Treffen in Wimbledon
          Zusammenkunft bei Mr. Ridsdale, Clapham
16.6.66   Zusammenkunft auf dem Rasen des Pfarrhauses, Beckenham

Als sich immer deutlicher abzeichnete, daß sie so bald nicht nach Hause fahren würden, hielten sie Vorträge und Ansprachen und nahmen an Zusammenkünften teil in Redhill, Reigate, Putney, Spring Grove, Rochester, Blackheath, Cheltenham, Dover, Folkestone, Exeter, Sundridge und Turnbridge Wells. Schließlich jedoch wurden die Probleme der Gesellschaft gelöst, Stirling wurde wieder zum Missionar für Feuerland berufen, und am 8. Dezember 1866, sechzehn Monate nachdem sie nach England gekommen waren, traten die vier Jungen die Heimreise an.

Ihr Besuch war erfolgreich verlaufen. Deswegen hoffte die

Südamerikanische Missionsgesellschaft, daß er eine neue Ära einläutete, doch die Rückreise zu den Falklandinseln hatte beklagenswerte Folgen. Stürme peitschten über das Missionsschiff, und als sie Montevideo endlich erreichten, wurde Uroopa, der ununterbrochen an der Seekrankheit gelitten hatte, von der Schwindsucht heimgesucht. Neun Tage an Land konnten seinen Todeskampf nicht aufhalten. So wurde er wieder zum Schiff gebracht, das aber im Hafen verblieb, damit er den Seegang nicht erdulden mußte. Als sich sein Zustand verschlimmerte, begann er zu beten wie »jemand, der kurz vor der Ewigkeit steht«, und er verschenkte seine wenigen Besitztümer an seine Nächsten. Die gesamte Mannschaft und Reverend Mr. Adams waren anwesend, als Stirling Uroopa am 23. März auf den Namen John Allen Gardiner taufte. Am nächsten Tag setzte das Schiff die Segel für eine entsetzliche Überfahrt von Montevideo zu den Falklandinseln. Am Nachmittag des 1. April ließ der Feuerländer den Kapitän und Stirling im Glauben an seinen nahenden Tod rufen, doch die Schmerzen verebbten noch einmal. Er starb kurz vor ein Uhr am nächsten Morgen. Drei Tage später wurde er auf dem Friedhof in Port Stanley beigesetzt.

Im Juni fuhr Stirling mit Threeboys und Ookoko nach Feuerland, um das Land für eine mögliche Ansiedlung zu erkunden und Uroopas Vater die schlechte Nachricht zu überbringen. Eines Tages kamen vier Kanus längsseits der *Allen Gardiner*, ein Mann stand wild mit einem Speer gestikulierend auf und beschimpfte die Missionsgruppe lauthals. Das war Uroopas Vater. Er hatte gehört, man habe seinen Sohn ermordet, und sann auf Rache. Thomas Bridges beschwichtigte ihn und konnte ihn dazu überreden, an Bord zu kommen. In der Kabine des Kapitäns berichteten Threeboys und Ookoko ihm von der Krankheit seines Sohnes und auch davon, wie er Christ geworden war. Uroopa, davon konnten sie ihn überzeugen, sei glücklich gestorben. Der Vater schenkte ihren Ausführungen Glauben.

Doch nun schlug das Schicksal erneut zu. Der so gesund erscheinende Threeboys hatte plötzlich unerträgliche Nierenschmerzen. Seine Qualen steigerten sich, bis er ins Delirium fiel und stundenlang wirres Zeug redete oder schrie. Stirling befahl, Port Stanley so schnell wie möglich anzulaufen. Am 18. Juni willigte Threeboys in einem lichten Moment ein, sich taufen zu lassen und den Namen George anzunehmen, doch drei Tage später starb er, als die *Allen Gardiner* noch eine volle Tagesreise von der Hauptstadt der Falklandinseln entfernt war. Die von einem Chirurgen in der Stadt durchgeführte Obduktion ergab, daß er an Nierenversagen gestorben war, einer unter Feuerländern unbekannten Krankheit.

1867 waren sich Stirling und Bridges ihrer guten Beziehungen mit den Yámana und ihrer Kenntnisse des Terrains so sicher, daß sie ein ehrgeizigeres Projekt in Angriff nahmen. Seit dem Massaker war es ein Ziel der Gesellschaft gewesen, mit den Indianern in ihrem Land zu leben. Das erste Stadium war die Gründung einer kleinen Siedlung in Laiwaia an der Mündung der Murray Narrows. Ookoko, Pinoiense, Lucca, Jack und ihre Gefährtinnen wurden dort mit Baumaterialien und landwirtschaftlichen Geräten angesiedelt, die man mit der *Allen Gardiner* dahin gebracht hatte. Zugleich suchten die Missionare die Gegend nach einem Stück Land ab, das sich für die Ansiedlung Weißer eignen könnte – die Gegend um Murray Narrows mit ihren schnellen Strömungen war schwer zu erreichen, und außerdem wünschten sie sich offenes Weideland und einen sicheren Hafen. Schließlich wählten sie einen Ort, der Ushuaia genannt wurde, was »innerer Hafen nach Westen« bedeutet. Es war eine große offene Bucht an der Nordküste des Beagle-Kanals, die Schutz und fruchtbares Land verhieß.

1868 wurde Thomas Bridges nach England gerufen, um die heiligen Weihen zu empfangen. Zu Beginn des folgenden Jahres brachte Stirling auf der *Allen Gardiner* eine vorgefertigte Dreizimmerhütte nach Ushuaia, und als sie stand, befahl er der Mannschaft des Missionsschoners, ihn dort allein zu lassen. Das war wirklich sehr mutig, wenn nicht sogar tollkühn, aber als das Schiff einen Monat später, im Februar 1869, zurückkam, fand die Besatzung einen kleinen Ring von Wigwams freundlicher Indianer um die Hütte herum vor. Jack und seine Frau waren zu Stirling gestoßen, nachem sie aus Laiwaia geflohen waren, wo sich ihr Vorhaben deutlich schlechter entwickelt hatte. Die dortige kleine Gemeinschaft stand aufgrund dauernder Angriffe durch plündernde Indianer kurz vor dem Zusammenbruch.

Stirling blieb noch sechs Monate in Ushuaia, bevor man ihn nach England rief, wo er zum Bischof der Falklandinseln geweiht wurde (eine Diözese, die das ganze südamerikanische Festland miteinschloß). In den nächsten beiden Jahren wurde die Entwicklung der Siedlung vorangetrieben. Viele Feuerländer, darunter alle, die zuvor in Laiwaia gewesen waren, begaben sich in ihren Schutz, und so begann der allmähliche Übergang zu einer seßhaften, bäuerlichen Lebensweise. Bridges, der inzwischen verheiratet war, kehrte aus Europa zurück und überwachte den Bau eines größeren Hauses – Stirling House – in Ushuaia sowie den Transport von Materialien von Keppel Island.

Am 1. Oktober 1871 gingen Thomas Bridges, seine Frau Mary und ihre kleine Tochter an der Siedlung am Beagle-Kanal, die für die nächsten dreizehn Jahre ihr Heim sein würde, von Bord der *Allen Gardiner*. Mary Bridges war kaum aus ihrer Heimatstadt Devon herausgekommen, und ihre ersten Eindrücke müssen überwältigend gewesen sein. Ushuaia bestand aus einer doppelten Halbinsel. Nach Süden lagen kleine Hügel aus Busch- und Grasland, und im Norden erhoben sich imposante, dicht mit Buchen bewachsene Berge und tiefgefurchte Gletscher direkt aus dem Wasser. Mary Bridges muß wie betäubt gewesen sein von der Schönheit, der sie sich ausgesetzt sah, und etwas verängstigt von der Einsamkeit und Rätselhaftigkeit der Landschaft und ihrer Bewohner.

Das Leben weißer Siedler unter den Yámana führte zu einem viel besseren Verständnis dieser Ureinwohner, die in der Vergangenheit als grimmiges, niederes und urzeitliches Volk abgetan worden waren, oder, mit Darwins Worten, als »die erbärmlichsten und elendsten Kreaturen, die ich je zu Gesicht bekommen habe«. Neben dem Aufbau der Siedlung widmete Bridges auch den Yámana viel Zeit, er lernte viel über ihre Sitten, Gebräuche und Traditionen, sah ihnen beim Jagen zu, analysierte die Beziehungen, die sie untereinander pflegten, und transkribierte ihre Sprache. Er brachte ihnen Englisch bei und ermunterte sie zu arbeiten, predigte ihnen das Christentum und wurde ab und an in ernsthafte Auseinandersetzungen verwickelt. Mehr als einmal war Bridges in großer Gefahr.

Nicht lange nachdem er sich in Ushuaia niedergelassen hatte, war einer der Einwohner ermordet worden. Bridges mischte sich in den Streit zwischen den Verwandten des Verstorbenen und dem Mörder ein. Als er zwischen den verfeindeten Parteien stand, stieß ihm jemand mit voller Wucht einen Speer gegen die Brust. Ein anderes Mal hatte er gerade einen Indianer namens Tom Post wegen seiner Faulheit gerügt und ging seiner Wege, da attackierte sein Hund den Feuerländer scharf. Bridges zerrte ihn weg und bestrafte ihn, nur um später von anderen Indianern zu erfahren, daß der Hund ihm das Leben gerettet hatte. »Tom Post wollte dich gerade mit seiner Axt töten«, erzählten sie ihm.

Als ein Mann namens Harrapuwaian einem anderen die Frau raubte, tadelte Bridges ihn. Das Problem schien sich mit der Wiederkehr der Frau erledigt zu haben, doch Harrapuwaian schäumte vor Wut. Er erzählte einem Freund, er würde an Bridges Tür klopfen und ihn um einen Zwieback bitten, und wenn der Missionar sich abwenden würde, um ihm einen zu holen, wollte er ihm mit der Axt den Schädel spalten. Der Freund schwärzte ihn an, doch Bridges schenkte der Geschichte keinen Glauben, bis der Feuerländer eines Abends auf seiner Schwelle stand und ihn prompt um einen Zwieback bat. Ohne ihm den Rücken zuzukehren, packte der Missionar seinen Besucher am Arm und brüllte: »Warum kommst du mit einem Beil hierher? Das gibst du mir auf der Stelle!« Harrapuwaian war vollkommen überrascht von Bridges Geistesgegenwart und reichte ihm die eigens geschärfte Axt, ohne zu zögern. Noch überraschter war er allerdings, als Bridges sie ihm nach einer kurzen Plauderei zurückgab, nicht ohne ihn jedoch gebeten zu haben, sie das nächste Mal, wenn er vorbeikäme, zu Hause zu lassen.

Bridges lernte die Yámana besser kennen als irgendein Weißer vor ihm; er verstand ihre Gewohnheiten und Gefühle, ihren Glauben und ihre Rituale, und es gelang ihm, den wesentlichen Mythen, die sich als unabdingbare Wahrheiten um sie rankten, den Boden zu entziehen. Vor allem machte er dem jahrhundertealten Märchen, die Yámana – oder vielmehr alle feuerländischen Stämme – seien Kannibalen, ein Ende. Diese Geschichte hatte sich seit den Zeiten von Magellan und Drake gehalten, und sie war durch die Erzählungen von Jemmy, York und Fuegia bekräftigt worden. Dabei entbehrte ihr jegliche Grundlage. Feuerländer aßen weder ihre Feinde noch die alten Frauen, und sie kochten auch nicht die Leichen schiffbrüchiger Seeleute. Bridges fand heraus, daß nichts weiter von der Wahrheit entfernt sein konnte. Daß der Tod sie sehr belastete, war bereits bekannt. In einem Vortrag vor der English Literary Society von Buenos Aires erklärte Bridges 1888, die Yámana seien immer mißverstanden worden:

Sie sind Kannibalen genannt worden, und die Skizzen von ihnen sind eher Karikaturen, als daß sie der Wahrheit entsprechen. Sie essen weder Fisch noch Fleisch im rohen Zustand ... Kannibalismus ist unter diesen Ureinwohnern nach den Gesetzen ihrer Gesellschaft völlig undenkbar. Das menschliche Leben ist ihnen heilig, und die Verwandten eines Ermordeten fühlen sich verpflichtet, den Toten zu rächen. Es gab Zeiten extremer Hungersnot, als sie sich aufgrund des schlechten Wetters weder von den Schiffen, noch von den Küstenstrichen, noch aus dem Meer mit Nahrung versorgen konnten. Zu solchen Zeiten habe ich bemerkt, daß sie ihre Fußbekleidung aßen und Riemen aus Rohleder, ohne daß es irgendwelche Hinweise darauf gab, daß sie Menschenfleisch essen würden. Das Leben alter Frauen, das laut Darwin dem Kannibalismus zum Opfer fiel, ist ihnen so heilig wie das aller anderen, denn die Alten werden von ihren Verwandten geschützt.

Warum waren Jemmy, York und Fuegia so darauf bedacht, diesen Mythos zu bekräftigen, wenn er doch gar nicht mit der Wirklichkeit übereinstimmte? In seinen späteren Jahren behauptete Jemmy oft, Yorks Leute seien Kannibalen, sie hätten schiffbrüchige Besatzungen gegessen, aber wahrscheinlich nutzte er nur die Gelegenheit, einen alten Gefährten und

Gegner zu verleumden. Was die drei behaupteten, als sie in England oder an Bord der *Beagle* waren, wo sie selbst Darwin mit ihren Geschichten überzeugten, ist spannender und schwieriger zu beantworten. In seinem Buch *Uttermost Part of the Earth* stellt sich der Sohn von Thomas und Mary Bridges dieselbe Frage. Doch auch seine Antwort leuchtet nicht unbedingt ein. FitzRoys Feuerländer hätten die Fragen so beantwortet, wie sie annahmen, daß es von ihnen erwartet wurde. In den frühen Tagen ihrer Entführung sei ihr Englisch schlecht gewesen, und wenn man sie gefragt habe: »Tötet und eßt ihr Menschen?«, so sei die Möglichkeit ihrer Antwort auf »ja« oder »nein« beschränkt gewesen. Und als ihr Englisch besser wurde, hätten sie ihre Geschichte schon soweit ausgeschmückt, daß irgendwann der Punkt erreicht war, wie Lucas Bridges schreibt, an dem »dieses köstliche Märchen dermaßen fest etabliert war, daß jeder Versuch, es zu bestreiten nicht mehr glaubwürdig gewesen, sondern vielmehr einem wachsenden Unwillen zugeschrieben worden wäre, die Schrecken, denen sie sich ehemals hingegeben hätten, nun zu gestehen.

Thomas Bridges wesentlichster Beitrag zum Verständnis der feuerländischen Völker war sein Englisch-Yámana Wörterbuch. Schon seit seinen ersten Tagen auf Keppel Island hatte er ein Vokabular feuerländischer Worte zusammengestellt. Was er über das Yámana herausfand, widersprach den gängigen Vorstellungen der europäischen Besucher auf Feuerland – darunter auch Darwin und FitzRoy –, daß Yámana nämlich aus kaum mehr als ein paar hundert gegrunzter Worte bestand. Als reiner Schwindel erwies sich die Behauptung der Missionare in Cranmer unter Despard, sie hätten die Sprache sehr gut verstanden.

Bridges Lexikon umfaßte 32000 Yámana-Worte. Die Sprache, so fand er heraus, hatte mehr Beugungen als Griechisch, mehr Worte als Englisch, und nach phonetischen Gesichtspunkten zwei oder drei Buchstaben mehr als das römische Alphabet. Ein einziges kurzes Wort konnte beschreiben, wofür man in Englisch einen kurzen Satz brauchte; fügte man einem Wort einige Buchstaben hinzu, so konnte das für einen ganzen Satz stehen. Eine Silbe vor einem Wort konnte diesem einen anderen Sinn oder ein anderes Tempus geben. Zum Beispiel:

ta einen Vogelspeer an einem Schaft befestigen
tia irgend etwas benutzen, um einen Vogelspeer an einem Schaft zu befestigen, etwa ein Stück Leine
katia ich benutze ein Stück Leine, um einen Vogelspeer an einem Schaft zu befestigen
katior ich werde ein Stück Leine benutzen, um einen Vogelspeer an einem Schaft zu befestigen
katide ich habe wirklich ein Stück Leine benutzt, um einen Vogelspeer an einem Schaft zu befestigen

Entfernte Familienbeziehungen, zu deren Entwirrung man im Englischen einen ganz Satz benötigt, konnten in der Sprache der Ureinwohner knapp erklärt werden. In Yámana gab es einundsechzig Worte für Verwandte, im Vergleich zu achtundzwanzig im Englischen. Es gab eine Fülle von Pronomina, die nicht nur die Person oder das Objekt bezeichneten, sondern auch die Position im Verhältnis zu etwas anderem, sagen wir zu ihrem Wigwam oder zu der angesprochenen Person: Unterschiedliche Worte wurden jeweils benutzt, wenn sich der Sprecher in einem Kanu, auf dem Land oder in einem Wigwam befand. Für Strand wurde jeweils ein anderes Wort gewählt, das sich nach seiner Position im Verhältnis zum Sprecher, der Himmelsrichtung sowie danach, ob sich zwischen dem Strand und dem Sprecher Wasser oder Land befand, richtete. Die Sprache war von einer solchen Präzision, daß ihr etwas leicht Bizarres anhing: Das Wort *hatanisanude* bedeutete »Ich habe mir das gedacht«, wenn es richtig war, etwas zu tun, *hayengude* bedeutete »Ich habe mir das gedacht«, wenn es ein Fehler war, etwas zu tun. Es gab fünf Worte für Schnee, und, so erinnerte sich Lucas Bridges, unter den vielen Worten für »beißen« hieß eins soviel wie »unerwartet auf etwas Hartes stoßen, wenn man etwas Weiches ißt« – auf eine Perle in einer Auster.

Die Sprache war viel komplizierter, als man angenommen hatte. Die Europäer hatten sich jedenfalls täuschen lassen und sich oft ausgemachte Verständnisfehler geleistet. Vielleicht hing der häufigste und verbreitetste Fehler mit dem Wort *yammerschooner* zusammen. Dieses Wort war jedem fremden Besucher in der Gegend zugerufen, nachgebrüllt, hinterhergemurmelt oder zugesungen worden. Ein Reisender nach dem nächsten hatte die irritierende Wiederholung von »Yammerschooner, yammerschooner …« kommentiert, mit der er in Feuerland begrüßt worden war, und die von den Kanus, die zum Handeln an die Schiffe kamen, widerhallte. Es war sogar ein europäisches Wort daraus geworden: die Eingeborenen yammerschoonten mal wieder. Es wurde normalerweise mit ausgestreckter Hand vorgebracht, wie beim Betteln, und deswegen nahmen die Europäer an, daß es »gib mir« bedeutete. Das bedeutete es aber nicht. Im Lauf der Jahrhunderte waren die Feuerland-Indianer oft von den Mannschaften vorüberfahrender Schiffe mißhandelt worden, und so hatten sie gelernt, die Fremden und ihre Gewaltbereitschaft zu fürchten. *Yammerschooner* hieß nicht »gib mir«, sondern »sei gut zu mir« oder auch »sei gut zu uns«.

Ein weiteres Beispiel radikaler Fehlinterpretation hatte ihren Ursprung in der Missionsstation in Cranmer. Despard hatte ein paarmal in seinen Tagebüchern und Briefen nach Hause geprahlt, er habe die Lobpreisung Gottes ins Feuerländische übersetzt:

> Lobet den Herrn, dem alle Danksagung gilt.
> Lobet ihn, ihr Kreaturen hiernieden.
> Lobet ihn, ihr Himmlischen Heerscharen droben.
> Lobet den Vater, den Sohn und den Heiligen Geist.
> Amen.

Er sagte, die Indianer seien nun in der Lage, den Lobgesang in ihrer eigenen Sprache zu wiederholen. Was Bridges herausfand, war allerdings komisch. Despard war nicht in der Lage gewesen, daß Wort für »Lobet« herauszufinden, und um dem Problem abzuhelfen, hatte er einem Feuerländer Komplimente über seinen Fortschritt mit der englischen Sprache gemacht und ihm gesagt, daß er ihn dafür zu »loben« wünsche. Dabei hatte er dem Indianer auf die Schulter geklopft. Der Indianer sagte ihm das Wort, von dem er meinte, es werde gesucht, und

Despard vervollständigte seine Übersetzung. Bridges entdeckte nun, daß nicht nur die meisten Worte des Lobgesanges falsch übertragen waren, sondern daß die Yámana Version, die drei Jahre lang täglich von den Feuerländern bei der religiösen Unterweisung gesungen worden war, mit den Worten begann: »Schlage den Herrn …«

Ushuaia verlor nach und nach seinen provisorischen Charakter. Bridges bekam Verstärkung von Robert Whaits, einem fähigen Handwerker, der zugleich Schmied, Tischler und Stellmacher war, sowie von John Lawrence, einem Gemüsegärtner und James Lewis, einem Zimmermann. Die drei brachten ihre Frauen und Kinder mit, und bald konnte man die Siedlung mit den vier englischen Paaren, seinen über hundert Yámana Bewohnern und einer wechselnden Bevölkerung durchreisender Feuerländer mit Fug und Recht als Dorf bezeichnen.

Überall in Feuerland weckte die Siedlung Interesse. Die Indianer waren nicht nur an den Aktivitäten der Missionare und dem Verhalten ihrer Landsleute interessiert, sondern sahen die Siedlung als einen Ort, an dem man tauschen und handeln konnte. An einem Tag im Jahr 1873 paddelte eine Gruppe Alakaluf-Indianer in die Bucht. Es war eine besonders unerschrockene, wild aussehende Gruppe, und unter ihnen war auch Fuegia Basket.

Seit ihrem Verrat an Jemmy Button auf Devil Island und ihrer Flucht mit York Minster war die junge Frau, die einst den englischen Hof bezaubert hatte, nur selten gesehen worden. 1841 war ein englisches Schiff, das die Magellanstraße durchfuhr, auf eine eingeborene Frau gestoßen, die die Seeleute gefragt hatte: »Wie gehen? Ich war in Plymouth und London.« Thomas Bridges fand die legendäre Fuegia in guter Verfassung, stark und gesund. Sie war »klein und untersetzt und hatte einen Mund, der selbst für eine Feuerländerin groß war und in dem viele Zähne fehlten. Sie hatte einige Erinnerungen an London und Mrs. Jenkins und an die *Beagle* und Kapitän FitzRoy. Sie wußte auch noch die Worte für »Messer«, »Gabel« und »Perlen«, aber es schien, als habe sie vergessen, wie man auf einem Stuhl sitzt, denn als einer für sie herausgetragen wurde, hockte sie sich daneben hin. Auf Yámana erzählte sie Bridges, York Minster sei getötet worden, weil er einen Mann umgebracht hatte, und der Teenager, der sie begleitete, sei ihr Mann, obwohl sie inzwischen in ihren Fünfzigern war.

Mary Bridges brachte ihre beiden Kinder, Mary und Despard heraus, damit sie Fuegia kennenlernten, die mit einem breiten Lächeln sagte: »Kleiner Junge, kleines Mädchen.« Bridges versuchte, irgendwelche Überbleibsel ihrer religiösen Erziehung in Walthamstow zu finden, doch vergeblich. Sie blieb eine Woche in Ushuaia, bevor sie wieder in ihr eigenes Land im Westen fuhr, wo ihre beiden Kinder von York Minster sie erwarteten. Einmal noch wurde Fuegia vor ihrem Tod gesehen: Im Februar 1883, als Thomas Bridges die Westküste von Feuerland erkundete, hörte er, daß sie in der Nähe sei. Er stieß auf eine gebrechliche Frau in ihren Sechzigern, die sich sichtlich dem Ende ihres Lebens näherte. Sie war hinfällig und unglücklich. Bridges las ihr aus der Bibel vor und ließ sie in der Obhut ihrer Tochter und zweier Brüder zurück.

Kapitel 24

Charles Darwin hatte die Arbeit von Thomas Bridges mit Interesse beobachtet. Der junge »Fliegenfänger« oder »Steineklopfer«, als den man ihn auf der *Beagle* kannte, war längst nicht mehr der bescheidene Mann seiner frühen Tage. In den Jahren seit die *Beagle* 1839 in Plymouth angelegt hatte, hatte er unter häufigen Anfällen lähmender Unpäßlichkeit und unter den Strapazen und Belastungen, eine Familie mit zehn Kindern zu unterhalten, gelitten. Dennoch hatte er Ende der fünfziger Jahre des 19. Jahrhunderts die Weihen der Royal Society erhalten, war für seine Schriften über die Reise mit der *Beagle* berühmt geworden und hatte sich unter Wissenschaftlern mit seiner bahnbrechenden Arbeit über Rankenfußkrebse einen Namen gemacht. Im November 1859 veröffentlichte er ein Buch, das bald zu den berühmtesten, bleibendsten und umstrittensten des 19. Jahrhunderts zählen sollte.

Öffentliche Aufmerksamkeit erregte er zum erstenmal mit seinem Beitrag zum dritten Band der *Narratives of the Voyage of the Beagle*, in dem er seine Erfahrungen beschrieb sowie viele Naturphänomene, denen er auf der Reise um die Welt begegnet war. Als das Buch im Mai 1839 veröffentlicht wurde, wurde sein Teil der beliebteste. Darwins Bericht mit seinen Einzelheiten über fossile Zeugnisse, ungewöhnliche geologische Formationen und unbekannte Tiere fesselte die Phantasie seiner Leser und wurde, noch bevor das Jahr zu Ende ging, mit Darwins Erlaubnis getrennt von den übrigen *Narratives* veröffentlicht. Der Band wurde in mehreren Ausgaben unter einer Reihe verschiedener Titel verbreitet, deren wichtigste die Bestseller-Ausgabe von 1845 war: *Journals of Researches into the Natural History and Geology of the countries visited during the Voyage of HMS Beagle round the world under the command of Captain FitzRoy RN, by Charles Darwin, 2nd Edition, corrected with additions.*

Seine Jahre auf See hatten einen starken Einfluß auf Darwins Leben: Er hatte die Welt gesehen, Gesteinsformationen, Berge, Klippen und Flußbetten untersucht, die Flora und Fauna dreier Kontinente studiert, mit merkwürdigen und »wilden« Völkern kommuniziert und ein Notizbuch nach dem anderen mit scharfsinnigen Beobachtungen und wunderschönen Beschreibungen gefüllt. Seine zufällige Aufnahme in die Dienstliste der *Beagle* war, wie er im Februar 1840 an FitzRoy schrieb, der entscheidende Augenblick seines Lebens gewesen:

Wie auch immer Andere auf die Reise der *Beagle* zurückblicken mögen, jetzt, wo die kleinen Unannehmlichkeiten derselben nahezu vergessen sind, halte ich es für DAS GLÜCKLICHSTE VORKOMMNIS IN MEINEM LEBEN, daß das durch Ihr Anerbieten, einen Naturforscher mitzunehmen, sich darbietende Glück mir zu Theil wurde … Diese Erinnerungen und was ich von Naturgeschichte gelernt habe, würde ich nicht gegen eine Einnahme von zweimal zehn tausend im Jahr vertauschen.[29]

Die Reise hatte ihm viele unauslöschliche Bilder beschert: der erste Blick auf die »Barbaren« in der Good Success Bay, Erdbeben und Vulkane in Chile, die wundersamen Inseln des Südpazifiks und die Riesenschildkröten auf den Galapagos Inseln. Die Reise hatte auch zahlreiche Fragen aufgeworfen: das Alter der Erde, das Alter des Lebens, die Beziehung der Feuerländer und anderer eingeborener Völker zur »Zivilisation« und die Entwicklung der verschiedenen Spezies. Erst als er nach der Rückkehr nach London entdeckte, daß die Finken, die er auf den Galapagos Inseln untersucht hatte, auf jeder Insel spezielle Merkmale aufwiesen, fing er an sich zu fragen, wie das sein konnte. Schon ab 1837 sammelte er in einem Notizbuch, das er für die, wie er sie nannte, »Transmutation der Arten« anlegte, Fakten über die Veränderungen von Haustieren und wilden Tieren und Pflanzen: »Ich erkannte bald, daß Selektion das Fundament für den Erfolg des Menschen beim Züchten nützlicher Tierrassen und Pflanzenarten war. Aber wie die Selektion auf Organismen angewandt werden konnte, die in einem natürlichen Zustand lebten, blieb mir eine Weile ein Geheimnis.«

Er brauchte zwanzig Jahre, um die Reise, auf die er sich gemacht hatte, zu vollenden. Angeregt durch die Schriften des Nationalökonomen Malthus über Bevölkerung und die Überproduktion von Nachkommen, brachten seine Notizen ihn direkt zum Kern der natürlichen Auslese:

Im Oktober 1838, also fünfzehn Monate nachdem ich mit meiner systematischen Untersuchung angefangen hatte, las ich zum Zeitvertreib zufällig Malthus' Ausführungen über die Bevölkerung, und durch langandauernde Beobachtungen der Gewohnheiten von Tieren und Pflanzen gut darauf vorbereitet, den Kampf ums Dasein, der überall stattfindet, richtig einzuschätzen, fiel mir plötzlich auf, daß unter diesen Umständen vorteilhafte Variationen dazu neigten, erhalten zu werden, und unvorteilhafte eher zerstört wurden. Das Ergebnis wäre die Bildung neuer Arten. Hier hatte ich schließlich eine Theorie, mit der ich arbeiten konnte.

1842 schrieb er eine 35 Seiten lange Abhandlung über das Thema, das er drei Jahre später auf 230 Seiten ausarbeitete. Er mußte jetzt anfangen, die Beweise zusammenzutragen. Das Haus der Familie in Down in Kent wurde zu einem siedenden, stinkenden Laboratorium, in dem er Wildenten und domestizierte Enten kochte, um ihre Skelette miteinander zu vergleichen. Auf allen verfügbaren Regalen standen Bottiche mit Salzlake, als er die Idee überprüfte, ob das Meer Samen transportieren konnte, die wieder keimten, wenn sie an Land geschwemmt wurden. In anderen Räumen lagen Tierkadaver, die gehäutet und vermessen werden sollten.

Während er den größten Teil der ersten Hälfte der vierziger Jahre mit der mikroskopischen Untersuchung von Rankenfußkrebsen zugebracht – und ein vielgelobtes dreibändiges Werk über seine Entdeckungen veröffentlicht – hatte, so beschäftigte er sich einen großen Teil der zweiten Hälfte des Jahrzehnts und bis in die fünfziger Jahre hinein mit der Beobachtung der Züchtung von Tauben. Die Kunstfertigkeit, mit der Taubenbesitzer ihre Vögel züchteten und kreuzten, und das fachmännische Auge, mit dem sie ihre Schönheit beurteilten, faszinierten Darwin und bekräftigten ihn in seinem Glauben an die Evolution der Arten. Er freundete sich mit Taubenliebhabern an, ging zu ihren Schauen und Zusammenkünften, verkehrte in ihren Pubs. Er baute sein eigenes Taubenhaus in Down und setzte Purzeltauben, Pfauentauben und Haustauben ein, doch als sie ihm ans Herz wuchsen, schickte er sich an, sie zur Untersuchung ihrer Skelette zu kochen.

Darwin wußte, welche Folgen das, was er über die natürliche Auslese herausfand, haben und welchen Zorn seine Thesen erregen würden. Von Natur aus nicht gerade kühn oder provozierend und geplagt von einem schwachen Magen und einer entkräftenden Lethargie, zögerte er, seine Entdeckungen zu veröffentlichen, bis ihn die Furcht, von dem jungen Biologen Alfred Wallace um die Früchte seiner Arbeit gebracht zu werden, zum Handeln zwang. Im November 1859, wenige Tage nach dem Gemetzel in Wulaia, wurde *Über die Entstehung der Arten durch natürliche Zuchtwahl* veröffentlicht. »Es ist dies ohne Zweifel die Hauptarbeit meines Lebens«[30], schrieb er später in seiner *Autobiographie*.

Die Entstehung der Arten hatte eine durchschlagende Wirkung und wurde zum Grundlagenwerk der Evolutionstheorie. Die Arten seien nicht unveränderlich, sondern sie paßten sich in einem blinden Kampf ums Überleben an, transmutierten und diversifizierten. Organische Lebewesen stammten von einem Stamm ab und der Fortbestand des Lebens hing davon ab, daß es sich fortwährend modifizierte und von diesem Stamm weg entwickelte. Je größer die Diversifikation, desto größer die Chance zu überleben. Schwächen wurden von der Natur ausrangiert, Stärken bewahrt. Die Umwelt hatte mit diesem Prozeß kaum etwas zu tun: Die Evolution wurde vom Zufall bestimmt und vom Wettbewerb unter eng miteinander verwandten Gruppen. »So geht aus dem Kampfe der Natur, aus Hunger und Tod unmittelbar die Lösung des höchsten

Problems hervor, das wir zu fassen vermögen, die Erzeugung immer höherer und vollkommenerer Thiere«[31], schrieb Darwin am Ende von *Die Entstehung der Arten*.

Es ist wahrlich eine großartige Ansicht, daß der Schöpfer den Keim alles Lebens, das uns umgibt, nur wenigen oder nur einer einzigen Form eingehaucht hat, und daß, während unser Planet den strengsten Gesetzen der Schwerkraft folgend sich im Kreise schwingt, aus so einfachem Anfange sich eine endlose Reihe der schönsten und wundervollsten Formen entwickelt haben und noch immer entwickeln werden.[32]

In dieser Ansicht mochte wahrlich Größe liegen, aber Darwin wußte, daß das nicht alle so sehen würden. An Alfred Wallace schrieb er: »Gott weiß, was das Publicum denken wird.«[33] Er sollte es bald herausfinden. Das Buch polarisierte die Welten der Wissenschaft und Religion und bestimmte beider Grenzen neu. Obwohl die natürliche Auslese auch vor Darwin schon diskutiert worden war, wurde sie erst in *Die Entstehung der Arten* deutlich formuliert, prägnant und brillant dargelegt und mit zwingenden Beweisen untermauert. Wissenschaft und Religion wurden von Kreatianisten[34] beherrscht, die glaubten, daß die Arten sich nicht entwickelten, sondern voll ausgebildet von der Hand eines allmächtigen Überwesens geschaffen worden waren. Dieser Gott war auch verantwortlich für jegliche Variationen des Originals. Es gab keinen gemeinsamen Stamm, auf den alles Leben zurückzuführen war, nur die Schöpfung selbst. Darwins Buch entsetzte sie, sie nannten es verräterisch, sogar blasphemisch. Es unterminiere die Grundsätze des Christentums und der Wissenschaft, protestierten sie. Wo blieb bei der natürlichen Auslese die Hand des Schöpfers?

Die 1250 Exemplare der Erstauflage von *Die Entstehung der Arten* verkauften sich noch am Erscheinungstag, es wurde zur machtvollen Waffe im jahrelangen Kampf zwischen einer Gruppe lebhafter, aber enttäuschter junger Hitzköpfe, die bestrebt waren, die wissenschaftliche Macht dem Griff der Theologen zu entreißen, und den Kreatianisten der alten

Schule. In den wichtigsten Zeitungen und Zeitschriften des Landes entbrannte ein Krieg der Rezensenten. Die *Times* gewährte Darwins Gehilfen, Thomas Huxley, am zweiten Weihnachtsfeiertag mehr als drei Spalten, um die neue Philosophie zu rühmen. Bis zum April hatte Huxley den bleibenden Begriff »Darwinismus« geprägt und verkündete, er sei die wesentliche Waffe in der Rüstkammer des Liberalismus«.

Auf der anderen Seite des Schlachtfelds wetterte Richard Owen, der einflußreiche Direktor der naturgeschichtlichen Sammlung im British Museum, gegen die natürliche Auslese in der *Edinburgh Review*, und einer von Darwins alten Professoren in Cambridge schrieb ihm, er habe mehr Schmerz als Freude ausgelöst, und erklärte: Sie sind »von der wahren Methode der Induction a b g e f a l l e n und haben uns einer Maschine übergeben, welche, wie ich denke, so wild ist wie Peter Wilkins' Locomotive, die uns nach dem Monde segeln wollte«[35].

Darwin war ein furchtsamer Mann, der sich nicht in den Streit einmischte. Früher oder später würde man die logische Schlußfolgerung aus einer These ziehen, die behauptete, alles Leben komme aus der gleichen Suppe, nämlich, daß der Mensch dem Tier nicht überlegen war, sondern mit ihm verwandt. Darwin war bewußt, daß seine Arbeit kontrovers diskutiert werden würde, und daher hatte er absichtlich so wenig Verweise auf den Menschen gemacht wie möglich. In *Die Entstehung der Arten* benutzte er alle möglichen anderen Beispiele: Brachiopoden und Rankenfußkrebse, Kolibris und Hunde, Tauben und schottische Fichten. Dennoch stürzten sich seine Kritiker auf die zentrale Häresie. Das *Athenaeum* Magazin war das erste, das groß herausstellte, was es den evolutionären Unsinn der Abstammung des Menschen vom Affen nannte – eine Vorstellung, die sich in der öffentlichen Vorstellung einnistete. Im Juni 1860 wurden bei einem Treffen der British Association in Oxford mehr als siebenhundert Menschen Zeuge, wie Samuel Wilberforce, der Bischof von Oxford, über Thomas Huxley herfiel und ihn fragte, ob er von der Seite seiner Großmutter oder eher von der seines Großvaters vom Affen abstamme. Es gab einen Aufruhr, und eine Dame fiel in Ohnmacht. Huxley erklärte, er könne nicht erkennen, welchen Unterschied es mache, und wenn er gefragt werde, »ob ich lieber einen erbärmlichen Affen zum Großvater hätte oder einen von der Natur reich begabten Mann mit großen Mitteln und Einfluß, der aber diese Gaben und diesen Einfluß nur gebraucht, um eine ernsthafte wissenschaftliche Diskussion ins Lächerliche zu ziehen, dann zögere ich nicht zu erklären, daß ich den Affen bevorzuge«. Im ganzen Raum erhob sich Gelächter.

Mitten im Publikum stand ein Mann, schwenkte eine Bibel und beschwor die Anwesenden, dem Wort Gottes zu folgen. Er wurde von der Menge niedergeschrieen. Der Mann war Robert FitzRoy.

Das war ein gräßliches Spektakel, in dessen Verlauf der ehemalige Kapitän der *Beagle* in einem Oxforder Sitzungssaal verhöhnt wurde, das eine unglückliche Geschichte offenbarte, denn so wie Darwins Stern aufging, so ging FitzRoys unter. Als klügster Student seines Jahrgangs war er einst für Großes bestimmt gewesen, doch mit seiner Karriere war es nach der Weltumseglung bergab gegangen. In den Jahren seit der Reise war er nach Enttäuschungen, Streit und Mißerfolgen auf die Tragödie zugesteuert.

Darwin war liberal erzogen, und fünf Jahre auf See hatten seinen christlichen Glauben bis auf die Grundfesten erschüttert; FitzRoys anglo-katholischer Konservativismus dagegen hatte diesen dazu gebracht, seine Erfahrung als Bestätigung der wörtlichen Wahrheit der Bibel zu betrachten. Im Laufe der Jahre hatten sich seine Unbeugsamkeit und Intoleranz verhärtet, ebenso wie die Häufigkeit seiner Anfälle von Schwermut. 1841 wurde er aufgefordert, für einen freien Sitz im Parlament vom County Durham zu kandidieren, aber es wurde eine schmutzige Kampagne, in deren Verlauf er sich mit einem anderen Tory-Kandidaten stritt und diesen zum Duell forderte. Davon bekam die Presse Wind, und das Duell wurde verhindert. Aber die beiden Männer gerieten vor dem United Service Club in der Mall so aneinander, daß sie sich völlig vergaßen. FitzRoy wurde zwar gewählt, aber er blieb nur zwei Jahre

Mitglied des Parlaments, bevor er den Gouverneursposten in Neuseeland annahm. Doch nun war er zwischen Skylla und Charybdis gelandet und war bei niemandem beliebt. In der neuen Kolonie gab es Probleme wegen der Zuteilung von Land an Siedler und der Rechte der einheimischen Maoris. FitzRoy hatte Mitleid mit den hart bedrängten Ureinwohnern, aber sie wollten sein Mitleid nicht, sie wollten Lösungen. Die Siedler waren noch unzufriedener über ihren Kolonialherrn, Unruhen brachen aus, kleinere Aufstände folgten, und 1845 wurde er seines Amtes enthoben. In der Stadt Nelson trug der triumphierende Mob das Bild des abreisenden Gouverneurs durch die Straßen und verbrannte es.

1850 wurde FitzRoy Mitglied der Royal Society, und 1853, ein Jahr nach dem Tod seiner ersten Frau Mary, wurde er zum meteorologischen Statistiker im Handelsministerium berufen. Er erfand ein neues Barometer, das er samt Anweisungen in den Häfen im ganzen Land verteilen ließ, und errichtete vierundzwanzig Wetterstationen, deren Informationen gesammelt und analysiert werden konnten. Alle zur Verfügung stehenden Quellen nutzend, systematisierte er die Sammlung von Daten über Wind, Luftdruck, Temperatur und Feuchtigkeitsgehalt und listete sie tabellarisch auf. FitzRoy wurde der Vater der Wettervorhersage und löste eine Revolution in der Meteorologie aus. Es gab vieles, worauf er stolz sein konnte, aber ihm reichte das nicht. Sein Gemüt verdüsterte sich. 1857 bewarb er sich um den Posten des leitenden Marineoffiziers in der Abteilung Seefahrtswesen des Handelsministeriums, mußte jedoch hinter seinem ehemaligen Leutnant auf der *Beagle*, Bartholomew Sulivan, zurückstecken. Die Veröffentlichung von *Die Entstehung der Arten* zwei Jahre später kränkte ihn. Die atheistische Theorie einer natürlichen Auslese war ihm verhaßt; und daß das Buch ausgerechnet von seinem ehemaligen Kabinengefährten auf der *Beagle* geschrieben worden war, einem Mann, der auf seine Veranlassung hin an Bord gekommen war und für den er folglich die Verantwortung trug, entsetzte ihn. Mitten in der Kontroverse um *Die Entstehung der Arten* trafen Nachrichten über das Blutvergießen in Wulaia und die mögliche Schuld seines liebsten Feuerländers, Jemmy

Button, ein. Es überrascht kaum, daß ein geschwächter Fitz-
Roy seiner wachsenden Mutlosigkeit unterlag.

Bis 1865 begegnete man seiner Arbeit über das Wetter mit
verletzender Kritik. FitzRoy wurde der Unwissenschaftlich-
keit beschuldigt, Voraussagen wurden als Torheit abgetan. Sein
Gesundheitszustand verschlechterte sich zusehends – Fitz-
Roys zweite Frau schrieb im April 1865 an eine Verwandte, er
sei eine ganze Weile nicht auf der Höhe gewesen. »Die Ärzte
sind sich einig in der Verordnung völliger Ruhe und Abwesenheit von seinem Amt. Man hat ihn beurlaubt, aber sein tätiger
Geist und sein überempfindliches Bewußtsein verhindern, daß
er davon profitiert.«

Am 30. April 1865 wachte FitzRoy um sechs Uhr auf und
lag reglos neben seiner Frau. Um halb acht rief das Dienstmädchen sie zum Frühstück. Sie blieben noch fünfzehn Minuten liegen, bevor FitzRoy die Decken zurückschlug und in
sein Ankleidezimmer ging. Auf dem Weg dorthin schaute er
nach seiner Tochter und küßte sie auf die Wange. Im Ankleidezimmer schloß er die Tür hinter sich, nahm ein Rasiermes-
ser, und schlitzte sich mit sicherer Hand die Kehle durch. Gut
ein Jahr, nachdem Jemmy Button an einem Strand in Feuerland an einer eingeschleppten Seuche gestorben war, sackte
Robert FitzRoy leblos in sich zusammen.

Darwin war traurig über den frühen Tod seines alten Mentors.
Während der Reise hatten die beiden Männer ihre Höhen und
Tiefen gehabt, gelegentlich auch eine ernste Auseinanderset-
zung, aber Darwin hatte FitzRoys viele bewundernswerte
Qualitäten und Stärken geschätzt. Die Zeit, die sie gemeinsam
bei den Feuerländern verbracht hatten, war für Darwin von
großer Wichtigkeit gewesen, was sich im ersten Abschnitt von
Die Entstehung der Arten zeigt:

Als ich an Bord der *Beagle* als Naturforscher Süd-America
erreichte, überraschten mich gewisse Thatsachen in hohem
Grade, die sich mir in Bezug auf die Vertheilung der Bewohner
und die geologischen Beziehungen der jetzigen zu der früheren Bevölkerung dieses Welttheils darbot. Diese Thatsachen

schienen mir, wie sich aus dem letzten Kapitel dieses Bandes ergeben wird, einiges Licht auf den Ursprung der Arten zu werfen, dies Geheimnis der Geheimnisse, wie es einer unsrer größten Philosophen genannt hat.[36]

In einem Brief von 1862 an den Autor Charles Kingsley, der Darwin geschrieben hatte, um seine Unterstützung für die Theorie der natürlichen Selektion anzubieten, kam Darwin darauf zu sprechen. Kingsley berichtete Darwin auch von einem Wochenende mit dem Bischof von Oxford und dem Herzog von Argyll, bei dem *Die Entstehung der Arten* das Hauptgesprächsthema gewesen war. Darwins Antwort macht deutlich, daß die Entdeckung einer Verbindung zwischen ihm und den Feuerländern alles andere als angenehm gewesen war:

Das ist die gewaltige und beinahe furchtbare Frage der Genealogie des Menschen, auf die Sie anspielen. Für mich ist es nicht so furchtbar und schwierig, wie es für die meisten scheint, zum Teil aus Vertrautheit und zum Teil, glaube ich, weil ich recht viele Barbaren gesehen habe – ich muß schon sagen, als ich in Feuerland das erste Mal einen nackten, bemalten, zitternden, abscheulichen Wilden sah, war der Gedanke, daß meine Vorfahren ähnliche Geschöpfe gewesen sein müssen, für mich ebenso abstoßend, ja sogar noch abstoßender als mein jetziger Glaube, daß ein noch sehr viel weiter entfernter Vorfahre ein behaartes Tier war. Affen haben sehr gute Herzen, wenigstens manchmal, wie ich zeigen könnte, wenn ich Platz hätte. Ich habe mich dem Thema lange gewidmet und habe Materialien für einen merkwürdigen Essay über den menschlichen Gesichtsausdruck und ein wenig über die geistige Beziehung zwischen Mensch und niederen Tieren. Wie würde man mich beschimpfen, würde ich einen solchen Essay veröffentlichen ...

Aber auch wenn es für ihn abstoßend gewesen war, hatte Darwin doch die Verbindung zwischen Barbarei und Zivilisation gezogen; er hatte persönliche Gefühle beiseite geschoben und war nur seiner Theorie gefolgt. Kurz nach der Veröffentlichung von *Die Entstehung der Arten* hatte er erkannt, daß er den Menschen in das Bild einfügen mußte, um die Abstammung, den Prozeß und den Zusammenhang mit der Menschheit zu erklären, ob es ihm gefiel oder nicht. Die daraus resultierende Arbeit – *Die Abstammung des Menschen* – beruhte größtenteils auf den Erinnerungen und Notizen über seine Zeit mit Jemmy, York und Fuegia und die Erfahrungen in Feuerland bei ihrem Volk, die er gut verwahrt hatte. 1871 veröffentlicht, lautete der zentrale Satz von *Die Abstammung des Menschen*, »daß der Mensch von einer weniger hoch organisierten Form abstammt«[37]. Es war – leicht erkennbar – im Wesentlichen die »Affen-Theorie«. Indem er seine Argumente darlegte, erinnerte sich Darwin an die vielen Völker, denen er begegnet war, als die *Beagle* den Globus umsegelt hatte. Es war jedoch klar, daß der Kontrast zwischen dem zivilisierten England und den primitiven Feuerländern den stärksten Eindruck auf ihn ausgeübt hatte, nicht zuletzt, weil sie die ersten nackten Wilden waren, die er zu Gesicht bekam, aber auch, weil er auf dem Schiff Jemmy, York und Fuegia kennengelernt hatte.

Die Feuerländer gehören zu den niedersten Barbaren; ich habe mich aber fortwährend darüber verwundern müssen, wie genau die drei an Bord der *Beagle* befindlichen Feuerländer, welche einige Jahre in England lebten und etwas Englisch sprechen konnten, uns in der ganzen Anlage und den meisten geistigen Fähigkeiten glichen. Wenn kein organisches Wesen außer dem Menschen irgendwelche geistigen Fähigkeiten besessen hätte, oder wenn seine Fähigkeiten von einer völlig verschiedenen Natur wären im Vergleich mit denen der niederen Thiere, so würden wir nie imstande gewesen sein, uns zu überzeugen, daß unsere hohen Fähigkeiten allmählich entwickelt worden sind. Es läßt sich aber deutlich nachweisen, daß kein fundamentaler Unterschied dieser Art besteht.[38]

Die Abstammung des Menschen ist mit zahlreichen Bezügen auf die Feuerlandindianer durchsetzt: Wie unterschiedliche Arten des Lebensunterhaltes in Ost- und West-Feuerland die Gestalt der verschiedenen feuerländischen Völker beeinflußten; die Art und Weise, wie sie das Steine- beziehungsweise

Speerwerfen vervollkommnet hatten; ihre Fähigkeit, unter rauhen Bedingungen ohne Kleidung zu überleben. Darwin beschrieb feuerländische Werbe-Rituale und daß diese Menschen nicht an Gott zu glauben schienen, jedoch abergläubisch waren. »Jemmy Button behauptete mit gerechtfertigtem Stolze fest und sicher, daß in seinem Lande kein Teufel sei.«[39] Die Feuerländer zu beobachten hatte Darwin eindringlich klargemacht, daß zu einer blühenden Zivilisation das Verständnis und die Anhäufung von Besitz und festen Wohnsitzen und ein Stammeshäuptling gehörten. In der Schlußfolgerung des Buches entwickelte Darwin die Gedanken weiter, die er neun Jahre zuvor Kingsley mitgeteilt hatte:

Es läßt sich aber kaum daran zweifeln, daß wir von Barbaren abstammen. Das Erstaunen, welches ich empfand, als ich zuerst eine Truppe Feuerländer an einer wilden, zerklüfteten Küste sah, werde ich niemals vergessen; denn der Gedanke schoß mir sofort durch den Sinn: so waren unsere Vorfahren. Diese Menschen waren absolut nackt und mit Farbe bedeckt, ihr langes Haar war verfilzt, ihr Mund vor Aufregung begeifert und ihr Ausdruck wild, verwundert und mißtrauisch. Sie besaßen kaum irgendwelche Kunstfertigkeiten und lebten wie wilde Thiere von dem, was sie fangen konnten. Sie hatten keine Regierung und waren gegen Jeden, der nicht von ihrem kleinen Stamme war, ohne Erbarmen. Wer einen Wilden in seinem Heimathslande gesehen hat, wird sich nicht sehr schämen, wenn er zu der Anerkennung gezwungen wird, daß das Blut noch niedrigerer Wesen in seinen Adern fließt. Was mich betrifft, so möchte ich ebenso gern von jenem heroischen kleinen Affen abstammen, welcher seinem gefürchteten Feinde trotzte, um das Leben seines Wärters zu retten, oder von jenem alten Pavian, welcher, von den Hügeln herabsteigend, im Triumph seinen jungen Kameraden aus einer Menge erstaunter Hunde herausführte, – als von einem Wilden, welcher ein Entzücken an den Martern seiner Feinde fühlt, blutige Opfer darbringt, Kindesmord ohne Gewissensbisse begeht, seine Frauen wie Sclaven behandelt, keine Züchtigkeit kennt und von dem größten Aberglauben beherrscht wird.[40]

Darwin hatte mit den Vorbereitungen für *Die Abstammung des Menschen* bereits 1860 begonnen, als er eine Liste mit Fragen über die Gewohnheiten der Feuerländer an Thomas Bridges auf Keppel Island geschickt hatte. Sie hatte solche Fragen enthalten wie:

Schütteln die Feuerländer oder Patagonier, oder beide, den Kopf von oben nach unten, um Zustimmung auszudrücken, und schütteln sie den Kopf von links nach rechts, um auszudrücken, daß sie anderer Meinung sind?

Erröten sie? Und bei was? Geschieht es hauptsächlich oder im allgemeinen in Beziehung zum persönlichen Erscheinen oder in Beziehung zu Frauen?

Drücken Sie Erstaunen durch weit aufgerissene Augen, hochgezogene Augenbrauen und offenen Mund aus?

Bekunden sie Wut oder Angst durch das gleiche Mienenspiel und die gleichen Handlungen wie wir?

Bridges hatte zurückgeschrieben und die meisten seiner Fragen beantwortet, aber 1867, als Darwin für einen ersten Entwurf von *Die Abstammung des Menschen* seine Notizen ordnete, stellte er fest, daß er mehr Informationen brauchte, und so schrieb er an seinen alten Kollegen und Freund Bartholomew Sulivan, der in der Missionsgesellschaft immer noch eine führende Rolle spielte.

Ihr Brief hat mein außerordentliches Interesse an allem über S. Amerika und die Feuerländer geweckt. Ich hätte niemals gedacht, daß letztgenannte zivilisiert werden könnten, aber es scheint, als werde sich herausstellen, daß ich mich geirrt habe.

Ich wünschte, der arme FitzRoy würde noch leben, um die Ergebnisse seines ersten Versuches, die Feuerländer zu zivilisieren, zu erfahren. Kennen Sie Mr. Stirling gut genug, um ihn zu fragen, ob er mir einen großen Gefallen tun könnte? Nämlich während ein paar Monaten den Gesichtsausdruck der Feuerländer, aber besonders derjenigen, die noch nicht viel Kontakt mit Europäern hatten, unter verschiedenen Bedingungen zu

beobachten und sich die Mühe zu machen, mir einen Brief über
das Thema zu schreiben.

Es ist deutlich, daß Darwin das Interesse am Verhalten der
Feuerländer nicht verloren hatte, aber seine Arbeit an *Die Abstammung des Menschen* und seine Freundschaft mit Sulivan
belebte eine Neugier an ihren jeweiligen Angelegenheiten wieder, die ihn für den Rest seines Lebens begleiten sollte. 1867
spendete er 5 £ an den allgemeinen Fonds der Südamerikanischen Missionsgesellschaft. Die Tatsache, daß er der wesentliche Verfechter dessen war, was viele als eine atheistische
Doktrin betrachteten, und sein Umgang mit den Missionaren
scheinen keinen Konfliktstoff für ihn geboten zu haben. Drei
Jahre später, am 30. Januar 1870, schrieb er an Sulivan: »Der
Erfolg der Mission in Feuerland ist ganz wunderbar und entzückt mich, da ich stets gänzliches Scheitern prophezeit hatte.
Es ist ein großartiger Erfolg. Ich werde stolz sein, wenn Ihr
Komitee es für angebracht hält, mich als Ehrenmitglied Ihrer
Gesellschaft zu wählen.«
 Als Darwin mit der Arbeit an *Die Abstammung des Menschen* begann, wollte er ein Kapitel darüber schreiben, wie verschiedene Tiere und Rassen Gefühle ausdrücken, aber als das
Projekt wuchs, erkannte er, daß er darüber ein eigenes Buch
schreiben mußte. *Der Ausdruck der Gemütsbewegungen bei
den Menschen und den Tieren* wurde 1872 veröffentlicht und
versammelte die Antworten, die er von Bridges und Stirling
bekommen hatte. Was ihn jedoch nicht davon abhielt, weitere
Fragen zu stellen. 1873 schrieb er über Sulivan an Stirling und
fragte ihn, ob er das Gefühl habe, daß der Prozeß der Zivilisie-
rung der Eingeborenen ihre Gesundheit beeinträchtige. Darwins Sorge beruhte möglicherweise auf langjährigen Zweifeln,
die er über eine solche Arbeit mit den Feuerländern hegte. Sie
beruhte möglicherweise auf dem Tod von Threeboys und Uroopa, oder darauf, daß ihm 1872 ein anderer ehemaliger Kollege von der *Beagle*, Arthur Mellersh, der auf der zweiten
Reise Maat gewesen war, schrieb: »Sulivan hat mir erzählt, daß
man auf Feuerland eine Mission errichtet hat, ich hoffe, es gelingt ihr, die armen Menschen davor zu bewahren, daß sie so

›kultiviert‹ werden, daß sie ganz vom Angesicht der Erde verschwinden.«

Stirlings Antwort an Darwin, auch wieder über Sulivan, war beruhigend, wenn auch kaum überzeugend. Threeboys war an Nierenversagen gestorben, eine unter den Feuerländern unbekannte Krankheit, die jedoch durch mangelhafte Ernährung auf der langen Reise nach Großbritannien und zurück verursacht worden sein konnte. Jemmy und Fuegia hatten infolge ihres dreijährigen Aufenthaltes in zivilisierter Gesellschaft nicht unter gesundheitlichen Problemen gelitten, und York war ermordet worden. »Der Bischof glaubte nicht, daß die Feuerländer durch zunehmende Zivilisation krank werden. Falls überhaupt, dann zu dem Zeitpunkt, als sich ihre Lebensweise veränderte, aber sie haben sich schnell daran gewöhnt und schienen sich ebenso guter Gesundheit zu erfreuen wie andere.«

Im April 1878 schrieb Sulivan an Darwin, daß die Mission gerne zwei verwaiste Enkelkinder von Jemmy Button aufziehen und ausbilden würde, die derzeit in der Station in Ushuaia lebten. Der Unterhalt für jedes Kind würde im Jahr 10 £ kosten. Die Beckenhamer Niederlassung der Gesellschaft hatte es übernommen, für einen der beiden zu zahlen, der künftig den Namen William Beckenham Button tragen würde. Ob Darwin bereit wäre, sich an einer Spende zu beteiligen, die von ehemaligen Besatzungsmitgliedern der *Beagle* aufgebracht werden sollte, um für den Unterhalt des anderen Waisen aufzukommen, fragte Sulivan. Das Kind würde zu Ehren des alten Kapitäns auf James FitzRoy Button getauft werden, und es würde jeden Paten 1 £ pro Jahr kosten.

Darwin antwortete begeistert, wenn auch etwas besorgt:

Ich bin glücklich, so lange ich lebe, pro Jahr 1 £ für Jemmy Fitz-Roy Button zu zeichnen; und um Mühen zu sparen, füge ich den Beitrag für die nächsten zwei Jahre gleich bei. Ich nehme an, Sie haben an die Zukunft des Jungen gedacht und ob es eine wirkliche Freundlichkeit ihm gegenüber ist, ihn auszubilden; und zweitens, daß wir »*Beagler*« alt werden ...

Verwirrung entstand, als Sulivan zu seiner großen Enttäuschung entdeckte, daß Jemmys Enkel bereits von der Tochter eines Komiteemitglieds der Gesellschaft adoptiert und getauft worden war. Er schickte Darwins Scheck zurück, aber ein Jahr später stellte er fest, daß Thomas Bridges das Kind für die *Beagle*-Mannschaft »reserviert« hatte. Sulivan schrieb am 13. Oktober 1879:

Mein lieber Darwin,

ich habe festgestellt, daß Mr. Bridges Buttons Enkel für die *Beagler* reserviert hat, indem er die Dame, die es übernommen hatte, sich um ihn zu kümmern, dazu brachte, sich eines anderen Waisen anzunehmen, und obwohl er mir nicht geschrieben hat, hat er ihnen die Liste der Waisen zur Veröffentlichung geschickt und vergessen, daß ich ihm gesagt hatte, der Junge sollte FitzRoys Namen bekommen und »James FitzRoy Button« heißen, hatte er meinen statt FitzRoys Namen hinzugefügt und ihn »James Button Sulivan« genannt.

Das werde ich ändern lassen, da Mrs. FitzRoy den Namen, den ich vorgeschlagen habe, so mag wie wir alle.

Sie und ihre Tochter wollen 3£ jährlich zu den erforderlichen 10£ geben. Ich werde 2£ geben und möchte Sie noch einmal bitten, das 1£ beizusteuern, das sie damals zugesagt hatten. Ich habe keinen Zweifel, daß Hamond, Mellersh, Usborne und Stokes das gleiche tun werden. Johnson ist so krank, seine Erinnerung war das letzte Mal, als ich ihn sah, so schwach, daß ich die Sache ihm gegenüber nicht erwähnen will ...

Sulivan und Darwin führten in den nächsten zwei Jahren einen regen Briefwechsel, sprachen oft über die Mission in Ushuaia und ihre adoptierten Waisen. Aus den Antworten des Naturforschers geht unstrittig hervor, daß es Sulivan gelungen war, seinen alten Freund zu begeistern. Am 3. Januar 1880 schrieb Darwin, daß die Berichte, die Sulivan über die Mission geschickt hatte, sehr interessant seien. Er fuhr fort: »Ich habe oft gesagt, daß der Fortschritt von Japan das größte Wunder der Welt wäre, ich erkläre aber, daß der Fortschritt der Feuerländer beinahe gleich wunderbar ist.«[41]

Im März 1881 hörte sich Sulivan einen Vortrag von Thomas Bridges über die Sprache der Feuerländer an. Danach schrieb er eilig einen Brief an Darwin mit Einzelheiten des Gehörten. Darwin antwortete am 20. März aus Down House mit aufrichtiger Freude: »Die Schilderung der Feuerländer hat nicht bloß mich, sondern meine ganze Familie interessiert. Es ist wahrhaft wunderbar, was Sie von Mr. Bridges über ihre Ehrlichkeit und ihre Sprache gehört haben. Ich würde sicherlich vorausgesagt haben, daß alle Missionäre der Welt das nicht hätten thun können, was gethan worden ist.«[42]

Am 21. November erhielt Darwin eine überraschende Mitteilung. William Parker Snow überarbeitete gerade sein Buch *A Two Years Cruise in Tierra del Fuego,* und er habe festgestellt, daß er nicht mit dem berühmten Evolutionisten übereinstimme. Es war zweiundzwanzig Jahre her, seit seine Aussage gegen die Patagonische Missionsgesellschaft gehört worden war, aber die gleichen Themen tauchten in seinem Brief wieder auf: »Ich schlage immer noch die Gründung einer kleinen Siedlung und eines Zufluchthafens etc. bei Kap Hoorn vor ... und habe dies auch unserer Regierung (vergeblich) unterbreitet (Fremde Mächte waren jedoch gewogener).« Aus seinen Worten sprach dieselbe Unzufriedenheit, derselbe murrende Ton und das Gefühl, ungerecht behandelt worden zu sein. Es gab auch einen peinigenden (sonst nirgends überlieferten) Hinweis, daß Darwin ihn in der Vergangenheit unterstützt hatte:

In meiner schweren schriftstellerischen Arbeit, ohne Unterstützung, und heftig bekämpft von Funktionären und der Missionsgesellschaft, sind meine alten Tage alles andere als leicht, und es wird die Frage sein, ob ich jemals zur Verwirklichung und Veröffentlichung bringe, woran ich schon so viele Jahre arbeite, aber wenn es mir gelingt, werde ich Ihnen ein Exemplar schicken.

Ich habe die vorübergehende Unterstützung, die Sie mir vor ein paar Jahren leisteten, nicht vergessen.

Er erbot sich, Down House zu besuchen und einiges mitzubringen, was er in Feuerland gesammelt hatte, aber sein Brief scheint unbeantwortet geblieben zu sein, und es ist fraglich, ob die Begegnung je stattgefunden hat. Darwin wurde alt, und am 1. Dezember 1881 schickte er seinen letzten Brief über Feuerland an Sulivan. Er enthielt die Unterstützung für Jemmy FitzRoy Button für zwei Jahre. »Nach dem ›Missionary Journal‹ zu urteilen scheint die Mission im Feuerlande einen wunderbar guten Fortgang zu nehmen ...«[43]

Sulivan setzte sich ein paar Tage später mit ihm in Verbindung, um ihn wissen zu lassen, daß er zwei Schilling zu viel bezahlt hatte, die er für warme Kleider ausgeben würde. Er hatte traurige Nachrichten und einen Plan:

Als mein jüngster Sohn zu einem Besuch bei seinen Agenten in norddeutschen Häfen und Riga war, sah er eine Gruppe armer Feuerländer, die im Zoologischen Garten von Berlin ausgestellt wurden, etwa zehn, glaube ich, Männer, Frauen und Kinder, von einem deutschen Schiff aus dem westlichen Feuerland mitgebracht. Es scheint, sie wurden präsentiert wie wilde Bestien. Er schrieb einen langen Brief an die Gesellschaft und drängte darauf, sie ihrem Herrn wegzunehmen und nach England zu bringen, damit sie über unsere Missionsstation zurückgebracht werden können.

Es ist schwer, einen Rat zu geben, aber ich habe vorgeschlagen, falls sie ihrer habhaft werden, wenn ihr Besitzer sie in Hamburg gezeigt hat, wohin er unterwegs war – sollte man sie so lange hierbehalten, bis man ihnen ein wenig Reinlichkeit beigebracht hat, anständige Kleidung etc. und sie dann direkt nach Sandy Port [Punta Arenas] zu schicken und von dort nach Ooshwaia. Ich glaube, sie sind von Fuegias Stamm. Ich habe keinen Zweifel, daß Freunde der Mission das notwendige Geld bereitstellen.

Darwins Ansicht über die Angelegenheit ist nicht schriftlich festgehalten. Er starb am 19. April 1882 und wurde mit einer großen Feierlichkeit in der Westminster Abbey beigesetzt. Es gibt keine Aufzeichnungen darüber, was mit den Feuerländern im Berliner Zoo geschah.

Kapitel 25

An einem sonnigen Sonntagnachmittag im September 1884 fuhren vier Kriegsschiffe der argentinischen Marine den Beagle-Kanal hinauf. Ihr Erscheinen war für die Siedlung Ushuaia am nördlichen Ufer des Kanals eine Überraschung, und als die drei Dampfer und ein Segelschiff im Hafen vor Anker gingen, entstand Unruhe an Land. Thomas Bridges ging zum Kai. Yámana-Siedler strömten aus ihren Hütten und Wigwams und umringten den einundvierzigjährigen Engländer gestikulierend, schreiend und weinend vor Angst und Pein, welche Gefahren die Neuankömmlinge wohl bringen würden.

Bridges, seine Mitarbeiter John Lawrence und Robert Whaits und eine eingeborene Mannschaft kletterten in ein Walboot und ruderten zu dem größten Schiff der Flottille, der *Villarino*. Als sie längsseits gingen, wies deren Kapitän sie an: »Das andere Schiff, Mr. Bridges«, und zeigte auf die *Parana*. Die Mannschaft ruderte weiter und traf auf Oberst Augusto Lasserre, der sie mit einem Handschlag, einem Lächeln und der Erklärung willkommen hieß: Er sei gekommen, um Ushuaia zur neugegründeten Unterpräfektur von Feuerland zu erklären, als Teil der Republik Argentinien.

Der Missionar hatte nichts dagegen einzuwenden. Er hatte gewußt, daß die »zivilisierte Welt« eines Tages so weit reichen würde, und versprach, mit der neuen Regierung der kleinen Stadt zusammenzuarbeiten. Lasserre für seinen Teil versicherte, sich nicht in die Unternehmungen der Missionssiedlung einmischen zu wollen. Sie gingen zusammen an Land, und umringt von einer Schar Yámana überreichte der Oberst Bridges eine argentinische Flagge. Der Engländer holte die

Missionsflagge ein, die sechzehn Jahre lang über der Siedlung geflattert hatte – die der britischen Nationalflagge ähnelte und doch ein wenig anders war, damit man keine imperialen Bestrebungen hineindeuten konnte –, und dann hißte er die blaßblaue und weiße Standarte der Republik Argentinien. Draußen auf See feuerten die vier Schiffe einundzwanzig Schuß Salut ab, und die Yámana brachen in laute Beifallsrufe aus.

Die Soldaten der argentinischen Marine wurden begrüßt; sie bauten ein neues Amt, stellten zwei Signalfeuer auf und ließen eine kleine Truppe von zwanzig Mann zurück. Verhängnisvollerweise brachten sie auch etwas anderes mit: die Masern. Innerhalb eines Monats waren mehr als die Hälfte der Yámana gestorben. Sie wurden in so großer Zahl dahingerafft, daß diejenigen, die sich nicht angesteckt hatten, nicht schnell genug Gräber ausheben konnten: Überall waren Leichen aufgehäuft. An den Stadträndern wurden Tote vor Wigwams abgelegt oder zum nächsten Strauch geschleift. Innerhalb von zwei Jahren war auch die Hälfte der Überlebenden gestorben. Fünfundzwanzig Jahre nach dem Blutvergießen in Wulaia stand das Volk der Yámana vor dem Aussterben.

Ob es durch Zufall oder mit Vorsatz geschah, was folgte, war eine letzte grausame Wendung in der Geschichte der Feuerlandindianer. Sie kam in der Gestalt von Strafgefangenen, Gold und Schafen.

Heutzutage muß man nur den Fernseher einschalten oder eine Zeitung aufschlagen, um auf Nachrichten über Massaker zu stoßen: im Kosovo, in Ruanda, Bosnien-Herzegowina, Kroatien oder Osttimor. Die Begriffe »Genozid« und »ethnische Säuberung« sind traurigerweise in aller Munde. Das Gemetzel von Unschuldigen in diesen Ländern ist entsetzlich, doch gelegentlich werden auch Etiketten, ob der größeren Wirkung wegen oder durch journalistische Schlamperei, falsch angewendet. Wenn es um die Feuerlandindianer geht, sind sie vollkommen angebracht: Wer das Pech hatte, in der zweiten Hälfte des 19. und im ersten Jahrzehnt des 20. Jahrhunderts Zeuge der Ereignisse in dieser abgelegenen Region der Erde zu werden, wohnte der völligen Ausrottung eines Volkes bei.

Thomas Bridges konnte das nicht ertragen. Zwei Jahre nach der Ankunft der argentinischen Schiffe in Ushuaia verließ er die Missionsstation. Die Epidemie hatte ihm den Elan geraubt, und das ständige Wachsen der Siedlung, die inzwischen einen Gouverneur und viel von dem ganzen Drum und Dran eines Regierungssitzes hatte, veranlaßte ihn zu gehen. Man stellte ihm Land gut sechzig Kilometer östlich von Ushuaia zur Verfügung, und er baute eine Viehzucht auf. 1894 hatte er eine Farm von mehr als 2000 Morgen eingefriedet, die er nach dem Heimatdorf seiner Frau in Devon Harberton nannte.

Wie Bridges seit langem befürchtet hatte, brachte Ushuaias Aufstieg auch die dunklen Seiten der Zivilisation mit sich: Alkohol, Waffen und Habgier. Zudem kamen mit jedem weiteren Zustrom von Siedlern neue Krankheiten ins Land. Nachdem in einer argentinischen Sträflingskolonie auf den Staateninseln an der äußersten Grenze Feuerlands unter den Insassen ein blutiger Aufstand ausgebrochen war, wurde das Gefängnis nach Ushuaia verlegt. Das Ergebnis war eine weitere Epidemie, die 1888 alle Yámana in einem Umkreis von fünfzig Kilometern dahinraffte.

Als Anfang der neunziger Jahre des 19. Jahrhunderts Gold entdeckt wurde, entstanden plötzlich von Lennox Island und Dawsond Island bis zur Ostküste Feuerlands und im Norden bis zum Rio Grande kleine Gemeinden von Goldsuchern aus Osteuropa, Spanien, Nordamerika und Argentinien. Die beiden ersten Goldsucher waren nach einem dreimonatigen Ritt quer über die Hauptinsel in die Gegend gekommen und hatten unterwegs jeden Feuerländer, der ihnen über den Weg gelaufen war, erschossen. Für die Selk'nam – Jemmys Oens-Menschen – war die Anwesenheit der Bergleute wie ein Krebsgeschwür. Die Selk'nam stahlen oder kauften ihre Waffen, und mit diesen war das fragile Stammesgleichgewicht in der Gegend zerstört. Das Guanako, ihre Hauptnahrungsquelle, wurde ausgerottet, und örtlich begrenzte Fehden verwandelten sich in ein mörderisches Wüten, bei dem die Indianer sich gegenseitig vernichteten.

Noch schlimmer für die Feuerländer war die Ankunft der Schaffarmer, die Feuerland besiedelten. Die argentinischen und chilenischen Regierungen verkauften große Flächen Weideland, aber die Umzäunung der riesigen Viehfarmen war der nomadischen Lebensweise der einheimischen Bevölkerung, die ihr eigenes Land jetzt als Unbefugte durchquerten, ein Greuel. Durch das Verschwinden des Guanakos fast in den Hungertod getrieben, töteten sie notgedrungen Schafe, für die die Viehzüchter einen schrecklichen Tribut forderten. Die neuen Siedler betrachteten die Indianer bald als Parasiten, und Parasiten sollten ausgerottet werden. Sie setzten ein Kopfgeld auf Feuerländer aus – 1 £ zahlte man für jeden getöteten Indianer –, und Banden berittener Gauchos brachten sie zur Strecke und rotteten sie aus.

Lucas Bridges erzählt von den »Großtaten« eines besonders brutalen Scheusals, den er McInch nannte, dem selbsternannten »König vom Rio Grande«. McInch war ein starker Trinker, ein Schotte mit einem breiten, roten Gesicht, dünnen, roten Haaren und grünblauen Augen. Als junger Mann war er mit Kitchener nach Khartoum gegangen, und später hatte er versucht, im nördlichen Feuerland eine Schaffarm zu gründen. Als dies fehlschlug, schob er die Schuld auf die Selk'nam und schwor Rache.

Bei einer Gelegenheit hörte er, daß eine große Gruppe Selk'nam durch das offene Weideland in Richtung Cape Peñas unterwegs war, wo sie die unzähligen Robben jagen wollten, die dort an Land gingen. Bridges griff die Geschichte auf:

Mit Repetiergewehren bewaffnet und in aufgeputschter Stimmung umzingelten Mr. McInch und eine Gruppe berittener weißer Männer die Landzunge und schnitten den glücklosen Robbenfängern den Rückweg ab, die, als die Tide kam, von ihrem Zufluchtsort auf den Felsen in die Schußweite der Menschenjäger getrieben wurden.

Ich weiß nicht, wie viele Eingeborene an diesem Tag getötet wurden. Mr. McInch behauptete hinterher, sie hätten vierzehn erschossen. Er behauptete, es sei wirklich eine äußerst menschenfreundliche Tat gewesen, es müsse nur jemand den Schneid haben, es zu tun. Er argumentierte, diese Menschen könnten niemals Seite an Seite mit dem weißen Mann leben; es sei grausam, sie in einer Mission in Gefangenschaft zu halten, wo sie vor Gram jämmerlich vergehen oder an eingeführten Krankheiten sterben würden: Je eher sie ausgerottet wären, desto besser.

Solche barbarischen Taten setzten in Feuerland oft kleine Kettenreaktionen in Gang. Das geschah auch nach McInchs blutigem Überfall. Der Selk'nam-Indianer Kilcoat konnte sich mit seiner Frau und seinem Kind in die Wälder retten. Ein paar Tage später kehrte Kilcoat von der Jagd zurück und fand seine Frau tot vor, bäuchlings in einem Sumpf liegend, das Kind noch auf den Rücken gebunden. Sie war von hinten erschossen worden, und die Kugel hatte die Rippen des Kindes gestreift, aber es lebte noch. Kilcoat war verzweifelt und suchte Vergeltung am ersten weißen Mann, der ihm über den Weg lief. Er versteckte sich hinter einem Felsen, und als ein einsamer Bergarbeiter vorbeiging, schoß er diesem einen Pfeil in den Rücken. Dann stahl er dem toten Mann sein Repetiergewehr und die Munition.

Die Missionen, von denen McInch sprach, waren Projekte der römisch-katholischen Salesianer auf der Hauptinsel und auf Dawson Island. Angesichts der Inbesitznahme von Land überall auf Feuerland waren diese Missionen die einzigen Zugeständnisse, die man der indigenen Bevölkerung machte, ihr einziger Zufluchtsort vor Winchester-Gewehren. In den Augen vieler waren sie eine humane Alternative zu dem Leben, das die Indianer führten, und der Zerstörung, der sie in der Wildnis begegneten. Einige Schafzüchter boten 5 £ für jeden Eingeborenen, der gefangen genommen und an die Missionen überstellt wurde; andere versuchten sie davon zu überzeugen, daß es zu ihrem eigenen Besten sei. Mehr als hundert Selk'nam wurden nach Dawson Island gebracht, wo sie mit Alakaluf-Indianern, die ebenfalls zusammengetrieben worden waren, neue Fertigkeiten lernen sollten. Für die Männer gab es Arbeit in der Sägemühle, in der Forstwirtschaft und bei der Schafschur, die Frauen lernten Spinnen und Weben. Ein weiterer Versuch, in der Nähe von Kap Hoorn eine Mission der anglikanischen Kirche zu gründen, scheiterte, als ihr Gründer, Leonard Burleigh, vor der Küste von Hoste Island ertrank.

Kein Zweifel, daß diejenigen, welche die katholischen Missionen in Feuerland führten, dabei die besten Absichten für die einheimische Bevölkerung hatten. In ihren Augen war es das letzte Kapitel der langen Geschichte, Gott und die Zivilisation zu den wilden Völkern zu bringen. Sie brachten Kleider mit, warme Unterkünfte und gute Nahrungsmittel, aber auf ihre Weise waren die salesianischen Missionen ebenso an der Ausrottung der Feuerländer beteiligt wie die Revolverhelden in ihrem Umkreis. Wolle, Decken, eingewanderte Priester, Nonnen und Versorgungsschiffe brachten Krankheiten in die Stationen. Der Klimawechsel zerstörte das Immunsystem der Selk'nam, die nach Dawson Island gebracht wurden. Ein freies, nomadisierendes Volk in enge Wohnungen einzupferchen hatte niederschmetternde Folgen: Ihr Lebensgeist war gebrochen, ihr Widerstand zerstört.

Nur wenige verstanden die Feuerländer oder sahen hinter ihre nackte äußere Erscheinung. Die rassistische Haltung der Europäer gegenüber Menschen nicht-europäischer Abstammung ist, mit heutigen Augen betrachtet, erschreckend. Das Leben der Feuerländer – oder anderer Stammesvölker – ohne Herablassung zu betrachten gehörte nicht zum Geist des 19. Jahrhunderts. Je weiter die »Zivilisation« sich ausbreitete, ob durch Schaffung eines säkularen Weltreiches oder religiöse missionarische Anstrengungen, desto zwingender wurde der Wunsch, den unzivilisierten Wilden zu »retten«. Für weiße europäische Imperialisten oder Missionare waren diese Menschen primitive, barbarische Ureinwohner. Sie waren im allgemeinen schwarz, unbekleidet, lebten in dürftigen Unterkünften, waren zufrieden, sich von unzulänglichen Nahrungsmitteln zu ernähren und neigten zu gewalttätigen Ausbrüchen. Sie kommunizierten mittels einer Reihe von Grunzlauten, legten wenig Neugier an den Tag und wußten nichts von Gott oder Christus. Europäische Besucher wollten da reglementieren, organisieren, ihr Leben mit Ordnung, Arbeit und religiöser Freude füllen. Die Tatsache, daß die Feuerländer in ihrer Heimat jahrhundertelang überlebt hatten, war für die Europäer belanglos: Daß bekannt wurde, daß ihre Sprache in gewisser Hinsicht anspruchsvoller war als das Englische, enthüllte nur die Ignoranz der Eindringlinge.

Wenn sie die »Wilden« nicht retten konnten, so konnten sie sie ersatzweise auch zerstören – obwohl es am Ende oft auf das gleiche hinauslief. Die Europäer, und später die Argentinier und Chilenen, taten diejenigen Feuerländer, die nicht willens waren, das Spiel zu spielen – die sich den Forderungen des weißen Mannes nicht fügten, die lästig waren, weniger anpassungsfähig und anspruchsvoller –, als wertlose Primitive ab, derer man sich mit dem Klicken eines Abzugs entledigen konnte. Es ist schwierig, die Tragödie der Feuerländer mit Zahlen zu belegen, weil es keine präzisen Aufzeichnungen darüber gibt. Als die *Beagle* Jemmy Button 1833 zurück an den Yahgashaga brachte, gab es wahrscheinlich rund dreitausend Yámana. Anfang der fünfziger Jahre des 19. Jahrhunderts gab es zwischen sieben und neuntausend Feuerlandindianer aller Stämme. Um 1908 lebten gerade noch 170 Yámana, 1947 nur noch 43 Yámana und weniger als 150 überlebende Feuerländer aller Stämme und etwa die gleiche Anzahl Mischlinge. Es darf bezweifelt werden, daß es heute noch Nachkommen der Feuerlandindianer gibt.

In der Geschichte von Jemmy Button ist der Begriff von dem, was wild oder barbarisch und was zivilisiert war, von großer Bedeutung. Zivilisation wurde von angeblich zivilisierten Menschen definiert, die auch bestimmten, was wild war. Doch an Ungereimtheiten gab es keinen Mangel. Was war zivilisiert an der Entführung Einheimischer, der Trennung von ihren Familien und dem Transport quer durch die Welt? Oder daran, daß Indianer gejagt und ohne Angst vor Repressalien ausgerottet werden konnten? Oder daran, sie in Missionsstationen zusammenzutreiben und in Arbeitsprogramme und in alles, was europäische Gesellschaften mit sich brachten, zu nötigen? Man sollte in Erinnerung behalten, daß Jemmy Button, York, Fuegia und in den sechziger Jahren des 19. Jahrhunderts vier weitere Feuerländer nach England kamen, in die feine Gesellschaft eingeführt wurden und überlebten; sie erwiesen sich als anpassungsfähig, intelligent und verständig. Von Europäern, die in die andere Richtung reisten, konnte man dies nicht immer behaupten.

Man kann darüber spekulieren, ob die Feuerländer ihrem

jämmerlichen Ende hätten entgehen können. Feuerland war ein gottverlassener Winkel der Erde, bedeutend nur, weil er an einer der wichtigsten Schiffahrtsrouten lag. Durch den Bau des Panamakanals war es in den zwanziger Jahren des 20. Jahrhunderts fast bedeutungslos geworden. Da das Kap Hoorn nicht mehr umrundet werden mußte, gab es nur noch wenige Gründe für den Konflikt der Kulturen, und niemand hätte sich mehr um das Schicksal ausgesetzter Seeleute in diesem Gebiet sorgen müssen. Wäre der Panamakanal ein halbes Jahrhundert früher gebaut worden, könnte man sich fragen, ob heute nicht noch ein paar überlebende Feuerländer unter uns weilen könnten.

Nicht zu vergessen die Rolle, die Jemmy Button beim Niedergang seines Volkes spielte. Er öffnete der Katastrophe Tür und Tor, obwohl man ihm das kaum zum Vorwurf machen kann. Mehr als drei Jahrhunderte hatten europäische Schiffe diese Gewässer passiert, hatten mit den Feuerlandindianern Handel getrieben und waren weitergesegelt. Sie waren durch die Magellanstraße gefahren, durch die vielen Kanäle und Inselgruppen und sogar um Kap Hoorn herum. Gelegentlich hatte es Geplänkel gegeben, einen einzelnen gewaltsamen Tod, und wenn ein Schiff hier zerschellte, hatten die Seeleute von den Eingeborenen ebensoviel zu fürchten wie von dem tobenden Meer. Aber das Gleichgewicht des Lebens der Feuerlandindianer und ihre Beziehungen zu ihrer Umgebung und untereinander wurden erst unwiderruflich auf die Probe gestellt, als FitzRoy die vier Feuerländer entführte und sie zur Erziehung und Besserung nach England brachte.

Im Kontext des 19. Jahrhunderts ist es schwierig, FitzRoys Motive zu hinterfragen: Er war ein Mensch, der glaubte, mit Glück und Gottes Hilfe könne er das Schicksal aller Feuerlandindianer verbessern, ihre nomadische Existenz in eine Gesellschaft mit festem Wohnsitz verwandeln. FitzRoy scheiterte, aber die Rückkehr von Jemmy, York und Fuegia nach Feuerland zog Aufmerksamkeit auf sich und weckte in der Folge die Hoffnungen der Missionare.

Die Anwesenheit Jemmys in der Nähe von Wulaia – mit seiner Fähigkeit, Englisch zu sprechen und zu verstehen, seinem rudimentären Verständnis des Christentums und seiner Kenntnis der englischen kulturellen Gepflogenheiten – war unwiderstehlich. Auf kolonisierende Missionare wirkte er wie ein Magnet, und die Natur des Kontakts zwischen Feuerländern und Fremden veränderte sich; der weiße Mann kam nicht mehr nur und jagte Robben, tauschte vielleicht noch Fisch und zog dann weiter, jetzt kam er, um zu bleiben, und mit ihm kamen die Probleme.

Natürlich lag es in der Natur der Erforschung und der kolonialen Expansion des 19. Jahrhunderts, daß es auch ein anderer Feuerländer hätte sein können, wäre es nicht Jemmy gewesen. Früher oder später hätte ein Europäer die Gegend reif für die Kolonisierung gefunden. Es war klar, daß die »Zivilisation« sich von den jungen Republiken Chile und Argentinien weiter nach Süden ausbreiten würde, aber Jemmy war der Katalysator. Seine Entführung eröffnete eine Epoche beispielloser Einmischung in das Leben der Feuerlandindianer, und innerhalb weniger Jahrzehnte nach seinem Tod auf Button Island war der Rest seines Volkes ausgemerzt.

In *Uttermost Part of the Earth* schrieb Lucas Bridges (der, nicht zu vergessen, der adoptierte Enkelsohn von George Packenham Despard war), daß man den Plänen des missionarischen Märtyrers Allen Gardiner »so genau wie möglich gefolgt war, durch Prüfungen und Unglücke hindurch bis zu einem erfolgreichen Abschluß. Obwohl mir sehr wohl bewußt ist, daß die Feuerländer als Rasse fast ausgestorben sind, benutze ich sehr bewußt das Wort ›erfolgreich‹«.

Dieser von Lucas Bridges so triumphierend verkündete Erfolg schmeckt in der Tat bittersüß. Denkt man über das feuerländische Volk und die Tragödie nach, die es zerstörte, kann man die ihnen zuteil gewordene Behandlung eigentlich nur mit Trauer und Wut betrachten. Am 30. September 1889 brachte die *Times* die folgende Geschichte über eine Ausstellung im Royal Aquarium in Westminster. Sieben Selk'nam-Indianer – ein Mann, zwei Frauen, zwei Mädchen und zwei Jungen – waren von einem Goldgräber, der auf der Pariser Weltausstellung mit ihnen protzen wollte, aus ihrer Heimat verschleppt worden. Er war zu spät gekommen für die

Schau, und so reichte er sie statt dessen an einen Mr. Farini für eine Ausstellung in London weiter. Die Zeitung berichtete, man habe im Aquarium ein Zelt für sie aufgestellt, und fuhr fort:

Sie sind von einer dunklen, schwärzlich-braunen Hautfarbe, und ihr Haar, das einen blau-schwarzen Ton hat, bildet einen langen Pony, der ihre Augen fast gänzlich verbirgt … nur einer der Gruppe, ein Junge, zeigt Zeichen von Heiterkeit, die übrigen legen ein mürrisches Benehmen an den Tag. Von Statur sind sie klein, aber ihre Glieder sind wohl entwickelt und zeigen Anzeichen für erhebliche Muskelkraft. Ihre Kleidung besteht nur aus einem Fell, und es heißt, daß sie rohes Fleisch bevorzugen. Sie verstehen nichts, außer wenigen Zeichen, und ihre Sprache ist, wie es scheint, nicht sehr reich, da ihre Kommunikation fast gänzlich aus ein paar tiefen Ausrufen besteht … Gegenwärtig sitzen sie um einen großen Ofen herum, kauern sich unter ihre Felle, anscheinend zufrieden mit der Wärme. Sie werden noch eine Weile im Aquarium zu sehen sein.

Es war ein trauriges Schauspiel, ein Menschenzoo, typisch in seiner gefühllosen, anmaßenden und unbedachten Darstellung eines bald ausgestorbenen Volkes – eines Volkes, das tief in der Krise steckte. Ohne Jemmy Button hätte dieses Bild der Eingeborenen Feuerlands als einziges überdauert. Aber durch sein Leben haben wir ein mächtiges Gegenbild. Jemmys Dasein und seine Reaktion auf seine Erfahrungen öffnen ein anderes Fenster zu den Indianern Feuerlands, welches ein weitaus interessanteres und aufschlußreicheres Bild bietet.

Am Anfang seiner Odyssee wies nichts Jemmy als tüchtiger oder intelligenter als seine Freunde und Familie aus. Doch in seinem Leben entdecken wir seine Stärke – sowohl geistig als auch körperlich – und seine mutige Reaktion auf seine englischen Kaperer. Aus Orundellico, dem urzeitlichen Kind, das mit seinem Onkel zum Fischen und Tauschhandeln hinausfuhr, wurde die hybride Schöpfung Jemmy Button, weder ganz ein Feuerländer, noch im Entferntesten ein Engländer. Entführt, in früher Kindheit benutzt und mißbraucht, in späteren Jahren schikaniert und belästigt, erwies er sich dennoch als Mann von Charakter und seelischer Kraft. Er war ein Kämpfer, ein Überlebender, ein gutmütiges Kind und ein gefälliger Mann. Für FitzRoys Projekt war er ein Segen, jemand, der sich an das Treibhaus London angepaßt hatte und darin gediehen war, der es seitdem liebte, sich elegant zu kleiden und sich putzte wie ein narzißtischer Dandy. Er wuchs zu etwas heran, was so ansehnlich war, daß man ihn nicht nur den aristokratischen Freunden des jungen Kapitäns vorstellte, sondern auch der Crème der englischen Gesellschaft und dem Königshaus selbst. Von FitzRoys Standpunkt aus gesehen war dies mehr, als er realistischerweise hatte erwarten können, als er die Feuerlandindianer entführte. Am Ende scheiterte das Experiment des Kapitäns mit seinen Feuerlandmissionaren, aber das hatte wenig mit Jemmys, Yorks und Fuegias Fähigkeiten zu tun, sondern mehr mit dem schlechten Konzept, der halbdurchdachten Planung und einer wenig einfallsreichen Durchführung.

In seinen späteren Jahren gab sich Jemmy reizbarer und weniger hilfsbereit und war gelegentlich denjenigen, die ihn aufspürten, ein Dorn im Auge. Es ist zudem ausgesprochen wahrscheinlich, daß er etwas mit dem Massaker in Wulaia Cove im November 1859 zu tun hatte oder dieses womöglich sogar anführte. Doch Feuerländer lebten nach anderen Regeln und hatten andere Werte, und dies war ihre übliche Antwort auf die Bedrohung durch fremde Eindringlinge und die Furcht vor weiteren Entführungen und, nicht zu vergessen, auf eine zweimal wiederholte Anschuldigung in Form der Durchsuchungen durch den Missionar und den Kapitän des Schiffes. Außerdem zeigt sich auch bei anderen Opfern quer durch die Geschichte, daß sie Widerstand leisteten und nicht willens waren, sich einfach hinzulegen und zu sterben.

Viele Jahre zuvor war Jemmy Button benutzt und fallengelassen worden wie Strandgut, den Launen seines Volkes preisgegeben, der Selbstsucht und den Begierden von York Minster und den Selbstzweifeln, die im Exil wachsen. Im Nachhinein ist es kaum verwunderlich, daß er sich, als der weiße Mann ein weiteres Mal kam, sträubte, diesem zu helfen. Wie er in seiner

Zeugenaussage in Port Stanley 1860 sagte: »Ich habe genug –
ich will nicht zurückgehen«. Mit den Worten des Beamten im
Kolonialministerium war es »nicht überraschend, daß Mord
folgte«, als die Missionare anfingen, eine Entscheidung zu er-
zwingen.

Orundellico war ein ganz gewöhnlicher Junge, dem das Leben ein außergewöhnliches Schicksal zudachte. Die Ureinwohner Feuerlands sind für die Welt verloren, aber es ist besser, sie in der Person von Jemmy Button in Erinnerung zu
behalten – ob bei der Jagd nach Robben und Guanakos an den
Küsten von Yahgashaga, beim Spiel mit den Bewohnern der
Good Success Bay, beim Rezitieren von Bibelstellen im Klassenzimmer in Walthamstow oder beim Essen mit FitzRoys
Freunden – als in der Gestalt dieser traurigen Gruppe Feuerländer, die 1889 im Royal Aquarium ausgestellt wurden.

Danksagungen

Mein Dank geht an all die Menschen, die mir bei diesem Projekt hilfreich zur Seite gestanden haben, ganz besonders an: Adam Perkins vom Department of Manuscripts der Cambridge University Library; Jean Marshall, Mission Education Officer bei der South American Missionary Society; Elizabeth Sulivan (an die auch besonderer Dank geht für ihre große Gastfreundschaft und ihr faszinierendes Labyrinth); Ursula Mommens für das Hamond-Tagebuch; Dr. Sheila Dean und Perry O'Donovan vom Darwin Correspondence Project; Robin Dower; Philippa Bassett, Archivarin der Special Collections an der University of Birmingham; Dr. Lesley Gordon am Special Collections Departement der Robinson Library an der University of Newcastle; Lesley Price, Archivar der Royal Botanic Gardens in Kew; Dr. Janet Browne vom Wellcome Institute for the History of Medicine; Barbara Schmidt für ihr Wissen über Mark Twain und ihre Hartnäckigkeit bei der Suche nach den richtigen Hinweisen; und Luigi Bonomi für seinen unversiegenden Enthusiasmus und seine ständige Aufmunterung.

Ich bedanke mich bei: den Verantwortlichen der Cambridge University Library und der Erbengemeinschaft für die Erlaubnis aus dem unveröffentlichten Material des Darwin Archives zu zitieren.; dem Dittrick Medical History Center der Cleveland Medical Library Association/Case Western Reserve University in Cleveland, Ohio, für die Briefe von Darwin an Charles Kingsley; Hodder Headline für die Auszüge aus Lucas Bridges' Utermost Part of the Earth.

Außerdem vielen Dank an die folgenden Institutionen, die mir Einsicht gewährt und mir in einigen Fällen die Erlaubnis erteilt haben, aus Manuskripten in ihrem Besitz zu zitieren: die British Library, Department of Manuscripts; den Carmarthenshire Archives Service; das National Register of Archives; dem Public Record Office in Kew; den Somerset Archive and Record Service; das University College, London, für die Society for the Diffusion of Useful Knowledge; das Vestry House Museum, Walthamstow; das Wellcome Institute for the History of Medicine.

Die folgenden Archive haben mir geholfen, ohne daß ich den Weg dorthin auf mich nehmen mußte, wofür ich dankbar bin: die Church Missionary Society; die City of Plymouth Archives and Records; das Flintshire County Council Archive; die Lambeth Palace Library; das London Transport Museum; die National Library of Scotland; die National Library of Wales; das National Maritime Museum; die Royal Archives, Windsor Castle; das Suffolk County Record Office; das Warwickshire County Council Record Office; der West Glamorgan Archive Service; die Yorkshire Archaeological Society.

Zum Schluß noch einen besonderen Dank an Caroline Annesley und David Jeffreys, die die verschiedenen Stadien des Buches begleitet haben – Letzterer hat mehr als das Übliche getan, als er sich die Zeit nahm, das Manuskript zu lesen, während er am Bett seiner Frau Julia saß, die gerade ihr Baby Lorcan zur Welt brachte.

Bibliographie und Quellen

QUELLEN

British Library Manuscript Room:
British Library Add MS 35309 – Snow Korrespondenz.
Public Record Office (Kew):
ADM/1/5736, Qa50, Qa55, Qa68; ADM/1/5744; ADM/1/1817, Letters 1830, Letter 114, Letter 117; ADM/1/2031, Letters of PP King, Letter 35, Letter 40; ADM/1/1818, Letters 1831; ADM/53/236; ADM 102.637, Plymouth Hospital Muster; CO78/40, Letter 171, /9227; CO78/41, /3743, /4508, /6664, /7744, /7574; CO78/42, /4780, /5571, /6288, /6752, /6715, /9692; CO78/44, /6022; CO78/45, /Letter 6861, /Letter 9397, /Letter 3410; CO78/46, The Falkland Island 1862; CO78/47 Volume 2 of 1862, Falkland Islands; CO78/48, Falkland Islands, 1863; CO78/49, Falkland Islands, 1863, volume 2; CO78/50, Falkland Islands, 1864, volume 1; CO78/51, Falkland Islands, 1864, volume 2; CO78/52; Falkland Islands, 1865; CO81/15, Falkland Islands Blue Book for 1860; LC 10/7l, Bills of the King's Messengers.
University of Birmingham – Special Collections/archive of the Church Missionary Society:
C N/O/36/19, Letter from Richard Matthews, 20.12.1841. Kaitaia.; C N/O/36/20, Letter from his brother Joseph, Kataia.; C N/O/36/24; C N/O/36/25; C N/O/36/33, Replies from Hadfield and Mason; C N/O/36/36, Long letter from RM to Davis, 17.08.1842; C N/O/61, Letter from Joseph Matthews, 28.12.1835; C N/O/62; Correspondence Committee, 16. November 1830; Correspondence Committee, 14. February 1832; Correspondence Committee, G / AC3, 1.11.1830, Letters of JL Harris and R Fitz-Roy.
South American Missionary Society:
Minutes of the Patagonian Missionary Society; SAMS Minute Books; SAMS General Committee Books.
Wellcome Institute:
Murchison Letters 5220/895220/93; Robert MacCormick's diary

»*Voyage to Rio Janeiro and South America in 1831–32*« mss 3559 MacCormick.

WC Trevelyan Collection, Robinson Library, University of Newcastle: Letters of WP Snow, WCT 229-1860,WCT 230-1861, WCT 231-1862, WCT 232, WCT 234-1868

Barlow, N. (Hrsg.): *Darwin and Henslow: the growth of an idea (Letters 1831–1860)*. London 1967

Darwin, CR: *The Correspondence of Charles Darwin, volumes 1–10*. Hrsg: F. Burkhardt, S. Smith et al. Cambridge 1997

Darwin CR.: *Charles Darwin and the Voyage of the Beagle [Letters and notebooks]*. Hrsg. und mit einer Einführung von Nora Barlow. London 1945

Darwin, CR.: *Charles Darwin's Diary of the Voyage of HMS »Beagle«*. Hrsg. von Nora Barlow. Cambridge 1933

Darwin, CR.: *Journal of Researches into the Geology and Natural History of the Various Countries visited by HMS Beagle, 1832–1836*. London 1936

Darwin, C.: *The Descent of Man, and selection in relation to sex.* 2 vol. London 1871

Darwin, C.: *The expression of emotions in man and animals.* London 1872

Darwin, C.: *On the origin of the species by means of natural selection, or the preservation of favoured races in the struggle for life.* London 1959

Darwin Letters in the Darwin Archive at Cambridge University, including:

- Letter from John Henslow to Charles Darwin, 24. August 1831. DAR 97 (ser 2): 4–5; *Darwin and Henslow*: 29; *Life and Letters of Charles Darwin* 1:192
- Letter from Charles Darwin to Susan Darwin, 3. December 1833. DAR 154
- Letter from Charles Darwin to Robert FitzRoy, 20. February 1840. DAR 144
- Letter from Charles Darwin to Thomas Bridges, 6. January 1860. DAR 185 and DAR 189
- Letter from Arthur Mellersh to Charles Darwin, 25. January 1872. DAR 171
- Letter from Bartholomew Sulivan to Charles Darwin, 23. February 1874. DAR 177
- Letter from Bartholomew Sulivan to Charles Darwin, 12.October 1879. DAR 177
- Letter from WP Snow to Charles Darwin, 21. November 1881. DAR 177
- Letter from Bartholomew Sulivan, 3. December 1881. DAR 177

Darwin Letters belonging to English Heritage:

- Letter from Charles Darwin to Caroline Darwin, 12. April 1833. DAR 223:16; *Charles Darwin and the Voyage of the Beagle*: 79

- Letter from Charles Darwin to Catherine Darwin, 6. April 1834. DAR 223: 21; *Life and Letters of Charles Darwin*: 1:251; *Charles Darwin and the Voyage of the Beagle*: 96

Letters from Robert FitzRoy dated 4. December 1832 and 4. April 1834, to his sister Frances in the Darwin Archive at Cambridge University – Ms add 8853

Letter to Charles Darwin from John Henslow, dated 11. April 1833, in the Archives, Royal Botanic Gardens, Kew (Henslow letters: 17); *Darwin and Henslow*: 71

Letter to Charles Kingsley from Charles Darwin, dated 6. February 1862 in the Dittrick Medical History Center. Cleveland Medical Library Association / Case Western Reserve University, Cleveland. Ohio

Letters to Charles Darwin from Bartholomew Sulivan in the private Collection of Mrs. E. Sulivan

Darwin, F. (Hrsg.): *The Life and Letters of Charles Darwin, including an autobiographical chapter, 3 vols.*. London 1887

Hamond, R. Private diary, in the Ursula Mommens deposition, Darwin Archive, Cambridge University

File in Vestry House, Walthamstow museum on the Wigram family

TAGESZEITUNGEN UND JOURNALE:

Bath Chronicle, Bristol Mercury, Western Counties Advertiser, Bristol Daily Post, Bristol Gazette, Bristol Mirror and General Advertiser, Bristol Observer, Bristol Times and Felix Farley's Bristol Journal, British Baptist Reporter, Clifton Chronicle, Daily Telegraph, Essex Standard, Falmouth Packet, Guardian, Hampshire Telegraph and Sussex Chronicle, Morning Herald, Morning Post, Morning Star, Observer, Record, Royal Devonport Telegraph, The Times, Western Daily Press, Woolmer's Exeter and Plymouth Gazette.

SEKUNDÄRQUELLEN:

Altick, R.: *The Shows of London*. Harvard 1978

Barquet, N. und Domingo, P.: Smallpox: The Triumph over the Most Terrible of the Ministers of Death. In: *Annals of Internal Medicine*, 15. October 1997. 127:635–642

Beer, G.: Travelling the other way: travel narratives and true claims. In: *Patagonia: Natural history, prehistory and ethnography at the uttermost end of the earth*, hrsg. von McEwan, C., Borrero, L., Prieto, A. London 1997

Besley, H.: *The Route Book of Devon: A guide for the stranger and tourist to the towns, watering places, and other interesting localities of this country. With a route map of the roads and plans of Exeter, Plymouth, Devonport, and Stonehouse.* Exeter 1845

Borrero, L., Prieto, A.: The origins of ethnographic subsistence patterns in Furego Patagonia. In: *Patagonia: Natural history, prehistory and ethnography at the uttermost end of the earth*, hrsg. von McEwan, C., Borrero, L., Prieto, A., London 1997

Borrero, L., McEwan: The peopling of Patagonia: The first human occupation. In: *Patagonia: Natural history, prehistory and ethnography at the uttermost end of the earth*, hrsg. von McEwan, C., Borrero, L., Prieto, A.. London 1997

Bosworth, G.: *A history of St Mary's Church.* Walthamstow 1916

Bosworth, G.: *A history of Walthamstows charities.* Walthamstow 1920

Bosworth, G.: *Some Walthamstow houses and their interesting associations.* Walthamstow 1924

Bosworth, G.: *Some more Walthamstow houses and their interesting associations.* Walthamstow 1933

Bridges, E.: *Uttermost part of the Earth.* London 1948

Bridges, Rev. T.: *Yámana-English: a dictionary of the speech of Tiera del Fuego, edited by Dr. Ferdinand Hestermann and Dr. Martin Gusinde.* Mödling 1933

Brindley, R.: *The Plymouth, Stonehouse and Devonport Directory.* Devonport 1830

Browne, J.: *Voyaging Darwin.* London 1995

Burkhardt, FH., Smith, S.A. (Hrsg.): *Calendar of the correspondence of Charles Darwin, 1821-1882.* London 1985

Carrington, H.: *The Plymouth and Devonport Guide.* Devonport 1828

Chapman, A.: The great ceremonies of the Selk'nam and the Yámana: a comparative analysis. In: *Patagonia: Natural history, prehistory and ethnography at the uttermost end of the earth*, hrsg. von McEwan, C., Borrero, L., Prieto, A.. London 1997

Chatwin, B.: *In Patagonia.* London 1977

Chatwin, B., Theroux, P.: *Patagonia Revisited.* London 1985

Clarke, E.: *Clarke's history of Walthamstow.* Walthamstow 1980

Desmond, A., Moore, J.: *Darwin.* London 1991

Despard, GP.: *Hope deferred, not lost; a narrative of missionary effort in South America in connection with the Patagonian Missionary Society, edited by the Rev. G. P. Despard. [Consisting mainly of extracts from journals by Allen F. Gardiner, Robert Hunt and Richard Williams.].* London 1852

Despard GP.: Fireland or Tierra del Fuego. In: *Sunday at Home, vol X.* London 1863

Drake, Sir F.: *The World encompassed and analogous contemporary documents concerning Sir Francis Drake's circumnavigation of the world.* Hrsg. von Penzer, N.M., with an appreciation of the achievement by Sir Richard Carnac Temple. London 1926

Ferguson, B.J.: *Syms Covington of Pambula, assistant to Charles Darwin on the Voyage of HMS Beagle round the world, 1831 to 1836.* 1971

FitzRoy, R.: *Narrative of Surveying voyages of His Majety's ships Adventure and Beagle between the years 1826 and 1836*. Vol 1. Proceedings of the first expedition, 1826–30, under the command of Captain PP King. Edited by Robert FitzRoy. Vol 2. *Proceedings of the second expedition, 1831–36, under the command of Captain R FitzRoy*. Volume 3. *Journal and remarks, 1832–36*. By Charles Darwin. 4 vols. London 1839

Fox, C.: *Memories of old friends; being extracts from the journals and letters of Caroline Fox from 1835 to 1871*. Hrsg. von Pym, H.N., Second edition, vol 2. London 1882

Gollock, GA.: *The story of the CMS: being a popular sketch of the history of the Church Missionary Society*. London 1909

Gusinde, M.: *Folk literature of the Yámana Indians, Martin Gusinde's Collection of Yámana Narratives* [translated from the German]. Hrsg. von Johannes Wilbert. Berkeley 1977

Hobsbawm, E.: *Industry and Empire*. London 1968

Hough, R.: *Blind Horn's Hate*. London 1971

Houghton, W.: Walthamstow: its highways and byways. Walthamstow 1937

Keevil, JJ.: Benjamin Bynoe, surgeon of HMS Beagle. In: *Journal of the History of Medicine*, 1949, 4:90–111

Law, AD.: *St Mary's Infant School, a brief history*. Walthamstow 1978

Law, AD.: *Walthamstow Village – an account of Church End – the historic centre of Walthamstow (with maps by WGS Tonkin)*. Walthamstow 1996

Loudon, I. (Hrsg.): *Western medicine, an illustrated history*. Oxford 1997

MacCormick, R.: *Voyages of discovery in the Arctic and Antarctic seas, and round the world*. 2 vols. London 1884

Macdonald, FC.: *Bishop Stirling of the Falklands*. London 1929

McCann, P., Young FA.: *Samuel Wilderspin an the infant school movement*. London 1982

McCulloch, RD., Clapperton, CM., Rabassa, J., Currant, AP.: The natural setting: The glacial and post-glacial environmental history of Fuegia-Patagonia. In: *Patagonia: Natural history, prehistory and ethnography at the uttermost end of the earth*, hrsg. von McEwan, C., Borrero, L., Prieto, A.. London 1997

McEwan, C., Borrero, L., Prieto, A. (Hrsg.): *Patagonia: Natural history, prehistory and ethnography at the uttermost end of the earth*. London 1997

Marsh, JW.: The meeting of two cultures: Indians and Colonists in the Magellan region. In: *Patagonia: Natural history, prehistory and ethnography at the uttermost end of the earth*, hrsg. von McEwan, C., Borrero, L., Prieto, A. London 1997

Mellersh, HEL: *FitzRoy of the Beagle*. London 1968

Mena, F.: Middle to late Holocene adaptations in Patagonia. In: *Patagonia: Natural history, prehistory and ethnography at the uttermost end of the earth*, hrsg. von McEwan, C., Borrero, L., Prieto, A. London 1997

Patagonian Missionary Society: *A brief reply to certain charges made against the Patagonian Missionary Society, or South American Missionary Society, by WP Snow*. Bristol 1857

Phillips, GW.: *The missionary martyr of Tierra del Fuego: being the memoir of JG Phillips*. London 1861

Pigafetta, A.: *The first voyage round the world, by Magellan. Translated from accounts of Pigafetta, and other contemporary writers. Accompanied by original documents, with notes and an introduction, by Lord Stanley of Alderley*. London 1874

Porter, R.: *The greatest benefit to mankind – a medical history of humanity from antiquity to the present*. London 1997

Powell, WR. (Hrsg.): *A history of the county of Essex, vol VI*. (In the series *The Victoria History of the Counties of England*, hrsg. von RB Pugh). Oxford 1973

Sandars, MF.: *The Life and Times of Queen Adelaide*. London 1915

Shankland, P.: *Byron of the Wager*. London 1975

Shipton, E.: *Tierra del Fuego: the fatal lodestone*. Devon 1973

Smith, RS.: *Walthamstow in the Early Nineteenth Century*. Walthamstow 1938

Snow, WP.: *A two years' cruise off Tierra del Fuego, the Falkland Islands, Patagonia, and the River Plate, 2 vols*. London 1857

Snow, WP.: *The »Patagonian Missionary Society«, and some truths connected with it*. London 1857

South American Missionary Society: *A brief statement of the rise and progress of the Patagonian Mission*. Bristol 1860

South American Missionary Society: *The Voice of Pity for South America vol 1–9 [1854–62]*. London

South American Missionary Society: *The Voice of Pity for South America vol 10–13 [1863–66]*. London

Stock, E.: *The history of the Church Missionary Society, 4 vols*. London 1899

Stovel, C.: *Calamity sanctified in the Martyrs of Tierra Del Fuego. A Sermon [on Heb. Vi 11,12], etc. [With a letter from Mrs. M.E. Fell]*. London 1860

Strange, IJ.: *The Falkland Islands*. 1972

Sulivan, HN.: *Life and letters of the late Admiral Sir BJ Sulivan KCB, 1810–1890*. London 1896

Taussig, M.: Tierra del Fuego – land of fire, land of mimicry. In: *Patagonia: Natural history, prehistory and ethnography at the uttermost end of the earth*, hrsg. von McEwan, C., Borrero, L., Prieto, A.. London 1997

Thomson, KS.: *HMS Beagle – the Story of Darwin's ship*. New York/London 1995

Tonkin, WGS.: *The Lea Bridge Turnpike and the Wragg stage coaches*. Walthamstow 1974

Twain, M.: *The Gorky Incident*. In: *Letters from the Earth*. New York 1962

Victoria history of the counties of England – a history of Essex, vol VI.

White, GC: *Glimpses of King William IV and Queen Adelaide in letters of the late Miss Clitherow, of Boston House, Middlesex. With a brief account of Boston House and the Clitherow family*. London 1902

Wilson, JD.: *Milestones on the Dover Road*. London 1969

Wilson, W.: *A Manual of Useful Information for Residents in the Parish of Walthamstow, respecting the Institutions, Benefactions, Charities and other matters of interest in that parish, etc*. London 1840

Wilson, W.: *The system of infants schools*. London 1825

Ziegler, P.: *King William IV*. London 1971

Abbildungsnachweis

Mitchel Library, State Library of New South Wales/Australia: 1

R. FitzRoy: *Narratives of the surveying voyages of His Majesty's ships Adventure and Beagle*, London 1839: 2–6

Vestry House Museum/London, Borough of Waltham Forest: 7

South American Missionary Society: 8, 13, 14

Royal Geographical Society: 9, 15, 16

G. P. Despard: *Hope deferred, not lost*, London 1852: 10

G. W. Phillips: *The missionary martyr of Tierra del Fuego*, London 1861: 11

Trustees of the Trevelyan Family Papers at the Robinson Library, Newcastle University: 12

Anmerkungen

1 Charles Dickens: *Große Erwartungen*. Aus dem Engl. von Margit Meyer. Frankfurt 1982, S. 208
2 Alexis de Tocqueville: *Voyages to England and Ireland*.
3 Aus der Luther-Bibel 1545
4 Charles Darwin: *Reise eines Naturforschers um die Welt*. Aus dem Englischen von Victor Carus. Stuttgart 1875, S. 255, (ReN)
5 ReN, S. 238
6 ReN, S. 239
7 ReN, S. 237/8
8 ReN, S. 238
9 ReN, S. 237
10 ReN, S. 237
11 ReN, S. 238
12 ReN, S. 238/9
13 ReN, S. 246
14 Charles Darwin: *Leben und Briefe*. I. Band, Aus dem Englischen von Victor Carus. 2. Auflage. Stuttgart 1899, S. 223/224, (im Folgenden LuB, 2. Auflage abgekürzt)
15 Charles Darwin: *Reise eines Naturforschers um die Welt*. Aus dem Englischen von Victor Carus. 2. Auflage. Stuttgart 1899, S. 222, (im Folgenden ReN, 2. Auflage abgekürzt)
16 ReN, 2. Auflage, S. 226
17 ReN, 2. Auflage, S. 236
18 ReN, 2. Auflage, S. 239
19 ReN, 2. Auflage, S. 239
20 ReN, S. 254/5
21 ReN, 2. Auflage, S. 239
22 LuB 1, 2. Auflage, S. 231/232
23 Charles Darwin: *Reise um die Welt 1831–1836*. Hrsg. von Gernot Giertz, 4. Auflage. Stuttgart/Wien 1986, S. 150, (RuW)
24 RuW, S. 148
25 RuW, S. 151
26 ReN, 2. Auflage, S. 249
27 1838: Buren schlagen Zulu in der Schlacht am Blood River.
28 aus *spectator* und scrutinize also etwa: skrupulöser Zuschauer
29 LuB 1, S. 207

30 LuB 1, S. 77
31 Charles Darwin: *Über die Entstehung der Arten durch natürliche Zuchtwahl*. Stuttgart 1876, S. 578, (EA)
32 EA, S. 578
33 LuB 2, S. 215
34 Anhänger der Lehre von der Weltschöpfung
35 LuB 2, 2. Auflage, S. 242
36 EA, S. 22
37 Charles Darwin: *Die Abstammung des Menschen und die geschlechtliche Zuchtwahl*. Stuttgart 1875, Bd. 2, S. 363, (AdM)
38 AdM 1, S. 85
39 AdM 1, S. 123
40 AdM 2, S. 379/80
41 LuB 3, S. 124
42 LuB 3, S. 124
43 LuB 3, S. 125